U0610407

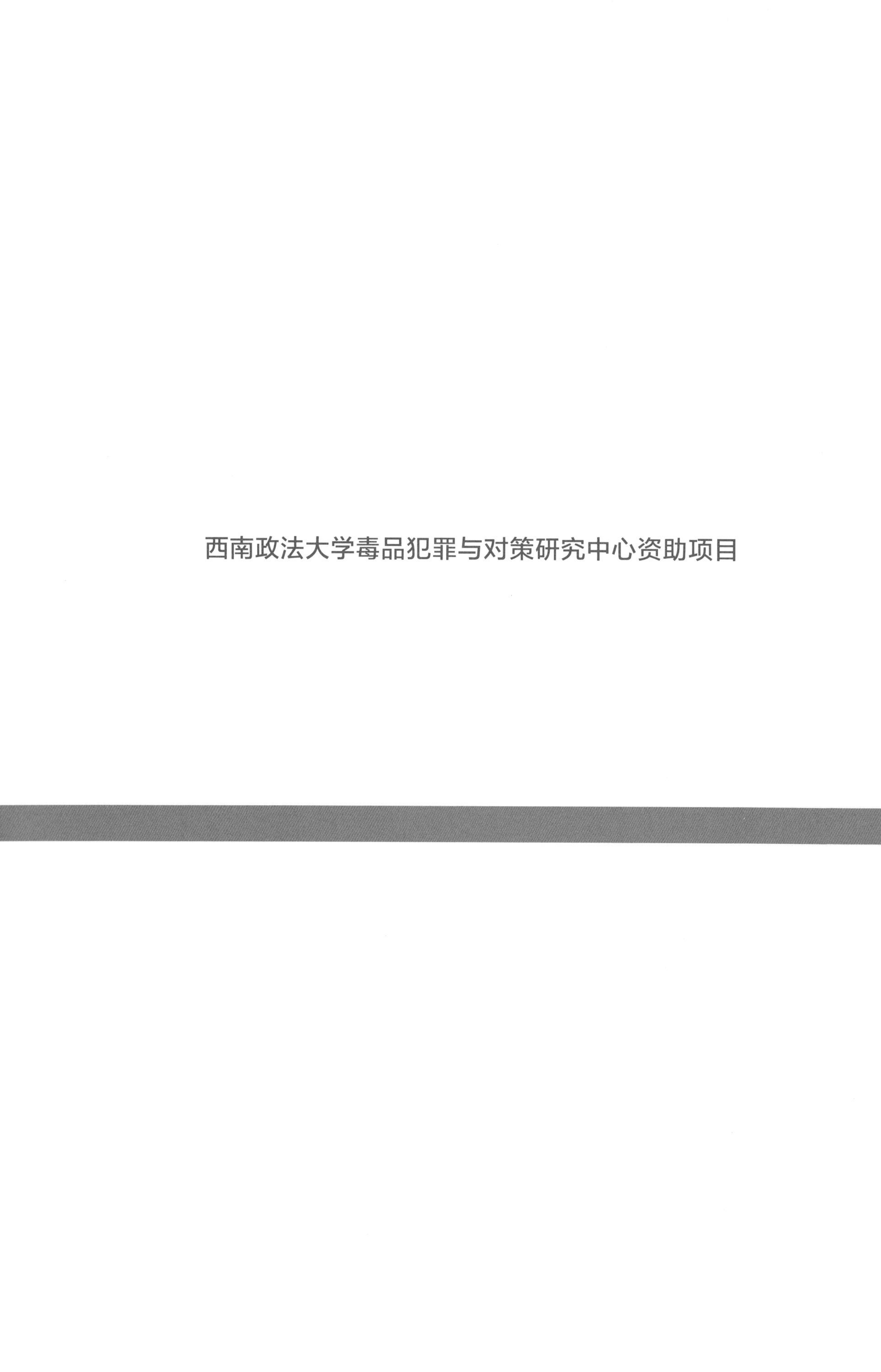

西南政法大学毒品犯罪与对策研究中心资助项目

康拜尔合作组织刑事司法研究报告系列

犯罪干预与预防评估系统回顾研究

主编◎刘建宏

Crime Intervention and Prevention:
A systematic Review of Intervention Programs

人民出版社

序言一（英文版）

David P.Farrington

What works to reduce crime? How should offenders be dealt with so that they do not reoffend? What methods of preventing crime are most cost-effective? These are all questions to which citizens, as well as government officials, policy makers, practitioners, researchers, teachers and the news media deserve good answers. All such persons should have ready accessed to the most rigorous and up-to-date evidence on the effectiveness of interventions designed to reduce crime and offending. The best evidence on what works should be quickly accessible to those who need it.

Much practice in crime and justice, as in fields like medicine and education, is based on long-term traditions and clinical experience. Although tradition and experience often provide the only guidance for criminal justice practitioners, there is a growing consensus among scholars, practitioners, and policy makers that crime control practices and policies should be grounded as much as possible in the results of scientific research. Support for evidence-based policy in criminal justice may be seen as part of a more general trend toward the use of scientific research for establishing rational and effective practices and policies in many fields. This trend is perhaps most prominent in the health professions where the idea of evidence-based medicine has gained strong government and professional support.

A central component of the movement toward evidence-based practice and policy is the reliance on systematic reviews of prior research and evaluation studies. The Campbell Collaboration Crime and Justice Group is an international network that aims to produce and make accessible the best evidence on what works in crime and justice. This network of scholars, policy makers, practitioners and others from around the world is preparing rigorous systematic reviews of high-quality research on the effects of criminological interventions.

These systematic reviews are being maintained and updated in light of new studies, insightful criticisms, or new methodological developments. They are readily accessible on the Internet: see www.campbellcollaboration.org. Through international collaboration, the Campbell Crime and Justice Group (CCJG) aims to ensure that relevant evaluation studies conducted all over the world will be taken into account in its systematic reviews, and that the evidence from such reviews will be made accessible globally through language translation and worldwide dissemination.

Characteristics of Systematic Reviews

What are systematic reviews? These are reviews that use rigorous methods for locating, appraising and synthesizing evidence from prior evaluation studies. They contain methods and results sections, and are reported with the same level of detail that characterizes high quality reports of original research. Other features of systematic reviews include:

1. *Explicit Objectives*. The rationale for conducting the review is made clear.
2. *Explicit eligibility criteria*. The reviewers specify in detail why they included certain studies and rejected others. What was the minimum level of methodological quality for inclusion in the review? Did they consider only a particular type of evaluation design such as randomized experiments? Did the studies have to include a certain

type of participant such as children or adults? What types of interventions were included? What kinds of outcome data had to be reported in the studies? All criteria or rules used in selecting eligible studies are explicitly stated in the final report.

3. *The search for studies is designed to reduce potential bias.* There are many potential ways in which bias can compromise the results of a review. The reviewers must explicitly state how they conducted their search of potential studies to reduce such bias. How did they try to locate studies reported outside scientific journals? How did they try to locate studies in foreign languages? All bibliographic data bases that were searched should be made explicit so that potential gaps in coverage can be identified (and reviews can be replicated).
4. *Each study is screened according to eligibility criteria, with exclusions justified.* The searches always locate many citations and abstracts to potentially relevant studies. Each of the reports of these potentially relevant studies must be screened to determine if it meets the eligibility criteria for the review. A full listing of all excluded studies and the justifications for exclusion should be made available to readers.
5. *Assembly of the most complete data possible.* The systematic reviewer will generally try to obtain all relevant evaluations meeting the eligibility criteria. In addition, all data relevant to the objectives of the review should be carefully extracted from each eligible report and coded and computerized. Sometimes, original study documents lack important information. When possible, the systematic reviewer will attempt to obtain this from the authors of the original report.
6. *Quantitative techniques are used, when appropriate and possible, in analyzing results.* Although there is still some confusion about the meaning of these terms, it is useful to distinguish between a systematic review and a meta-analysis. A meta-analysis involves the statistical or quantitative analysis of the results of prior research studies. Since it involves the statistical summary of effect sizes and their correlates, it requires a reasonable number of intervention studies that are sufficiently similar to be grouped together. For example, there may be little point in reporting a weighted mean effect size based on a very small number of studies. Nevertheless, quantitative methods can be very important in helping the reviewer determine the average effect size of a particular intervention and in what circumstances and with what types of

people it works best.

A systematic review may or may not include a meta-analysis. For example, a reviewer may only find a few studies meeting the eligibility criteria. Those studies may differ just enough in the operational definition of the intervention or in the way they were conducted (etc.) to make formal meta-analysis inappropriate and potentially misleading. It is important not to combine apples and oranges in calculating a weighted mean effect size.

7. *Structured and detailed report*. The final report of a systematic review is structured and detailed so that the reader can understand each phase of the research, the decisions that were made, and the conclusions that were reached. In principle, it should be possible for an independent scholar to replicate both the review and the results.

The Campbell Collaboration

At a meeting in Philadelphia attended by over 80 persons from 12 different countries, the Campbell Collaboration was inaugurated in February 2000, to prepare, maintain and make accessible systematic reviews of research on the effects of social, educational, and criminological interventions. At that February 2000 meeting, the Campbell Collaboration established a Crime and Justice Group (CCJG) and a Steering Committee to coordinate the work of this Group. The original Steering Committee consisted of 10 persons from 7 different countries. I was appointed as the first Chair, and I managed to secure some funding from the British Home Office to support a part-time coordinator (Anthony Petrosino) for three years. The first meeting was held in Paris in April 2000, coinciding with a meeting of the Board of Directors of the International Society of Criminology (ISC). This was partly to emphasize the international remit of the CCJG and partly because four members of the Steering Committee were on the ISC's Board of Directors. It was agreed that the institutional home of the CCJG would be at the University of Pennsylvania, supported by Lawrence Sherman, who was the President of the ISC at the time.

At the first meeting, it was decided to commission reviews on 15 key topics such as the effectiveness of boot camps, child skills training, CCTV, neighborhood watch, and hot spots policing. The aim was to select narrowly defined topics where there was likely to be only a small number(e.g.20–50) of high quality evaluations, nevertheless covering a wide range of criminological interests in total. Instead of waiting for researchers to propose topics, the CCJG proactively approached well-known scholars to do the first few reviews. This ensured that key topics were covered, that results could be speedily obtained, and that a good reputation was established quickly. Those who undertook systematic reviews were asked to agree to the following requirements:

1. A commitment to undergo a rigorous editorial review process not only from researchers but also policy makers, practitioners, and citizens to ensure that the review meets high scientific standards and is also written to be understandable to non-academic audiences.
2. A commitment to maintain transparent and open review processes so that users can comment and criticize each stage of the review, from its proposal through to its completion.
3. A commitment to use the most rigorous search methods available to ensure that all relevant studies are considered for inclusion or exclusion and not just those reported in easily accessible journals and books.
4. A commitment to cover literature from around the world and not just the English-speaking world.
5. A commitment to code and computerize key features of each evaluation study reviewed(so that anyone accessing the review can organize the studies according to such features as sample size, design, or effect size).
6. A commitment to explicitly report the final review so that readers can understand decisions made at each stage, justifications for those decisions, and how conclusions were reached.
7. A commitment to make the review available to broader audiences than readerships of peer-reviewed academic journals through electronic publication and dissemination into policy, practice, and media outlets.
8. A commitment to update the systematic review to incorporate new evidence, respond to criticisms, or use more advanced methods, on a regular basis.

Doing a Systematic Review

The first step in conducting a systematic review for the Campbell Collaboration Crime and Justice Group is to submit a proposed title to the Managing Editor, who is currently Charlotte Gill. This is refereed and, if accepted, is registered in the Campbell Collaboration Library of Systematic Reviews. The main reason for not accepting a proposed title would be overlap or duplication with an existing title. The second step is to complete and submit a draft protocol (a detailed description of how the systematic review will be completed). This should include the background to the review (hypotheses tested, operational definitions of interventions and outcome variables), the objectives of the review, strategies for searching the literature, selection criteria for including or excluding studies, and strategies for data extraction, coding, and analysis. This is also refereed and revised in the light of the referees' comments, before it is published on the Campbell website. David Wilson currently acts as Editor-in-Chief of the CCJG refereeing process.

The third step is to complete the systematic review. This is also refereed (by the Campbell Methods group as well as by criminologists) and again is likely to require revisions before it is published in the Campbell Library. These rigorous refereeing processes are designed to ensure that the published reviews are of high quality. Once a review is published on the Campbell website, anyone can post comments on it, and authors are encouraged to update the review every three years or so. Campbell Collaboration policy is that each review should have at least two authors, in order to facilitate tests of the reliability of inclusion/exclusion decisions and coding of key features of evaluation studies.

The information that is extracted and coded from each included study should comprise at least the following: principal investigators, full citations to all evaluation reports, funding, publication dates, design of the study, characteristics of experimental units (for example, age and gender of participants, prior crime rates of areas), sample size, hypotheses tested, interventions, implementation details, how extraneous variables were controlled so that it was possible to disentangle the impact of the intervention, who were the program delivery personnel, what were the control conditions (since it is rarely possible to have a truly untreated control group), who knew what about the intervention (since double-blind trials are desirable), measurement of outcome variables (for example, official records and/or self-reports of crime), before and after measures of offending, length of follow-up period, and measures of effect size and variability of effect size. Authors of reviews are encouraged to code all variables independently, so that the reliability of coding can be assessed.

Decisions about what studies to include in a systematic review can be highly controversial, because they involve assessments of methodological quality. Authors of excluded studies may feel that their research has been negatively assessed or even "cast into outer darkness" (as one person has told me). I hope that Campbell Collaboration reviews will lead to an improvement in the quality of the primary evaluation research. In general, randomized experiments have the greatest internal validity. However, randomized experiments that evaluate criminological interventions are relatively uncommon. If Campbell Collaboration reviews were restricted to randomized experiments, they would be relevant to only a small fraction of the key questions for policy and practice in criminology. Therefore, for topics where there are few or no randomized experiments, reviewers also select high quality quasi-experimental evaluations for inclusion. The aim is to reach the most defensible conclusions based on the best available research.

Campbell Reviews

These five volumes present the conclusions of 36 reviews completed for the Campbell Crime and Justice Group. The five volumes cover policing, intervention and prevention, juvenile delinquency, corrections, and drugs. In general, the reviews show that many types of criminological interventions are effective.

In the area of policing, for example, hot spots policing (policing interventions targeting very small areas) is notably effective in reducing crime and disorder. Problem-oriented policing is similarly effective. Also, "pulling levers" focused deterrence strategies, that involve communicating costs and benefits to targeted offenders, are effective in reducing crime, and crackdowns on gun carrying are effective in reducing gun crime. DNA testing is generally effective in increasing police clearance rates. However, there is insufficient evidence to draw conclusions about the effectiveness of counter-terrorism strategies.

There is more good news in the area of intervention and prevention. In general, improved street lighting is followed by a decrease in crime, and closed-circuit television is also effective in reducing crimes in certain settings (e.g. in car parks). Neighborhood watch is also effective in reducing crime. Anti-bullying programs in schools are also generally effective, although there are too few evaluations of interventions to prevent cyber bullying on the internet to draw firm conclusions about these. Generally, court-mandated interventions for individuals convicted of domestic violence are effective in reducing repeat violence according to official records, but there were too few studies of interventions to reduce cross-border trafficking to draw conclusions about these.

Results are more mixed in the area of juvenile delinquency. Early family and parent training programs are generally effective in reducing antisocial behavior and delinquency, and the same is true of mentoring and self-control programs. However, parental imprisonment, formal system processing of juveniles, and the "scared straight" program all have undesirable effects. It is important to know what does not work as well as what works.

There are again desirable and undesirable results in the area of corrections. Cognitive-behavioral programs for criminal offenders are generally effective, as are cognitive-behavioral programs for serious, violent and chronic juvenile offenders. Non-custodial sentences are generally more effective than custodial sentences in reducing recidivism. However, correctional boot camps and non-custodial employment programs are not effective in reducing recidivism, and there are too few rigorous cost-benefit analyses of sentencing to draw firm conclusions.

In the area of drugs, it is clear that many types of interventions are effective. Drug courts are particularly effective, as are incarceration-based drug treatment and drug substitution programs. Also, problem-oriented policing and community-wide policing approaches are effective in disrupting street-level drug markets and reducing drug use.

Conclusion

These five volumes provide the best available information about what works and what does not work in reducing crime. They should form the basis of wide-ranging coordinated evidence-based strategies for crime prevention and crime control.

序言一(中文版)

大卫·法林顿

怎样才能减少犯罪？如何处理罪犯，才能让他们不再犯？最有效的预防犯罪的方法是什么？这些问题都需要好好解答。对于普通民众、政府官员、政策制定者、实践工作者、教师学者以及新闻媒体来说，都需要有了解最严谨和先进的用以评估减少犯罪的干预项目有效性证据的途径，并且是能快速获得这些证据的途径。

同医药和教育界一样，很多犯罪和司法的实践都是以良久传统和临床经验为基础的。虽然传统和经验常常只用于指导刑事司法实践工作者，但是越来越多的学者、实践者以及政策制定者意识到犯罪控制的实践与政策也需要尽可能的科学研究结论的指导。支持基于实证的刑事司法政策，其实也是许多领域里运用科学研究来建立理性的行之有效的实践与政策大趋势的部分体现。这种趋势也许在医疗健康领域尤为突出，因为基于证据的医药研究已经获得了政府以及专业领域的大力支持。

对以往的调查以及效果评估研究的系统性回顾是这场基于证据的实践与政策制定的核心。康拜尔合作组织的犯罪与刑事司法小组是一个致力于评估犯罪预防以及刑事司法政策有效性的国际性组织。具体来说，是由世界各地的相关学者、政策制定者、实践工作者以及其他专业人士对那些关于犯罪干预有效性的高质量研究进行严谨的系统性回顾。

这些系统性回顾基于新出现的研究、锐评，以及新方法的发展而及时改进和更新，并且在互联网上可以浏览网址 www.campbellcollaboration.org。通过国际合作，康拜尔合作组织犯罪与刑事司法小组（CCJG）力求能对那些来自世界各地的相关评估研究进行系统性回顾，而得出的相关证据通过翻译和全球宣传可被广泛运用。

系统性回顾的特征

系统性回顾是什么？所谓系统性回顾就是运用严谨的方法来定位、评估以及整合那些从先前评估研究中获得的证据。其包含了方法和结果两部分，并且以与原来研究相同的细节层次报告出来，而这些细节也正是原研究高质量的体现。系统性回顾的其他特征还包括：

1. 目标明确：评估的基本原理清晰。
2. 甄选标准明确：审阅者对遴选的研究报告有着明确的标准。入选的研究在其研究方法的质量上的最低要求是什么？他们只考虑了诸如随机试验一类的特定类型的评估研究吗？相应的研究必须包含特定的参与者，如儿童或者成年人？包含了哪些干预的类型？哪些数据结果需要报告？所有用于甄选研究的标准都会在最后的报告中清晰呈现出来。
3. 搜寻相关研究时须减少可能的偏倚。很多潜在的因素都会让偏倚影响评估的结果。审阅者须明晰地陈述其在搜寻研究时如何减少偏倚。他们是如何定位发表在领域外期刊上的研究报告的？他们是如何定位非英语研究报告的？所有用于搜选的文献数据库都须明确，这样潜在的偏差才能被甄别出来（回顾才具有可重复操作性）。
4. 每个研究的入选或者排除都要依据相应的标准。文章的搜寻往往是通过定位引文和摘要来找到可能相关研究。我们需要对这些相关研究的报告进行筛选，判断其是否符合评估标准。而对于那些落选的研究，我们要给读者提供一份完整的清单，并说明落选原因。
5. 尽可能整合最完整的数据。通常系统性回顾者都会尝试获得所有符合要求的评估研究,然后从符合标准的报告里提取所有与评估目标相关的数据,再进行编码和电脑处理。有时候,原研究报告会缺失某些重要信息。可能的话,评估者会尝试从原文作者处获得这些缺失的信息。

6. 适当的时候,定量分析方法也会用于结果分析。虽然系统回顾和元分析这两个概念的界定仍然有点模糊不清,但是将二者区分开来是有益处的。元分析方法包括了对前人研究的结果进行统计或者量化分析。由于牵涉了效应量大小和相关关系的统计汇总,所以对干预研究的数量有要求,而且这些研究要有足够的相似之处才能被整合。例如,如果找到的研究很少,那么在报告其加权平均效应量大小的时候可能就没有相应的点。然而,量化研究在评估者判断某个干预分析的平均效应量大小和在何种情况下对何种人最有效的问题上是大有裨益的。

   一次系统性回顾可能包含了元分析,也可能不包含。例如,评估者只找到很少量符合要求的研究。这些研究可能在操作定义上或者操作过程等环节上有差异,而这些差异正好使得元分析不适用,或者产生误导。我们当然不该把风马牛不相及的东西整合起来,然后算出它们的加权平均效应量的大小。

7. 报告要层次分明而又详尽。最终评估报告需要有分明的层次和详尽的细节,这样读者才能了解研究的各个阶段,才能明白所做的决定和最终达成的结论。原则上,其他独立学者应该能重复该评估的操作,并得到相同的结果。

康拜尔合作组织

2000 年 2 月,在费城一个由来自 12 个国家的 80 多名与会者参加的会议上,康拜尔合作组织诞生了,其目的是致力于对那些与社会、教育以及犯罪有关的干预研究效果的系统性回顾。在当年的会议上,康拜尔合作组织还成立了犯罪与刑事司法小组(CCJG)以及协调相关工作的指导委员会。指导委员会最初由来自 7 个国家的 10 人组成。我当时被任命为第一主席,并成功获得了英国内政部的资金支持,用以支付一位临时协调员(Anthony Petrosino)三年的工资。康拜尔合作组织第一次会议于 2000 年 4 月在巴黎召开,是与国际犯罪学学会(ISC)的董事会会议同时召开的。造成此情况的原因有两个,一方面是为了强调 CCJG 的国际性,另一方面是由于有 4 名指导委员会委员同时也是 ISC 的董事会成员。CCJG 机构的大本营设立在宾夕法尼亚大学,负责人是当时的 ISC 主席 Lawrence Sherman。

第一次会议上,我们决定就 15 个关键话题进行评估,如军事训练营、儿童技能训练、闭路电视、邻里监督和热点警务的有效性。这样是为了在明确评估对象的同时(虽然相关高质量的评估研究可能会较少,如只有 20—50 篇),又不失犯罪学研究范围上的广度。CCJG 并没有等着研究者来挑选主题,而是主动找到名声显赫的学者让其做前期少量的评估。这样在保证了关键话题都有人回顾的同时,还能较快得到结论,与此同时也能迅速将招牌打响。康拜尔合作组织对系统回顾者提出了以下几点要求:

1. 不仅是研究者,包括政策制定者、实践工作者以及普通民众都需要对所有评估进行严谨的审核,这样才能确保评估不但符合高的科学标准,而且对于非专业人士来说也能通俗易懂。
2. 评估的所有步骤都要有所体现,这样读者才能针对各环节提出修改建议。
3. 所用的搜索研究方法必须是最严谨的,才能确保所有相关研究都被考虑到,而不只是那些在容易找到的杂志和书籍上的研究报告。
4. 搜索时不能局限于英文文献,要全面。
5. 要对评估研究里的所有关键特征进行编码和电脑处理(任何读到该回顾的人都能根据样本大小、研究设计或者效应量大小等特征对回顾有整体认识)。
6. 最终的回顾报告要条理清晰,这样读者才能理解不同阶段所做的决定、每个决定的理由,以及结论是如何获得的。
7. 通过电子刊物、政策和实践宣传,或者传媒帮助,让目标读者的范围更广一些,而不只局限于学术期刊里同侪审阅的那些人。
8. 要通过整合新证据,反馈评论,或者运用新方法对这些系统回顾进行定期更新。

如何进行系统回顾

康拜尔合作组织犯罪与刑事司法小组系统回顾的第一个步骤是向执行编辑提交拟题(现任执行编辑是 Charlotte Gill)。题目在审核后,如果予以采纳,就会被注册于康拜尔合作组织系统回顾图书馆。那些被否定了的拟题,最主要是因为它们和现存的题目有所交叉或者重复。

第二步是完成和提交草案(如何完成系统回顾的详尽描述)。其中包括了背景介绍(假设检验、干预的操作定义以及结果变量)、评估目标、文献搜索策略,文章入选或落选的标准以及数据提取、编码和分析的策略。这个过程也需审核,在出版于康拜尔合作组织网站前还要根据评审的建议进行校订。当前是由 David Wilson 担任 CCJG 该步骤审核主编。

第三步就是完成系统回顾。这个步骤也需要审核(由康拜尔方法小组和犯罪学家负责),在出版前也需要相应的校稿。严谨的审阅是为了确保系统回顾的质量。回顾一旦发表,任何人都可以在康拜尔的网站上对其做评论。康拜尔鼓励作者对所作回顾进行定期更新,周期为 3 年左右。康拜尔合作组织还规定每篇回顾至少要有两个作者,这样既方便检验研究入选/落选决定是否可靠,又能提高编码评估研究的关键特征时的效率。

每篇入选的研究里摘要和编码的信息至少应该包含以下内容:主要研究者,完整的引文情况,基金信息,出版日期,研究设计,实验单位的特征(如参与者的年龄与性别,区域里犯罪率的历史记录),样本量大小,假设检验,干预手段,操作细节,如何控制外扰变量以减小外界干扰,谁是该项目的执行人员,其他的控制条件是什么(因为很难做到完全排除对控制组的影响),何人了解干预项目的哪些情况(当然双盲检验最为理想),结果变量的测量(如官方记录和/或犯罪自我报告),犯罪行为的前测与后测,追踪研究的历时,以及效应量的测量与差异。回顾的作者应当独立编码所有变量,这样我们才能评估编码的可靠性。

选择什么样的研究进行系统回顾是极具争议性的,因为这里涉及了如何评价搜索方法质量的高低。那些落选的作者可能会觉得自己的研究被低估了,甚至认为是“被排斥”了(曾经一个作者对我如是说)。我希望康拜尔合作组织能够引导评估研究质量的提高。一般来说,随机试验最具有内部效度。然而,用于评估犯罪干预的随机试验相对来说并不常见。若康拜尔系统回顾只局限于那些随机试验,那么其所能涉及的犯罪学方面的政策和实践也会很受局限。因此,对于那些只有少量或者没有随机试验的研究主题,评估者也可以从中挑出质量高的类实验研究。如此一来,根据这样的搜索策略所得的研究结论才最有说服力。

关于康拜尔系统回顾丛书

您手中的这套丛书(共五册)将呈现康拜尔合作组织犯罪与刑事司法小组的 38

篇完整的系统回顾的内容。其涵盖了警务工作、犯罪干预与预防、青少年犯罪、犯罪矫治和禁毒干预五个主题。总体来说,许多犯罪干预手段都行之有效。

例如警务工作分册里的“热点警务”(即专门针对犯罪高发区域的警务手段)在减少犯罪与失序上的效果就很显著。“问题导向型警务”的结果亦如此。“撬动杠杆”强调威慑的策略,包括了与目标罪犯沟通时的性价比,其在减少犯罪上的效果也不错,而打击非法携带枪支的项目也在降低涉枪犯罪上效果明显。DNA 检验在提高警察破案率上通常也是有所作为的。然而,反恐策略的有效性的证据还是比较匮乏。

犯罪干预与预防方面的情况要乐观很多。总体来说,提高街道的照明率能减少犯罪,闭路电视在特定场景下(如停车站内)也能有效降低犯罪率,邻里监督能有效减少犯罪。虽然有关预防网络霸凌项目的评估过少,以至于无法得出可靠结论,但是总体来说校园内的反霸凌项目还是有效的。官方资料显示,针对家庭暴力者的法庭干预措施在减少家暴再犯上是有效的,但是针对跨境走私的干预项目尚未有评估结论,因为相关研究数量太少。

青少年犯罪的相关结果要更为复杂。早期家庭与父母培训项目一般都能减少青少年的反社会行为和违法犯罪,辅导与自我控制项目的情况也是如此。但是父母的监禁式管理,传统青少年司法系统以及恐吓从善项目的效果不尽如人意。事实上,了解什么方法无效和了解什么方法有效同样重要。

犯罪矫治部分的情况也是喜忧参半。认知行为矫治项目对刑事犯和习惯性严重暴力青少年犯总体来说是有效的。非监禁刑罚在减少再犯率上一般比监禁刑罚更有效。但是,军事化矫正训练营和非监禁雇佣项目在降低再犯率上并无效果,针对刑罚的成本效益的严谨分析也很少,因此也无法获得可靠结论。

禁毒干预分册里很多种干预项目都效果显著。尤其是药物法庭、监禁式戒毒以及毒品替代品这三种。在阻断街头贩毒和减少毒品使用方面,问题导向型警务和广泛社区警务亦是有所作为。

结 语

本丛书(共五册)给我们提供了关于如何有效减少犯罪的宝贵信息,是基于广泛性整合证据的用以预防与控制犯罪策略的基石。

序言二

刘建宏

犯罪防控是一个重要的题目,我们社会若要长治久安就要做好对犯罪行为的预防和控制。那么,什么样的政策、措施或者项目,能够真正有效地预防、控制和减少犯罪呢? 只有充分依靠科学证据,建立科学的犯罪防控政策体系,才能更有效地达到这个目的。

一、现代犯罪防控政策体系需要建立在科学证据的基础之上

虽然世界各国政府每年都为控制犯罪而投入大量资金、制定各种刑事司法政策和干预项目,但长期以来,这些犯罪防控政策的制定和实施并没有要求将科学证据作为必不可少的基础,许多政策和项目的实际效果都没有经过严格的、科学的评估,一直到 20 世纪 90 年代中期,大部分实践活动仍然是由传统习惯、个人经验、教科书内

容和主观判断所主导[①],这种情况显然不能完全适应犯罪防控的需要。犯罪学者和实务工作者认识到,要有效地控制犯罪,刑事司法政策和干预项目的设计和实施就必须建立在科学证据的基础之上[②],并在近十年来形成了刑事司法政策科学化的思潮和运动,[③]逐步建立和完善以科学研究为基础的一整套刑事司法体系。

政策科学的发展,使得以量化分析为基础的政策分析得到了最引人注目的成长,逐渐从政策科学的一部分,成长为一个应用社会科学学科,强调使用现代科学技术和各种研究论证方法,产生与政策相关的信息,帮助政治组织解决政策问题[④]。政策分析强调对政策效果的评估,"是一种具有特定标准、方法和程序的专门研究活动",以政策效果为着眼点,"依据一定的标准和程序,对政策的效益、效率及价值进行判断",将相关信息"作为决定政策变化、政策改进和制定新政策的依据",其主要任务是对政策效果进行测量、评价,是决策科学化的重要基础[⑤]。

因此,在循证实践和政策科学的影响下,犯罪防控领域的评估研究得到了进一步的发展,理论基础不断完善,评估方法也不断科学化、规范化。宽泛的科学概念可以包括一切依靠事实和证据来做结论的活动和成果。我们所讲的实践是检验真理的标准,在精神上就属于这种科学概念。但狭义的"科学"二字,通常是指经验科学。经验科学指的是以可观察、可感知的事实为基础建立的认识,科学事实是指以科学的方法系统地收集严格、可靠的经验事实。以科学为基础的管理政策就是指以经验科学研究为基础建立起来的政策。实现犯罪防控政策科学化的一个主要途径就是建立和完善以经验科学研究为基础的一套犯罪防控体系,它包括科学研究基础上形成的观点、理论和政策,以及实施这些政策的具体项目。这套体系依靠可靠性日益提高的数据,严格程度日益提高的分析技术,对政策项目的科学评估,作出正确的政策决定,即达到对犯罪防控的科学管理。

---

① Sherman, Lawrence W. (1999). *Evidence-based Policing*, *in Ideas in American Policing*, Washington, DC: Police Foundation.

② Sherman, L. W., Farrington, D. P., Welsh, B. C., & MacKenzie, D. L. (2002). *Evidence-basedcrime prevention*. New York, NY: Routledge.

③ Myers, D.L.& Spraitz, J.D.(2011).Evidence-Based Crime Policy: Enhancing Effectiveness Through Research and Evaluation.Criminal Justice Policy Review, 22: 135-139.

④ 陈振明:《政策科学:公共政策分析导论》,中国人民大学出版社 2003 年版,第 2—16 页。

⑤ 陈振明:《政策科学:公共政策分析导论》,中国人民大学出版社 2003 年版,第 10—11 页。

二、西方国家的经验:从前科学、准科学到科学

(一) 曼海姆的科学阶段理论

西方国家的犯罪防控政策,也经历了一个科学化的过程。对18世纪晚期以来的犯罪学研究如何划分阶段或时期,犯罪学家们有不同的看法。对西方犯罪学史发展阶段的划分,最有代表性的观点可能是德国出生的英国犯罪学家赫尔曼·曼海姆(Hermann Mannheim)(1889—1974)提出来的。曼海姆认为,过去200多年间犯罪学研究的历史发展,可以大致划分为三个阶段:

1. 前科学阶段。前科学阶段(the pre-scientific stage),既没有系统阐述假设,也没有检验假设。人们并没有试图公正地解决他们所遇到的问题,没有研究他们所发现的事实,这并不意味着那时的一些探讨是无价值的。相反,尽管18世纪和19世纪上半期的大部分刑罚学文献属于前科学阶段的范围,但是,我们现在的刑罚制度中的人道主义进步,在很大程度上应归功于前科学阶段的努力。
2. 准科学阶段。准科学阶段(the semi-scientific stage)从19世纪中期开始。在这个阶段,提出了大量明确的或含糊的假设,但是,许多假设过于宽泛和模棱两可,以至于经不起精确的检验。而且,在这一阶段,也没有可以使用的公认的科学检验手段。
3. 科学阶段。科学阶段(the scientific stage),来源于某个一般性理论的假设,必须通过正确使用一种或几种普遍承认的方法检验,其结果应当得到无偏见的解释和验证。如果有必要的话,应当根据研究结果修改最初的假设,形成新的假设。在科学阶段,并不排斥使用直觉方法,但是,“我们的直觉必须接受检验”。如果说迄今为止概括出来的所有要求在科学阶段都已经实现了,那是不可能的,只能是一种理想。

(二) 前科学、准科学与科学的划分标准

如果要判断某个国家的犯罪防控体系所处的科学阶段,需要对前科学、准科学与科学的划分标准进行明确。前科学、准科学与科学的区别,主要在以下几点:

1. 是否以证据/经验证据为基础不同,科学化以证据/经验证据为基础;
2. 使用的经验证据质量不同,科学使用的经验证据质量和严格程度远远高于前

科学或准科学；

3. 证据系统性有别，科学证据的系统性强于前科学、准科学；

4. 存在着科学基础上的差别，科学研究以实证的、观察的经验为基础。

（三）科学犯罪防控政策体系的四个层次

按照前述的科学概念，一个学科从理论层面上升到有关政策层面通常要经历科学发展的三个阶段。现代的或者说科学的犯罪防控政策体系，包含四个层次：

第一个层次是观点层次。主导的观点或者大部分人认同的观点可能成为对犯罪问题的基本理解，影响其他各层次的犯罪防控政策的建设和执行。

第二个层次是与犯罪防控有关的法律法规。包括刑事法律法规和在特定历史时期为处理某一特定犯罪问题通过的特殊法案或者单行法规。

第三个层次是犯罪防控机构的行政设置及其建立的各种政策。这些行政设置可以是在中央设立的，也可以是在地方设立的。一些发达国家往往会就某一特定问题通过单行法案，并拨付相应的预算，设立相应的行政机构来执行这些法案。

第四个层次是政策项目层次。政策通常是通过具体项目来体现的，项目的概念可以很宽泛，可以是很大的项目，也可以是很具体的小项目，在西方往往用“program”这个概念来表示。这些体系有些是建立在比较充分的科学研究基础之上的，而更多的是在政治及其他方面考虑的基础上建立的。

这个体系中第一层次中的观点和理论方针可以是来自科学理论研究的结果，其他几个政策层次可以是来自于以科学评估为核心的研究活动。科学研究可以成为犯罪防控理论政策和实践的科学基础。

三、科学证据的层次：萃取技术与康拜尔合作组织

犯罪防控政策的科学化，强调通过科学的研究方法对政策实践进行评估，并使用科学方法所产生的科学证据来指导实践①。那么，什么样的证据才算是科学的呢？

---

① Sherman, Lawrence W., “Evidence-based Policing” in Ideas in American Policing, Washington, DC: Police Foundation, 1999.

（一）层次的划分

不同方法所产生的证据，其效力也是不同的。RCT 所产生的证据属于效力最高的级别（即所谓的“金标准”），准实验研究、问卷调查、定性研究获得的证据效力次之①。

证据级别由低到高 →			
定性研究	问卷调查	准实验研究	RCT

在评估研究所采用的各种方法中，RCT 所产生的数据之所以被视为最高等级的科学证据，是因为 RCT 相对其他实验方法而言，具有最稳定的内部效度（Internal Validity），能够最为客观、清晰地展现犯罪防控措施或干预项目的影响。② 在评估犯罪防控措施或干预项目的效果时，如果一个评估研究难以解释这些措施或项目到底能否引起受试者的变化，例如在戒毒矫治项目效果评估中，即使大部分受试者都能减少毒品的使用量或使用频率，但研究者并不能确定到底是干预项目起了作用，还是受试者本来上瘾程度就不深或在接受矫治前就已经准备戒毒，那么这个研究的内部效度就比较低，因为它无法排除是否有其他因素影响了结果的产生；反过来讲，如果这个评估研究能够确保、证明，受试者的戒毒效果是由干预项目这一单一因素引起的，那么它就具有较高的内部效度。一般 RCT 之所以具有最稳定的内部效度，是因为其在控制了年龄、性别等变量的情况下，将参加实验的被试者随机分配到实验组和对照组，确保实验组和对照组的人员构成和各种特征都比较一致，再对实验组实施干预项目，由于实验组和对照组的人员都是随机分配的，具有同质性，因此当实验组在接受干预项目之后出现任何变化，研究者都可以确认，这些变化一定是由干预项目所造

---

① Farrington, David P. 1983. Randomized Experiments on Crime and Justice. In *Crime and Justice: An Annual Review of Research*. Vol.4, ed. Michael Tonry and Norval Morris. Chicago: University of Chicago Press. Eileen Gambrill. Evidence-Based Practice and Policy: Choices Ahead. *Research on Social Work Practice*, 2006. Sackett, D. L., Straus, S. E., Richardson, W. S., Rosenberg, W. & Haynes, R. B., Evidence-based medicine, how to practice and teach EBM. New York: Churchill Livingstone. Gray, M., Plath, D. & Webb, S. A., Evidence-Based Social Work. Routledge: New York, 2009. Marston, G. & Watts, R., Tampering with evidence: a critical appraisal of evidence-based policy-making, The Drawing Board: An Australian Review of Public Affairs, 2003.

② Farrington, D.P., D.C.Gottfredson, L.W.Sherman, and B.C.Welsh. 2002. The Maryland scientific methods scale. In *Evidence-based crime prevention*, edited by L.W.Sherman, D.P.Farrington, B.C.Welsh, and D.L.MacKenzie, 13-21. London: Routledge.

成，而不会是其他因素所造成的。①

（二）元分析

要对某项犯罪防控政策的有效性进行评价，如果仅仅依靠一两个评估研究的科学证据，可能并不足够，因为其他评估研究可能会有不同的结论，甚至不同研究者分别针对同一个主题所进行的不同评估研究也可能产生不同的结论；因此，为了进一步提高科学证据的效力（同时也是进一步提高犯罪防控政策的科学化水平），需要对关于同一个主题的评估研究报告进行系统的元分析。

按照传统的文献综述方式，研究者不使用定量技术，而是根据个人的思辨结果对所搜集的文献资料进行分析总结，因此可能会受到个人偏见的影响②；为了改善这一问题，可以使用定量分析技术的元分析。但其也存在着问题和局限，例如其主要依赖统计显著性来对评估研究报告的结果进行筛选和评价，但由于社会服务领域，以及刑事司法领域的评估研究往往在 RCT 中使用比较小的标本数量，因此很多具有实际效力的小样本评估研究结果可能被排除、被忽略，从而影响最终结果的可靠性和科学性。

（三）系统综述

为了改善这些问题，可以进一步采用系统综述的方法；系统综述是一种全新的文献综述方式，使用严格的方法对某一主题的所有评估研究报告进行定位、分析、综合合成，将数据综合成一个整体，以得出可靠的结论，具有如下特征：明确的目的，明确的筛选标准，筛选文献时应当避免潜在的偏见，必须列明被排除的文献清单，尽量获取与主题有关的所有文献，使用定量分析方法对文献的数据进行合成（包含或不包含元分析均可），最终的系统综述报告必须具备固定的结构和撰写方式③。必须明确的是，系统综述并不等同于元分析，前者可以包含后者，但后者并不代表前者。严格按照规定程序和方法完成的系统综述，能够为评价犯罪防控政策的有效性提供当前最可靠、最完整的科学证据④。

---

① David Weisburd, Lorraine Mazerolle & Anthony Petrosino, The Academy of Experimental Criminology: Advancing Randomized Trials in Crime and JusticeDavid Weisburd, Cynthia M. Lum & Anthony Petrosino, Does research design affect study outcomes in criminal justice? in ROBERT PEARSON(Ed), The Annals by The American Academy *of* Political *and* Social Science. Sage Publications, 2455 Teller Road, Thousand Oaks, CA. 2001.

② Cooper, Harris C. and Larry V. Hedges, eds. 1994. *The Handbook of Research Synthesis*. New York: Russell Sage.

③ Farrington, David P. and Anthony Petrosino. 2001. The Campbell Collaboration Crime and Justice Group. *Annals of the American Academy of Political and Social Science* 578:35-49.

④ Petrosino A, Boruch RF, Soydan H, Duggan L, Sanchezp-meca J. (2001). Meeting the Challenges of Evidence-based Policy: The Compbell Collaboration, in ROBERT PEARSON(Ed), The Annals by The American Academy *of* Political *and* Social Science. Sage Publications, 2455 Teller Road, Thousand Oaks, CA.

（四）康拜尔国际合作组织

在评估研究发展过程中，系统综述作为一种新的评估工具，得到了越来越广泛的应用，同时也发挥了越来越重要的作用。而康拜尔合作组织的成立，则是评估研究以及犯罪防控政策科学化发展进程中的一个里程碑事件，通过系统评估的方法，进一步提高了评估研究的科学性①。康拜尔合作组织是一个由跨国学者组成的研究组织，下设教育、刑事司法和社会福利三个领导委员会，其目的是筹备、推动、产生社会科学方面，包括教育学、刑事司法学、社会福利学三个领域的系统综述研究报告，为各国学者或机构的研究和决策提供参考。

康拜尔合作组织的建立，要追溯到 Cochrane 国际合作组织的成立和成就。在英国卫生部的支持下，Cochrane 国际合作组织于 1993 年正式成立，致力于为全球医务工作者提供关于对医学领域各种医疗干预措施有效性进行评价的系统综述报告，并迅速在全球医学研究和医疗实践领域取得了巨大成功。研究显示，Cochrane 国际合作组织所产生的系统综述报告，其质量和效力要高于其他研究组织或研究系统所产生的系统综述报告，更是远远高于通常发表在医学期刊上的元分析论文，被认为是关于医疗干预措施有效性评价的最可靠的证据来源；Cochrane 国际合作组织（简称 C1）的成功，促使各国学者决定成立康拜尔合作组织（简称 C2），仿照 Cochrane 国际合作组织的运作方式，为教育、刑事司法和社会福利领域的研究者和实务工作者提供系统综述报告②。

康拜尔合作组织的刑事司法领导委员会，专司负责与刑事司法政策和犯罪防控项目有关的系统综述报告的产生和维护，主要目的是对犯罪防控政策及干预项目的有效性进行科学评价、提供科学证据，其研究范围涵盖犯罪防控领域的各个主要课题，着重对与这些课题有关的干预项目的有效性进行系统综述，包括：恢复性司法，父母教育项目，儿童技能培训，少年犯宵禁令，少年行军营（对未成年犯或未成年行为偏差人员集中进行军事化训练），电子监禁，针对犯罪人员的认知行为项目，针对监狱服刑人员的宗教信仰项目，刑期长短对重新犯罪率的影响，社区服务令，针对精神病患者的矫治，闭路监控系统，街道照明项目，邻里守望项目，高危地带警务项目，戒

---

① Farrington, David P. and Anthony Petrosino. 2001. The Campbell Collaboration Crime and Justice Group. *Annals of the American Academy of Political and Social Science* 578: 35-49.

② Petrosino A, Boruch RF, Soydan H, Duggan L, Sanchezp-meca J. (2001). Meeting the Challenges of Evidence-based Policy: The Compbell Collaboration, in ROBERT PEARSON (Ed), The Annals by The American Academy *of* Political *and* Social Science. Sage Publications, 2455 Teller Road, Thousand Oaks, CA.

毒矫治,等等①。

四、中国的现状和发展方向

(一)中国犯罪防控政策体系的现状

在我国,过去几十年来,特别是自改革开放三十多年来,犯罪问题与犯罪率,特别是青少年犯罪,出现了较为明显的增加,日益成为政府和广大公众关注的重要问题。中国的犯罪防控和犯罪学取得了长足发展,犯罪防控领域的理论和实践都取得了重要的成就。我国政府也已建立了自己的犯罪防控体系:

1. 在观点层次上,国家确定了社会治安综合治理的方针。可以说,我国犯罪防控政策框架主要是以社会治安综合治理这个基本方针为中心的政策体系,这个政策框架首先包含着中央政府对犯罪防控的基本指导思想。中共中央 1979 年 8 月在批转中央宣传部、教育部、文化部、公安部、国家劳动总局、全国总工会、共青团中央、全国妇联等 8 个单位《关于提请全党重视解决青少年违法犯罪问题的报告》时明确指出,解决青少年的违法犯罪问题,必须实行党委领导,全党动员,依靠学校、工厂、机关、部门、街道、农村社队等城乡基层组织和全社会的力量。绝不能就事论事,孤立对待,而应当同加快经济发展,加强思想政治工作,健全民主与法制,搞好党风、民风,狠抓青少年教育等工作结合进行。这是最早见于中央文件中的有关对社会治安问题实行综合治理的指导思想。

社会治安综合治理,是指在党和政府的领导下,依靠国家政权、社会团体和广大人民群众的力量,各部门协调一致,齐抓共管,运用政治、经济、行政、法律、文化、教育等多种手段,整治社会治安,打击犯罪和预防犯罪,保障社会稳定,防止被害,为我国社会主义现代化建设和改革开放创造良好的社会环境。

2. 法律、法规层面,1991 年 3 月 2 日,第七届全国人大常委会第十八次会议通过了《全国人大常委会关于加强社会治安综合治理的决定》。

3. 犯罪防控组织机构,例如中央、各地专门设立综治委等机构,并进一步颁布了各种具体政策,领导、组织各种具体项目的实施,形成了一个具有相当规模的犯罪防

① Farrington, David P. and Anthony Petrosino. 2001. The Campbell Collaboration Crime and Justice Group. *Annals of the American Academy of Political and Social Science* 578: 35-49.

控体系。

4. 在政策项目层次上，从中央至地方多年来提出了很多政策项目，如打击犯罪、预防犯罪、矫治罪犯、刑事司法过程、社区参与、化解矛盾冲突、情景犯罪预防。具体实施的政策项目，大到多部门治理，小到具体的犯罪干预项目。

（二）当前中国犯罪防控政策体系所面临的困难和问题

我国学者也对犯罪治理政策做了大量研究。如研究对政府理论观点的形成等，这些对政策的制定也都有着重要的影响。我国学者也对主要的政策项目做了一些有价值的评估研究。但是，我国犯罪防控政策体系仍面临着一些问题与挑战，在社会基本稳定的大前提下，大量不安定的风险因素和社会矛盾普遍存在。

1. 刑事案件仍在上升。随着经济社会发展、改革开放深入、市场化深化，有关犯罪防控的社会管理任务十分艰巨，除了传统类型的犯罪和治安案件仍在持续上升，一些特别严重的犯罪问题也对我们提出重大挑战，例如不断发展的有组织犯罪问题、毒品犯罪问题、拐卖妇女儿童犯罪问题等，发展趋势都相当严峻。从警务战略的角度看，如何以有限的警务资源有效地应对这些挑战，不断总结经验，提出创新，发展出有效果又有效益的各种政策项目，维护好社会治安，保证国家经济建设、人民生活安定，我们面临十分艰巨的任务。

2. 中国综合治理犯罪框架下，公安机关是犯罪防控的领导力量和中坚力量。几十年来，公安部门设计并执行的犯罪防控政策及项目，主要就是“严打”。“严打”是依法从重从快严厉打击刑事犯罪分子活动的简略表述，是为解决一定时期中突出的社会治安问题而依法进行的打击严重刑事犯罪的活动。1983 年 9 月，全国人大常委会通过了两个决定，即《全国人民代表大会常务委员会关于严惩严重危害社会治安的犯罪分子的决定》和《全国人民代表大会常务委员会关于迅速审判严重危害社会治安的犯罪分子的程序的决定》，这两个决定为“严打”活动提供了合法的依据。第一个决定体现出“从严”，而第二个决定表现的是“从快”。

从 1983 年 8 月上旬开始到 1984 年 7 月，各地公安机关迅速开展严厉打击刑事犯罪活动的第一战。迟志强就是这次战役中最著名的一个案例。“严打”虽严，却反弹很快。在 1983 年到 1987 年第一次“严打”期间，刑事犯罪确实得到了抑制，“严打”期间，从各类报道中不仅可以看到各种公共场所治安良好，连女工上下夜班、女学生下晚自习也不再需要家人接送了。但是，在“严打”后，刑事案件的立案数一下子由 1987 年的 57 万件上升到 1988 年的 83 万件——三年多的“严打”并没有达到预期的长效目标。严打政策项目、严打刑事犯罪使犯罪在一定程度上得以抑制，但也受到很多批评，很多学者，包括政府和学界普遍认为“严打”并不能达到社会控制的长效目的。与此同时犯罪学并不被社会广泛了解。与临近学科例如法律相比较，犯罪学家的社会地位并不高。

3. 科学程度不足。我国犯罪率不高，在警务项目方面可以说是成功的，平时也讲犯罪防控效果的客观性、真实性，那么中国的犯罪防控政策有没有科学化？够不够科学化？由谁来决定是否科学化？用什么方法评估科学化程度？科学的犯罪防控政策要讲证据，而大多数中国的犯罪学理论是没有以经验研究为基础的。学者刘晓梅指出，中国从理论、经验和实践上都没有科学化。中国的政策和项目基本没有科学的评估，而是领导人（层）的意志决定一切。比如中国的犯罪率在一定时期内发生变化，呈现下降趋势，能不能想当然地认为国家施行的犯罪防控政策在起作用，也许是人的素质普遍提高等其他因素对犯罪率产生了影响。没有进行评估，无法轻率地得出任何结论。当前中国某些犯罪防控政策是新瓶装旧酒，虎头蛇尾，评估结果不一定权威，评估方法不够科学。

（三）未来的发展方向

科学的犯罪防控政策体系，其实是科学研究与实践工作的结合。在此过程中，犯罪学研究起着重要的作用。犯罪学是一门学问，只有不断发展才能保证它的成功。

1. 犯罪学的资源。犯罪学领域中的关键概念之一是资源。因为我国资源不足，所以在世界各国影响力有限。资源就是力量，资源左右影响力的分配，反之亦然。另外，我们需要财务资源来保障科学研究顺利进行，我们需要政治资源影响政府的决策，我们需要社会资源创造并提高犯罪学的影响和认可度。

2. 犯罪学的需求。我国是否存在发展犯罪学的需求？答案是肯定的。城市化不仅仅带来了高度发达的物质文明，也带来日益繁重的犯罪问题。那么，谁需要犯罪学知识呢？政府是最为传统的消费者。政府在制定法规政策，改进警务机构，推动司法改革等方面，是非常需要高水平的、专业化的犯罪学知识作为参考的，这将大大有益于社会科学化管理水平的提升。除此之外，非公共领域当中，对犯罪学的需求也是不可忽视的。随着城市建设的扩张，城市新兴社区正在不断形成。为了社区安定，需要构建新型的社区治安保障体系。这种体系建设需要大量的犯罪防控知识作为支撑。比如，在情景预防犯罪理论的指导下，在建设城市公共设施和居民住宅的过程中，应该在考虑建筑布局和工作人员设置与职责安排时，将安全与犯罪防控也作为重要的考量要素。因此，在犯罪学的市场中，政府是最关键的因素，而非官方组织是另一个主要市场。私营企业有犯罪预防和安全的需要，社区、学校、家庭以及个人也有犯罪预防和安全的需要。

3. 犯罪学的科研产品。犯罪学领域还有一个关键概念是科研产品，也就是犯罪学的供给。为了生存并取得成功，我国犯罪学必须拿出高质量的研究成果来满足市场的需求。政府方面犯罪学的研究成果包括法律法规、政策、项目策划、咨询服务。非官方组织方面犯罪学的研究成果有犯罪防治、安全措施、社会项目等。在理论领域里通行的做法是依靠严格的经验验证来建立理论，这其中包括以严格的科学方法系统地收集证据、资料，通过使用各种经验方法进行验证，包括使用统计模型和计算来检验理论在观察层面上的假设是否成立。政策领域中，核心的科学活动就是对现实存在中的政策和政策项目进行评估，并以评估提供的证据为基础调整、改善或放弃已有的政策，从而实现科学的管理。

4. 供给和需求组成的市场。犯罪学共同体的主要使命是提供专业水平的知识产品，而这种产品的使用价值取决于它是否能够满足公共或非公共领域的犯罪防控与社会安全需求。这种需求与犯罪共同体的供给共同组成了我国犯罪学的市场。资源和影响力在市场中进行分配。市场占有率决定一个组织的影响力，犯罪学也不例外。市场能够左右专业群体的社会阶层划分并且决定他们的影响力。市场的这个作用是客观的，犯罪学家更无法控制。为了提高犯罪学的影响力，我们要尊重市场的需求。以市场作为犯罪学发展的支点，意味着要用竞争机制来启动犯罪学的学术航路。市场占有率决定组织影响力，左右专业阶层的划分，但是，市场的本意是要尊重和满足各种特定的需求，而这种需求的存在，是我国犯罪学进一步拓展和深化发展的基础。

在社会管理向科学化方向发展的今天，犯罪学的建设和刑事政策的制定与实施应遵循科学的轨道。在市场化竞争机制的指引下，融合了实业家精神的中国犯罪学，必将迎来蓬勃发展的未来。

五、本丛书简介

综上所述，建立在科学证据基础上的犯罪防控政策和项目，将能更加有效地预防、减少犯罪行为。评估研究以犯罪防控政策的有效性作为研究对象，以实验方法为主要研究方法，为犯罪防控政策的制定和实施提供了极为有力的科学证据[①]，使得犯

① Brandon C.Welsh and David P.Farrington.(2001).Toward an Evidence-Based Approach to Preventing Crime, in ROBERT PEARSON(Ed), The Annals by The American Academy of Political and Social Science.Sage Publications, 2455 Teller Road, Thousand Oaks, CA.

罪防控政策体系逐渐向科学化的方向发展，即在科学证据的基础上，对犯罪防控政策进行科学决策，并确保其得到有效实施。

高层次的科学证据，主要来自于RCT，Meta-analysis和Systematic Review。康拜尔合作组织是这方面的领头羊，其刑事司法委员会所完成的元分析和系统综述研究，涵盖了警察、矫正、吸毒和预防犯罪领域，代表了该领域的最高成果。我们选译了康拜尔合作组织的若干元分析和系统综述报告，编成5卷，分别为《警务工作评估系统回顾研究》、《犯罪干预与预防评估系统回顾研究》、《青少年犯罪评估系统回顾研究》、《犯罪矫治评估系统回顾研究》和《禁毒干预评估系统回顾研究》，以期为国内学界及实务界提供参考，共同推进我国犯罪防控政策体系的科学化。

《警务工作评估系统回顾研究》包括11篇研究报告，分别对“犯罪热点警务”项目、反恐战略、控制枪支犯罪项目、家庭暴力应对项目、警察压力管理项目等警务项目的效果进行了系统综述。

《犯罪干预与预防评估系统回顾研究》包括8篇研究报告，分别对街道照明项目、闭路电视项目、邻里守望项目、家庭暴力罪犯治疗项目、恢复性司法等预防干预项目或措施的效果进行了系统综述。

《青少年犯罪评估系统回顾研究》包括7篇研究报告，分别对家庭/家长培训项目、儿童自我控制干预项目、父母监禁对子女心理行为的影响等内容进行了系统的综述和评估。

《犯罪矫治评估系统回顾研究》包括7篇研究报告，分别对认知行为治疗、监禁与非监禁刑罚、矫正训练营、就业项目对重新犯罪率的影响进行了系统综述。

《禁毒干预评估系统回顾研究》包括5篇研究报告，分别对监狱里的戒毒项目、药物法庭、替代矫治项目、动机式晤谈法的效果进行了系统综述。

目　　录

针对家庭暴力罪犯的法庭强制干预治疗

Court-Mandated Interventions for
Individuals Convicted of Domestic Violence

作者:Lynette Feder,David B.Wilson and Sabrina Austin

译者:卢韵媚　　核定:张金武　张彦

内容概要

针对家庭暴力的问卷调查研究,以及对警方记录、医院急诊室以及妇女庇护所档案的调查分析,均明确地显示了家庭暴力问题的严重性,以及寻找适合措施或项目解决这些问题的迫切性。目前,美国在全国范围内实施了对家庭暴力施暴者的法庭强制介入治疗项目,作为解决这一问题的主要方法。本研究的目的,是通过系统综述的方式,测量针对家庭暴力犯人的法庭强制介入治疗项目(包括审前分流项目)的整体成效。通过搜寻各种数据库,我们对各种法庭强制介入治疗项目进行评估的文献进行了检索,但仅将实验研究以及科学性较高的准实验研究纳入本研究的数据库。所谓科学性较高的准实验研究,是指使用配对或统计技术,对不同组别的可比性进行了完善的研究。我们对各研究的干预措施、研究对象和结果都进行了编码。本报告的研究结果使用效应量予以表示,而效应量是通过变量转换法予以测量的。结果显示,运用官方家庭暴力数据进行分析的实验性评估研究表明,介入治疗有适度的效果,但用被害人报告数据进行分析的研究则表明,介入治疗的平均效果为零。没有对比组的准实验性研究评估显示不同介入治疗的效果并不一致,但整体而言有轻度的负面效果。虽然包含对比组的准实验研究则显示介入治疗在预防家庭暴力再犯方面有显著而且积极的作用,但我们相信其显示的积极效果是因为其研究设计令其样本有选择性偏差问题。总体而言,我们认为,就本研究报告的结果而言,没有足够证据证明,对家庭暴力施暴者的法庭强制介入治疗项目具有减少其再次出现施暴行为的效果。

1. 综　述

家庭暴力被定义为具有婚姻、同居、目前处于或者曾经处于亲密关系的成年人之间的伤害性行为(Goolkasian,1986)。研究显示此一问题现今十分普遍。根据 1998 年美国警方的犯罪报案统计显示,伴侣间的谋杀案占全国整体谋杀案的 11%(Rennison & Welchans,2000)。全国犯罪被害人问卷调查(NCVS)指出,1998 年全国大概有一百万的暴力犯罪犯人是被害人现任或者前任的配偶,或同居伴侣,而其中大多数案件(85%)的被害人为女性(Rennison & Welchans,2000)。这些数据显示,找到能够有效减少家庭暴力罪犯行为的干预项目是十分重要的。

法庭强制介入治疗就是干预项目的一种。虽然以往针对该项目的研究对其有效性的评估结果并不一致,但早期的评估研究非常一致地显示出该项目具有极高的成功率;然而,这些评估的结果很可能也反映了它们在研究方法上面存在的问题,而并非治疗在减少暴力行为方面的实际效果。后来,针对该项目的评估研究采用了更为严谨的研究方法。与早期的研究不一样的是,这些采用更加严谨研究方法的评估研究,显示法庭强制介入治疗在减少暴力行为上既有正面结果也有负面结果。不一致的结果固然反映出不同的评估研究在研究设计严密性上的差异,但也有可能是由于不同评估在测量治疗结果时采用了不同方法,或是不同长度的跟踪观察时间,抑或是由于在不同社区介入治疗实施的完整性和相关社区配套服务都不一样。

目前,针对法庭强制治疗咨询的效果进行元分析的研究有两个。Davis 和 Taylor (1999)的 Meta 分析包括了五个准实验性研究以及两个实验性研究:准实验性研究使用了将实验对象配对设计,但配对并不完全等同(他们最后放弃了其中一个研究,因为其结果被认为十分异常);实验性研究则使用了随机分配的设计。他们在研究中总结道:"这些少量的准实验性及实验性研究均有十分一致的证据显示,对家庭暴力犯人的治疗是有效的,并且效果颇为显著。"(Davis & Taylor,1999,p.69)研究分析发现实验性研究的平均效应量(d)是 0.412,而准实验性研究的效应量则是 0.416。总体来说,Davis 和 Taylor 的研究显示介入治疗的效果十分有效。

Babcock,Green 以及 Robie(2003)在他们的系统性回顾以及 Meta 分析中,仔细研究了 17 个准实验性研究(把介入治疗中途退出者、缺席者以及拒绝接受治疗者组成的对比组与治疗完成者进行对比,或者直接将没有接受治疗的参加者和治疗完成者进行对比)和 5 个实验性研究(把参加者随机分配到实验组和控制组并控制两组实验条件)。Babcock 等人总结道:"法庭强制治疗咨询项目的效应量并不大"(Babcock et al.,2003,p.1043),"对于实务工作者来说,这意味着一个被逮捕、被刑事惩罚并被强制接受介入治疗的男人,其再次伤害家中女性的可能性比一个仅仅被逮捕和刑事惩罚的男人少 5%"(Babcock et al.,2004,p.1004)。

Babcock 等人的研究是对已有文献的一个全面系统的回顾。然而,如果研究设计的科学性是会影响研究结果的严密性的话,那么 Babcock 等的研究所使用的方法有可能导致其整体研究结论出现偏差,因为他们系统回顾包括了所有的准实验性研究,甚至包括那些没有对实验组与对照组的差异性进行控制的研究,而且他们也没有将不同种类的准实验性研究的效应量单独进行分析(Feder & Forde,2000;Weisburd, Lum & Petrosino,2001)。

因此,本研究报告运用了元分析的步骤,综合现有关于法庭强制介入治疗项目(包括刑事审判前分流的治疗项目)效果的所有经验研究的证据,对该项目的效果(即能否有效减少再次施暴现象的出现)进行系统评价。像 Babcock 和她的研究团队一样,我们的系统性回顾包括所有在美国以及别的地方进行过的相关研究,包括已经正式出版以及未出版的研究报告。跟 Babcock 她们类似的是,我们囊括了所有符合我们条件的实验性研究。但和 Babcock 她们不同的是,我们并没有囊括所有的准实验性研究,我们仅仅采用了那些能够利用实验组配对设计或者统计学控制方法来解决选择偏差问题的准实验性研究。另外,我们还对各种特定类型的研究设计进行了单独分析,以辨析出不同研究设计对治疗效果评估的影响。

2. 法庭强制介入治疗项目概述

随着女权主义的兴起，在妇女庇护运动中，一些从事家暴受虐妇女保护服务的实务工作者和研究者意识到，能够改变家庭暴力恶性循环的唯一方法是改变施暴者的行为，因此对男性家庭暴力犯人进行心理咨询辅导的构想随之从这个运动中直接产生(Feazell，Mayers and Deschener，1984)。因此，这些介入治疗项目带有强烈的女性主义色彩。比较典型的是，不同的介入治疗方法均鼓励男性正视自己的性别歧视观念以及承担起自己以往暴力行为的责任，并且教导他们正确的行为和处理事情的适当反应(例如：愤怒情绪管理、自信心、放松压力的技巧以及沟通的能力)。

1980 年代后期是这种介入治疗项目增长最多的时候，因为当时国会批准出台多项支持逮捕家庭暴力施暴者的相关法律。由于警察增加了他们对家暴犯人逮捕的比例，法庭相对也面对一系列如何处理这批被拘捕的施暴者的压力。考虑到治疗项目对这批犯人的较高吸收能力，法庭强制的介入治疗被视为保证犯人更好服从法庭命令的一个方法，而同时也被作为在拥挤的监狱服刑的另一选择。

介入治疗出现后不久，评估分析这些治疗效用的研究也相继浮现。在第一波的评估研究中，都出现了让人怀疑的极高的治疗成功率，指出治疗有效地减低了犯人后来再犯暴力行为的频率以及严重性。一些研究意识到这些研究结果只是反映出当时研究方法的漏洞而并非介入治疗在减低暴力方面的真正效力(Chen，Bersani，Myers and Denton，1989；Ford and Regoli，1993；Gondolf，1987)。

近期越来越多比较严密的研究导致了对介入治疗在减低家暴再犯率方面的不一致结论。四个带有配对比较实验组的准实验性研究发现，法庭强制治疗的效果在统计学显著性方面并不一致。其中两个研究通过配对犯罪历史及人口特征，比较了完成治疗者和中途退出治疗者两个组别，发现法庭强制治疗的男性在实验中显示出更低的再犯率(Dutton，1986；Gondolf，1998)。另一个准实验研究发现强制治疗相对于无治疗的实验组来说，其对未来暴力行为并没有显著的成效。相反地，Harrell(1991)的一个准实验性研究发现，那些强制进入治疗的人相对那些没有强制治疗的施暴者有显著更高的再犯率。

五个强制治疗的实验性研究结果也表明，法庭强制介入治疗项目对于减少家暴再犯率的效果并不一致。其中一个研究发现，随机分配到接受强制治疗的男性相对无治疗的对比组而言,再犯的可能性较低(Palmer,Brown and Barrera,1992)。另外一个研究发现,被强制参加为期26周的咨询治疗的男性相对被强制参加8周的咨询治疗的男性,或者相对参加40小时社区服务的控制组,都显示出较低的再犯率(Davis,Taylor and Maxwell,1999)。然而,另外三个实验性研究发现,介入治疗的对象对比起只被判缓刑(Ford and Regoli,1993;Dunford,2000;Feder and Duggan,2001)、被强制参与联合疗法、严密监督或者没有接受任何治疗和监督的对比组(Dunford,2000)都没有明显的区别。

随着越来越多的社区被要求建立对家庭暴力问题的干预方案,我们很可能会见到相关介入治疗项目的数量持续增加。因此,理解这些治疗项目对减少未来暴力行为的效用也会越来越重要。

3. 研究目标

1984年,美国总检察长的家庭暴力特别工作小组推荐将法庭强制介入治疗作为新增的合法方案(U.S.Attorney general's Task Force on Family Violence,1984)。然而,20年以后,我们依然不确定介入治疗相对比起只实施普通法律介入(例如:逮捕、起诉、定罪以及短期监狱拘留或者缓刑)能否有效减少未来的暴力。美国国家科学院(The National Academy of Sciences)也提出"解决家庭暴力问题已经迫在眉睫,但我们依然缺乏科学的知识来指导政策的制定和施行,这让政策制定者、相关社会服务的提供者以及社会运动的活跃分子开始展开一些行动"(Chalk & King,1998,p.2)。因此,这个系统性回顾目的在于评估对家暴施暴者进行法庭强制介入治疗(包括审判前分流的介入项目)的效用,这些项目必须是专门地或者至少部分地以减低施暴者未来再犯家暴行为为目的,采用不同于常规法庭程序的惩罚方式。另外,通过对研究设计的专门分析,本文也会对方法学设计给各项目评估结果带来的影响进行剖析。

4. 方　法

4.1　系统性回顾对过往研究的筛选要求

4.1.1　研究类别:本系统性回顾仅会包括实验性设计或者严密的准实验性设计

的研究。实验性设计的定义是那些采用随机的方法将实验对象分配到实验组和对比组的研究。严密的准实验性设计则是指通过多元变量统计方法或者将实验对象配对的设计来克服在实验组和对比组中会出现的选择性偏差问题。在实验性和准实验性研究设计中,成为对比组的对象可为没有接受介入治疗或者接受一般治疗的犯人。也就是说,没有接受介入治疗的对比组可包括常规的法律介入程序,例如判处缓刑或者短期看守所拘留的犯人。不过,我们排除那些转介到以减少家庭暴力为目的的心理咨询或者其他代替项目(不像拘留或缓刑那些以威慑遏制效用为目的的项目)的研究对象。此回顾还包括用退出治疗者作为对比组准实验性设计的研究,但前提是这些研究有对研究对象的基准差异进行统计学上的调整。将退出治疗者作为对比组的研究被纳入我们的回顾,并将他们分开进行专门分析,是由于考虑到他们对此类型文献的重要性。如我们在本文结果部分和讨论部分提及的,我们相信在这些研究中对选择性差异的问题进行统计学调整其实是不恰当的,会不准确地放大介入治疗的积极结果。

4.1.2 介入治疗的种类:介入治疗是指在逮捕家暴施暴者之后,由法庭强制地、完全地或部分地以减少家暴施暴者未来再伤害家人配偶的可能性为目的的治疗项目。根据此定义,在审判前分流的介入治疗也符合纳入我们系统回顾研究的标准。

4.1.3 被试者的种类:Meta 分析只包括针对成人(十八岁或以上的人)参加者的研究,并且这些参加者的家庭暴力行为是出现在异性婚恋关系中的,施暴者与受虐者可以是已婚或曾经处于婚姻关系,即已经分手的、离婚的、同居的或者是正在恋爱的关系。即使研究样本包含了这些标准以外的其他人,只要其中的对象符合这个标准就会被包括在本文中。

4.1.4 治疗结果测量方法的种类:要被纳入此次系统性回顾研究中,该评估研究必须在治疗完成后至少六个月测量重复发生家庭暴力的结果。这是指从介入治疗完成的那一刻开始的六个月时间,也就是说,从犯人完成他的法庭强制令时开始算。这种筛选条件是根据 Dunford 的一些评估研究结果,这些发现显示从介入治疗结束后马上开始收集的治疗成果数据往往比从治疗完成之后某个时间才开始收集数据更容易显现出介入治疗的有效性(Dunford,2000)。这也提醒我们在处理单纯建基于测量完成治疗后的结果的评估研究要格外谨慎。不仅如此,要纳入本次系统性回顾的研究还需要包括至少一种由该案件被害人或其他被害人提供的,而并非犯人自我报告的重复暴力行为的结果测量。因此,只要评估研究能包括由被害人对犯人暴力行为的报告或者利用诸如逮捕、起诉、定罪等官方记录作为再犯案结果的测量都可以视为符合本次系统回顾条件的研究。

值得注意的是,完全依赖于改变犯人态度的介入治疗研究并没有包括在本次的Meta分析中。无可否认,这种类型的介入治疗的成功效果会被犯人的其他改变所影响,例如犯人的态度和掌握愤怒情绪管理技巧等。这些研究中测量到的一些中段结果的改变无疑是让人鼓舞的,而且这些转变还会带来一些我们结果测量方法也无法检测出来的好处。然而,我们研究项目的首要目的是减低配偶间的虐待行为,因此我们集中关注这个关键的结果。另外态度的改变还会建基于犯人的自我报告。无论是他们处于社会认可的考虑还是其他未知的因素,很多在这个领域的研究者都对这些自我报告得出的结果有所保留(Edleson & Brygger,1995;Feder & Duggan,2002;Tolman & Edleson,1995)。因此,我们决定只用是否有持续虐待暴力行为作为介入项效果的测量指标。

4.1.5 数据的充分性:最后,被纳入本次系统回顾的研究需要有报告充分的数据来让我们计算其效应量。

4.2 识别出相关研究的搜寻策略

我们的目标是识别并囊括所有从1986年到2003年1月在美国或其他地方进行的符合纳入标准的评估研究,包括已经出版和没有出版的。为了达到此目标,在这个领域工作多年的本文第一作者(Lynette Feder),详细检查了很多其他研究者而获得了额外的一些针对家暴施暴者介入治疗效果的已出版或者还没出版的研究。研究团队还搜寻了电子化的数据库和网站、已出版的回顾里面提及的文献及参考书目,还对相关文献注解过的书目进行彻底的审查(参考下文)。这个列表是根据以下重点分类的:(1)已出版的材料;(2)未出版的材料;(3)政府出版物;(4)现存已登记记录的家庭暴力研究。必须申明的是,部分数据库会在不同组别中重复出现,包括在"已出版的材料"项目中的Sociological Abstracts,Educational Resources Information Clearinghouse(ERIC),Criminal Justice Abstract和其他包含未出版或出版文献、全国性或者国际性的研究的数据库。文献的搜寻采用了以下的数据库和网站:

(1)已出版的材料

PsycINFO

ERIC

MEDLINE

Sociological Abstracts

Social Science Citation Index

Lexis Nexis Legal

Lexis Nexis Medical

Social Work Abstracts

Criminal JusticeAbstracts

(2)未出版的材料

Dissertation Abstracts International

(3)政府出版物

GPO Monthly Catalog(MOCAT)

National Criminal Justice Research Service

UK National Health Service NRR(National Research Register)

(4)现存已登记记录的家庭暴力研究

Social,Psychological,Criminological and Educational Trials Register(C2-SPECTR)

PsiTridatabase randomized and controlled trials in mental health

Babcock and Taillade,1999

Davis & Taylor,1999

Babcock,Green & Robie,2003

文献搜寻中用的词语:我们用了分成3个群组的25个关键字去搜寻所有对法庭强制家暴犯人的介入治疗效果进行分析的实验性或者准实验性研究。适当的时候,我们还会使用“万用字元”(Wildcard)以寻找一些词语的词根以防一些词语可能会有其他形式的派生词(例如,词语“eval *”被用作搜寻词语“evaluation”“evaluate”“e-valuating”等)。下列的群组一是与我们研究的主题相关,群组二是为了找出与项目(Program)或者评估(evaluation)作为研究关键字的文献。最后,群组三则是与研究结果相关的词语。每个群组中的用语通过 Boolean 逻辑用语中的“or”连接在一起(如果一篇文献的概要中出现任何一个关键字都会被选中),而组群之间则用 Boolean 逻辑用语中的“and”连接起来(例如:每个组群中至少一个词语出现在概要中就会被选中)。为了让搜寻结果清单较容易管理,文献搜寻仅仅局限于对文献标题以及概要中关键字的搜寻。如果文章的题目和概要看上去有可能符合要求,那么这个研究调查就会被摘录下来进行回顾分析。每个群组中的关键字包括:

群组一:与主题相关的词语

Anger Management

Batter(er/s)

Domestic Assault

Family violence

Spous(e/al)abuse

Physical abuse

Minneapolis Model

Duluth

Intimate partner violence

群组二:与项目相关的词语

Defer(ral/ring/rred)

Program(s)

Treatment(s)

Intervention(s)

Diversion(ary)

Prosecu(te/tion/torial)

群组三:与结果相关的词语

Effect(s/tive/iveness)

Research(es)

Outcomes(s)

Eval(ulation/luations/ating)

Experiment(al)

Quasi(-experimental)

Random(ly)

Compar(ison/ing)

Match(ed/es/ing)

研究院里面的研究助理和本文第一作者(Lynette Feder)再次分析了通过搜寻步骤辨识出来的文献的题目和概要。明显符合要求的研究被整篇摘录下来。如有不同的看法出现,大家会征询第二作者(David Wilson)的意见并达成最后的共识。研究助理和第一作者(Lynette Feder)还会负责进一步分析所有摘录下来的研究的全文以决定该研究是否最终能符合我们 Meta 分析要求。同样的,如果对是否纳入该文章的决定出现不同意见或意见不确定的时候,大家会再次征询第二作者(David Wilson)的看法并最终作出决定。

4.3 对相关研究所使用的方法的描述

对研究方法的评估是从纳入条件推断的。具体来说,研究会采用组别对比设计,通过随机分配研究对象到不同情景或者自然地对比治疗参与者和情况相近的非治疗参与者(例如:因家庭暴力被判缓刑的犯人)。家庭暴力介入治疗项目会跟非治疗情景进行对比,而这里的非治疗情景是指常规的刑事司法程序。此类实验性研究的典型就是在定罪之后或者在避免定罪的分流过程中,犯人被分配或者自己选择(例如准实验性研究中采用中途退出治疗及缺席治疗者的方法)进入实验组(接受介入治疗)及控制组(经历常规程序)。研究会测量治疗完成之后的再犯率,也就是治疗完成之后犯人是否对之前的被害人或者新的伴侣再有家庭暴力的行为。这些测量可能包括官方逮捕和定罪的记录或者被害人(例如:现任或前任配偶、现任或前任女朋友)的报告。

4.4 决定研究结果独立性的要求

为避免研究结果被"双重计算",我们采用了两种策略。首先,不同出版社出版的同一个评估研究将会在研究综述中被视为一个研究。其次,同一个研究中的不同结果会根据结果的构成(例如:用官方犯罪数据还是被害人报告数据)来分类,而每个类型的结果构成仅会用一个效应量来分析。对于采用官方数据记录得出的效应量,当研究有多种效应结果的时候我们会采用一个独立于效应量大小的抉择规则去决定使用哪一种结果。更准确地说,我们会优先选择使用逮捕数据的测量结果,再会考虑使用定罪数据的测量结果;会优先选择对研究对象的基本特征进行一定调整的估计值,再考虑没有调整的估计值。另外,我们还会优先选择采用了较长追踪观察时间的效应量,然后再会考虑追踪时间比较短的(例如:会选择追踪了 16 个月的而不是 12 个月的效应量)。这些规则背后的考虑就是我们希望选择最大程度符合犯人真实的家庭暴力行为的官方报告数据。因此,逮捕数据会比定罪记录更贴近犯人真实情况,因为逮捕比定罪包含相对少一点的司法程序其他决定的影响。对于采用被害人报告数据的研究,我们会算出所有测量家庭暴力的效应量的平均值,并且利用这个混合值进行分析。就如使用官方数据的结果一样,使用较长追踪时间进行测量的效应量会被挑选出来并算出平均值,同一种结果构成类型但在较早时间点开始进行测量的效应除外。

5. 研究的编码类别

被进行编码量化的具体项目以及这些项目的种类是研究团队根据各种文献总结

出来的。通过编码量化信息反映出治疗项目、参加者以及研究方法等特征。此外，所有我们有兴趣了解的结果都根据相关的信息被编码成为效应量。每个上述提到的方面都会发展出一定相关的条目，以下的列表就展示出相关被编码成为量化数据的项目：

（1）治疗：治疗的类型，中途退出治疗的参加者，治疗的完整性，治疗的时间长度，治疗的设定环境，治疗的提供者，治疗的理论准则。

（2）参加者：样本的代表性、年龄、地理位置。

（3）研究方法：分配对象到不同环境的方法类型，分配过程的完整性，研究层面的样本流失，不同分组环境的差异造成的样本流失，如何使用统计控制量，如何分组配对。

（4）效应量：计算效应量所需要的数据（样本大小、比例、发生率等），测量结果的数据特征，测量结果的数据来源（测量警察数据还是被害人报告数据），测量结果的追踪观察时间。

编码的协议允许每个研究可以编码不同的效应量（参考上文相关部分对于如何处理这个步骤中的独立性问题的介绍）。编码是通过一个类似纸质问卷调查形式的编码纸进行的。数据被输入电脑的数据文件档用作之后的储存和分析。

编码后的研究特征对研究有描述性的作用，详细展示出研究的特质，并可以用作分析效应量的调节变量。因为符合要求的研究数量很少，我们也没有进行调节变量分析。然而，不同研究设计类型的效应量会被分开分析（例如随机并带有无治疗对比组的准试验研究，以及带有中途退出治疗者作为对比组的准试验研究）。

所有研究都会被双重编码，所有的歧义都会由两位主要作者来决定处理。

6. 统计步骤以及惯例

本次系统回顾采用标准的 Meta 分析方法。更准确地说，分为两种形式的治疗效应将会被重新编码为比数比形式的效应量（如重犯与否）。用连续数据测量显示的治疗效应（如被害人报告的被虐次数）则被重新编码为标准化均值差（d）。为了让最后结果的报告清晰，所有结果都会被记录为标准化均值差形式的效应量，比数比会转化成为相应的 d 形式效应量。这是通过一个简单的形式转换把对数形式的比数比重新进行标度范围完成的（Haselblad & Hedges，1995），它并不影响结果，显著性程度以及统计学上的同质性等也不会受影响而改变。不同的治疗结果构成方法显示出来的效果(如官方报告、被害人报告)会被分开来分析。每个研究里面每种结果构成方法的平均效应量通过衡量效应量的逆变异数来决定,也就是采用逆变异数衡量方法。这些分析是使用 David B. Wilson 创建的供公众使用的工具来完成的(http://mason.gmu.edu/~dwilsonb/ma.html)。

7. 定性研究的处理方法

本次文献回顾并没有综合现存与家庭暴力领域相关的定性研究。

8. 研究结果

8.1 研究描述

上述搜寻步骤识别出了 11872 个题目和概要(包括有重复的),57 个研究被完整地检索出来以供进一步的透彻分析。其中,一共四个实验性研究和六个准实验性研究被进一步确认为符合我们的筛选要求。这些研究的基本设计(如是否随机分配组别,是否为准试验性并带有非实验对比组,是否为准实验性并以中途退出治疗者为实验对比组)以及治疗的类型,治疗疗程的数量和周数,对比组的构成,还有样本的基本描述(见表 1)。

所有十个研究都是在北美进行的,其中九个研究是在同行评审期刊中发表的,其中四个研究的技术性报告也是可供参考的(见参考书列表)。如果资料来源出现互相矛盾的信息时,我们会从并没有发表的技术性报告中提取数据用于编码元分析,因为那些报告能够提供更多详细的资料。

这十个研究都是从教育心理学或者认知行为学的角度进行评估的,或者有些研究还会混合两种角度,以针对男性组别中的家庭暴力的施暴者为目标。其中一个研究(Dunford,2000)还测试了另外两种介入治疗:一个针对男性施暴者但是在联合组别里进行的认知行为组,另一个是严密监控但非项目组别的治疗。除了这两个研究以外(Chen et al.,1989;Dunford,2000),其他八个研究都点明他们研究的介入治疗项目都会伴随有缓刑,而这两个例外的研究中其中一个(Chen et al.,1989)似乎也有类似附带缓刑的情况。

这些研究中的介入治疗的时间长度从最少的每个疗程两小时一共 8 个疗程(Chen et al.,1989),到最长的一年时间里面一共进行 32 个疗程(Dunford,2000)。Syer 和 Edleson(1992)的研究并没有提供治疗长度的信息。大多数的研究都指出了治疗的疗程数量以及周数但没有说明每个疗程的长短。

不同研究对比组的构成也很不一样。Dunford(2000)研究的对比组比较不寻常,他们并没有包括不接受任何治疗的对比组。其中几个研究(Feder & Forde,2001;Gordon & Moriarty,2003;Harrell,1991;Palmer et al.,1992)只有以缓刑的犯人作为对比组。Davis 等人的研究(2000)以需要进行 40 小时社区服务的犯人进行对比。Gordon 和 Moriarty(2003)的研究则用了两种对比组,包括只判了缓刑的犯人以及判了接受治疗但没有参与或中途退出的犯人。Jones 和 Gondolf(2002)与 Dutton(1986)也是用中途退出治疗者作对比组。Dutton(1986)包括了被介入治疗项目拒绝的犯人和判了治疗但不出席者以及中途退出者。不出席者和中途退出者大概占了 Dutton 研究样本的 84%,因此我们把这个归类为退出治疗者作为对比组的研究。最后,有一个研究(Syers & Edleson,1992)除了指明对比组为非强制治疗之外并没有明确说明这个组别的构成。

十个研究中有九个是用一般平民中正在或者已经面对法庭起诉的家庭暴力施暴者进行研究的。唯一例外的是,Dunford(2000)使用住在海军基地、因为家庭暴力事件的出现而被转介到治疗项目的犯人进行研究。除了 Jones 和 Gondolf(2002)的研究外,其余九个研究的样本都是被法庭判决强制进行介入治疗的犯人。Jones 和 Gondolf(2002)的研究样本包括 79%法庭强制治疗的犯人和 21%自愿参加治疗的犯人。

在五个研究中,从样本推广到一般家庭暴力实施者的普适性是值得质疑的,因为它们用于选择样本的条件有问题。在其中一个实验性研究里(Palmer et al.,1992),虽然其样本是从一个很大的司法管辖领域中抽取而且研究实施时间也很长,但是可能是由于样本纳入条件非常局限,所以其样本也非常小。第二个实验性研究(Davis et al.,2000)也用了很局限的样本纳入条件。在该研究中,法庭工作组中的所有人,包括施暴者,都要同意此种介入治疗(而非其他的非监禁式的刑罚)。这种方法导致了样本里面积极性高的犯人比一般施暴者群体里的更多,这一点研究者们自己也有指出来。在 Dunford(2000)的研究中,样本的犯人全部都是跟家人们一起住在海军基地的人,因此这个样本也可能比正常人口中抽取的家暴犯人样本更遵从社会规范。

在其中一个准实验性研究（Syers & Edleson，1992）的样本中仅仅包括了在初次警察到犯罪现场之后六个月和十二个月以内能够被追踪观察的男性犯人。这个限制条件减少了那些更为边缘化的家暴者被纳入研究的机会。另外一个准实验性研究（Jones and Gondolf，2002）排除了四个治疗场所中的一个，因为其中的男犯人们虽然显现出很高的完成治疗率但依然被视为再犯的高危群体。

8.2　研究的综合 Meta 分析

Meta 分析的效应量会根据治疗结果类型（官方报告数据和被害人报告数据）、研究设计类型（实验性、没有治疗对比组的准实验性和使用退出治疗者作为对比组的准实验性）分别进行分析。表 2 总结了随机效应的平均效应量，95%置信区间，两种结果类型和每种研究设计类型的同质性值（Q）。每种类型结果都会分开讨论。

官方报告数据：官方报告是指警察收到的正式投诉的家庭暴力，包括可能造成最终对犯人实行拘捕或者实际拘捕了的投诉。如果多个追踪观察的时间点均可获得的话，我们会选择使用最长的时间点。从表 2 可以发现，这 7 个比较间实验性研究（随机分配）的平均效应量是 0. 26。这代表治疗对再犯率有适度的降低作用，其 95%置信区间为 0. 03 到 0. 5（z=2. 23，p=. 03）。图 1 显示了这些实验性研究中的治疗项目整体来说对官方数据中的再被害率有积极的效果。这些估算几乎是从零效应（David et al.，8 周的项目）到十分大的积极效应不等（Palmer et al.，10 周的项目；Davis et al.，26 周的项目）。平均值显示治疗对家暴再被害率有轻微的降低作用，这样的效应意味着家暴再犯率大概从 20%降低到了 13%。然而，由于这个类别的研究数据较小（4 个），这个估算的准确度也有很大的不确定性。

另外，对于其中一个研究结果的实际意义我们也有一些质疑。具体来说，虽然 Brooklyn 实验指出法庭强制治疗有适度的积极效果（Davis et al.，2000；Taylor，Davis & Maxwell，2001），但其实结果与期望背道而驰。就如他们的研究中指出的，8 星期的治疗比 26 星期的治疗的完成率高，但是被分配到 26 星期的项目的人的治疗效果则比 8 星期的治疗效果好。这两种不同的比较结果表明可能有其他因素而并非治疗项目本身导致了积极的治疗效果。如果施暴者治疗项目本身是有效的话，那么参加到比较密集式治疗（8 星期）的人应该会有一个更好的结果。当时，Feder 和她的同事推测导致最终家暴再犯率不同的原因并非因为治疗项目本身，而可能是因为对犯人监督管理不一样（Feder & Forde，2000；Feder & Duggan，2002）。实际上，从 Brooklyn 实验中得到的三个组别再犯率不一样的结果，被该研究的主要负责人解读为是由于额外的监控而不是治疗本身导致的（Davis，私人对话中）。尽管如此，我们的元分析还是采用了 Davis 研究团队发布的结果(Davis et al.,2000)。因此,关于介入治疗效果最强的证据来自 Palmer(1992)的研究,这个研究的样本非常小(治疗组中有 30 个男性犯人,而对比组中有 26 个人)。这个小样本对治疗效果的估算十分不稳定,因为在非常大的置信区间是显而易见的。

我们在编码实验性研究的时候还发现在 Palmer 和 Davis 的研究中包括的犯人并不能反映出一般家暴犯人的特征(见表 1)。官方数据的效应量分析显示,采用能反映一般家庭暴力罪犯特征的样本的研究的效应量(0. 12,其 95%置信区间为-0. 21 到 0. 44)比采用有限的样本来做研究的效应量(0. 39,其 95%置信区间为 0. 10 到 0. 67)低而且也没有统计学显著性。我们并不确定这些研究结果能显示出什么问题,因为其中一个研究样本(Palmer et al.,2003)的限制性并不完全明确。而且,就如以上讨论的一样,8 星期和 26 星期的治疗项目的模式,以及 Davis 等对他们自己研究的重新解读(Davis et al.,2003)也和施暴者治疗是有效的这个假设并不一致。

准实验性研究包含了两种完全不一样的研究设计:被强制进行治疗的与非强制治疗设计的比较,以及完成治疗者与退出治疗者、不参与治疗者和被拒绝治疗者设计的比较。由于每个研究设计的估算方式都不太一样,这两种研究将会被分开分析。表 2 指出第一种设计(没有强制和强制治疗对比)的平均效应量是-0. 07,是一个十分轻微的负面效果,而且与零效果相比没有统计上的显著差异。就如图 2 指出的,这四个可靠的准实验性研究显示出一个混合的结果(数据同质性显著测试 Q 也是证据之一),在强制和非强制治疗的对比中,一个研究发现了中等的积极效应,一个发现了轻微的积极效应,还有两个观测到消极的效应。虽然要顾及所有组别之间的重要差异是不可能的,但是这些估算还是对项目之间的基本差异进行了统计上的调整。最终得出的平均或者说是混合效应量的范围大概在轻微的负面效应到轻微的正面效应之间。

第二种类型的准实验性设计比较了完成法庭强制治疗的施暴者和强制治疗但被治疗项目拒绝接收、从不参与治疗或中途退出治疗的犯人。三个用了这种设计的研究都发现显著并且积极的效应。也就是说,强制参加家庭暴力介入治疗并完成治疗的施暴者比被强制参加但没有完成治疗的施暴者显示出显著较低的再犯率(见图 3)。不幸的是,由于治疗出席率很容易和其他重要的因素重叠,所以我们不能随便就下结论将这些组别的差异归咎于治疗的效果。出席并完成治疗的男性相对于那些没有完成强制治疗的人往往更积极地改变自己,并且比较害怕再要被牵涉到司法程序当中。因此再犯率的差别也可以归咎于在进行介入治疗之前就已经存在的组别差异。换句话说,我们观察到的再犯率和未完成治疗状况的关系其实是有谬误的,因为这个关系中还可能有其他我们没观测到的变量。

被害人报告数据结果:对于使用官方数据测量的一个忧虑就是,他们有可能并不能准确反映正在发生的暴力行为的数量和严重性。研究一致地认为官方报告只能获悉一小部分的虐待行为(Dutton,1988;Straus,1991;Tjaden & Thoennes,2000)。因此,被害人被认为是收集犯人持续虐待情况的最好信息来源。有鉴于此,我们转移注意力到采用被害人报告的暴力行为进行测量的七个估算。四个实验性研究中有三个测量了被害人对他们配偶的暴力行为的报告,采用的是冲突行为测量表(Conflict Tactics Scale,CTS)或者改良后的冲突行为测量表(CTS2)(Straus, Hamby, Boney-McCoy,and Sugarman,1996)。其中一个准实验性研究则用一个类似于 CTS 的方法测量被害人对他们配偶的虐待行为的报告。为了进行分析,我们对所有报告的子量表进行了重新编码,并且计算每个治疗组和对比组比较得出的多种效应量平均值,但 Harrel(1991)的研究除外,因为这个研究中我们根据样本的最大部分来选取结果。因此,在表 2 和图 4 中用到的效应量代表了 CTS 和 CTS2 的子量表的平均值。如表 2 所示,实验性设计的研究中被害人报告的平均效应量接近 0,并且没有统计显著性。而准实验性研究的效应量显示出轻微且消极的效果,虽然这些研究结果也没有统计显著性。效应量的分布图在图 4 中呈现。三个是积极的效果,四个是消极的效果,但是没有一个在统计上具有显著性。因此,基于女性亲密伴侣的报告进行治疗结果测量,以及更为可信的准试验方法的研究,并没有重制出在用官方数据进行的实验性研究得出的轻微但积极的治疗结果。

9. 讨 论

这次系统回顾主要建基于十个实验性研究和准实验性研究。实验性研究着重于面临起诉或已定罪的家庭暴力罪行的犯人,比较强制参与介入治疗相对于没有参与介入治疗或者常规治疗的效果。其中两个准实验性研究比较了法庭强制进行治疗的犯人和那些没有被强制治疗的人(Syers & Edleson,1992;Harrell,1991),有两个则比较了完成法庭强制治疗的人和被强制治疗但是没有完成的人(Dutton,1986;Snow and Gondolf,2002),还有一个研究(Gordon and Moriarty,2003)同时包括上述的两种比较。所有的评估研究都使用了教育心理学、女性主义思想导向以及/或者认知行为学的方法。

我们 Meta 分析后得到的证据是有正面也有负面的。其中一些使用官方数据报告的实验性研究得到的结果显示施暴者治疗有中等的正面效果，但如果我们只看以一般施暴者为样本的研究，那么治疗的效果就会变小（而且并不显著）。另外，如果使用被害人报告数据来测量的话，治疗是没有效果的。使用没有参加治疗的犯人作为对比组并用官方数据进行测量的准实验性研究也没有在减少暴力行为方面显示出正面的治疗效果。最后，使用被项目拒绝的犯人或者自己拒绝接受治疗的犯人作为对比组的准试验性研究是仅有的能一致显示出在减少再犯方面较强且积极并带有统计显著性的研究。

必须注意的是，我们对这十个研究的可靠性也有极大的忧虑。我们四个主要忧虑中的第一个是关于这些研究的结果是否对一般被定罪的家暴施暴者群体有恰当的概括性。第二，我们相信使用官方数据来测量持续的家暴虐待行为是无可避免地存在潜在偏差的。第三，因为被害人的报告比率非常低，这些研究估算的治疗效果的效度（validity）引起我们的关注。最后，我们还质疑那些比较完成治疗者和被拒治疗者、缺席治疗者、退出治疗者的准实验性研究的效度。下文将会逐一详述我们这四个顾虑。

普适性问题：我们判断其中两个研究（Davis et al.，2000；Palmer et al.，1992）使用的样本是有局限性的，因此会减低它们的结果对一般家暴犯人群体的普适性。那些没有限制谁可以被纳入施暴者治疗的研究或许能更好地代表"典型的"已定罪的施暴者。我们的分析指出，使用官方报告的家庭暴力中的整体平均效应量比使用局限样本的研究低。更重要的是，更有代表性样本的研究的平均效应量也没有统计显著性，这提高了图 1 中的积极治疗效果部分是由于施暴者样本的局限性导致的可能性。可能指出施暴者治疗对某部分筛选的犯人群体（我们假设应该是那些更想改过自身的犯人）比较有效。能够支持这个猜测的证据也很弱：（1）我们并不知道在不同研究中的家暴犯人愿意改正其行为的积极性；（2）Davis 等人的研究，发现两组积极性相似的犯人即使接受了除了治疗周数长短不一样但其余都一样的治疗研究，其得出的治疗结果也是不一样的。因此，我们认为并没有充分的数据对这个问题下一个结论。

过度依赖官方报告数据的问题：所有这些研究都过度依赖使用官方报告的数据，这会产生很大的问题。官方测量数据取决于被害人是否愿意提出投诉或联络警方，这带出另外一个可能性，也就是当新的家暴出现的时候，那些犯人被法庭强制治疗案件中的被害人和那些没有治疗控制案件中的被害人再次向刑事司法机构寻求帮助的意愿也许会有所不同(Cook and Campbell,1979,将此作为一种仪器效应)。被害人不向司法机构报告其配偶的虐待情况可能有多种原因,其中包括可能她更愿意看到配偶继续接受治疗并相信治疗能最终改变他的虐待行为,而不是冒着风险报告他持续的虐待行为使他拘禁在监狱之中。或者,被害人一旦报告了新的暴力行为,她将自己的生活和司法机构连在一起,并且又要再一次负责强制治疗的费用。大多数的治疗项目都要求施暴者自己负责治疗的费用,也就是说施暴者的家庭需要为这笔治疗费用负责(Zorza,2003)。如果被害人觉得治疗无效的话,那么她们将会变得对司法系统本身产生怀疑和批判,进而也降低她们配合报告之后的虐待行为的意愿。我们并没有出现这些相关现象的实质证据,但是官方数据过于依赖被害人的意愿行为,这可能导致实验组和对比组犯人之间不同的再犯率也许反映的是测量方法中的人为效果而并非真正的治疗效果。我们的回顾中无论是采用官方数据还是使用被害人报告数据测量结果的研究得出的不同发现也进一步强调了这个问题存在的可能性。

被害人报告率低的问题:这些研究中被害人数据流失率很高也是另一个我们担忧的问题。被害人通常被认为是记录犯人持续施暴行为最有效的信息来源。如果被害人相信她们报告的内容是保密的话,那么通过像冲突行为测量表(CTS)的标准测量方式收集回来的被害报告数据能够更少地受到那些使用官方报告数据测量持续家暴行为问题的影响。但不幸的是,这些研究中被害人对追踪问卷调查的回应率非常低,严重地削弱了使用这个方法来测量治疗效果的实用性。

图 4 显示了被害人报告数据的流失现象对治疗效应量的影响,Dunford(2000b)的研究中被害人流失率大概为 30%,Davis 等(2000)的研究大概为 50%,Feder 和 Dugan(2002)的研究大概为 80%,Harrell(1991)则有 59%。高流失率带出的问题是,治疗组中跟踪调查流失的被害人和控制组中跟踪调查流失的被害人可能会有非常大的不同。因此,采用被害数据测量的研究得出治疗无效的发现可能的确反映了治疗项目是无效的,或者治疗的正面或负面效果由于被害人流失的现象而被隐藏了。

鉴于研究指出某些类型的家暴被害人是更有可能在跟踪研究中流失的,被害人高流失率的问题变得更加重要。这种研究坚信在跟踪研究中流失的女性被害人往往是比较边缘化的,而且也是被虐待得更加严重和更加频繁的被害人(Sullivan, Rumptz, Campbell, Eby and Davidson,1996)。还有研究指出比较边缘化的男性服从法庭强制令进行治疗的可能性也更低,而继续虐待其配偶的可能性则更高(Feder and Dugan,2002)。如果我们假设较边缘化的女性往往更有可能和较边缘化的男性在一起,那么更显而易见的是评估那些减少家暴项目的有效性时,和大部分的被害人维持联系是很有必要的。一些研究也指出，施暴者对社会规范的遵从性与一个治疗能够成功减少之后的暴力行为密切相关（Berk, Campbell, Klap and Western, 1992; Sherman, 1992）。在最好的情况下，这些被害人流失减低了研究结果从被害报告结果推广到一般家暴施暴者群体的普适性。在最坏的情况下，治疗组和对比组中流失的边缘女性会不同程度的流失，这使研究结果产生偏差。

使用退出治疗者作为对比组的效度问题：最后，我们意识到即使在统计上控制变量，用退出治疗者作为对比组也是困难的。这种研究设计有两个具体的问题：第一，我们想评估测量的是什么项目，另外一个是利用统计模型能否对初始的组别差异进行调整。首先，这些研究试图估算法庭强制或非强制地完整参加这个施暴者治疗项目的最后成效。也就是说，他们希望找到一个问题的答案："在被法庭强制参加治疗项目的男性犯人中，那些出席并且完成治疗的人是否比那些没有完成的人之后的表现更好？"虽然治疗的提供者和设计者也许对这个问题感兴趣，但是这样并没有解决一个更广层面的问题，就是强制实施治疗作为一个政策，它在减少家庭暴力方面的功效，也就是"法庭强制的施暴者介入治疗项目能否减少犯人的再犯率"。解决后面这个问题对于了解法庭强制家庭暴力介入治疗是否有益于社会非常重要。

第二，假设抽取实验样本的群体没问题，如果能够完成这些治疗的男性比没有完成治疗的男性再犯率更低的话，我们就会判断其介入治疗的效果是相当大的。问题就在于这些实证结果是如何得来的。这些研究采用的统计模型试图修正不同组别的犯人在筛选过程中产生的差异。然而，为了获取无偏差的估算，这些模型需要全面考虑到筛选过程，或者说为什么一些人参与治疗而其他则缺席。我们认为这些公式并不能准确地对筛选过程进行建模。一些潜在的重要变量，例如参与治疗的动机等并没有包括在模型中。这些积极治疗效应的估算也许指出了治疗对积极性高的犯人是有效的，但是鉴于我们的准实验性研究中并没有任何将积极性高的参与但没有被强制和没有接受治疗的犯人作为对比组的实验，因此我们无法对此问题下一个结论。同样值得思考的是，这一部分完成强制治疗的犯人，无论在接受治疗还是没有治疗的情况下再犯的机会都相对较低（例如：无论治疗项目中实施什么，这些治疗其实已经变相将再犯机会较低的犯人"优秀分子"聚集起来）。

我们这次回顾的发现在某种程度上和 Babcock 等人（2004）的发现很不一样。他们总结说，根据他们的元分析，这些治疗项目对家庭暴力行为有轻微但正面的效果。如此不一样的结论可能是由于我们的元分析采用的研究方法上的一些差异。首先，Babcock 等人的研究并没有将退出治疗者作为对比组的设计和其他准实验设计分开来分析,这样有可能会造成这些研究结果的平均效应量出现倾向正面效果的偏差(前文已经讨论)。如果我们都只看完全实验性的研究,两个 Meta 分析的结果其实十分一致。Babcock 等人指出使用官方报告测量的效应量大概为 0.12(固定效果有 95%置信区间效应量在 0.02 到 0.22 之间)。这一发现比我们从官方报告测量得出的实验性研究结果的平均效应量略小,但和我们包括整体家暴犯人群体的研究得出的估算是一致的。类似的,Babcock 和 Steiner 指出使用被害人报告作为结果测量的研究得出的效应量是 0.09(固定效果 95%置信区间中效应量处于-0.02 到 0.21 之间),比我们估算的(0.01)略高,但是两个估算都没有统计学显著性。

10. 作者总结

此 Meta 分析的发现以及以上的一些提醒对这些治疗项目提出了一些质疑。虽然我们还需要更多的研究进行确认,但是我们的 Meta 分析并没有发现强有力的证据显示法庭强制治疗对于家庭暴力罪犯的再犯行为有降低作用。

对实际工作的启示

介入别人的生活是一项高风险的事,特别是由法庭和法律对个人强制执行的社会介入。因此,我们有责任保证那些我们试图帮助的人的情况不会变得更糟糕。但根据目前现存的证据,我们并不能确保这些治疗项目实际上对个人是有帮助且没有伤害的。

无可置疑,“对于家庭暴力介入治疗项目,我们需要有极大的和恰当的迫切性和警觉性。毕竟,保护妇女和小孩的身体和心理安全是首要任务。因此,临床医生往往会觉得他们的基本职责是即时地果断地‘做一些事’来阻止和防范家暴的发生”(Jennings,1987,p.204)。但是正如上述回顾指出的那样,仅仅做一些事其实未必有帮助。McCord 很明智地指出,“除非对这些社会介入项目的评估能同时评估其好处以及有可能造成的危害性、安全性和有效性,否则我们如何选择使用哪种社会介入项目仍是一个危险的猜想。”(McCord,2003,p.17)。很明显,我们需要严谨的研究来帮助完成这个任务。

虽然我们还需要更好的研究来确定法庭强制介入项目的效果,但从 Meta 分析得出的结果并没有使我们对这些项目的效果充满信心。因此,司法系统应该开始寻找其他类型的介入治疗,这或许对解决家庭暴力问题更有益处。但是所有这些介入治疗都需要辅以严密的评估研究以便准确测量它们的实际影响。换句话说，就如二十年前 Berk 和他的团队（Berk，Boruch，Chambers，Rossi & Witte，1985）建议的那样，我们推荐使用实验性设计先进行试点研究作为我们寻找解决家庭暴力问题有效项目的途径。这样的过程在如今资源有限的情况下尤其需要审慎。除此以外，被害人和纳税人也需要我们使用这种建基于实证的决策。

很遗憾，我们的建议如今在很多司法管辖区域并不可行，因为它们的法律条文规定，一旦个人被定罪为家暴犯人，他必须被强制进入家暴者介入治疗项目，这并没有完全根据 Duluth 模型进行（Babcock and Taillade，2000）。最终导致的结果是，尽管对治疗项目的效果抱有极大的怀疑，但是法官、检察官和缓刑监督官仍不停地将犯人送到治疗项目中。而且就算证据已经显示，目前已经设计和正在执行的施暴者介入治疗都没有效，且其他替代的项目也无法被执行和评估。

对下一步研究的启示

从这个综合回顾引申出来的研究应用就是，我们需要进行更多的试验来清晰地解释法庭强制家暴者介入治疗的效果。如果我们想评估法庭能够透过强制指令进行改变的能力，这些未来的试验必须保证其使用的家暴犯人的样本能够代表一般定罪的家暴犯人群体的特征，而不是选择其中某一类型的家暴犯人进行试验。另外，如果这些研究想要更好地确认介入治疗的正面或者是负面效果，必须看到能持续追踪被害人并收集其对犯人行为报告的重要性。最后，我们需要更多的研究来理解这些使用官方报告数据和使用被害人报告数据进行测量的信度和效度，并且认清这两种不同的数据来源可能会被治疗分配所影响。

11. 图　表

表 1　研究的作者及设计类型的基本描述

不同设计类型的研究作者	治疗类型	治疗疗程/周数	对比组类型	样本类型
随即分配实验组				
Davis et al.—8 周项目	教育心理学	16/8	被判缓刑并且要执行 40 小时社会服务的犯人	法官、检察官、辩方律师以及定罪的施暴者都必须同意接受治疗

续表

不同设计类型的研究作者	治疗类型	治疗疗程/周数	对比组类型	样本类型
Davis et al.—26周项目	教育心理学	26/26	被判缓刑并且要执行40小时社会服务的犯人	法官、检察官、辩方律师以及定罪的施暴者都必须同意接受治疗
Dunford—男性组别	认知行为学	32/52	没有接受治疗的	海军样本,出现了家庭暴力时间,被转介到治疗项目
Dunford—联合组别	认知行为学	32/52	没有接受治疗的	同上
Dunford—严密监控组别		12/52	没有接受治疗的	同上
Feder & Forde	认知行为学/教育心理学	26/26	判缓刑者	所有被定罪的家暴犯人
Palmer et al.	教育心理学	10/10	判缓刑者	被定罪的家暴犯人,但是不清楚样本是如何抽的
准实验性设计——没有治疗对比组别				
Chen et al.	认知行为学/教育心理学	8疗程	被定罪但没被转介的家暴施暴者	被定罪的家暴犯人,但不清楚样本是如何抽的
Gordon & Moriarty	教育心理学	22/22	判缓刑者	所有被定罪的家暴犯人
Harrell	认知行为学	10/10	判缓刑者	所有被定罪的家暴犯人或者被检察官延期的犯人
Syers & Edleson	教育心理学		没被强制进行咨询治疗的家暴犯人	所有在12个月的追踪观察中有在此出现在警察接触记录中的犯人
准实验性设计——治疗退出者作为对比组别				
Dutton	认知行为学	16/16	治疗退出者,缺席者和拒绝治疗者	被定罪的家暴犯人,但不清楚样本是如何抽取的
Jones & Gordon	认知行为学	20/20	治疗退出者	在四个治疗项目中的所有家暴犯人,79%是法庭强制治疗的,21%是自愿转介的
Gordon & Moriarty	教育心理学	22/22	治疗退出者	所有被定罪的家暴犯人

注:每个研究中如果采用不同类型的治疗组和对比组比较方法的话,这些不同的比较都会在上表中列出。

表 2　随机效应的平均效应量(d)和相关的统计数据，根据使用官方数字还是被害报告测量家暴行为来区分研究设计类别

不同设计类型的结果	平均效应量 d	d 的最低信赖群间值	d 的最高信赖群间值	K[a]	Q	τ^2
官方数据测量						
实验性(随机分配组别)	0.26*	0.03	0.50	7	8.19	.0256
准实验性(非随机分配)						
没有治疗对比组	−0.07	−0.45	0.31	4	12.00*	.1091
用治疗退出者作对比组[b]	0.97*	0.12	1.82	3	12.00*	.4594
被害人报告数据测量						
实验性(随机分配组别)	0.01	−0.11	0.13	6	1.84	.0000
准实验性(没有对比组)[c]	−0.11	−0.50	0.27	1		
总数	−0.00	−0.12	0.11	7	2.18	.0000

* $p \leq .05$。

a. 效应量的个数。

b. 固定效应的平均效应量会相对低一点(平均效应量 d=0.49,95%的置信区间在 0.27 和 0.71 之间)。虽然效应量的值明显较低,但这依然代表这个情况下效应很大并且也导致了本质上一致的结论。

c. 固定效应。

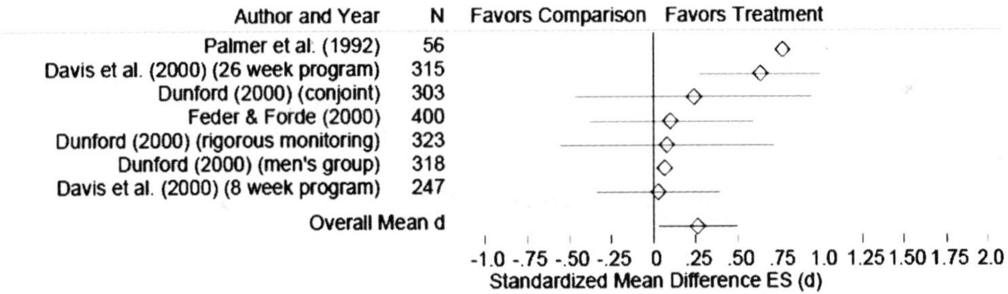

图 1　使用官方数据测量结果的实验性(随机)研究的效应量(d)及 95%置信区间

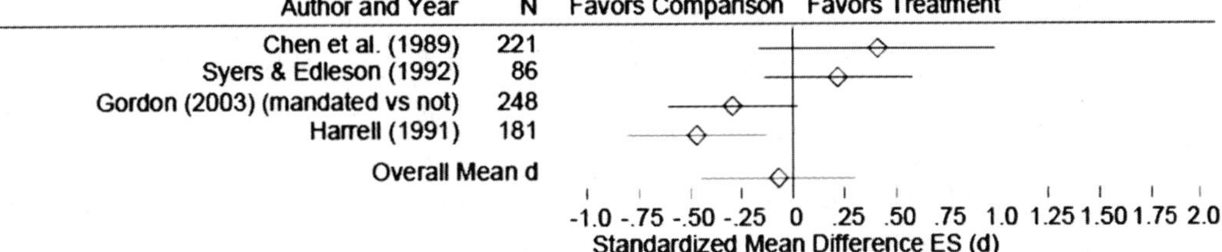

图 2　使用官方数据测量结果并且没有对比组的准实验性(非随机)研究的效应量(d)和 95%置信区间

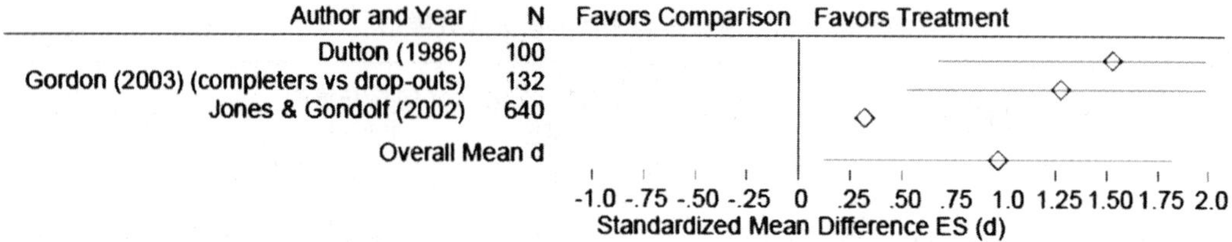

图 3　使用官方数据测量结果并用治疗退出者作为对比组的准实验性(非随机)研究的效应量(*d*)和 95%置信区间

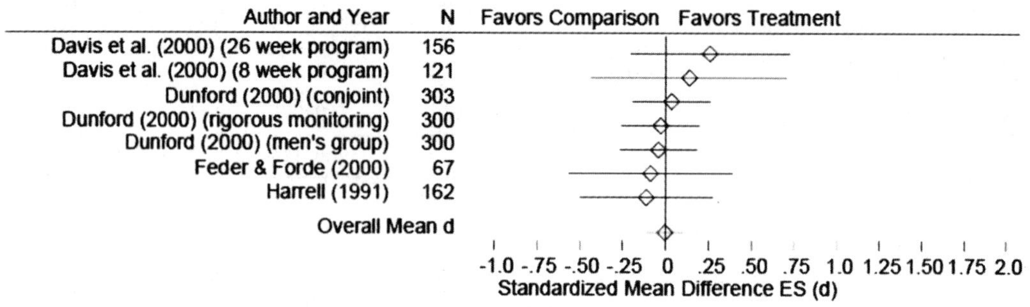

图 4　使用被害人报告测量结果,没有实验对比组的准实验性研究的效应量(*d*)和 95%置信区间

12. 附　录

附录一:已被搜寻的数据库和网站

1. 已出版的

PsycINFO(Using OVID)

PsycINFO 覆盖了心理学及相关领域的专业及学术文献,其中包括医学、精神病学、护理学、社会学、教育学、医药学、生理学以及语言学。

覆盖资料时间:1889 年至今

ERIC(Using OVID)

ERIC 对教育学以及来自 RIE(Resources in Education)和 CIJE(Current Index to Journals in Education)的学术期刊文章及文件进行了索引。

覆盖资料时间:1966 年至今

MEDLINE(Using OVID)

MEDLINE 覆盖了关于生物医学中相关健康主题领域以及与医学和健康有关的生物和物理科学、人文学和信息科学的国际期刊。

覆盖资料时间:1965 年至今

Sociological Abstracts(Using OVID)

Sociological Abstracts 覆盖了与社会学和与社会和行为科学相关领域的学术和专业文献。这个数据库从国际范围的 2600 种学术期刊以及其他一系列的出版物、学术会议文章、书籍、毕业论文之中抽取信息。1974 年以后出版的学术文章的文献会被索引在这个数据库中。

覆盖资料时间:1963 年至今

Social Science Citation Index

提供了在人类学、犯罪学、经济学、法律、地理、政策研究、心理学、社会学、社会工作学、城市研究等领域的约 520 种英文期刊的索引,包括这些领域的主要期刊。

覆盖资料时间:1983 年至今

Lexis Nexis Academic Universe

提供了各种文献的全文信息包括:地区性的、国家性的、国际性的报纸、杂志、通讯社、商业出版物(贸易期刊、公司年报、税收资料);法律资源(法律期刊、法庭案例、简述、联邦和州的法律条文等);政府文件;医学信息(医学期刊);以及目录资料(姓名地址录以及传记式的信息)。

Social Work Abstracts

Social Work Abstracts 由国家社会工作者学会出版,提供 Social Work Abstracts 和临床社工注册组查询资料的渠道。此数据库为大约 450 种各个领域的社会工作期刊提供概要和索引,其中包括理论和实践、服务、社会议题和社会问题等。临床社工注册组则是美国临床社工的通讯名录。

覆盖资料时间:1977 年至今

Criminal Justice Abstracts

Criminal Justice Abstracts 为在犯罪学以及相关领域的国际期刊、书籍、报告、论文及未出版的文章提供概要和索引。通过和 Rutgers 大学图书馆的刑事司法收藏部门合作,Criminal Justice Abstracts 覆盖了犯罪趋势、犯罪预防和阻吓、青少年犯罪、青少年司法系统、警察、法庭、刑罚和审判等议题。

覆盖资料时间:1968 年至今

2. 未出版的

Dissertation Abstracts International

此数据库包括了从美国第一份在 1861 年被接受的毕业论文开始,直到最近一个学期为止的所有材料的索引。从 1980 年开始出版的资料包括了由作者撰写的 350 字的概要。从 1988 开始的硕士论文包括了 150 字的概要。这个数据库代表了来自 1000 个不同的北美研究院和欧洲大学的作者的作品。

覆盖资料时间:1861 年至今

3. 政府数据库

GPO Monthly Catalog(MOCAT)

美国政府每月目录册(MOCAT)包括了大多数能够通过联邦政府图书馆储藏库收集的信息以及能够通过 GPO Access Federal Locator 网上搜寻到的信息。

覆盖资料时间:1994 年至今每天更新

National Criminal Justice Research Service

The National Criminal Justice Reference Service Abstracts Database 是由 NCJRS——一个由国家司法研究所、青少年犯罪越轨行为防止办公室、犯罪被害人办公室、司法数据部以及司法援助部、司法项目的全体部门、美国司法部以及国家药物政策部门等合作建成的。这个数据库包括了近 150000 种关于刑事司法的出版物,包括联邦政府、州政府和地方政府的报告、书籍、研究报告、学术文章和未出版的研究。相关的议题包括惩教、法庭、药物和犯罪、执法、青少年司法、犯罪数据和犯罪被害人等。

覆盖资料时间:1970 年代早期至今

4. 现存的参考书目

Babcock & La Taillade 1999

Babcock, J.C.& La Taillade, J.J. *Research on treatment of men who batter: A synthesis of the outcome of literature and recommendations. Domestic Violence: Guidelines for Research-Informed Practice.* Philadelphia, PA: Jessica Kingsley Publishers, 1999.

Davis & Taylor 1999

Davis, R.& Taylor, B.(1999). Does batterer treatment reduce violence? A synthesis of the literature. *Women & Criminal Justice*, 10(2), pp.69–93.

Babcock, Green & Robie 2003

Babcock, Julia, Green, Charles and Robie, Chet(2003). Does batterer treatment work? A meta-analytic review of domestic violence treatment. *Clinical Psychology Review*, 23, 1023–1053.

Social, Psychological, Criminological and Educational Trials Register(SPECTR)

http://www.aic.gov.au/campbellcj/studies.html

PsiTri database of randomized and controlled trials in mental health

http://www.terkko.helsinki.fi/eu-psi/psitri.htm

附录二：编码协议（2004 年 2 月 17 日修改版本）

Study Level Code Sheet

Use one study level code sheet for each study.

Identifying Information:

1. Study (document) identifier StudyID ______
2. Cross reference document identifier CrossRef1 ______
3. Cross reference document identifier CrossRef2 ______
4. Cross reference document identifier CrossRef3 ______
5. Coder's initials SCoder ______
6. Date coded SDate ___ - __ - __

General Study Information:

7. Author Author ______________________________
8. Funder (e.g., NIJ) Funder ______________________________
9. Geographical Location of Study SLocale ______________________________
10. Date range for participant entry into study (preferably when sample pulled):
    StartDate ___ - __ - __
    DoneDate: ___ - __ - __
11. Publication Type PubType ___
    1. Book 2. Book Chapter
    3. Journal (peer reviewed) 4. Federal Gov't Report
    5. State/Local Gov't Report 6. Dissertation/Thesis
    7. Unpublished (tech report, conference paper)
12. Number of treatment groups TxGrps ___
13. Number of control groups CgGrps ___
14. Is the same control group used in different contrasts (1=yes, 0=no, 8=NA) SameCG ___

Treatment-Comparison Level Code Sheet

Use one treatment-comparison level code sheet for each treatment-comparison within a study. For example, if a study has three treatment conditions and each is compared to a single control condition, code the information below separately for each treatment

13. 参考文献

Studies Included in this Review

Chen, H, Bersani, C., Myers, S., & Denton, R. (1989). Evaluating the effectiveness of a court sponsored treatment program. Journal of Family Violence, 4, 309–322.

Davis, R. C., Taylor, B. G., & Maxwell, C. D. (2000). Does batterer treatment reduce violence? A randomized experiment in Brooklyn. Washington, DC: National Institute of Justice.

Dunford, F. W. (2000). The San Diego Navy experiment: An assessment of interventions for men who assault their wives. Journal of Consulting and Clinical Psychology, 68, 468–476.

Dutton, D. (1986). The outcome of court-mandated treatment for wife assault: A quasiexperimental evaluation. Violence and Victims, 1(3), 163–175.

Feder, L. & Forde, D. (2000). A test of the efficacy of court-mandated counseling for domestic violence offenders: The Broward Experiment (Final report, Grant NIJ-96-WT-NX-0008). Washington, DC: National Institute of Justice.

Feder, L. & Dugan, L. (2002). A test of the efficacy of court mandated counseling for domestic violence offenders: The Broward Experiment. Justice Quarterly, 19(2), 343–375.

Gordon, J. A. & Moriarty, L. J. (2003). The effects of domestic violence batterer treatment on domestic violence batterer treatment on domestic violence recidivism.Criminal Justice and Behavior, 30(1), 118–134.

Harrell, A. (1991). Evaluation of court-ordered treatment for domestic violence offenders (Final report). Washington, D.C.: National Institute of Justice.

Jones, A. S. & Gondolf, E. W. (2002). Assessing the effect of batterer program completion on reassault: An instrumental variables analysis. Journal of Quantitative Criminology, 18(1), 71–98.

Palmer, S., Brown, R., & Barrera, M. (1992). Group treatment program for abusive husbands: Long-term evaluation. American Journal of Orthopsychiatry, 62(2),

276–283.

Syers, M. & Edleson, J. (1992). The combined effects of coordinated criminal justice intervention in woman abuse. Journal of Interpersonal Violence, 7, 490–502.

Studies Excluded from this Review

Alaska Judicial Council (1999). Evaluation of Pilot Program for Misdemeanor Domestic Violence Offenders (Final Report). [city, state:]Author.

American Medical Association (1995). A coordinated approach to reducing family violence: conference highlights. [city, state: publisher].

Aubertin, N., & Laporte, P. (1999). Contrecoups: A program of therapy for spousal and family violence. Forum on Corrections Research, 11(1), 3–5.

Babcock, J., & Steiner, R. (1999). The relationship between treatment, incarceration, and recidvisim of battering: A program evaluation of Seattle's coordinated community response to domestic violence. Journal of Family Psychology, 13(1), 46–59.

Barrera, M. E., Palmer, S. E., Brown, R. A., & Kalher, S. (1994). Characteristics of courtinvolved and non–court–invovled men who abuse their wives. Journal of Family Violence, 9(4), 333–345.

Dobash, R., Dobash, R., Cavanagh, K., & Lewis R. (1996). Re–education Programmes for violent men: an evaluation. Edinburgh: HMSO.

Dobash, R., Dobash, R., Cavanagh, K., et al. (1996). Research evaluation of programmes for violent men. In Dobash R., et al. (Eds.), Changing violent men. Thousand Oaks,CA: Sage Publications Dobash, R. P., Dobash, R. E., Cavanaugh, K., & Lewis, R. (1999). A Research Evaluation of British Programmes for Violent Men. Journal of Social Policy, 28(2), 205–233.

Dobash, R. E., & Dobash, R. P. (2000). Evaluating criminal justice interventions for domestic violence. Crime and Delinquency, 46(2), 252–270.

Dobash, R. P., Dobash, R. E., Cavanagh, K., & Lewis, R.. (2000). Confronting violent men. In J. Hanmer, & C. Itzin (Eds.), Home truths about domestic violence: Feminist influences on policy and practice a reader (pp. 289–309). London, Routledge.

Dutton, D., Bodnarchuk, M., Kropp, R., Hart, S., & Ogloff, J. (1997). Wife assault treatment and criminal recidivism: An 11 year follow–up. International Journal of Offender Therapy and Comparative Criminology, 41(1), 9–23.

Edleson, J. L., & Grusznski, R. J. (1988). Treating men who batter: Four years of outcome data from the Domestic Abuse Project. Journal of Social Science Research, 12 (1-2), 3-22.

Flournoy, P. (1993). A comparison of groups for men who batter. (Doctoral dissertation, Washington State University) Dissertation Abstracts International: Section B: the Sciences & Engineering, 61(9-B), 4989.

Ford, D. A. (1991). Preventing and provoking wife battery through criminal sanctioning: A look at the risks. In D. D. Knudsen, & J. L. Miller (Eds.), Abused and battered: Social and legal responses of family violence. Social Institutions and social change (pp. 191-209). New York, NY: Aldine de Gruyter.

Ford, D., & Regoli, M. (1992). The preventative impacts of policies for prosecuting wife batterers. In E. S. Buzawa, & C. G. Buzawa (Eds.), Domestic violence: The changing CJ response (pp. 181-208). Dover, MA: Auburn House.

Ford, D., & Regoli, M. (1993). The Indianapolis domestic violence prosecution experiment (Final Report). Rockville, MD: National Institute of Mental Health.(NIMH # 15161-13)

Ford, D., & Regoli, M. (1993). The Criminal Prosecution of Wife Assaulters: Process, Problems & Effects. In Z. Hilton (Ed.), Legal responses to wife assault: Current trends and evaluation. Newbury Park: Sage Publications.

Gamache, D., Edleson, J., & Schock, M. (1988). Coordinated police, judicial, and social service response to woman battering: A multiple-baseline evaluation across three communities. In G. Hotaling, & D. Finkelhor, et al. (Eds.), Coping with family violence: Research and policy perspectives (pp. 193-209). Newbury Park: Sage Publications.

Goldkamp, J., Weiland, D., Collins, M. et al. (1996). The role of drug and alcohol abuse in domestic violence and its treatment: Dade County's Domestic Violence Court Experiment (Final Report). Washington, DC: National Institute of Justice. (NCJRS # 163410)

Gondolf, E. W., & Jones, A. S. (2001) The program effect of batterer programs in three cities. Violence and Victims, 16(6), 693-704.

Gondolf, E. W. (2000). A 30-month follow-up of court referred batterers in four cities. International Journal of Offender Therapy & Comparative Criminology, 44 (1), 111- 128.

Gondolf, E. W. (1999). A comparison of four batterer intervention systems: Do court referral, program length, and services matter? Journal of Interpersonal Violence. 14(1) Jan, 41-61.

Gondolf, E. W. (1988). How some men stop their abuse: An explanatory programs evaluation. In G. T. Hotaling, & D. Finkelhor, et al. (Eds.), Coping with family violence: Research and policy perspectives (pp. 129-144). Newbury Park: Sage Publications.

Gondolf, E. W. (1997). Patterns of Reassault in batterer programs. Violence and Victims, 12(4), 373-387.

Hamberger, K., Hastings, J. (1988). Skills training for treatment of spouse abusers: An outcome study. Journal of Family Violence, 3(2), 121-1130.

Hamm, M., & Kite, J. (1991). The role of offender rehabilitation in family violence policy: the Batterers Anonymous Experiment. Criminal Justice Review, 16(2), 227- 248.

Heckert, D. A., & Gondolf, E. W. (2000). The effect of perceptions of sanctions on batterer program outcomes. Journal of Research in Crime and Delinquency, 37 (4), 369-391.

Jolin, A., Feyerherm, W., Fountain, R., & Friedman, S. (1998). Beyond arrest: The Portland, Oregon Domestic Violence Experiment (Final Report). Washington, DC: U. S. Department of Justice. (NCJRS # 179968) Kistenmacher, B. R. (2001). Motivational Interviewing as a mechanism for change in men who batter: a randomized controlled trial. (Doctoral dissertation, University of Oregon) Dissertation Abstracts International: Section B: the Sciences & Engineering, 61(9-B). 4989.

Krmpotich, S., & Eckberg, D. (2000). Domestic assault program evaluation: Final (2- year) results. Minneapolis, Hennepin County Department of Community Corrections.

Ley, D.J. (2001). Effectiveness of a court-ordered domestic violence treatment program: a clinical utility study. (Doctoral dissertation, University of New Mexico).

Dissertation Abstracts International: Section B: the Sciences & Engineering, 62 (4- B). 20-56.

Morrell, T., Elliott, J., Murphy, C., & Taft, C. (2003). Cognitive behavioral and supportive group treatment for partner-violent men. Behavior Therapy, 34, 77-95.

Murphy, C. M., Musser, P. H., & Maton, K. I. (1998). Coordinated community intervention for domestic abusers: Intervention system involvement and criminal recidivism. Journal of Family Violence, 13(3), 263-284.

National Institute of Justice (1998). Legal interventions in family violence: research findings and policy implications Washington, U.S. Department of Justice.

Healey, K. and Smith, C. (1998). Batterer programs: what criminal justice agencies need to know. Washington: U.S. Department of Justice .

Newell, R. G. (1994). The effectiveness of court-mandated counseling for domestic violence: An outcome study. (Doctoral dissertation, University of Toledo). Dissertation Abstracts International: Section A: the Sciences & Engineering, 55(05), 1193.

Pellegrini, K. L. (1999). Analysis of a violence intervention program: Population, treatment compliance, and recidivism. (Doctoral dissertation, George Fox University) Dissertation Abstracts International: Section B: the Sciences & Engineering, 60(10-B), 5231.

Petrik, N., Gildersleeve-High, L., McEllistrem, J. (1994). The reduction of male abusiveness as a result of treatment: reality or myth? Journal of Family Violence, 9, 307-316.

Petrucci, C. J. (2002) A qualitative & quantitative analysis of a specialized DV court that utilizes therapeutic jurisprudence. (Doctoral dissertation, University of California, Los Angeles).

Taft, C., Murphy, C., Elliot, J. & Morrell, T. (2001). Attendance-enhancing procedures in group counseling for domestic abuse. Journal of Consulting Psychology, 48(1), 51- 60.

Taylor, B., Davis, R., Maxwell, C. (2001). The effects of a group batterer treatment program: A randomized experiment in Brooklyn. Justice Quarterly, 18(1), 171-201.

Tolman, R. M., Bhosley, G. (1991). The outcome of participation in a shelter- sponsored program for men who batter. In D. D. Knudsen, & J. L. Miller (Eds.), Abused and Battered: Social and legal responses of family violence. Social Institutions and social change (pp. 191-209). New York: Aldene de Gruyter.

Tutty, L. M., Bidgood, B. A., Rothery, M. A., & Bidgood, P. (2001). An evaluation of men's batterer treatment groups. Research on Social Work Practice, 11 (6), 645-670.

Waldo, M. (1988). Relationship enhancement counseling groups for wife abusers. Journal of Mental Health Counseling, 10(1), 37-45.

Other References Cited in the Text

Adams, D. & McCormick, A. (1982). Men unlearning violence: A group approach based on the collective model. In M. Roy (Ed.), The abusive partner: An analysis of domestic battering (pp. 170-197). New York: Van Nostrand Reinhold.

Babcock, J. C. & Taillade, J. (2000). Evaluating interventions for men who batter. In J.Vincent & E. Jouriles (Eds.), Domestic violence: Guidelines for research-informed practice (pp. 37-77). Philidelphia: Jessica Kingsley.

Babcock, J. C., Green, C. E., & Robie, C. (2004). Does batterers' treatment work? A meta-analytic review of domestic violence treatment. Clinical Psychology Review, 23(8), 1023-1053.

Berk, R., Campbell, A., Klap, R., & Western, B. (1992). The deterrent effect of arrest in incidents of domestic violence: A Bayesian analysis of four field experiments. American Sociological Review, 57(5), 698-708.

Berk, R., Boruch, T., Chambers, F., Rossi, P., & Witte, S. (1985). Social policy experimentation: A position paper. Evaluation Review, 9(4), 387-429.

Brisson, N. (1981). Battering husbands: A survey of abusive men. Victimology, 6, 338- 344.

Chalk, R. & King, P. (1998). Violence in families: Assessing prevention and treatment programs. Washington, DC: National Academy Press.

Davis, R. & Taylor, B. (1999). Does batterer treatment reduce violence? Women & Criminal Justice, 10, 69-93.

Davis, R., Maxwell, C., & Taylor, B. (2003). The Brooklyn Experiment. In S. Jackson, L. Feder, D. Forde, R. Davis, C. Maxwell & B. Taylor (Eds.), Batterer intervention programs: Where do we go from here? (pp. 15-21). Washington, DC: Department of Justice.

Dutton, D. (1984). Interventions into the problem of wife assault: Therapeutic, policy and research implications. Canadian Journal of Behavioral Science, 16(4), 281–297.

Dutton, D. (1988). Research advances in the study of wife assault: Etiology and prevention. Law and Mental Health, 4, 161–220.

Dutton, D. & McGregor, B. (1991). The symbiosis of arrest and treatment for wife assault: The case for combined intervention. In M. Steinman (Ed.), Woman battering: Policy responses (pp. 131–154). Cincinnati, Ohio: Anderson Publishing Company.

Eisikovits, Z. & Edleson, J. (1989). Intervening with men who batter: A critical review of the literature. Social Service Review, 63, 384–414.

Edleson, J. & Brygger, M. (1995). Gender differences in reporting of battering incidences. In S. Stith & M. Straus (Eds.), Understanding partner violence: Prevalence, causes, consequences and solutions, (pp. 45–50). Minneapolis, MN: National Council of Family Relations.

Farley, D. & Magill, J. (1988). An evaluation of a group program for men who batter.Social Work With Groups, 11(3), 53–65.

Feazell, C., Mayers, R., & Deschner, J. (1984). Services for men who batter: Implications for programs and policies. Family Relations, 33, 217–223.

Feder, L. (1997). Domestic violence and police response in a pro–arrest jurisdiction. Women and Criminal Justice, 8(4), 79–98.

Ford, D. & Regoli, M. J. (1993). The criminal prosecution of wife assaulters. In Z. Hilton (Ed.), Legal responses to wife assault: Current trends and evalution (pp. 127 –164).Newbury Park, CA: Sage.

Gondolf, E. (1987). Seeing through smoke and mirrors: A guide to batterer program evaluations. Response, 10, 16–19.

Gondolf, E. (1987). Evaluating programs for men who batter: Problems and prospects.Journal of Family Violence, 2(1), 95–108.

Gondolf, E. (1998). Do batterer programs work? A 15 month follow–up of multi–site evaluation. Domestic Violence Report, 3(5), 65–80.

Goolkasian, G. (1986). Confronting domestic violence: The role of criminal court judges.Washington, DC: National Institute of Justice.

Hamberger, L. K. & Hastings, J. (1989). Counseling male spouse abusers: Characteristics of treamtent completers and dropouts. Violence and Victims, 4(1), 275–286.

Hamberger, L. K. & Hastings, J. (1993). Court-mandated treatment of men who assault their partner. In Z. Hilton (Ed.), Legal Responses to Wife Assault: Current Trends and Evaluation (pp. 188-229). Newbury Park, CA: Sage.

Hasselblad, V. & Hedges, L. V. (1995). Meta-analysis of screening and diagnostic tests.Psychological Bulletin, 117, 167-178.

Healey, K., Smith, C., & O'Sullivan, C. (1998). Batterer intervention: Program approaches and criminal justice strategies. Washington, DC: Department of Justice.

Healey, K. & Smith, C. (1998). Batterer programs: What criminal justice agencies need to know. Washington, DC: National Institute of Justice.

Hilberman, E. (1980). Overview: The "wife-beater's wife" reconsidered. American Journal of Psychiatry, 137(11), 1336-1347.

Hirschel, J. D. & Hutchinson, I. (1992). Female spouse abuse and the police response: The Charlotte, North Carolina Experiment. Journal of Criminal Law and Criminology, 83(1), 73-119.

Hotaling, G. & Sugarman, D. (1986). An analysis of risk markers in husband to wife violence: The current state of knowledge. Violence and Victims, 1(2), 101-124.

Jennings, J. (1987). History and issues in the treatment of battering men: A case for unstructured group therapy. Journal of Family Violence, 2(3), 193-213.

Johnson, J. & Kanzler, D. (1993). Treating domestic violence: Evaluating the effectiveness of a domestic violence diversion program. Studies in Symbolic Interaction, 15, 271-289.

Langan, P. & Innes, C. (1986). Preventing domestic violence against women.Washington, DC: National Institute of Justice.

McCord, J. (2003) Cures That Harm: Unanticipated Outcomes of Crime Prevention Programs. Annals of the American Academy of Political and Social Science, 587, 16- 30.

Miller, T., Cohen, M., & Wiersema, B. (1996). Victim costs and consequences: A new look. Washington, DC: National Institute of Justice.

Pence, E. (1983). The Duluth Domestic Abuse Intervention Project. Hamline Law Review, 6, 247-275.

Pirog-Good, M. & Stets-Kealey, J. (1985). Male batterers and battering prevention programs: A national survey. Response, 8, 8-12.

Rennison, C. R. & Welchans, S. (2000). Intimate partner violence. Washington, DC: National Institute of Justice.

Roberts, A. (1982). A national survey of services for batterers. In Maria Roy (Ed.), The Abusive Partner: An Analysis of Domestic Battering (pp. 230-243). New York: Van Nostrand Reinhold.

Rosenfeld, B. (1992). Court-ordered treatment of spouse abuse. Clinical Psychology Review, 12, 205-226.

Saunders, D. (1996). Interventions for men who batter: Do we know what works? In Session: Psychotherapy in Practice, 2(3), 81-93.

Sherman, L. (1992). The influence of criminology on criminal law: Evaluating arrests for misdemeanor domestic violence. Journal of Criminal Law and Criminology, 83, 1-45.

Snyder, D. & Scheer, N. (1981). Predicting disposition following brief residence at a shelter for battered women. American Journal of Community Psychology, 9, 559-566.

Sonkin, D. J. (1988). The male batterer: Clinical and research issues. Violence and Victims, 3(1), 65-79.

Straus, M. (1991). Conceptualization and measurement of battering: Implications for public policy. In M. Steinman (Ed.), Woman Battering: Policy Responses (pp. 19-47). Cincinnati, Ohio: Anderson.

Straus, M., Hamby, S., Boney-McCoy, S., & Sugarman, D. (1996). The revised Conflict Tactics Scale (CTS2): Development and preliminary psychometric data. Journal of Family Issues, 17(3), 283-316.

Sullivan, C., Rumptz, M., Campbell, R., Eby, K., & Davidson, W. (1996). Retaining participants in longitudinal community research: A comprehensive protocol. Journal of Applied Behavioral Science, 32(3), 262-276.

Taylor, B., Davis, R., & Maxwell, C. (2001). The effects of a group batterer treatment program: A randomized experiment in Brooklyn. Justice Quarterly, 18 (1), 171-201.

Tjaden, P. & Thoennes, N. (2000). Prevalence and consequences of male-to-female and female-to-male intimate partner violence as measured by the National Violence Against Women Survey. Violence Against Women, 6(2), 142-161.

Tolman, R. & Bennett, L. (1990). A review of quantitative research on men who batter.Journal of Interpersonal Violence, 5, 87-118.

Tolman, R. & Edleson, J. (1995). Intervention for men who batter: A review of research.In S. Stith & M. Straus (Eds.), Understanding partner violence: Prevalence, causes, consequences and solutions (pp. 262-273). Minneapolis, MN: National Council on Family Relations.

Weisburd, D., Lum, C., & Petrosino, A. (2001). Does research design affect study outcomes in criminal justice? Annals of the American Academy of Political and Social Science, 578, 50-70.

Widom, C. S. (1992). The cycle of violence. Washington, DC: US Department of Justice.

Zorza, J. (2003). New research: Broward County Experiment shows no benefit from batterer intervention programs. Domestic Violence Report, 8, 23-25.

闭路电视监控对犯罪的打击效果

Effects of Closed Circuit Television Surveillance on Crime

作者:Brandon C.Welsh and David P.Farrington

译者:梅笑寒　王舜永　　核定:张金武　张彦

内容概要

闭路电视摄像(Closed Circuit Television Video,以下简称 CCTV)有很多功能,可以在公共场合或私人场合使用。对于该系统在公共场所的主要功能中,本文献主要关注其对于阻止人身和财产犯罪的作用。CCTV 被视为正式监控技术,因此它被视为可能加强或替代传统的人力保安力量。本报告的结果显示 CCTV 对犯罪有中度但却是显著的理想效果。CCTV 在对减少停车场犯罪和车辆偷盗(很大程度上是因为停车场管理方案的完善)方面的成效最为显著。同时,在英国地区的效果要比其他国家更好。这些结果为继续使用 CCTV 以防止公共场所犯罪提供了支持,但结果显示 CCTV 的适用范围需要加以限制。未来的 CCTV 方案应该使用包含更好的长时间追踪调查的评估设计。

1. 背　景

闭路电视监控(CCTV)有许多功能,可以同时应用在公共场合和私人场合。防止人身和财产犯罪是其在公共场合的主要目的之一。CCTV 作为一个对犯罪的干预项目,是情景犯罪预防的一种(Clarke,1995)。根据 Cornish 和 Clarke 关于情景犯罪预防的分类,CCTV 被看作是"正式监控"技术,因此它被视为可以加强或替代人力保安。

有观点认为 CCTV(尤其是当其大规模应用后)可能防止犯罪,因为潜在犯罪者会因其增加的被发现的主观可能性而放弃犯罪。同时,CCTV 可能增加发现犯罪的真实可能性,可能增加地区的行人使用从而进一步加强主观可能性,可能鼓励潜在受害者加强安全防范意识,同时也可能指引警察和保安人员去干涉并防止犯罪(Armitage,1999,pp.226-227)。另一种可能性是,CCTV 标志着地区的进步从而增进社区荣誉感、社区凝聚力和非正式的社会控制。

CCTV 也可能造成犯罪增加。举例来说,它可能给潜在受害者一种虚假的安全感而使他们更加容易受害,因为他们放松了警惕或者不再采取诸如夜间结伴走路以及不佩戴贵重首饰之预防措施。它可能增加向警察报告犯罪和警察记录犯罪的行为。CCTV 也可能使犯罪向其他地区、其他时间及其他受害者转移。

近年来,在许多西方国家,CCTV 在公共场所以防止犯罪为目的的应用正在显著并持续上升着。与 CCTV 的使用增长同时而来的是巨大的花费。在英国,CCTV 是持续在刑事司法系统外一个最大规模资助的犯罪干预项目。据估计,在 1992 年至 2002 年这十年间,超过 2.5 亿英镑(接近 5 亿美元)公共支出被花费在 CCTV 上(McCahill,2002)。这一数字很有可能是个被低估的数值。比如说,单单从 1999 年到 2001 年,英国政府就已经为"在城市和城镇中心、停车场、犯罪高发区和住宅区的 CCTV 方案"准备了 1.7 亿英镑(内政部警务和减少犯罪小组,2001)。在过去的十年间,CCTV 占英国内政部对犯罪预防项目总投入的比重大于四分之三(Koch,1998,49;路透社,2007)。

在这段时期出现了很多关于 CCTV 预防犯罪效果的争论,以及因此产生对投放大量资金在 CCTV 上的疑问。一个关键问题是,是否有高质量的科学证据证明其能有效防止犯罪行为的发生。现在有个顾虑是,对 CCTV 的资助有时候是根据质量不高的评估结果,此类结果经常以单一小组(没有实验对照组)的前测—后测设计的方案进行评估,证据的效力不是太高(Armitage,1999,226),再且独立于内政部的专业评估度也参差不齐(Ditton,1999,202)。最近一些研究者对 CCTV 防止犯罪有效度的研究进行了初步的总体分析(Eck,2006;Nieto,1997;Phillips,1999;Poyner,1993;Ratcliffe,2006),其结果同样显示了对高质量的独立评估研究的需要。

2. 目　标

此次系统综述的主要目的是评估现存的对公共场所 CCTV 录像对犯罪的作用的证据,除了评估 CCTV 对犯罪的整体作用,本报告也将调查 CCTV 在何种情境(比如,城市和城镇中心、停车场),对于何种的犯罪和在何种条件下,能发挥最大的作用。

3. 纳入本报告的研究文献选取标准

3.1　研究类型

被纳入系统回顾的研究文献,需要对实验区域和对照区域内的犯罪率进行前测后测(即比较安装 CCTV 前后两个区域的犯罪率变化)。文献需要包含至少一个实验地区和一个合理的有可比性的对照区域。关注的基本单位是区域。

3.2　干预类型

CCTV 是干预的焦点。对于研究了一个或多于一个干预项目的研究文献,只有那些把 CCTV 当作主要项目的文献符合选择条件。对于什么是某个研究的主要干预项目,主要看作者有无在文章中表明,如果作者没有进行声明,那么就依靠 CCTV 在文章中相对其他干预项目的重要程度进行判断。

3.3　结果测量的种类

研究必须包含至少一项关于犯罪率的测量。当可行时,犯罪相关结果数据根据两项类别进行分开报告:官方记录(警方报告或者急诊室报告)和非官方测量(受害者调查或者自我报告调查)。

在执行干预前的每个地区的犯罪案件不得低于 20 个。对效用量的主要测量是根据干预之前和之后犯罪数量变化而定。之所以设定干预前最小 20 个犯罪案件的限额,是因为小于 20 的值难以测量其变化的幅度,而且是有潜在误导性的。同时,任何小于 20 的犯罪案件进行研究也缺乏足够的统计效力。

3.4 辨别研究文献的搜索方法

有四种研究方法被用来识别符合本报告结论标准的研究:(1)搜索电子书目数据库;(2)搜索关于 CCTV 对防止犯罪的有效度的文献综述;(3)搜索关于 CCTV 研究的书目;(4)和主要的研究学者沟通。

发表的和未发表的报告均在本研究的考虑范围内。搜索范围是国际性的,并不局限于英语。搜索方案分两波进行。第一波,搜索方案(1)到(4)在 2001 年 1 月完成,反映了在 2000 年 12 月 31 日前发表的或者已知的文献。在第二波里,搜索方案(1)到(4)在 2007 年 4 月完成,反映了 2001 年 1 月到 2006 年 12 月的文献。

在第一波里,我们使用了以下几个电子书目数据库:

Criminal Justice Abstracts(刑事司法摘要)

NCJRS(National Criminal Justice Reference Service,刑事司法国家文献服务)Abstracts

Sociological Abstracts(社会学摘要)

SocialSciAbs(Social Science Abstracts,社会科学摘要)

ERIC(Educational Resources Information Clearinghouse,教育资源信息中心)

GPO Monthly(Government Printing Office Monthly,政府印刷月刊)

PsychInfo(Psychology Information,心理学信息)

PAIS International(Public Affairs Information Service,公共信息服务)

Dissertation Abstracts (博士论文摘要)

CINCH(Australian Criminology Database,澳大利亚犯罪学数据库)

C2-SPECTR(Campbell Collaboration Social, Psychological, Educational & Criminological Trials Register,康拜尔协作社会、心理、教育、犯罪学试用注册)

在第二波里,我们使用了以下几个电子书目数据库:

Criminal Justice Abstracts(刑事司法摘要)

NCJRS(National Criminal Justice Reference Service,刑事司法国家文献服务)Abstracts

Sociological Abstracts(社会科学摘要)

ERIC(Educational Resources Information Clearinghouse,教育资源信息中心)

GPO Monthly(Government Printing Office Monthly,政府印刷月刊)

PsychInfo(Psychology Information,心理学信息)

Dissertation Abstracts(博士论文摘要)

C2-SPECTR(康拜尔协作社会、心理、教育、犯罪学试用注册)

Google Scholar (谷歌学术)

Medline (The National Library of Medicine,国立医学图书馆)

有三个在第一波搜索里使用的数据库,即社会科学摘要(Social Science Abstracts (SocialSciAbs)),国际公共信息服务(Public Affairs Information Service(PAIS) International),澳大利亚犯罪学数据库(the Australian Criminology Database CINCH),没有在第二波搜索里使用,这是因为研究者无法再取得它们。在它们的位置上,两个新的数据库被使用:谷歌学术(Google Scholar)和国立医学图书馆(Medline)。

在两波搜索里,我们使用了以下几个词条来对数据库进行搜索:“CCTV”“摄像头”“社会控制”“监控”以及“正式监控”。当可行时,“犯罪”被加进以上的词条里(比如,“CCTV 和犯罪”)以缩小搜索范围。

本次系统回顾参考了以下关于 CCTV 在防止犯罪有效性的文献综述:Eck(1997;2006),Gill(2006),Nieto(1997),Phillips(1999),Poyner(1993),Ratcliffe(2006),和 Wilson(2003)。

3.5 系统回顾的方法

3.5.1 评价性研究的选择

按照上述标准,我们搜索到了 94 个评估研究。其中 2 个文献(Berkowitz,1975;诺森布里亚警方报告)无法被获得,我们曾进行多次尝试去获得这些文献。在 92 个评估研究里,有 44 个研究符合标准而被包含,而剩下的 48 个因不符合标准而被排除。在那 44 个研究里有 41 个可以被元分析使用。有 3 个研究,即 Squires(1998a),Williamson(2000)和 Sarno(1996),因为犯罪数量没有标明故无法测量其效用量而被删除。

表 1 里列举了不符合标准而被排除的 48 个评估研究。表格总结了它们的主要特点,也标明了他们被排除的理由。讨论这些评估研究有两点理由:首先,这符合在系统综述里被执行的惯例,即列出被排除的研究;其次,这使读者可以自行判断被排除的研究和被选择的研究之间的不同。

如表 1 所示,这 48 个评估中的大部分是因为没有使用对照区域来评估干预作用而被排除在系统综述外的,他们仅仅对安装 CCTV 的区域进行前后对比,而这并不够客观。很多研究显示使用 CCTV 会导致犯罪数量的下降,但这些研究内部效度比较低,因此我们无法对他们的研究结果怀有信心。

3.5.2　方法质量的评估

我们以一个主要的特性测量了每个研究方法的质量,即有没有合理的可对比的对照区域。另外,研究必须对干预之前和之后,实验区域和对照区域的犯罪案件数量进行测量。

3.5.3　数据合成

我们提取保留了 44 个被选中的研究的以下特性。这些特性可用来当作研究结果的潜在影响缓和因素。在被选中研究的相关表格里这些特性被列举出来(表 2、表 3、表 4、表 5、表 6)。

1)作者、发表日期和地点:标明作者、相关评估报告的日期以及项目的地点。

2)实验干预的背景:定义为 CCTV 干预进行的物理环境。

3)CCTV 摄像头:标明运转的 CCTV 摄像头的数量和这些摄像头的任何特别的技术特点(比如,红外线、拍摄全景、倾斜角度和变焦能力)。

4)监控:标明 CCTV 摄像头是如何(比如,积极的或消极的)及被谁(比如,警察、私人警卫)监控的。

5)干预的持续时间:标明项目运转的时间长度。

6)样本数量:标明实验区和对照区的数量以及他们所有的特殊特征。

7)覆盖面:标明 CCTV 摄像头的覆盖地区。

8)其他干预:标明项目里除了 CCTV 外使用的其他干预手段。

9)结果测量及数据来源:犯罪是系统综述主要关注的结果测量标准。标明具体的犯罪类型和结果测量的数据来源(如,警方记录、受害者调查)。如果有包含在报告里,其他次要结果也要被进行检测。

10)研究设计:标明被用来评定项目效果的评估设计类型。如果实验配对或其他统计分析技术也是项目效果评估的一部分,那么这些技术也被标明。

11)干预前后阶段:标明评估的干预前后阶段。

如以上所述,系统综述关注的主要结果测量是犯罪,特别是财产和暴力犯罪的案件数量有无变化,特别对实验区域和对照区域的对比(下面将包含更多的细节信息)。报告结果包含犯罪案件总量以及(如果可能的话)财产和暴力犯罪种类。当研究测量 CCTV 项目在不同时间点对犯罪的影响时，如有可能，对比干预前后的类似时间段（比如 12 个月）。

本报告也对犯罪转移和犯罪扩散进行了研究。犯罪转移经常被定义为在某地引进减少犯罪方案后其他地区非预期的犯罪增长。已知有六种不同形式的犯罪转移：暂时（时间变化）犯罪转移、策略（方法变化）犯罪转移、目标（受害人变化）犯罪转移、区域（地点变化）犯罪转移、功能性犯罪转移（犯罪种类变化）和犯罪者犯罪转移（Reppetto，1976；Barr，1990）。犯罪扩散经常被定义为某地引进减少犯罪方案后，犯罪分子向其他地域转移导致其他地区的犯罪案件上升，或者说其与犯罪转移“完全相反”（Clarke，1994）。为了调查区域犯罪地区转移和犯罪扩散，最低的设计配置包含一个实验区域、一个相邻区域和一个非临近的对照区域。如果犯罪数量在实验区域下降，在相邻区域上升，在对照区域稳定，这可能是犯罪转移的证据。如果犯罪数量在实验区域和相邻区域下降，而在对照区域保持稳定或者增加，那这可能是犯罪扩散的证据。

为了测量 CCTV 对犯罪影响评估的平均效用值，我们进行了元分析。为了完成此元分析，每一个评估都需要一个可比的效用值和它的变化。这必须根据犯罪数量在时间段内（一般是 12 个月）在实验区域和对照区域的变化而得出。因为这是唯一在所有评估里都提供的数据。

虽然依靠在警方记录的研究可以获得记录里显示的时间序列数据，依靠受害者调查的研究只能获得干预前一个时间段的数据和干预后的一个时间段数据。因为干预可能造成更多人报警和更多警方记录，同时研究警方和受害者调查数据十分重要。

“相对效用量”（可被解释为事件率比），缩写 RES，被用来测量效用量。它根据下表测量：

	之前	**之后**
实验组	a	b
控制组	c	d

a，b，c，d 为犯罪数量

相对效用量（RES）= a ∗ d/b ∗ c

根据 Lipsey 和 Wilson 在测量研究中所有或者一个子集的加权中间效应量时，效应量根据每个研究的变异数而反向加权。另外，在测量研究中的所有或一个子集的平均效应量时，需用统计测试来评定个体效用量是否随机分配在平均效用量附近（如果它们具有统计异质性）。可以预测效应量的中介变数（moderators）也被探讨（如果可行）。

相对效用量反映了犯罪在对照区域对比实验区域的相对变化。相对效用量=2说明 d/c（对照区域之后/对照区域之前）比 b/a（实验区域之后/实验区域之前）大两倍。举例来说，这一数值可在以下情况取得：如犯罪在对照区翻了一倍而在实验区不变，或者如果犯罪在实验区下降了一半而在对照区不变，又或者其他无数种变化。

相对效用量的变化（VAR）通常可以通过它的自然对数 LRES 来计算：

相对效用量变化（LRES）= 1/a+1/b+1/c+1/d

在本报告里，我们使用 LRES 或称为 VAR（LRES），即相对效用量（LRES）的自然对数。对 VAR（LRES）测量的根据建立在一个假设上，此假设，根据瓦松过程，认为犯罪的发生是随机的。这一假设可能很合理，因为在三十年间的犯罪职业的数学模型已经被瓦松过程所提倡的犯罪可以被充分模型化的假设所主导（Piquero，2003）。在瓦松过程中，犯罪数量的变异数和犯罪数量是相同的。然而，大量的能影响犯罪数量变化的外界因素的存在可能导致过度散布，即犯罪数量的变化（VAR）超过犯罪数量 N。

D=VAR/N

明确了过度散布因素，一旦出现过度散布，V（LRES）应该乘以 D。Farrington（2007b）从每月的犯罪数量来估算 VAR，发现了下面的等式：

D= 0.0008 * N+1.2

D 随着 N 呈直线性上升，并与 N 呈 0.77 互关联。在 CCTV 研究中一个地区的中间犯罪数大约是 760，这意味着 D 的中间数值大约是 2。然而，这可能是一个过高的估算，因为周期性变化可能会夸大每月的变化，而周期性变化不适用于 N 和 VAR。不过，为了得到一个保守的估计，在所有情况下都使用上面提及的乘以 D 的公式来计算 V（LRES）的。具体来说，

V（LRES）= $Va/a^2+Vb/b^2+Vd/d^2$

从中，Va/a=0.0008 * a+1.2

这是我们在基于地区的犯罪预防研究中所现有的最好的对过度散布程度的评估。这是对研究中的过度散布而进行的调整矫正，不适用于研究间的异质性。

4. 对选入本综述的研究描述

44 个 CCTV 评估研究中的 41 个研究在四种主要设定下实施:城市和城镇中心、公共建筑物、公共交通和停车场。其他的 3 个 CCTV 评估在住宅区和一家医院实施。

4.1 城市和城镇中心

22 个符合结论的标准的评估研究是针对城市和城镇中心地区的 CCTV 效果进行测量。它们中的 17 个在英国进行,3 个在美国,1 个在瑞典,还有 1 个在挪威进行(见表 2)。仅有一部分研究对 CCTV 摄像头的覆盖率进行了明确。比如,在纽卡斯尔临近泰恩河段和马尔摩的研究中,摄像头对目标或实验区域的覆盖为 100%。更多的研究主要是报告了摄像头的数量和性能特点(如能否全景、倾斜和变焦)。如果目标区域中足够大的一部分或者其犯罪高发区不在监控范围的话,那么 CCTV 的作用可能会被削弱,所以说对摄像头的覆盖区域和覆盖率进行测量是相当重要的。

大多数评估里的信息显示摄像头监控使用的是主动监控,也就是说有一个操作员实时观察着连接摄像头的监控器。消极监控包括在事后观看摄像头的监控录像。在一些研究里,比如纽卡斯尔(Newcastle)和伯明翰(Birmingham),警方采取主动监控,不过和警方有一定通讯连接联系(比如单向无线电或定向电话)的保安人员也经常使用这种监控。

平均来说,22 个评估研究里的追踪调查时间段是 15 个月,其中最低是 3 个月,最高则是 60 个月。有 6 个研究也测量了 CCTV 以外的其他干预手段。比如,在唐卡斯特(Doncaster)项目里,实验区里建立了 47 个“帮助点”以帮助公众联系 CCTV 主控室。其他 4 个研究使用了 CCTV 告示牌来通知公众他们正在受到监控,不过 CCTV 告示牌并不必然地构成一个次级干预。有几个评估研究使用了多个实验区(如警察巡逻区),这意味着 CCTV 干预在城市和城镇中心是十分密集的。更多的评估里使用了多个对照区域(如临近警察巡逻区和城市其他区域)。如果研究同时包括对照区域和相邻区域,那么我们只分析对照区域。

4.2 公共建筑物

9 个评估在公共建筑物区域实施。其中 7 个在英国,2 个在美国(见表 3)。在其中 6 个评估里,摄像头的覆盖包括最低 9%(在迪阿尔房产)到最高的 87%(在北方房产)。所有方案都使用主动监控,其中布鲁克林区为警方实行主动监控。在 Gill 和

Spriggs 评估的 6 个英国研究里,采取摄像头监控的保安人员和警方有一定形式的通讯连接(如单向或双向无线电)。平均而言,在这 9 个评估里的追踪调查时间段为 12 个月,其中最低为 3 个月,最高为 18 个月。只有 3 个方案包含了除 CCTV 外的其他干预手段,包括改善照明和青少年活动项目。

4.3 公共交通

4 个评估在公共交通系统展开。它们全部在地铁系统:3 个在伦敦地铁,1 个在蒙特利尔地铁(见表 4)。没有任何一个研究标明摄像头在目标地区的覆盖比例,但是它们大部分都报告了使用的摄像头数目。比如,在蒙特利尔(Montreal)项目里总共有 130 个摄像头被安装在实验区内(大约每站 10 个)。每个项目都包括了警方的主动监控,在伦敦地铁里警方力量为英国交通警察。

除了蒙特利尔项目外,其他所有评估都包含了除 CCTV 外的干预手段。在第一个地铁方案里,CCTV 安装前实行了特殊警方巡逻。对其他两个地铁方案来说,其他的干预手段包括乘客警报、小卖部监控 CCTV 和镜子。不过,对于这三个地铁方案来说,CCTV 都是主要干预手段。追踪调查时段从最低 12 个月到最高 32 个月不等。

4.4 停车场

有 6 个符合结论标准的评估是在停车场实施的。这些评估都是在 20 世纪 80 年代早期到 21 世纪早期在英国展开的(见表 5)。两个方案报告其摄像头覆盖范围为 100%。除了一个方案没有提供相关信息外,其他方案都包含了保安人员的主动监控。大规模多站点的(Hawkeye)方案也有和英国交通警察的无线电联系。

所有项目都包含了除 CCTV 外的其他干预手段,比如改善照明、漆绘、防护栏、改变付款方式和增加保安人员。其中,改善照明、漆绘和防护栏是考文垂(Coventry)项目里为了降低车辆犯罪而实施的方法。不过,在所有的方案里,CCTV 都是主要干预手段。追踪调查时段从最低 10 个月到最高 24 个月不等。

4.5 其他环境

如之前提到过的,44 个评估里有 3 个是在其他公共环境下展开的:2 个在住宅区,1 个在医院。因为其实施环境不同且数量小,我们认为有必要将这三个方案单独区别出来。表 6 提供了这些评估(都在英国展开)的主要特性。

两个住宅区方案间存在明显的不同。城市郊外方案是在英国中部的一个经济不景气的郊外开展的,而城区方案是在一个富足程度不同的南方区开展的。在城市郊外的摄像头覆盖十分好(68%),但在城区里则不同。Gill 和 Spriggs(Gill,2005)注意到这是因为城区里使用了可重新配置的摄像头,而城市郊区使用了固定的摄像头。

一些城市医院的主要特征包括极好的(76%)摄像头覆盖,使用主动监控,摄像头监控者和警方有直接联系,以及其他干预手段的实施,包括改善照明和警察配合。

5. 研究设计的质量

对于研究方法的质量进行评估,主要依据是研究人员是否合理地提交了关于对照区域犯罪案件变化情况。

在每一份评估研究之中,之所以使用“合理地”一词是因为在一些情况下调查者不能提供足够的细节信息来判断实验区和对照区在一些主要方面(比如,犯罪率、人口年龄、失业率、贫困率)是否具有可比性,但仍然能提供一些信息来证明两个区域具有某些可比性(除了声称如此之外,调查员没有提供证据来支持他们的主张)。

对照区域可以是相邻区域或者非相邻区域,但理想状态下,它应该不是和实验区挨着的相邻区域。这是为了防止实验区对其相邻区潜在的可能影响。在报告使用了多个对照区域的研究里,它们使用了非相邻区域。有少数的评估研究使用了统计方法对实验区和对照区的特性进行了控制,以使它们更有可比性。

6. 结　果

6.1 研究结果的表述

6.1.1 城市和城镇中心

如表 2 所示,城市和城镇中心的 CCTV 评估显示,其对于减少犯罪的作用并未得到一致的认可。22 个评估中的 10 个具有有利于减少犯罪的作用,5 个却没有减少犯罪的作用。Sivarajasingam(2003)在英国进行的评估结果表明,如根据急诊部门接纳记录来计算犯罪案件,结果显示 CCTV 有利于犯罪减少;如根据警察记录,则未能减少犯罪。但是 Sivarajasingam 和其同事认为,警察记录的增加是可以预见的,因为安装 CCTV 后,警察发现了更多的暴力事件,更迅速的派送警察到事发现场,防止造成严重后果,这就解释了 CCTV 减少了需要医院救治的人数,但增加了警方的案件数量。其余 6 个评估中,有 5 个认为 CCTV 没有对减少犯罪起作用,有 1 个认为无法明确认定对减少犯罪是否起作用。这些方案通常显示了没有犯罪转移的证据。

在 Armitage(1999)评估的项目中,不明数目的摄像头被安装在英国伯恩利(Burnley)的城镇中心。实验区域由两个被 CCTV 覆盖的警察巡逻区域组成。此项目还使用了两个对照区域。第一个对照区域由与共享 CCTV 一个边界的警察巡逻区域组成。第二个对照区域由其他警察巡逻区域组成。第一个对照区域与实验区域比较具有更高的可比性。12 个月后,试验区域与另外两个对照区域相比较,大幅度地减少了暴力、入室抢劫、车辆犯罪和犯罪总量。例如,与对照第一区域的很少的 1%下降和第二对照区域 10%的增加相比较而言,在试验区域的总犯罪事件量降低了28%。作者发现了对于犯罪总量、暴力犯罪、车辆犯罪的犯罪扩散证据,而且找到了入室抢劫的区域犯罪转移证据。

在 Farrington(2007b)评估的项目中,在英国剑桥的城镇中心,30 个监控摄像头被安装。对照区域是个次级城市购物中心地带,并没有在街道上安装监控设备。与安装摄像头的 11 个月之前和安装摄像头 11 个月之后比较,在实验地区,警察记录的犯罪降低了 14%,但是在对照组降低了 27%。因此,这不利于减少警察记录犯罪。暴力犯罪(伤人和抢劫)同样在对照区域降低较多,而车辆犯罪(包括盗窃车辆或车内物品)在实验区域与对照区域降低程度相当。而且,在干预前后都还使用配额样本收集被采访和面谈对象,询问他们在过去 12 个月中的受害记录(侮辱或骚扰、威胁、伤害或抢劫行凶)。在实验区域受害比例由 26%增加到 29%,在对照区域,由11%增加到 14%,这表明 CCTV 的安装对减少受害没有作用。这些结果表明,CCTV有可能对犯罪没有影响,但是可能会导致报警或警察记录的增加。

6.1.2 公共建筑物

如表 3 所示,在公共建筑物,关于 CCTV 对犯罪控制作用的评估出现了不一致的结果。9 个评估中的 3 个评估被认为具有对犯罪控制有有利的作用,2 个有不利的作用,3 个无法确定是否有作用,1 个确定没有作用。只有 5 个方案测量了犯罪转移和犯罪扩散作用,每一个研究都报告没有发生犯罪转移。

6.1.3 公共交通

总体来说,CCTV 项目在公共交通系统的有效性呈现了不一致的证据:2 个项目具有有利作用,1 个项目没有作用,1 个不利于预防犯罪的作用。但是,对于 2 个具有有利作用的在伦敦地下(南部区域和北部线)的项目而言,同时使用的其他干预让确定 CCTV 是否导致犯罪下降变得困难,尽管 CCTV 非常有可能是犯罪下降的原因。作者的原话富有深意:

“看起来似乎抢劫犯罪已经被加强的保安工作控制和减少了，这方面的工作包括了节约支出和站台人员。警务的变化可能起到了有益的帮助作用。另一种可能是，耗资巨大的现代化站台与在中心地段建设的自动售票机，让公众产生了一个更加受控制和更加安全的印象。”（Webb，1992）

仅有两个研究测量了犯罪转移和犯罪扩散，一个研究表示有犯罪扩散的证据，另外一个表示有犯罪转移的证据。

6.1.4　停车场

表5显示了，5个停车场项目，以车辆犯罪为独有的关注点。在以下三个城市，Tilley（1993）评估了3个在停车场的CCTV项目：哈特尔浦尔（Hartlepool）、布拉德福德（Bradford）和 考文垂（Coventry）。每一个方案都是英国政府提高安全项目的一部分，此项目是一个大规模的犯罪预防运动，开展在1980和1990年代中期。在哈特尔浦尔（Hartlepool），CCTV被安装在很多有覆盖的停车场和一些没有安装CCTV停车场地区。保安人员、CCTV使用的宣告、付款方案都是测量其对减少犯罪的整体计划的一部分。在项目开始的两年后，当与对照区域相比较，在试验区域车辆盗窃和车内物品盗窃都大幅度减少。在实验区域，盗窃车辆减少了59%，相比较于在对照区域，盗窃车辆减少了16%。（Tilley，1993，9）得出结论，“久而久之，有CCTV覆盖的停车场与令人向往的盗窃车辆犯罪下降有关联，而且这是在当地的犯罪趋势（车辆盗窃增加）的情况下。”作者暗示车辆犯罪从有覆盖地区到无覆盖地区的转移与此相关。

在萨尔诺（Sanro，1996）被评估的项目中，在伦敦萨顿（Sutton）警察巡逻划分区，CCTV被安装在车辆犯罪高发的三处实验停车场。在萨顿（Sutton）剩下的警察巡逻划分区被建立为对照区域。一个对照区域被认为是适合实验区域可比较的。该项目在实施了12个月后被评估。在试验区域，车辆犯罪总量（车辆盗窃、车内物品盗窃、损害车辆、无授权的车辆使用和车辆干扰）下降了57%，在无CCTV的对照区域，相对较小的犯罪减少量（36% 和40%）被报告。值得一提的是，英国的车辆犯罪呈下降趋势。大部分研究，包括萨顿（Sutton）的研究，都没有测量有利于犯罪扩散和犯罪转移问题。

6.1.5　其他场所

如表6所示，两个住处方案的评估显示了对犯罪的相反作用：在城市郊外为显著的有利（25%的减少）作用和在城市自治区的显著的不利作用（25%的增加）。只有一个城市医院CCTV的实施体现CCTV产生了一个对犯罪有利的但是不显著的作用。

6.2 元分析

6.2.1 场所

城市和城镇中心。通过合并 20 个研究中所使用的数据去计算效应量的大小，证据表明在城市和城镇中心，CCTV 有很小的不显著的犯罪减少。加权平均效应量为 1.08RES，与对照地区相比，这相对应于实验地区有 7% 的犯罪减少。但是当 20 个研究按照国家分类时，15 个英国研究体现了更高一点的对犯罪的作用，而另外 5 个研究没有发现任何作用（见表 7）。

一个异质性的分析显示了 20 个效应量有显著的区分（$Q=143.9, df=19, p<.0001$），这意味着他们不是在平均数左右进行随机分布。15 个英国研究同样有显著的区分（异质性）（$Q=118.6, df=14, p<.0001$），另外 5 个研究也同样区分（异质性）（$Q=14.02, df=4, p=.007$）。所以，研究使用了随机作用模型去计算加权的平均效应量。

公共建筑物。通过合并 8 个研究中所使用的数据去计算效应量的大小，证据表明在公共建筑物，CCTV 导致了无意义的很少的犯罪减少。加权平均效应量为 1.07RES，与实验地区和对照地区相比，这相对应于一个 7% 的犯罪减少（见表 8）。8 个效应量有意义的区分（异质性）（$Q=47.94, df=7, p<.0001$）。所以研究使用了随机效应模型去计算加权的平均效应量。

公共交通。表 9 显示了 CCTV 评估在公共交通场所的元分析结果。合并的 4 个研究数据体现了 CCTV 导致了一个对公共交通犯罪减少较大但是没有显著的作用。加权平均效应量为 1.30，与实验地区和对照地区相比，这相对应于一个 23% 的犯罪减少。在第一个地下铁评估里（总体上 61% 的减少），对于 4 个研究呈现的大的平均效应量，可观的抢劫和盗窃犯罪减少是主要的原因。4 个效应量有显著的区分（异质性）（$Q=30.94, df=3, p<.0001$）。

停车场。如表 10 所示，对于 5 个方案来说，显示了一个显著的有利的 CCTV 的作用。当所有的 6 个效应量被结合，总体的 RES 为 2.03，这意味着，与对照地区相比，实验地区犯罪减少了 51%。6 个效应量有意义的区分（异质性）（$Q=31.93, df=5, p<.0001$）。

6.2.2 犯罪类型

在研究报告中被提及的主要犯罪为暴力和车辆犯罪（包括盗窃车辆或车内物品）。暴力犯罪在 23 个评估中被研究，但是仅仅在 3 个案例中，CCTV 体现了一个对减少暴力犯罪的有利作用（Airdrie，Malmö 和 Shire Town 的研究）。总体而言，其作用对暴力犯罪没有有益的影响(见表 10)。23 个效应量有显著的区分(异质性)($Q=30.87$,$df=22$,n.s.),所以研究使用固定效应模型去计算加权平均效应量。

车辆犯罪在 22 个评估中被提及,而且 CCTV 在 10 个案例中体现了对于减少车辆犯罪一个有利的作用:6 个停车场案例中的 5 个(除市政厅(Guildford)之外),在 3 个城市或城镇中心的评估(伯恩利(Burnley)、吉林厄姆(Gillingham)和 南城(South City)),和在城市郊外与市立医院。如表 10 中所示,总体上,在 22 个 CCTV 的评估中,车辆犯罪减少了 26% (RES=1.35)。22 个效应量有显著的区分(异质性)($Q=115.1$,$df=21$,$p<.0001$)。最大的作用体现在大规模、多场所的 Hawkeye 评估之中,但是当这个评估被排除在计算范围,一个有显著作用仍然存在(RES=1.28,相对应于一个 22% 的犯罪减少)。

6.2.3 不同国家之间的比较

在元分析包括的 41 个评估之中,绝大部分实施在英国(n=34),4 个评估在美国、加拿大、挪威和瑞典各有 1 个。如表 10 所示,当合并的元分析根据国家区分,则 CCTV 在英国对防止犯罪的作用比其他国家的作用显著。在英国的研究之中,CCTV 以总体的 19%犯罪减少(RES=1.24)体现了显著的有利作用。英国的研究有显著的区分(异质性)($Q=350.5$,$df=33$,$p<.0001$)。其他研究并没有表现对犯罪有利的影响作用(RES=0.97)。其他研究同样有显著的区分(异质性)($Q=14.51$,$df=6$,$p=.024$)。重要的是,英国研究中显著的结果大部分来自于有效的停车场项目。

6.2.4 合并作用

图 1 使用树状图对 41 个研究结果进行了总结。此图表示了在每一个研究中对于犯罪总量的相对效应量加之 95%的置信区间。41 个研究根据他们相对效应量的大小按顺序排列。可以看到多于三分之一(n=15)的评估显示了有力的 CCTV 对犯罪的作用,其效应量大于等于 1.34(从城市郊外研究开始向上,但是不包括城市医院研究)。其 15 个研究中的 14 个体现作用的研究实施在英国;另外一个实施在瑞典马尔摩(Malmö)。另外三个研究表现了在统计意义上显著但不利的作用(奥斯陆(Oslo)、剑桥(Cambridge)和迪阿尔房地产(Dual Estate)),其余在 41 个研究中的 23 个研究没有表现出有意义的作用。总体上来说,1.19 的相对效应量表示了一个适中的显著的 16%的犯罪减少率。41 个 CCTV 评估在他们的效应量上的异质性是显著的($Q=389.5$,$df=40$,$p<.0001$)。

6.2.5 中介变量分析

为了检验效应量在不同统计上有显著的种类的分差不同，计算在组与组之间或QB(利普西(Lipsey)2001:135–38)的均匀性是必要的。QB 指的是卡方检验的大约分布。

研究发现 CCTV 在对减少在停车场发生犯罪的作用比在其他三个环境中(城市与城镇中心、公共建筑物、公共交通)更加显著。对于此四类环境，$QB = 121.12$($df = 3$，$p < .0001$)。因此，效用量在四种环境中在统计上显著不同。

研究发现 CCTV 在英国城市和城镇中心的作用比在其他国家城市和城镇中心的作用更为显著。对于英国与非英国的城市和城镇中心，$QB = 11.22$($df = 1$，$p = .0008$)。

研究发现 CCTV 在减少车辆犯罪比对暴力犯罪的作用更加明显。将 CCTV 对于减少车辆犯罪和暴力犯罪的效果相比较，$QB = 55.54$($df = 1$，$p < .0001$)。由上所指，对于车辆犯罪最显著的作用体现在大规模多场所的衣阿华(Hawkeye)研究之中。研究发现当衣阿华(Hawkeye)研究不被考虑之时，CCTV 在减少车辆犯罪的作用比减少暴力犯罪的作用仍然明显。当不考虑衣阿华(Hawkeye)的研究时，对于车辆犯罪与暴力犯罪相比，$QB = 28.13$($df = 1$，$p < .0001$)。

研究发现 CCTV 对减少犯罪的作用在英国比在其他国家更为显著。对于英国与其他国家相比较，$QB = 24.55$($df = 1$，$p < .0001$)。

7. 讨　论

经过对发表的和未发表的文献进行搜索，以及联系顶尖学者们进行咨询，一共有44 个符合我们研究报告准则的 CCTV 评估研究被筛选出来；另外还有 48 份评估没有达到我们的选择标准(主要因为缺少比对条件)，选择的标准要求 CCTV 项目使用严格的评估设计去评估其对犯罪的作用，最低标准涉及对在实验区域和对照区域安装系统前后的犯罪率变化进行测量。

本系统分析所收录的研究表明，CCTV 对犯罪产生了一定的显著作用，其在停车场减少犯罪最有效，当目标为车辆犯罪(大部分为成功的停车场方案)，并且在大不列颠对减少的作用比其他国家显著。在 44 份研究之中，发现了关于地域性犯罪转移和犯罪扩散的混杂结论。

8. 局限性

只有那些对实验区和(合理的)对照区按照 CCTV 前后的犯罪数量进行测量的评估研究才会被收录在本研究报告之中。在 44 个研究中的绝大部分使用了可与实验地区比较的比对区域。根据 Cook 和 Campbell(Cook,1979)和 Shadish、Cook 和 Campbell(Shadish,2002),这是最低限度的其结果可以被解释的评估设计。这类设计可以排除对于内部效度(internal validity)的威胁,包括历史作用(history)、成熟/趋势(maturation/trends)、测量仪器(instrumentation)、测试效用(testing effects)、不同亡失(differential attrition),而其中主要的问题集中在选择效应和回归到平均数(由于不相等的实验的对照区域)。

在评估研究设计中,由随机选择的对比实验被认为是"金标准"。它是在犯罪预防项目中最有说服力的方法(Farrington,2006)。有很多基于地域性的研究都采用随机选择对比实验(例如热点警务;Braga,2005),但是此类的设计至今并没有被运用到研究 CCTV 对犯罪影响的调查之中。

9. 作者结论

9.1 研究结果对实践的意义

现在我们还未弄清什么是最好的使用 CCTV 方案的情景,未来的研究需要对此进行研究。但是,重要的是要了解成功的 CCTV 方案大部分都限制减少在停车场和车辆犯罪(仅有的犯罪类型被测量的在 6 个方案中的 5 个),而且报道的研究中镜头覆盖率较高。在不列颠的 CCTV 作用评估中,Farrington(2007b)发现 CCTV 的作用与镜头覆盖率程度极为相关,并在停车场呈现最高。此外,所有的 6 个停车场方案包含其他干预,例如增加照明和保安人员。这可能可信地表明 CCTV 方案搭配高覆盖率和其他干预,以车辆犯罪为目标,效果显著。

相反的,在城市和城镇中心和公共建筑物的 CCTV 的评估方案测量了更多更广的犯罪类型,而且只有少数研究涉及了其他干预。这些 CCTV 方案和那些以公共交通为目标的方案,并没有表现出有意义的对犯罪的作用。

9.2　对未来研究的意义

增加 CCTV 方案对减少犯罪的有益作用的相关知识要从认识到研究设计和研究方法严密精确性开始。44 个评估研究都使用了合理的可比较的实验控制组，这排除了一些对内在效度的主要威胁，例如选择、成熟、历史和测量仪器。在控制排除之前犯罪对其的影响，或者控制排除社区级别影响因素（例如社区贫困和贫乏住房）后，可以对 CCTV 对犯罪的作用进行研究（例如回归方程）。另一个可能的研究设计是实验配对两个地区，随机选择一个作为干预地区。当然，多个实验配对地区好于单个实验配对地区。

同样重要的是，认识到研究方法问题在干预规划中或干预之后的变化。一些关于实施的问题包括：统计结论有效性（统计分析的充足性）、概念构建正确性（精确性）和统计效力（侦测变化的能力）（Farrington，2003）。对于一些本著作涉及的评估，小额的犯罪数量使项目对犯罪的作用难以确定。在对项目进行评估之前实施统计能力分析是必要的（Cohen，1988）。有很少的研究尝试了控制回归到平均数的问题，这一般会发生在当一个干预的实施发生在高犯罪率时段之后。一系列的长时间的观察调查是必要的。

与此同时我们还需要更长时间的追踪阶段去认清此作用会持续多长时间。在本文包含的 44 个方案，很多都在运行了小于或等于 12 个月之前被评估。对于去评估一个项目对犯罪的作用，或任何一个结果测量，这是一个非常短的时间；而且对于这些项目来说，有一个问题需要被回答：是否干预存在的时间足够长而能支持干预对犯罪作用的准确评估？理想情况之下，时间系列设计与长时间系列犯罪率在实验和对比环境下并在 CCTV 引入前是需要的。在环境犯罪预防文献中，短时追踪评估阶段被常规使用，但是，现在认为从更长期环境犯罪预防作用中需要了解更多信息（Clarke，2001，29）。理想状况是同一时期也用来做事前事后犯罪测量。

研究同样需要去帮助确认有效的 CCTV 项目以及连接 CCTV 和犯罪减少的因果机理。43%（44 个评估中的 19 个）的项目都设计了除 CCTV 以外的干预，这使分离不同成分的独立作用变得困难；而分离与其他干预的相互影响作用也变得困难。未来实验需要测量 CCTV 的剂量和剂量反应关系，并需要收录其他方法去测量犯罪（调查问卷和警察记录）。

使用医院急诊治疗记录去评估 CCTV 对犯罪的影响同样是让人渴望的。在 Sivarajasingam（2003）的英国研究中，作者得出结论：在安装 CCTV 后，警察记录增加是可预测的作用效果。这是因为很明显地，警察找到了更高比例的犯罪，更迅速的派送警察到犯罪现场,防止受伤以防止医院治疗,这解释了可预期医院救治减少的有利干预效果(此效果通过医院急诊救治记录所测量)。

为了调查犯罪预防的犯罪转移和犯罪扩散效果,评估设计至少应该设计一个实验地区,一个毗邻地区和一个不毗邻的对比地区,这样可使移位作用变得明显。如果犯罪在实验地区和毗邻地区减少,而在对照区域没变或者增加,这说明得到了散布益处。但是,少量的评估使用了最低要求的评估设计。取而代之,大部分设计有一个毗邻的比对区域,而把其余的城市作为对照区域(无法比较)。因为这个原因,任何关于犯罪转移和犯罪扩散效果作用的结论在此时看来都是不成熟的。

10. 鸣　谢

本著作受英国内政部研究、发展和统计理事会的小额资助,并提交了一份研究报告(Welsh,2002);该著作受瑞典犯罪预防国家委员会资助,并发表了研究报告和调查结果(Welsh,2007),得到了康拜尔协作(Campbell Collaboration)的帮助。

我们在此对以下各位提供评估研究文献的帮助表示感谢:休·阿诺德(Hugh Arnold),特雷夫·班尼特教授(Trevor Bennett),玛德琳·布里克斯特博士(Madeleine Blixt),詹森·迪顿教授(Jason Ditton),约翰·艾克教授(John Eck),黛博拉·弗里德曼教授(Deborah Friedman),马丁·吉尔教授(Martin Gill),约翰·胡德教授(John Hood),洛林·马泽罗勒教授(Lorraine Mazerolle),萨拉·麦克拉佛特教授(Sara McLafferty),乔纳森·夏波特教授(Jonathan Shepherd),大卫·斯科尼博士(David Skinns),彼得·斯库尔斯博士(Peter Squires)和皮埃尔·特伦布莱教授(Pierre Tremblay);对珍妮弗·威力(Jennifer Wylie)的翻译工作服务表示感谢;对匿名审阅本文者,并对其编辑和重要的批注表示感谢;我们也受到了来自于马萨诸塞大学洛厄尔的凯萨琳·哈林顿(Katherine Harrington)和马克·马奇(Mark Mudge)的出色研究帮助。

11. 利益冲突声明

本文作者无任何利益冲突。重要注意提示:本文的两位作者都参与了被审阅的文献中的其中一个评估研究对 Cambridge 项目的评估。

12. 图 表

表 1 不符合收录的 CCTV 的评估

作者,发表日期,地点	没有被收录的原因	其他干预	样本大小	追踪和结果
詹姆斯(James)1985,墨尔本(Melbourne),加拿大	干预之前的阶段犯罪量过小	保安巡逻	E=2 个公共建筑物区, C=1 个公共建筑物区	12 个月; 实验 vs 对照:受害总量:-64.4%(45 至 16)vs+38.5%(13 至 18)
巴罗斯(Burrows)1991,英国	没有对照区域	储备和程序反正变化	1 个商店(Tescos—大的零售商店)	不适用; "为明了的损失":大约为每周£ 12000 至£ 5000;现金损失(从开始到结束):大约每周£ 500 至£ 20
全国连锁便利店 1991,多个地点,美国	没有对照区域	不适用	189 个便利商店	2 年; 抢劫:-15.2%(1.58 至 1.34 每年每个商店)
波伊纳(Poyner)1992,北希尔兹(North Shields),英国	没有对照区域	媒体宣传和学校访问	5 个公交车	8 个月; (对公物)恶意破坏:-52.9%(51 至 24)
凯尔(Carr)1993,维多利亚州(State of Victoria),加拿大	没有对照区域	多干预(例如:改善照明,增加警务)	公共交通系统的火车,有轨电车,公交系统	2 年; 人身犯罪:-42.2%(每月 57.3 至 33.1);对公物恶意破坏:-483.6%(平均每周 700 至 115 破碎窗户)
蒂利(Tilley)1993a,索尔福德(Salford),英国	没有对照区域	无	3 个商业用店	12 个月; 犯罪总量:-14.3%(35 至 30)
蒂利(Tilley)1993b,刘易舍姆(Lewisham),英国	没有对照区域	媒体宣传和 CCTV 标识	一个停车场	4 个月; 车辆犯罪:-75.0%(24 至 6)
蒂利(Tilley)1993b,赫尔(Hull),英国	无可比较的对照区域	无	实验区 E= 停车场 对照区 C = 分区整体	13 个月; E vs C:盗窃车辆-18.2%(11 至 9)vs+3%(数据不适用);车内盗窃:-46.4%(28 至 15)vs-3%(数据不适用)
蒂利(Tilley)1993b,伍尔佛汉普顿(Wolverhampton),英国	无可比较的对照区域	CCTV 标识	E=1 个停车场, C = 整个下属分区	13 个月; E vs C:盗窃车辆-18.2%(11 至 9)vs+3%(数据不适用);车内盗窃:-46.4%(28 至 15)vs-3%(数据不适用)
查特顿(Chatterton)1994,默西赛德郡(Merseyside),英国	没有对照区域	CCTV 标识	15 个住房方案(社会住房)	5—10 个月; 入室盗窃(完成的和尝试的):-78.8%(每月 4.25 至 0.9)

续表

作者,发表日期,地点	没有被收录的原因	其他干预	样本大小	追踪和结果
戴维森(Davidson)1994,米切尔山房地产(Mitchelhill Estate),格拉斯哥(Glasgow),英国	没有对照区域	多干预(例如:加强防范,当地管理)	5个住房街区	15个月; 犯罪总量: -63.1%(每3个月28.7至10.6)
布朗(Brown)1995,国王的林恩,英国	对照和对照区域无犯罪数据	无	E=停车场和邻近街道 C=所剩的警察巡逻区域	32个月; E vs C:盗窃车辆 下降(数据不适用)vs?(数据不适用); 盗窃车内物品:下降(数据不适用)vs 下降(数据不适用); 入室盗窃(数据不适用)vs?(数据不适用)
斯库尔斯(Squires)1996,布里奇顿(Brighton),英国	无可比较的对照区域	无	E=警察巡逻区域1—4 C=Brighton的其他地区	12个月; E vs C:犯罪总量:“小于”-10%(数据不适用)vs-1%(数据不适用)
布罗姆利(Bromley)1997,加迪夫和斯文西(Cardiff and Swansea),英国	没有对照区域	多干预(例如:工作人员在出口处,彩绘)	不同类型的停车场	不适用(无干预之前之后的测量); 车辆犯罪:Cardiff(8.3/100空间)vs Swansea(13.7/100空间)
吉尔(Gill)1998,1999,利兹和谢菲尔德(Leeds and Sheffield),英国	没有对照区域	无	2个零售商店	不适用; 盗窃造成的库存损失(干预之前之后阶段和Leeds商店):每周£ 600 to £ 200
马奎尔(Maguire)1998,帕纳斯(Penarth),英国	没有对照区域	无	一个城镇中心	4个月; 犯罪总量:-13%(48至42)
斯库尔斯(Squires)1998b,伯吉斯山(Burgess Hill),英国	在对照区域无犯罪数据	无	E=城镇中心(巡逻区域1) C=除覆盖CCTV的巡逻区域1	8个月; E vs C:犯罪总量:-37.2 %(数据不适用)vs?(数据不适用)
斯库尔斯(Squires)1998c,克劳利(Crawley),英国	无可比较的对照区域	无	E1 = 城镇中心(巡逻区域1), E2= E1+3个商业街 C=Crawley的其余地区	6个月; E1 vs C:犯罪总量:-12%(数据不适用)vs-3%(数据不适用)
斯库尔斯(Squires)1998d,东格林斯特德(East Grinstead),英国	在对照区域没有犯罪数据	无	E=城镇中心(巡逻区域1) C=除覆盖CCTV的巡逻区域1	8个月; E vs C:犯罪总量:-25.6%(数据不适用)vs?(数据不适用)

续表

作者,发表日期,地点	没有被收录的原因	其他干预	样本大小	追踪和结果
贝克(Beck)1999,多地点,英国	没有对照区域	无	15 个商店; E1 = 3 个高级系统; E2 = 6 个中级系统; E3 = 6 个低级系统	E1 = + 37.8% (1.96% 至 2.70%) E2 = − 17.9% (2.40% 至 1.97%) E3 = − 26.6% (2.63% 至 1.93%)
迪顿(Ditton)1999,格拉斯哥(Glasgow),英国	没有对照区域	无	城镇中心的 28 个警察巡逻区域	12 个月; 犯罪总量:+9% (数据不适用)
西瓦拉辛格木(Sivarajasingam)1999,加的夫(Cardiff),英国	没有对照区域	无	1 个城镇中心区域	2 年; 事件和紧急(A&E)伤人记录:−11.5% (7066 至 6251); 伤人的警察记录:+20.8 % (677 至 818)
西瓦拉辛格木(Sivarajasingam)1999,斯温西(Swansea),英国	没有对照区域	无	1 个城镇中心区域	2 年; 事件和紧急(A&E)伤人记录:+3.0%(3967 至 4086); 伤人的警察记录: −34.0%(486 至 321)
西瓦拉辛格木(Sivarajasingam)1999,里尔(Rhyl),英国	没有对照区域	无	1 个城镇中心区域	2 年; 事件和紧急(A&E)伤人记录:+46.0%(1249 至 1823); 伤人的警察记录:− 24.0% (526 至 400)
泰勒(Taylor)1999,莱斯特(Leicester)(西端),英国	没有对照区域	多干预(例如无声警报)	154 个商业场所	11 个月; 盗窃商店物品:下降(数据不适用)
泰勒(Taylor)1999,莱斯特(Leicester)(贝尔格雷夫),英国	没有对照区域	多干预(例如无声警报)	不适用	24 个月; 盗窃商店物品:下降(数据不适用)
费尔菲尔德城市议院 2002,多地点,澳大利亚	没有对照区域	媒体宣传和 CCTV 标识	2 个商业区域	5 年; 不适用
古德温(Goodwin)2002, 德文波特(Devonport),澳大利亚	没有对照区域	无	1 个城市或城镇中心	犯罪总量:+ 3.9% (205 至 213)
布里克斯特(Blixt)2003,赫尔辛堡(Helsinborg),瑞典	无可比较的对照区域	保安人员	E=1 个城市公园 C=城镇中心	1 年; E vs C:人身犯罪:− 4.8% (14.7 至 14.0) vs + 16% (242.7 至 282)

续表

作者,发表日期,地点	没有被收录的原因	其他干预	样本大小	追踪和结果
布里克斯特(Blixt)2003,小社区,瑞典	无可比较的对照区域	无	E=1个住宅停车场 C=周边地区	2年; E vs C:车辆犯罪:-78%(40至9)vs-17%(16.3至13.5)
布里克斯特(Blixt)2003,瑞典的城市	没有对照区域	无	E=公共停车场 C=周边地区	2年; E vs C:车辆犯罪:-10%(29至26)vs-10%(501.5至448.5)
斯库尔斯(Squires)2003,布莱顿(Brighton),英国	无可比较的对照区域	无	E=1个城镇中心 C=城市其余地区	2年; 伤人:E vs C:-26%(115至85)vs+47%(1696至2498) 入室盗窃:E vs C:-34%(70至46)vs-17%(4632至3861) 犯罪损坏:E vs C:-37%(67至42)vs+35%(1485至2008) 抢劫:E vs C:-13%(53至46)vs-23%(1101至844) 盗窃:E vs C:-10%(77至69)vs+3%(508至522)
吉尔(Gill)2004,刘易舍姆(Lewisham),英国	无可比较的对照区域	无	E=1个城镇中心 C=其余城市地区	伤人:E vs C:-26%(115至85)vs+47%(1696至2498) 入室盗窃:E vs C:-34%(70至46)vs-17%(4632至3861) 犯罪损坏:E vs C:-37%(67至42)vs+35%(1485至2008) 抢劫:E vs C:-13%(53至46)vs-23%(1101至844) 盗窃:E vs C:-10%(77至69)vs+3%(508至522)
哈拉达(Harada)2004,东京(Tokyo),日本	无可比较的对照区域	无	1个城镇中心 E= CCTV50米的范围 C= CCTV100米至150米	1年; E vs C:轻盗窃犯罪:27.9%(409至295)(p.4)vs?(数据不适用) E vs C:暴力犯罪:-12.1%(58至51)(p.4)vs?(数据不适用) E vs C:犯罪总量:-21.8%(619至484)vs-11.0%(数据不适用)
库普(Coupe)2005,多个地点,英国	没有对照区域	盗窃警报	9个警察分区	不适用; “CCTV为发现非居住入室抢劫做出了重要贡献”
艾佛乐(Eifler)2005,多个地点,德国	没有对照区域	CCTV标识	不适用	不适用; “CCTV的作用对犯罪率的变化不明”
吉尔(Gill)2006,多个地点,英国	没有对照区域	无	一个市区,一个郊区,一个城市区域	10个月; “实际上没有作用”

续表

作者,发表日期,地点	没有被收录的原因	其他干预	样本大小	追踪和结果
威尔斯(Wells)2006,冲浪人天堂,昆士兰(Queensland),澳大利亚	无可比较的对照区域	无	一个市郊;E= CCTV 范围之内 C= CCTV 邻近不可视范围内	44 个月;犯罪总量: + 36% (6940 至 9467)
威尔斯(Wells)2006,宽海滩,昆士兰(Queensland),澳大利亚	无可比较的对照区域	无	一个市郊;E= CCTV 范围之内 C= CCTV 邻近不可视范围内	32 个月;犯罪总量: - 38% (1158 至 722)
威尔斯(Wells)2006,昆士兰(Queensland),澳大利亚	没有对照区域	无	一个火车站(宾列(Beenleigh))	3 年;"CCTV 与小额度的报告的犯罪增加有关"
威尔斯(Wells)2006,昆士兰(Queensland),澳大利亚	没有对照区域	无	一个火车站(贝萨尼亚(Bethania))	3 年;"发现 CCTV 增加犯罪总量"
威尔斯(Wells)2006,昆士兰(Queensland),澳大利亚	没有对照区域	无	一个火车站(不伦瑞克(Brunswick)街)	3 年;"发现 CCTV 增加犯罪总量"
威尔斯(Wells)2006,昆士兰(Queensland),澳大利亚	没有对照区域	无	一个火车站(音道路埠里(ndooroo-pilly))	3 年;"CCTV 与小额度的报告的犯罪增加有关"
威尔斯(Wells)2006,昆士兰(Queensland),澳大利亚	没有对照区域	无	一个火车站(伊普斯维奇(Ipswich))	3 年;"CCTV 与小额度的报告的犯罪增加有关"
昆士兰(Queensland),澳大利亚	没有对照区域	无	一个火车站(马里场(Morayfield))	3 年;"发现 CCTV 对犯罪总量没有作用"
威尔斯(Wells)2006,昆士兰(Queensland),澳大利亚	没有对照区域	无	一个火车站(加拿大(Nundah))	3 年;"发现 CCTV 对报告的犯罪总量没有作用"
威尔斯(Wells)2006,昆士兰(Queensland),澳大利亚	没有对照区域	无	一个火车站(南岸/秃鹰(Southbank/Vulture)街)	3 年;"发现 CCTV 对报告的犯罪总量没有作用"
威尔斯(Wells)2006,昆士兰(Queensland),澳大利亚	没有对照区域	无	一个火车站(Strath-pine)	3 年;"发现 CCTV 对报告的犯罪没有作用"

a. 在干预前犯罪总量为 51,干预后为 9。在 15 个方案中的 13 个,"在 CCTV 安装后阶段,入室抢劫没有被记录。一个方案没有入室抢劫犯罪;在另一个中有在 CCTV 安装后有少量增加"(Chatterton,1994,136)。

b. 个人犯罪和干预之前之后对比(平均 3 个月):入室盗窃(19.0 至 5.40),车辆犯罪(4.7 至 1.4),其他盗窃(2.0 至 2.2),破坏公共财物(2.3 至 0.8),人身犯罪(0.67 至 0.8)。在干预之前之后阶段为相应的 18 个月或 15 个月。

c. 在括号中的数据表示物品的价值为所有物品售出的百分比(Beck,1999,257)。

标注:E=实验区域;C= 对照区域;n.a.= 没有可用;A&E= 事件和紧急部门。

表 2　在城市和城镇中心的 CCTV 评估(n=22)

作者,发表日期,地点	摄像头覆盖率或数量	监控和干预持续时间	样本数量	其他干预	结果测量及数据来源	研究设计和干预前后时间段	结果和犯罪转移/犯罪扩散
布朗(Brown)(1995),纽卡斯尔临近泰恩河段(Newcastle-upon-Tyne),英国	全部覆盖街道场所最易受害	警方的主动监控;15 个月	E=4 个警察巡逻中心区域,C=7 个其余城镇中心区域 标注:还有两个 C,但是可对比性较小	无 标注:16 中的 14 的摄像头在 E;其余两个在 C	犯罪(多项犯罪);警察记录	干预前后,实验对照 之前=26 个月 之后=15 个月	E vs C(平均每月):犯罪总量:-21.6%(343 至 269) vs -29.7%(676 至 475);入室盗窃:-57.5%(40 至 17) vs -38.7%(75 至 46);盗窃车辆:-47.1%(17 至 9) vs-40.5%(168 至 100);车内物品盗窃:-50.0%(18 至 9) vs-38.9%(106 至 65) (不利,不理想效果) 犯罪转移和犯罪扩散发生
布朗(Brown)(1995),伯明翰(Birmingham),英国	14 个摄像头(全景、倾斜、变焦)	警方的主动监控;(每天 24 小时)12 个月	E=地区 1(覆盖很好的街道),C1=地区 2(在 F 区中的 A 区其他街道),C2=地区 4(在 F 区中的 A 区其他街道),C3=地区 5(在 F 区内 B-G 区域中的街道)	无	犯罪(犯罪总量和最严重的犯罪)	干预前后,实验对照 之前=12 个月 之后=12 个月	E vs C1:犯罪总量:-4.3%(163 至 156) vs +131.6%(19 至 44) E vs C2:犯罪总量:-4.3% vs +130.8%(26 至 60) E vs C3:犯罪总量:-4.3% vs +45.5%(33 至 48) (理想,有利效果) 犯罪转移发生
萨尔诺(Sarno)(1996),萨顿的伦敦区(London Borough of Sutton),英国	11 个摄像头	不适用;12 个月	E=Sutton 城镇中心,C2=Sutton 的其他区域	无	犯罪(总量与选择的犯罪;警察记录)	干预前后,实验对照 之前=12 个月 之后=12 个月	E vs C1:犯罪总量(没有包括车辆犯罪):-12.8%(1655 至 1443) vs -18%(数据不适用) E vs C2:犯罪总量:-12.8% vs -30%(数据不适用) (不利,不理想效果) 犯罪转移和犯罪扩散没有被测量
斯金斯斯科尼(Skinns)(1998),唐卡斯特(Doncaster),英国	63 个摄像头	警方的主动监控;12 个月	E=在商业区全部(或部分)被监控摄像头覆盖的街道,C=4 个邻近商业区	47 个帮助,求助点,可以与监控室联系	犯罪(总量与选择的犯罪;警察记录)	干预前后,实验对照 之前=24 个月 之后=24 个月	E vs C:犯罪总量:-21.3%(5832 至 4591) vs +11.9%(1789 至 2002) (理想效果) 犯罪转移没有发生

续表

作者，发表日期，地点	摄像头覆盖率或数量	监控和干预持续时间	样本数量	其他干预	结果测量及数据来源	研究设计和干预前后时间段	结果和犯罪转移/犯罪扩散
斯库尔斯（Squires）（1998），伊尔福（Ilford），英国	不适用	不适用；7个月	E＝城镇中心，C＝城镇中心邻近地区	无	犯罪（总量，暴力犯罪和选择的犯罪；警察记录）	干预前后，实验对照 之前＝6个月 之后＝7个月 标注：2个对照区域被使用，但是可比性较小	E vs C：犯罪总量：−17%（数据不适用）vs +9%（数据不适用） （有利理想效果） 犯罪转移发生
阿米蒂奇（Armitag）（1999），伯恩利（Burnley），英国	不适用	不适用；20个月	E＝被监控摄像头覆盖的警察巡逻区，C1＝被覆盖的经常发生入室盗窃的警察巡逻区域，C2＝其他警务区	无	犯罪（总量与多项犯罪；警察记录）	干预前后，实验对照 之前＝12个月 之后＝12个月	E vs C1：犯罪总量：−28%（1805至1300）vs−1%（6242至6180）；暴力犯罪：−35%（117至76）vs −20%（267至214）；车辆犯罪：−48%（375至195）vs −8%（1842至1695）；入室盗窃：−41%（143至84）vs +9%（2208至2407） E vs C2：犯罪总量：−28% vs +9%（1069至1175）；暴力犯罪：−35% vs 0%（32至32）；车辆犯罪：−48% vs −8%（309至285）；入室盗窃：−41% vs +34%（366至490） （理想有利效果） 犯罪扩散发生
迪顿（Ditton）（1999），艾尔德里（Airdrie），英国	12个摄像头	警方的主动监控；24个月	E＝6个警察巡逻区域，C1＝其余的6个警察巡逻区（不在监控视野之内），C2＝其余的警察下属分区，C3＝其余的警务区域	无	犯罪（总量与多项犯罪；警察记录）	干预前后，实验对照 之前＝24个月 之后＝24个月	E vs C1：犯罪总量：−43.9%（3007至1687）vs +0.2%（3793至3802）；暴力犯罪总量：−10.8%（111至99）vs +43.5%（131至188）；财产犯罪总量：−50.4%（2732至1356）vs −5.3%（3455至3273） （理想有利效果） 犯罪扩散发生

续表

作者,发表日期,地点	摄像头覆盖率或数量	监控和干预持续时间	样本数量	其他干预	结果测量及数据来源	研究设计和干预前后时间段	结果和犯罪转移/犯罪扩散
萨尔诺(Sarno)(1999),撒瑟克区的伦敦区(London Borough of Southwark)(大象和城堡),英国	室外34个摄像头(6个全景、倾斜、变焦) 15个摄像头(12个全景、倾斜、变焦)	保安人员的主动监控;(每天24小时)24个月	E=购物中心地区与其地铁、公交站,C=纽因顿(Newington), C2=BZ	CCTV标识	犯罪(总量);警察记录	干预前后,实验对照 之前=12个月 之后=24个月 标注:其他4个对照区域被使用,但可比性较小	E vs C1(平均每年):犯罪总量:-14.1%(491至422) vs -9.4%(4814至4360) E vs C2(平均每年):犯罪总量:-14.1% vs -15.1%(2090至1774) (无效果) 犯罪扩散发生的可能证据
萨尔诺(Sarno)(1999),撒瑟克区的伦敦区(London Borough of Southwark)(坎伯韦尔(Camberwell)),英国	17个摄像头(全景、倾斜、变焦)	保安人员和有时的警方主动监控;(每天24小时)12个月	E=城镇中心,C1=其余的坎伯韦尔(Camberwell), C2=BZ	CCTV标识	犯罪(总量);警察记录	干预前后,实验对照 之前=24个月 之后=12个月 标注:其他2个对照区域被使用,但可比性较小	E vs C1(平均每年):犯罪总量:-13.6%(913至789) vs -4.1%(3915至3755) E vs C2(平均每年):犯罪总量:-13.6% vs -2.8%(1245至1210) (有利,理想效果) 犯罪转移没有发生
萨尔诺(Sarno)(1999),撒瑟克区的伦敦区(London Borough of Southwark)(东街),英国	12个摄像头(11个全景、倾斜、变焦;一个固定)	保安人员和警方主动监控;(每天24小时)12个月	E=城镇中心(市街,相邻街道,停车场), C1=纽因顿(Newington), C2=BZ	CCTV标识	犯罪(总量);警察记录	干预前后,实验对照 之前=24个月 之后=12个月 标注:其他2个对照区域被使用,但可比性较小	E vs C1(平均每年):犯罪总量:-9.4%(791至717) vs -14.2%(4277至3671) E vs C2(平均每年):犯罪总量:-9.4% vs -22.1%(1066至830) (不确定效果) 犯罪扩散发生;可能的技能的犯罪转移发生
马泽罗勒(Mazerolle)(2002),辛辛那提(Cincinnati)(北部),美国	不适用(全景、倾斜、变焦)	无实时监控(观看录像);3个月	E1=一个CCTV场所,C1=其1000码的半径范围BZ	无	要求服务的电话(每周);警察记录	干预前后,实验对照 之前=24个月 之后=6个月 标注:其他两个200和500码对照区域被使用,并且他们在对照区域的1000码半径之内	E vs C(平均每周):犯罪总量:+1.8%(901至917) vs 0.0%(36至36) (无效果) 很少或没有发生犯罪转移

续表

作者，发表日期，地点	摄像头覆盖率或数量	监控和干预持续时间	样本数量	其他干预	结果测量及数据来源	研究设计和干预前后时间段	结果和犯罪转移/犯罪扩散
马泽罗勒(Mazerolle)(2002)，辛辛那提(Cincinnati)(霍普金斯公园)，美国	不适用(全景、倾斜、变焦)	无实时监控(观看录像)；3个月	E1 = 一个 CCTV 场所，C1 = 其1000码的半径范围 BZ	无	要求服务的电话(每周)；警察记录	干预前后，实验对照 之前=23个月 之后=4个月 标注：其他两个200和500码对照区域被使用，并且他们在对照区域的1000码半径之内	E vs C(平均每周)：犯罪总量：+9.8%(1062至1166) vs 0.0%(22至22) (无效果) 犯罪转移和犯罪扩散没有被测量
马泽罗勒(Mazerolle)(2002)，辛辛那提(Cincinnati)(芬德利市场)，美国	不适用(全景、倾斜、变焦)	无实时监控(观看录像)；2个月	E1 = 一个 CCTV 场所，C1 = 其1000码的半径范围 BZ	无	要求服务的电话(每周)；警察记录	干预前后，实验对照 之前=24.5个月 之后=3.5个月 标注：其他两个200和500码对照区域被使用，并且他们在对照区域的1000码半径之内	E vs C(平均每周)：犯罪总量：+16.9%(1005至1175) vs +17.1%(111至130) (无效果) 发生了一些犯罪转移
布里克斯特(Blixt)(2003)，马尔摩(Malmö)(Möllevångstorget or Möllevång广场)，瑞典	100%覆盖	保安人员的被动监控	E=城市广场， C1=其余城镇中心， C2=城市广场邻近区域	社会进步项目(在此项目多年之前开展)	暴力犯罪(伤人，严重伤人)；警察记录	干预前后，实验对照 之前=36个月 之后=12个月	E vs C1(平均每年)：犯罪总量：-50.0%(32至16) vs +15.8%(393至455) E vs C2(平均每年)：-50.0% vs -3.3%(91至88) (有利理想效果) 没有犯罪转移发生

续表

作者，发表日期，地点	摄像头覆盖率或数量	监控和干预持续时间	样本数量	其他干预	结果测量及数据来源	研究设计和干预前后时间段	结果和犯罪转移/犯罪扩散
西瓦拉辛格木(Sivarajasingam)(2003)，多个城市和城镇中心，英国	不适用	地方委员会的主动监控(有时与警方相连)和警方(在East-bourne)全天运作；25个月	E=5个城镇中心(Ashford, East-bourne, Lincoln, Newport, Peter-borough)，C=5个城镇中心(Derby, Hunting-don, Poole, Chelms-ford, Scar-borough)	无	伤人至伤(总量)；紧急部门记录；暴力犯罪(总量)；警察记录	干预前后，用匹配的实验对照 之前=24个月 之后=24个月	E vs C(紧急部门)：犯罪总量：-3.3%(8194至7923) vs +11.2%(9724至10817) (有利理想效果) E vs C(警察)：犯罪总量：+16.1%(1629至1892) vs +6.2%(1770至1880) (不利，不理想效果) 犯罪转移和犯罪扩散没有被测量
温厄(Winge)(2003)，奥斯陆(Oslo)，挪威	6个摄像头	保安人员的主动监控(有时与警方相连)和警方全天运作；12个月	E=中心铁轨车站周边的城镇中心，C1=其余城镇中心，C2=E的邻近地区	CCTV标识	犯罪(总量，多种犯罪)；警察记录(事件日程数据)	干预前后，实验对照 之前=12个月 之后=12个月	E vs C1：犯罪总量：+35.3%(1102至1491) vs +2.8%(388至399)；暴力犯罪：+26.0%(204至257) vs +14.3%(98至112)；社会秩序：+10.4%(402至444) vs +3.4%(145至150)；人身盗窃抢劫：-26.3%(133至98) vs -3.3%(30至29)；毒品：+87.0%(269至503) vs -2.4%(41至42) E vs C2：犯罪总量：+35.3% vs +0.7%(410至413)；暴力犯罪：+26.0% vs +4.4%(137至143)；社会秩序：+10.4% vs +1.3%(156至158)；人身盗窃抢劫：-26.3% vs +35.0%(20至27)；毒品：+87.0% vs -50.0%(16至8) (不理想，不利的效果) 没有发生犯罪转移

续表

作者,发表日期,地点	摄像头覆盖率或数量	监控和干预持续时间	样本数量	其他干预	结果测量及数据来源	研究设计和干预前后时间段	结果和犯罪转移/犯罪扩散
吉尔(Gill)(2005),伯乐镇,英国	70%	主动监控,每个监控人员对应173—520个监控摄像头,单方与警方的沟通;12个月	E=城镇中心,C1=不邻近的可比区域,C2=邻近地区	无	犯罪(总量和多种犯罪);警察记录	干预前后,实验对照 之前=12个月 之后=12个月	E vs C1:犯罪总量:+0.3%(334至335) vs +12.8%(549至619) E vs C2:犯罪总量:+0.3% vs -5%(有利的理想效果) 没有发生犯罪转移
吉尔(Gill)(2005),市场镇,英国	34%	主动监控,每个监控人员对应27个监控摄像头,直接与警线相连;12个月	E=城镇中心, C1=邻近地区, C2=其余警务地区	社区监管员,停车场	犯罪(总量和多种犯罪);警察记录	干预前后,实验对照 之前=12个月 之后=12个月	E vs C1:犯罪总量:+18.4%(245至290) vs -7.0%(585至544) E vs C2:犯罪总量:+18.4% vs +3%(不利的不理想的效果) 没有发生犯罪转移
吉尔(Gill)(2005),夏尔镇(Shire Town),英国	76%	主动监控,每个监控人员对应27个监控摄像头,零售店对讲机;12个月	E=城镇中心, C1=邻近地区, C2=其余警务地区	社区监管员	犯罪(总量和多种犯罪);警察记录	干预前后,实验对照 之前=12个月 之后=12个月	E vs C1:犯罪总量:-4.0%(352至338) vs +16.8%(1018至1189) E vs C2:犯罪总量:-4.0% vs +3%(有利的理想的效果) 没有发生犯罪转移
吉尔(Gill)(2005),南部城市,英国	72%	主动监控(每天24小时),每个监控人员对应65—86个监控摄像头,公共建筑物,零售店对讲机;12个月	E=城镇中心, C1=邻近地区, C2=其余警务地区	社区监管员,警察运作	犯罪(总量和多种犯罪);警察记录	干预前后,实验对照 之前=12个月 之后=12个月	E vs C1:犯罪总量:-10.2%(5106至4584) vs -11.2%(27608至24511) E vs C2:犯罪总量:-10.2% vs -12%(无效果) 没有发生犯罪转移

续表

作者，发表日期，地点	摄像头覆盖率或数量	监控和干预持续时间	样本数量	其他干预	结果测量及数据来源	研究设计和干预前后时间段	结果和犯罪转移/犯罪扩散
法林顿（Farrington）(2007a)，剑桥（Cambridge），英国	30	不适用；11个月	E＝城镇中心 C＝二级中心	无	犯罪（总量和多种犯罪）；警察记录。 关于犯罪和混乱的受害者调查问卷	干预前后，实验对照 之前＝11个月 之后＝11个月	E vs C：犯罪总量：－13.8%（2600至2242）vs －26.9%（1324至968）；暴力犯罪：－6.0%（151至142）vs －33.8%（77至51）；车辆犯罪：－53.1%（224至105）vs －54.0%（250至115）；受害百分比：+8.0%（26.4%至28.5%）vs +19.3%（11.4%至13.6%） （不利的不理想的效果） 犯罪转移和犯罪扩散没有被测量
格里菲斯（Griffiths）(no date)，吉林厄姆（Gillingham），英国	不适用	保安人员的主动监控，全天运作；60个月	E＝城镇中心（High街和邻近停车场） C＝Strood的城镇中心（Rochester的区）	改善照明，邻居照看，购物安全网（商店用无线电报告犯罪）	犯罪（总量和多种犯罪）；警察记录	干预前后，实验对照 之前＝12个月 之后＝60个月	E vs C（平均每年）：犯罪总量：－35.6%（1376至886）vs －5.0%（1298至1233）；暴力犯罪：+47.9%（96至142）vs +59.5%（84至134）；入室盗窃：－21.7%（69至54）vs －33.3%（144至96）；车辆犯罪：－50.0%（272至136）vs －17.9%（352至289）；盗窃：－36.0%（239至153）vs +13.7%（131至149）；刑事损害：－22.2%（180至140）vs +29.1%（206至266） （有利的理想的效果） 犯罪转移和犯罪扩散没有被测量

a. 增加了额外的8个月追踪，但是作者用百分比报告12个月相关的犯罪数据，所以计算在这8个月内的事件数目是不可能的。

标注：BZ＝缓冲区域（实验区域的周边地区）；E＝实验区域；C＝对照区域；n.a＝不使用，不可用。在吉尔（Gill）(2005)中的地点名字为假名字。

表 3　在公共住宅区的 CCTV 评估（n=9）

作者，发表时间，地点（干预手段的环境）	摄像头的覆盖或者摄像头数量	监控以及干预时段	样本数量	其他干预手段	结果测量和数据来源	研究设计和干预前后时间段	结果以及犯罪转移或犯罪扩散
马薛诺（Musheno）（1978），城市住宅（Bronxdale Houses），纽约市（New York City），美国	数据缺失	CCTV 系统（摄像头安装在大厅和电梯里；监控器在公寓内）；3 个月	E=3 个建筑物，C=3 个建筑物 注：项目有 26 个高楼每个楼 53 个公寓。	无	犯罪（多种犯罪）；受害者调查	干预前后，实验—对比控制，干预前时段 = 3 个月，干预后时段=3 个月	E vs C：总犯罪：−9.4%（32 到 29） vs −19.2%（26 到 21） （不明效果） 没有测量犯罪转移和犯罪扩散现象
威廉姆森（Williamson）（2000），布鲁克林，纽约（New York），美国	105 个摄像头	警方的主动监控（每天 24 小时）；18 个月	E = 9 个建筑物（1220 个公寓；奥尔巴尼（Albany）项目），C = 建筑物的编号缺失（罗斯福项目）	无	在住房项目内的，以及在项目 0.1—0.5 英里辐射范围内犯罪（总体和多种犯罪）；警方记录	干预前后，实验—对比控制匹配， 干预前时段 = 18 个月，干预后时段=18 个月	E vs C：项目内犯罪总量的变化：0.0% vs −5.3%；在 0.1 英里范围内缓冲区的犯罪总量变化 BZ：0.0% vs −4.0%；项目内主要重罪的变化：−22.8% vs −14.5%；0.1 英里内主要重罪的变化 BZ：−6.4% vs −8.6%（数据缺失） （没有效果） 犯罪转移和犯罪扩散现象没有发生
胡德（Hood）（2003），大复活节房地产（Greater Easterhouse Housing Estate），格拉斯哥（Glasgow），英国	数据缺失	保安人员的主动监控（上午 10 点到下午 2 点）；12 个月	E=5 个沃德会议（Council Ward）建筑， C1=复活节房的下分地区，C2=D 区	无	暴力和毒品犯罪；警方记录	干预前后，实验—对比控制，干预前时段 = 12 个月，干预后时段=20 个月 注：有另一个 C 但是与 E 的可比性不高	E vs C1（每月平均）：总体暴力犯罪：+30.8%（13 到 17） vs +15.4%（39 到 45）；总体毒品犯罪：−9.1%（33 到 30） vs +60.0%（92 到 147） E vs C2（每月平均）：总体暴力犯罪：+30.8% vs +120.3%（79 到 174）；总体毒品犯罪 −9.1% vs +80.6%（186 到 336） （理想效果） 没有测量犯罪转移和犯罪扩散现象

续表

作者,发表时间,地点(干预手段的环境)	摄像头的覆盖或者摄像头数量	监控以及干预时段	样本数量	其他干预手段	结果测量和数据来源	研究设计和干预前后时间段	结果以及犯罪转移或犯罪扩散
吉尔(Gill)(2005),部署房地产,英国	34%	主动监控(每天24小时),每个操作者49—66个摄像头,与警方的单线联系;12个月	E=房地产区的住房 C1=非临近的有可比性的房地产住宅 C2=相邻区	无	犯罪(总体和多种犯罪种类);警方记录和受害者调查	干预前后,实验—对比控制,干预前时段=12个月,干预后时段=12个月	E vs C1:犯罪总量(警方记录):+20.7%(760到917) vs +2.6%(534到548);犯罪总量(受害者调查):-2.5%(864到842) vs -10.0%(397到359) E vs C2:犯罪总量(警方记录):+20.7% vs +3% (非理想效果) 犯罪转移现象没有发生
吉尔(Gill)(2005),迪阿尔房地产,英国	9%	主动监控,每个操作者67个摄像头,与警方的双线联系;12个月	E=房地产区的住房 C1=非临近的有可比性的房地产住宅 C2=相邻区	无	犯罪(总体和多种犯罪种类);警方记录和受害者调查	干预前后,实验—对比控制,干预前时段=12个月,干预后时段=12个月	E vs C1:犯罪总量(警方记录):+4.4%(799到834) vs -18.5%(464到378);犯罪总量(受害者调查):-13.3%(732到635) vs -5.6%(414到391) E vs C2:总体犯罪(警方记录):+4.4% vs +11% (不明确的效果) 犯罪转移现象没有发生
吉尔(Gill)(2005),南帽房地产,英国	73%	主动监控(每天24小时),每个操作者148个摄像头,与警方的单线联系以及警察在场;6个月	E=房地产区的住房 C=非临近的有可比性的房地产住宅	青年包含项目	犯罪(总体和多种犯罪种类);警方记录和受害者调查	干预前后,实验—对比控制,干预前时段=6个月,干预后时段=6个月	E vs C:犯罪总量(警方记录):+13.8%(160到182) vs -13.4%(529到458);犯罪总量(受害者调查):+20.0%(486到583) vs -47.1%(719到380) (非理想效果) 没有测量犯罪转移和犯罪扩散现象

续表

作者，发表时间，地点（干预手段的环境）	摄像头的覆盖或者摄像头数量	监控以及干预时段	样本数量	其他干预手段	结果测量和数据来源	研究设计和干预前后时间段	结果以及犯罪转移或犯罪扩散
吉尔（Gill）（2005），东帽房地产，英国	29%	主动监控（每天24小时），每个操作者50个摄像头，与警方的双线联系；12个月	E＝房地产区的住房 C1＝非临近的有可比性的房地产住宅 C2＝相邻区	改善照明	犯罪（总体和多种犯罪种类）；警方记录和受害者调查	干预前后，实验—对比控制，干预前时段＝12个月，干预后时段＝12个月	E vs C1：犯罪总量（警方记录）：+2.2%（450到460）vs +5.4%（130到137）；犯罪总量（受害者调查）：+2.4%（659到675）vs −23.4%（256到196） E vs C2：犯罪总量（警方记录）：+2.2% vs −17% （不明确效果） 犯罪转移现象未出现
吉尔（Gill）（2005），北帽房地产，英国	87%	主动监控（每天24小时），每个操作者25—40个摄像头，与警方的单线联系；12个月	E＝房地产区的住房 C1＝非临近的有可比性的房地产住宅 C2＝相邻区	无	犯罪（总体和多种犯罪种类）；警方记录和受害者调查	干预前后，实验—对比控制，干预前时段＝12个月，干预后时段＝12个月	E vs C1：犯罪总量（警方记录）：−9.8%（112到101）vs +20.5%（73到88）；犯罪总量（受害者调查）：+27.8%（151到193）vs +32.3%（214到283） E vs C2：犯罪总量（警方记录）：−9.8% vs +10% （理想效果） 犯罪转移现象未出现
吉尔（Gill）（2005），西帽房地产，英国	62%	主动监控（每天24小时），每个操作者20—60个摄像头，与警方的单线联系；12个月	E＝房地产区的住房 C＝非临近的有可比性的房地产住宅	青年包含项目	犯罪（总体和多种犯罪种类）；受害者调查	干预前后，实验—对比控制，干预前时段＝12个月，干预后时段＝12个月	E vs C：犯罪总量（受害者调查）：−35.6%（649到418）vs +19.2%（266到317） （理想效果） 未测量犯罪转移和犯罪扩散现象

注：BZ＝缓冲区（在实验区周围的区域）；E＝实验区；C＝对照区。吉尔（Gill）的六个评估里的地区名为假名。

表 4　在公共交通的 CCTV 评估（n=4）

作者，发表时间，地点（干预手段的环境）	摄像头的覆盖或者摄像头数量	监控以及干预时段	样本数量	其他干预手段	结果测量和数据来源	研究设计和干预前后时间段	结果以及犯罪转移或犯罪扩散
巴罗斯（Burrows）（1979），地铁，伦敦（London），英国	数据缺失（固定摄像头）	英国交通警察实施的主动监控；12个月	E=在南部区的4个站台， C1=南部区的其他15个站台，C2=其他228个地铁站台	CCTV告示牌（同时在CCTV之前有特殊警力巡逻）	个人盗窃和抢劫；英国交通警察记录	干预前后，实验—对比控制， 干预前时段=12个月，干预后时段=12个月	E vs C1：抢劫：-22.2%（9到7）vs +23.1%（13到16）；盗窃：-72.8%（243到66）vs -26.5%（535到393） E vs C2：抢劫：-22.2% vs +116.3%（43到93）；盗窃：-72.8% vs -39.4%（4884到2962） （理想效果） 发生了一些犯罪转移现象
韦伯（Webb）（1992），地铁，伦敦（London），英国	摄像头扩展：每个E站台有7—14个（固定摄像头；全景、倾斜、变焦）	英国交通警察实施的主动监控；26个月	E=在北部线的南端的6个站台， C1=在北端的6个站台，C2=其他236个地铁站台	行人警报，可见的小卖部监控CCTV，镜子以及改善照明	抢劫；英国交通警察记录	干预前后，实验—对比控制， 干预前时段=46个月，干预后时段=26个月 注：在干预前时段的（即此46个月的时段里的前36个月）前三年里（1985—1987）特殊警力曾在E站台使用；在1988年（干预前时段剩下10个月），E站点警力活动下降	E vs C1（每月平均）：-62.3%（5.3到2.0）vs -50.0%（7.8到3.9） E vs C2：-62.3% vs -12.2%（69.6到61.1） （理想效果） 注：对于C2来说，自愿巡逻开始于1989年5月（26个月的干预或时段中的7个月） 犯罪扩散现象出现

续表

作者,发表时间,地点(干预手段的环境)	摄像头的覆盖或者摄像头数量	监控以及干预时段	样本数量	其他干预手段	结果测量和数据来源	研究设计和干预前后时间段	结果以及犯罪转移或犯罪扩散
韦伯(Webb)(1992),牛津广场站,地铁,伦敦(London),英国	30个摄像头	英国交通警察实施的主动监控;32个月	E=1个站点,C=1个站点	行人警报,可见的小卖部监控CCTV,英国交通警察巡逻	个人盗窃,抢劫以及袭击;英国交通警察记录	干预前后,实验—对比控制,干预前时段=28个月,干预后时段=32个月	E vs C(每月平均):抢劫:+47.1%(1.7到2.5)vs +21.4%(1.4到1.7);盗窃:+11.0%(31.0到34.4)vs −1.9%(20.8到20.4);袭击:+29.4%(1.7到2.2)vs +36.4%(1.1到1.5) (非理想效果) 没有测量犯罪转移现象或犯罪扩散现象
格林梅森(Grandmaison)(1997),地铁,蒙特利尔(Montreal),加拿大	130个摄像头(大约每个E站台10个)	警察实施的主动监控;18个月	E=13个站点,C=52个站点	无	犯罪(总体以及多种伤害);警方记录	干预前后,实验—对比控制,干预前时段=18个月,干预后时段=18个月	E vs C:总犯罪:−20.0%(905到724)vs −18.3%(1376到1124);抢劫:−27.0%(141到103)vs −30.8%(312到216);袭击:−27.5%(178到129)vs +5.6%(233到246);总体盗窃和诈骗:−5.5%(388到328)vs −16.0%(507到426) (没有效果) 没有测量犯罪转移现象或犯罪扩散现象

标注:E=实验区;C=对照区。

表 5　在停车场的 CCTV 评估（n=6）

作者，发表时间，地点（干预手段的环境）	摄像头的覆盖或者摄像头数量	监控以及干预时段	样本数量	其他干预手段	结果测量和数据来源	研究设计和干预前后时间段	结果以及犯罪转移或犯罪扩散
波伊纳（Poyner）（1991），萨利大学，吉尔福德（Guildford），英国	100%（大概）	保安人员的主动监控；10 个月	E = 1 停车区（no. 4），C = 1 停车区（no.1）	改善照明，植物修剪（对 E 和 C 实施；只有 E 有 CCTV）	车辆盗窃；私人保安记录	干预前后，实验—对比控制， 干预前时段 = 24 个月，干预后时段 = 10 个月	E vs C（平均每月）：车内物品盗窃：- 73. 3%（3. 0 到 0. 8）vs -93. 8%（1. 6 到 0. 1） （非理想效果） 犯罪扩散现象出现
蒂利（Tilley）（1993），哈特尔浦尔（Hartlepool），英国	数据缺乏（全景、倾斜、变焦、红外线（大部分））	保安人员的主动监控；24 个月	E = CCTV 的停车场，C = 无 CCTV 的停车场 注：E 的编号以及 C 的停车场及空间数据缺乏	保安人员，CCTV 告示牌以及付款方案	车辆盗窃和车内物品盗窃；警方记录	干预前后，实验—对比控制， 干预前时段 = 15 个月，干预后时段 = 30 个月	E vs C：车辆盗窃：- 59. 0%（21. 2 到 8. 7 每三个月）vs -16. 3%（16. 0 到 13. 4 每三个月）；车内物品盗窃：9. 4%（6. 4 到 5. 8 每三个月）vs +3. 1%（16. 0 到 16. 5 每三个月） （理想效果） 犯罪转移现象出现
蒂利（Tilley）（1993），哈布拉德福德（Bradford），英国	数据缺乏	保安人员的主动监控；12 个月	E = 1 停车场，C1 = 2 个临近停车场，C2 = 临近街边停车场	CCTV 告示牌，改善照明，漆绘 注：C1 有长约 4 个月的 CCTV 覆盖	车辆盗窃和车内物品盗窃；警方记录	干预前后，实验—对比控制， 干预前时段 = 12 个月，干预后时段 = 12 个月 注：使用了 C 的三分之一，但它较 C1 和 C2 有更小的可比性	E vs C1：车辆盗窃：- 43. 5%（23 到 13）vs +5. 9%（17 到 18）；车内物品盗窃：- 68. 8%（32 到 10）vs +4. 5%（22 到 23） E vs C2：车辆盗窃：- 43. 5% vs +31. 8%（22 到 29）；车内物品盗窃：-68. 8% vs +6. 1%（33 到 35） （理想效果） 犯罪转移现象和犯罪扩散现象没有被测量

续表

作者，发表时间，地点（干预手段的环境）	摄像头的覆盖或者摄像头数量	监控以及干预时段	样本数量	其他干预手段	结果测量和数据来源	研究设计和干预前后时间段	结果以及犯罪转移或犯罪扩散
蒂利（Tilley）（1993），考文垂（Coventry），英国	数据缺乏	保安人员的主动监控；不同时间	E=3个停车场，C=2个停车场	照明、漆绘、以及防护栏	车辆盗窃和车内物品盗窃；警方记录	干预前后，实验—对比控制， 干预前后时段=8个月（E），16个月（C）	E vs C：车辆盗窃：-50.5%（91到45）vs -53.6%（56到26）；车内物品盗窃：-64.4%（276到101）vs -10.7%（150到134） （理想效果） 犯罪转移现象和犯罪扩散现象没有被测量
萨尔诺（Sarno）（1996），萨顿的伦敦区（London Borough of Sutton），英国	数据缺乏	数据缺乏；12个月	E=3个在萨顿警察区的停车场，C1=萨顿景区的其他地区，C2=全部萨顿区	多种（比如，夜间上锁、照明）	车辆犯罪；警察记录	干预前后，实验—对比控制， 干预前时段=12个月，干预后时段=12个月	E vs C1：-57.3%（349到149）vs -36.5%（2367到1504） E vs C2：-57.3% vs -40.2%（6346到3798） （理想效果） 犯罪转移现象和犯罪扩散现象没有被测量
吉尔（Gill）（2005），阿衣华（Hawk-eye），英国	95%—100%	保安人员的主动监控；和英国交通警察的单方联系，每个操作员123—153个摄像头；12个月	E=57个火车站停车区，C=整个国家的火车停车区	改善照明、防护栏、保安	犯罪总量；警方记录	干预前后，实验—对比控制， 干预前时段=12个月，干预后时段=12个月	E vs C：-73.0%（794到214）vs -10.0%（12590到11335） （理想效果） 犯罪转移现象和犯罪扩散现象没有被测量

标注：E=实验区；C=对照区。

表 6　在其他环境设定下的 CCTV 评估（n=3）

作者，发表时间，地点（干预手段的环境）	摄像头的覆盖或者摄像头数量	监控以及干预时段	样本数量	其他干预手段	结果测量和数据来源	研究设计和干预前后时间段	结果以及犯罪转移或犯罪扩散
吉尔(Gill)(2005)，城市郊区（City Outskirts），英国（住宅区）	68%	主动监控（24 小时/天），每个监控员有 48 个摄像头，与警方直接联系；12 个月	E=住宅区，C1=临近住宅区，C2=其他的警察巡逻区	改善照明，防盗方案	犯罪（综合以及多种分类）；警方记录	干预前后，实验—对比控制， 干预前时段=12 个月，干预后时段=12 个月	E vs C1：犯罪总量：-28.0%（1526 到 1098）vs -3.4%（16696 到 16062） E vs C2：总犯罪：-28.0% vs +4% （理想效果） 没有犯罪转移现象出现
吉尔(Gill)(2005)，区（Borough），英国（住宅区）	低（使用 8 个可重新部署的摄像头）	数据缺失；12 个月	E=住宅区，C1=临近住宅区，C2=其他的警察巡逻区	无	犯罪（综合以及多种分类）；警方记录	干预前后，实验—对比控制， 干预前时段=12 个月，干预后时段=12 个月	E vs C1：犯罪总量：+72.8%（257 到 444）vs +38.5%（421 到 583） E vs C2：总犯罪：+72.8% vs +8% （非理想效果） 没有犯罪转移现象出现
吉尔(Gill)(2005)，城市医院（City Hospital），英国（医院）			E=医院，C1=相邻区，C2=其他的警察巡逻区		犯罪（综合以及多种分类）；警方记录	干预前后，实验—对比控制， 干预前时段=12 个月，干预后时段=12 个月	E vs C1：犯罪总量：-28.0%（1526 到 1098）vs -36.6%（41 到 26） E vs C2：总犯罪：-36.6% vs -9% （理想效果） 没有犯罪转移现象出现

标注：E=实验区；C=对照区。地区名称为假名。

表 7 在城市和城镇中心的 CCTV 评估的元分析

评估	相对效用量	95%置信区间	可能性
纽卡斯(Newcastle)	0. 90	0. 79—1. 01	. 077
伯明(Birmingham)	1. 91	1. 24—2. 96	. 004
唐卡斯(Doncaster)	1. 42	1. 24—1. 63	. 0001
伯恩利(Burnley)	1. 37	1. 19—1. 58	. 0001
艾尔德里(Airdrie)	1. 79	1. 56—2. 05	. 0001
萨瑟克区—大象和城堡(Southwark-EC)	1. 05	0. 89—1. 25	缺失
萨瑟克区—坎伯韦尔(Southwark-C)	1. 10	0. 95—1. 28	缺失
萨瑟克区—东街(Southwark-E)	0. 95	0. 81—1. 10	缺失
辛辛那提—诺斯赛德(Cincinnati-N)	0. 98	0. 86—1. 13	缺失
辛辛那提—霍普金斯公园(Cincinnati-H)	0. 91	0. 77—1. 07	缺失
辛辛那提—芬德利市场(Cincinnati-F)	1. 00	0. 89—1. 13	缺失
马尔默(Malmö)	2. 32	1. 27—4. 32	. 006
多个中心(Multiple Centers)	0. 91	0. 79—1. 06	缺失
奥斯陆(Oslo)	0. 76	0. 62—0. 94	. 010
伯勒区(Borough Town)	1. 12	0. 89—1. 42	缺失
马尔凯特区(Market Town)	0. 79	0. 61—1. 01	. 060
夏尔区(Shire Town)	1. 22	0. 98—1. 51	. 078
南城(South City)	0. 99	0. 88—1. 12	缺失
剑桥(Cambridge)	0. 85	0. 73—0. 99	. 038
吉林厄姆(Gillingham)	1. 48	1. 28—1. 71	. 087
全部 20 个研究*	1. 08	0. 97—1. 20	缺失
15 个英国研究*	1. 11	0. 98—1. 27	缺失
5 个其他研究*	0. 97	0. 83—1. 13	缺失

标注: * 分析使用了随机作用模型。

表 8 在公共住宅区的 CCTV 评估的元分析

评估	相对效用量	95%置信区间	可能性
纽约市(New York City)	0. 89	0. 38—2. 07	缺失
格拉斯哥(Glasgow)	1. 43	1. 19—1. 72	. 0001
部署房地产(Deploy Estate))	0. 85	0. 70—1. 04	缺失
迪阿尔房地产(Dual Estate)	0. 78	0. 63—0. 97	. 023
南帽房地产(Southcap Estate)	0. 76	0. 57—1. 02	. 067
东帽房地产(Eastcap Estate)	1. 03	0. 75—1. 42	缺失
北部房地产(Northern Estate)	1. 34	0. 84—2. 12	缺失

续表

评估	相对效用量	95%置信区间	可能性
西帽房地产(Westcap Estate)	1.85	1.44—2.37	.0001
总共6个研究*	1.07	0.83—1.39	缺失

标注:* 分析使用了随机作用模型。

表9 在公共交通的CCTV评估的元分析

评估	相对效用量	95%置信区间	可能性
地铁—南部线(Underground-S)	2.58	1.84—3.61	.0001
地铁—北部线(Underground-N)	1.32	0.87—2.01	缺失
地铁—牛津广场(Underground-C)	0.89	0.74—1.07	缺失
蒙特利尔(Montrea)	1.02	0.86—1.22	缺失
总共4个研究*	1.30	0.87—1.94	缺失

标注:* 分析使用了随机作用模型。

表10 在停车场和其他地区的CCTV评估的元分析

评估	相对效用量	95%置信区间	可能性
停车场			
吉尔福德(Guildford)	0.23	0.02—2.38	缺失
哈特尔浦尔(Hartlepool)	1.78	1.25—2.52	.001
布拉德福德(Bradford)	2.67	1.43—4.98	.002
考文垂(Coventry)	1.95	1.41—2.71	.0001
萨顿(Sutton)	1.49	1.16—1.91	.002
衣阿华(Hawkeye)	3.34	2.73—4.08	.0001
总共6个研究*	2.03	1.39—2.96	.0003
其他			
城市郊外	1.34	1.16—1.54	.0001
市区	0.08	0.63—1.02	.075
城市医院	1.38	0.80—2.40	缺失
23个暴力预防项目	1.03	0.96—1.10	缺失
22个车辆犯罪*	1.35	1.10—1.66	.004
34个在英国的*	1.24	1.10—1.39	.0005
7个不在英国的*	0.97	0.86—1.09	缺失
总共41个研究*	1.19	1.08—1.32	.0008

标注:* 分析使用了随机实验模型。

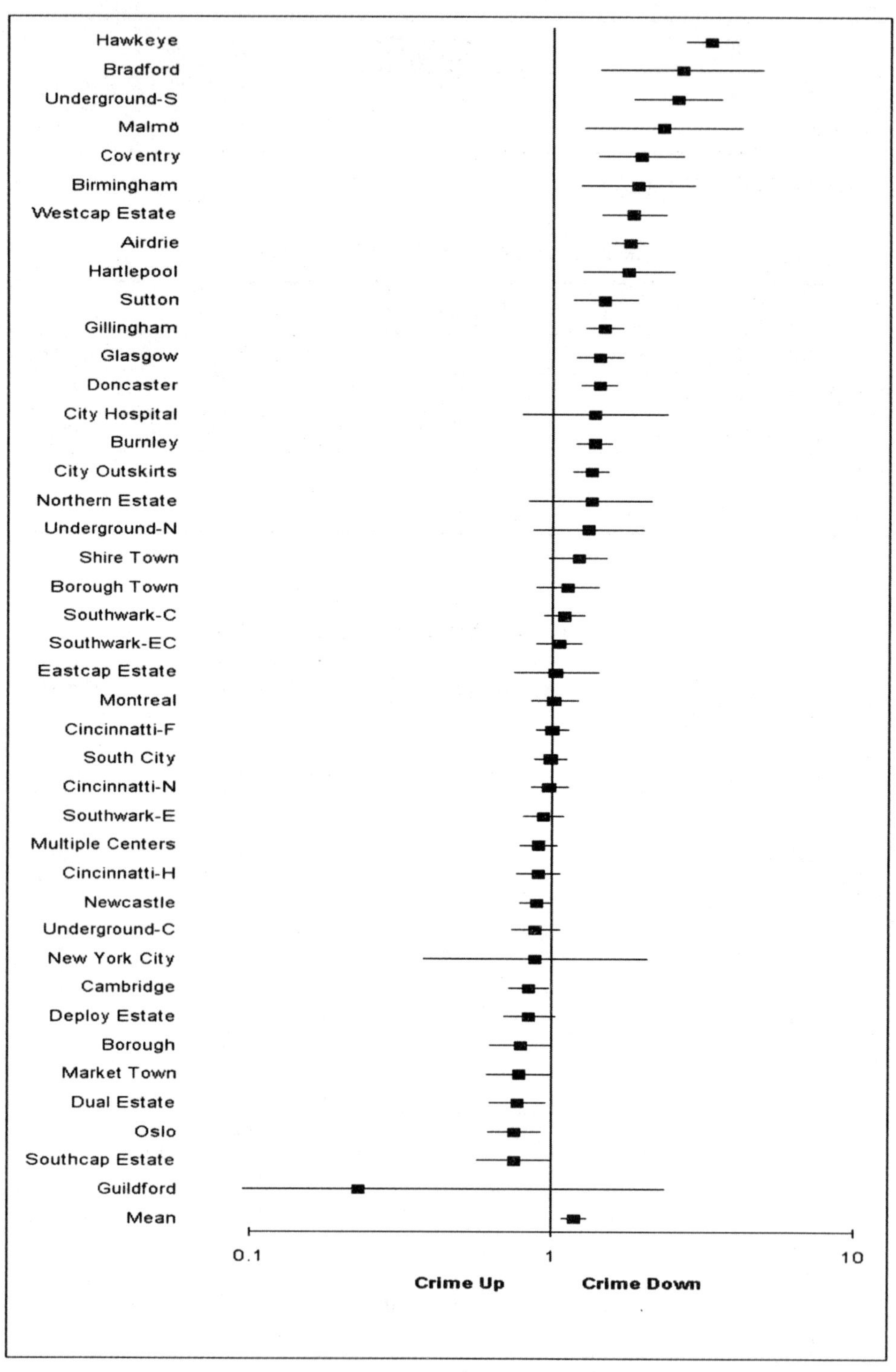

图 1　对犯罪总量相对效应量和 95%置信区间（按研究排列）

13. 参考文献

References to included studies

Armitage 1999 {published data only}

* Armitage R.,Smyth G.,Pease K.Burnley CCTV evaluation.In:Painter K,Tilley N, editor(s).Surveillance of Public Space:CCTV,Street Lighting and Crime Prevention.Crime Prevention Studies,Vol.10.Monsey,NY:Criminal Justice Press,1999:225-250.

Blixt 2003 {published and unpublished data}

* Blixt M.The Use of Surveillance Cameras for the Purpose of Crime Prevention.English Summary.Stockholm,Sweden:National Council for Crime Prevention,2003.

Brown 1995 {published data only}

* Brown B. CCTV in Town Centres: Three Case Studies. Crime Detection and Prevention Series Paper No.68.London,UK:Home Office,1995.

Burrows 1979 {published data only}

* Burrows JN.The impact of closed circuit television on crime in the London Underground.In:Mayhew P,Clarke RVG,Burrows JN,Hough JM,Winchester SWC,editor(s). Crime in Public View. Home Office Research Study No. 49. London, UK: HMSO, 1979: 21-29.

Burrows JN. Closed circuit television on the London Underground. In: Clarke RVG, Mayhew P,editor(s).Designing Out Crime.London,UK:HMSO,1980:75-83.

Ditton 1999 {published and unpublished data}

* Ditton J.,Short E. Yes, it works, no, it doesn't: Comparing the effects of open-street CCTV in two adjacent Scottish town centres.In:Painter K,Tilley N,editor(s).Surveillance of Public Space: CCTV, Street Lighting and Crime Prevention: Vol. 10. Crime Prevention Studies.Monsey,NY:Criminal Justice Press,1999:201-224.

Short E., Ditton J. Does Closed Circuit Television Prevent Crime? An Evaluation of the Use of CCTV Surveillance Cameras in Airdrie Town Centre. Edinburgh, Scotland: Central Research Unit,Scottish Office,1996.

Short E, Ditton J. Does closed circuit television prevent crime? An evaluation of the use of CCTV surveillance cameras in Airdrie town centre.Crime and Criminal Justice Research Findings,8.Edinburgh,Scotland:Central Research Unit,Scottish Office,1995.

Ditton J,Short E.Evaluating Scotland's first town centre CCTV scheme.In:Norris C, Moran J, Armstrong G, editor(s). Surveillance, Closed Circuit Television and Social Control.Aldershot,UK:Ashgate,1998:155-173.

Farrington 2007a {published data only}

*Farrington DP,Bennett TH,Welsh BC.The Cambridge evaluation of the effects of CCTV on crime.In:Farrell G,Bowers KJ,Johnson SD,Townsley M,editor(s).Imagination for Crime Prevention:Essays in Honor of Ken Pease.Crime Prevention Studies,vol.21.Monsey,NY:Criminal Justice Press,2007:187-201.

Gill 2005 {published data only}

*Gill M.,Spriggs A.Assessing the Impact of CCTV.Home Office Research Study,No. 292.London:Home Office,2005.

Grandmaison 1997 {published data only}

*Grandmaison R, Tremblay P. évaluation des effets de la télé-surveillance sur la criminalité commise dans 13 stations du Métro de Montréal.Criminologie 1997;30:93-110.

Griffiths n.d. {published data only}

*Griffiths M.Town Centre CCTV:An Examination of Crime Reduction in Gillingham, Kent.Unpublished undergraduate dissertation.Reading,UK:University of Reading,no date.

Hood 2003 {published and unpublished data}

*Hood J.Closed circuit television systems:A failure in risk communication? Journal of Risk Research 2003;6:233-251.

Mazerolle 2002 {published data only}

*Mazerolle L,Hurley DC,Chamlin M.Social behavior in public space:An analysis of behavioral adaptations to CCTV.Security Journal 2002;15:59-75.

Musheno 1978 {published data only}

*Musheno MC,Levine JP,Palumbo DJ.Television surveillance and crime prevention: Evaluating an attempt to create defensible space in public housing.Social Science Quarterly 1978;58:647-656.

Poyner 1991 {published data only}

*Poyner B. Situational crime prevention in two parking facilities. Security Journal

1991;2:96-101.

Sarno 1995 {published data only}

* Sarno C.Impact of CCTV on crime.In:Bulos M,editor.Towards a Safer Sutton? Impact of Closed Circuit Television on Sutton Town Centre.London,UK:London Borough of Sutton,1995:4-32.

Sarno C.The impact of closed circuit television on crime in Sutton town centre.In:Bulos M,Grant D,editor(s).Towards a Safer Sutton? CCTV One Year On.London,UK:London Borough of Sutton,1996:13-49.

Sarno 1999 {published data only}

* Sarno C.,Hough M.,Bulos M.Developing a Picture of CCTV in Southwark Town Centres:Final Report.London:South Bank University,1999.

Sivarajasingam 2003 {published data only}

* Sivarajasingam V.,Shepherd J.P.,Matthews K.Effect of urban closed circuit television on assault injury and violence detection.Injury Prevention 2003;9:312-316.

Skinns 1998a {published data only}

* Skinns D.Doncaster CCTV Surveillance System:Second Annual Report of the Independent Evaluation.Doncaster,UK:Faculty of Business and Professional Studies,Doncaster College,1998a.

Skinns D.Crime reduction,diffusion and displacement:Evaluating the effectiveness of CCTV. In: Norris C, Moran J, Armstrong G, editor(s). Surveillance, Closed Circuit Television and Social Control.Aldershot,UK:Ashgate,1998b:175-188.

Squires 1998a {published data only}

* Squires P.An Evaluation of the Ilford Town Centre CCTV Scheme.Brighton,UK:Health and Social Policy Research Centre,University of Brighton,1998a.

Tilley 1993b {published data only}

* Tilley N.Understanding Car Parks,Crime and CCTV:Evaluation Lessons from Safer Cities.Crime Prevention Unit Series Paper No.42.London,UK:Home Office,1993b.

Webb 1992 {published data only}

* Webb B,Laycock G.Reducing Crime on the London Underground:An Evaluation of Three Pilot Projects. Crime Prevention Unit Series Paper No. 30. London, UK: Home Office,1992.

Williamson 2000 {published data only}

* Williamson D., McLafferty S. The effects of CCTV on crime in public housing: An application of GIS and spatial statistics. Paper presented at the American Society of Criminology meeting, November 15-19, 2000, San Francisco, California.

Winge 2003 {published data only}

* Winge S, Knutsson J. An evaluation of the CCTV scheme at Oslo Central Railway Station. Crime Prevention and Community Safety 2003; 5(3): 49-59.

References to excluded studies

Beck 1999 {published data only}

* Beck A., Willis A. Context-specific measures of CCTV effectiveness in the retail sector. In: Painter K, Tilley N, editor(s). Surveillance of Public Space: CCTV, Street Lighting and Crime Prevention. Crime Prevention Studies, Vol. 10. Monsey, NY: Criminal Justice Press, 1999: 251-269.

Blixt 2003 {published and unpublished data}

* Blixt M. The Use of Surveillance Cameras for the Purpose of Crime Prevention. English Summary. Stockholm, Sweden: National Council for Crime Prevention, 2003.

Bromley 1997 {published data only}

* Bromley R., Thomas C. Vehicle crime in the city centre: Planning for secure parking. Town Planning Review 1997; 68: 257-278.

Brown 1995 {published data only}

* Brown B. CCTV in Town Centres: Three Case Studies. Crime Detection and Prevention Series Paper No.68. London, UK: Home Office, 1995.

Burrows 1991 {published data only}

* Burrows JN. Making Crime Prevention Pay: Initiatives from Business. Crime Prevention Unit Paper No.27. London, UK: Home Office, 1991.

Carr 1993 {published data only}

* Carr K., Spring G. Public transport safety: A community right and a communal responsibility. In: Clarke RV, editor. Crime Prevention Studies, Vol. 1. Monsey, NY: Criminal Justice Press, 1993: 147-155.

Chatterton 1994 {published data only}

* Chatterton MR, Frenz SJ. Closed-circuit television: Its role in reducing burglaries and

the fear of crime in sheltered accommodation for the elderly. Security Journal 1994；5：133-139.

Coupe 2005 {published data only}

*Coupe T., Kaur S. The role of alarms and CCTV in detecting non-residential burglary.Security Journal 2005；18(2)：53-72.

Davidson 1994 {published data only}

*Davidson J，Farr J.Mitchellhill Estate：Estate based management (concierge) initiative.In：Osborn S.，editor.Housing Safe Communities：An Evaluation of Recent Initiatives. London：Safe Neighbourhoods Unit，1994：22-33.

Ditton 1999 {published data only}

*Ditton J.，Short E.，Phillips S，Norris C，Armstrong G.The Effect of Closed Circuit Television on Recorded Crime Rates and Public Concern About Crime in Glasgow. Edinburgh，Scotland：Central Research Unit，Scottish Office，1999.

Ditton J.，Short E. Yes，it works，no，it doesn't：Comparing the effects of open-street CCTV in two adjacent Scottish town centres.In：Painter K，Tilley N，editor(s).Surveillance of Public Space：CCTV，Street Lighting and Crime Prevention：Vol. 10. Crime Prevention Studies.Monsey，NY：Criminal Justice Press，1999：201-224.

Eifler 2005 {published data only}

*Eifler S.，Brandt D. Video Surveillance as a Measure of Situational Crime Prevention：Experiences from Germany. Unpublished report. Bielefeld，Germany：Faculty of Sociology，Bielefeld University，2005.

Fairfield City Council 2002 {published data only}

*Fairfield City Council.Cabramatta Town Safe 5 Year Review.New South Wales，Australia：Author，2002.

Gill 1998 {published data only}

*Gill M.，Turbin V.CCTV and shop theft：Towards a realistic evaluation.In：Norris C，Moran J，Armstrong G，editor(s). Surveillance，Closed Circuit Television and Social Control. Aldershot，UK：Ashgate，1998：189-204.

Gill M.，Turbin V.Evaluating 'realistic evaluation'：Evidence from a study of CCTV. In：Painter K，Tilley N，editor(s).Surveillance of Public Space：CCTV，Street Lighting and Crime Prevention. Crime Prevention Studies，Vol. 10. Monsey，NY：Criminal Justice Press，

1999:179-199.

Gill 2004 {published data only}

*Gill M., Hemming M. Evaluation of CCTV in the London Borough of Lewisham. Leicester, UK: Perpetuity Research and Consultancy International, 2004.

Gill 2006 {published data only}

*Gill M, Rose A, Collins K, Hemming M. Redeployable CCTV and drug-related crime: A case of implementation failure. Drugs: Education, Prevention and Policy 2006;13:451-460.

Goodwin 2002 {published data only}

*Goodwin V. Evaluation of the Devonport CCTV Scheme. Tasmania, Australia: Crime Prevention and Community Safety Council, 2002.

Harada 2004 {published data only}

*Harada Y., Yonezato S, Suzuki M, Shimada T, Era S, Saito T. Examining Crime Prevention Effects of CCTV in Japan. Paper presented at the 2004 Annual Meeting of the American Society of Criminology, Nashville, TN, November 17-20, 2004.

Harada Y. Assisting and Evaluating Crime Prevention Efforts in Japan Using Geographic Information Systems. Paper presented at the 14 World Congress of Criminology, Philadelphia, PA, August 7-11, 2005.

James 1985 {published data only}

*James S., Wynne R. Tenant Perceptions of Crime and Security on Melbourne's High-Rise Housing Estates. Melbourne, Australia: Criminology Department, University of Melbourne, 1985.

Maguire 1998 {published data only}

*Maguire M., Wood F. The Impact of the CCTV System in Penarth Town Centre, December 1997 to June 1998. Report to Vale of Glamorgan, County Borough Council. Cardiff, Wales: School of Social Sciences, Cardiff University, 1998.

National Association of Convenience Stores 1991 {published data only}

*National Association of Convenience Stores. Convenience Store Security: Report and Recommendations. Alexandria, Virginia: Author, 1991.

Poyner 1992 {published data only}

*Poyner B. Video cameras and bus vandalism. In: Clarke RV, editor. Situational Crime

Prevention: Successful Case Studies. Albany, New York: Harrow and Heston, 1992: 185-193.

Sivarajasingam 1999 {published data only}

*Sivarajasingam V, Shepherd JP. Effect of closed circuit television on urban violence. Journal of Accident and Emergency Medicine 1999;16:255-257.

Squires 1998b {published data only}

*Squires P. CCTV and Crime Prevention in Burgess Hill Town Centre: An Independent Evaluation. Brighton, UK: Health and Social Policy Research Centre, University of Brighton, 1998b.

Squires 1998c {published data only}

*Squires P. CCTV and Crime Reduction in Crawley: An Independent Evaluation of the Crawley CCTV System. Brighton, UK: Health and Social Policy Research Centre, University of Brighton, 1998c.

Squires 1998d {published data only}

*Squires P. The East Grinstead Town Centre CCTV Scheme: An Independent Evaluation. Brighton, UK: Health and Social Policy Research Centre, University of Brighton, 1998d.

Squires 1996 {published data only}

*Squires P., Measor L. CCTV Surveillance and Crime Prevention in Brighton: Follow-up Analysis. Brighton, UK: Health and Social Policy Research Centre, University of Brighton, 1996.

Squires 2003 {published data only}

*Squires P. An Independent Evaluation of the Installation of CCTV Cameras for Crime Prevention in the Whitehawk Estate, Brighton. Brighton, UK: Health and Social Policy Research Centre, University of Brighton, 2003.

Taylor 1999 {published data only}

*Taylor G. Using repeat victimisation to counter commercial burglary: The Leicester experience. Security Journal 1999;12:41-52.

Tilley 1993a {published data only}

*Tilley N. The Prevention of Crime Against Small Businesses: The Safer Cities Experience. Crime Prevention Unit Series Paper No.45. London, UK: Home Office, 1993a.

Tilley 1993b {published data only}

* Tilley N.Understanding Car Parks, Crime and CCTV: Evaluation Lessons from Safer Cities.Crime Prevention Unit Series Paper No.42.London, UK: Home Office, 1993b.

Wells 2006 {published data only}

* Wells H, Allard T, Wilson P.Crime and CCTV in Australia: Understanding the Relationship.Gold Coast, Queensland: Centre for Applied Psychology and Criminology, Bond University, 2006.

* indicates the primary reference for the study

References that could not be obtained

Berkowitz 1975

Berkowitz M.Evaluation of Merchant Security Program: A Case Study Assessing the Impact of Electronic Protection Devices on Safety in Retail Stores in New York City.New York: New York City Police Department, 1975.

Northumbria Police no date

Northumbria Police. Car Crime-Let's Crack It Campaign. Force Evaluation, 1988. Northumbria, UK: Author, no date.

Other references

Additional references

Barr 1990

Barr R, Pease K.Crime placement, displacement, and deflection. In: Tonry M, Morris N, editor(s).Crime and Justice: A Review of Research, Vol.12.Chicago, Illinois: University of Chicago Press, 1990:277-318.

Braga 2005

Braga AA.Hot spots policing and crime prevention: A systematic review of randomized controlled trials.Journal of Experimental Criminology 2005;1:317-342.

Clarke 1995

Clarke RV. Situational crime prevention. In: Tonry M, Farrington DP, editor(s). Building a Safer Society: Strategic Approaches to Crime Prevention. Crime and Justice: A Review of Research, Vol.19.Chicago, Illinois: University of Chicago Press, 1995:91-150.

Clarke 2001

Clarke RV.Effective crime prevention: Keeping pace with new developments.Forum on

Crime and Society 2001;1:17–33.

Clarke 1994

Clarke RV, Weisburd D. Diffusion of crime control benefits: Observations on the reverse of displacement. In: Clarke RV, editor. Crime Prevention Studies, Vol. 2. Monsey, New York: Criminal Justice Press, 1994: 165–183.

Cohen 1988

Cohen J. Statistical Power Analysis for the Behavioral Sciences. Second edition. Hillsdale, New Jersey: Lawrence Erlbaum, 1988.

Cook 1979

Cook TD, Campbell DT. Quasi-Experimentation: Design and Analysis Issues for Field Settings. Chicago, Illinois: Rand McNally, 1979.

Cornish 2003

Cornish, DB, Clarke, RV. Opportunities, precipitators and criminal decisions: A reply to Wortley's critique of situational crime prevention. In: Smith MJ, Cornish DB, editor(s). Theory for Practice in Situational Crime Prevention. Crime Prevention Studies, vol.16. Monsey, NY: Criminal Justice Press, 2003: 41–96.

Eck 1997

Eck JE. Preventing crime at places. In: Sherman LW, Gottfredson DC, MacKenzie DL, Eck JE, Reuter P, Bushway SD. Preventing Crime: What Works, What Doesn't, What's Promising. Washington, DC: National Institute of Justice, US Department of Justice, 1997: chapter 7.

Eck 2006

Eck JE. Preventing crime at places. In: Sherman LW, Farrington DP, Welsh BC, MacKenzie DL, editor(s). Evidence-Based Crime Prevention, rev. ed. New York: Routledge, 2006: 241–294.

Farrington 2003

Farrington DP, Painter KA. How to evaluate the impact of CCTV on crime. Crime Prevention and Community Safety 2003;5:7–16.

Farrington 2006

Farrington DP, Welsh BC. A half century of randomized experiments on crime and justice. In: Tonry M, editor. Crime and Justice: A Review of Research, Vol.34. Chicago: University of Chicago Press,2006:55-132.

Farrington 2007b

Farrington DP,Gill M,Waples SJ,Argomaniz J.The effects of closed-circuit television on crime: Meta-analysis of an English national quasi-experimental multi-site evaluation. Journal of Experimental Criminology 2007;3:21-38.

Gill 2006

Gill M.CCTV: Is it effective? In: Gill M, editor. The Handbook of Security. London: Palgrave, MacMillan, 2006:438-461.

Home Office Policing and Reducing Crime Unit 2001

Home Office Policing and Reducing Crime Unit. Invitation to Tender: Evaluation of CCTV Initiatives. Unpublished document. London, UK: Author, 2001.

Koch 1998

Koch BCM.The Politics of Crime Prevention. Aldershot UK: Ashgate, 1998.

Lipsey 2001

Lipsey MW, Wilson DB. Practical Meta-Analysis. Thousand Oaks, California: Sage, 2001.

McCahill 2002

McCahill M, Norris C.CCTV in Britain. Urbaneye Working Paper, No.3. Berlin, Germany: Centre for Technology and Society, Technical University Berlin, 2002.

Nieto 1997

Nieto M.Public Video Surveillance: Is It an Effective Crime Prevention Tool? Sacramento, California: California Research Bureau, California State Library, 1997.

Phillips 1999

Phillips C. A review of CCTV evaluations: Crime reduction effects and attitudes towards its use. In: Painter K, Tilley N, editor(s). Surveillance of Public Space: CCTV, Street Lighting and Crime Prevention. Crime Prevention Studies, Vol. 10. Monsey, New York: Criminal Justice Press, 1999: 123-155.

Piquero 2003

Piquero AR, Farrington DP, Blumstein A. The criminal career paradigm. In: Tonry M, editor. Crime and Justice: A Review of Research, Vol. 30. Chicago, Illinois: University of Chicago Press, 2003: 359-506.

Poyner 1993

Poyner B.What works in crime prevention:An overview of evaluations.In:Clarke RV, editor.Crime Prevention Studies, Vol. 1. Monsey, New York: Criminal Justice Press, 1993: 7-34.

Ratcliffe 2006

Ratcliffe JH.Video Surveillance of Public Places.Problem-Oriented Guides for Police Response Guides Series, No. 4. Washington, DC: Office of Community Oriented Policing Services, U.S.Department of Justice, 2006.

Reppetto 1976

Reppetto TA. Crime prevention and the displacement phenomenon. Crime & Delinquency 1976;22:166-177.

Reuters 2007

Reuters. British miscreants caught on camera face loudspeaker lectures. New York Times, April 5, 2007.Available at www.nytimes.com.

Shadish 2002

Shadish WR, Cook TD, Campbell DT.Experimental and Quasi-Experimental Designs for Generalized Causal Inference.Boston, Massachusetts: Houghton Mifflin, 2002.

Welsh 2002

Welsh BC, Farrington DP.Crime Prevention Effects of Closed Circuit Television: A Systematic Review.Home Office Research Study No.252.London, UK: Home Office, 2002.

Welsh 2007

Welsh BC, Farrington DP.Closed-Circuit Television Surveillance and Crime Prevention: A Systematic Review. Stockholm, Sweden: National Council for Crime Prevention, 2007.

Wilson 2003

Wilson D, Sutton A.Open-Street CCTV in Australia.Trends and Issues in Crime and Criminal Justice, No.271.Canberra, Australia: Australian Institute of Criminology, 2003.

Notes

Published notes

Preliminary results of this review have been published in:

Welsh BC, Farrington DP.Crime Prevention Effects of Closed Circuit Television: A

Systematic Review. Home Office Research Study No.252. London, UK: Home Office, 2002.

Welsh BC, Farrington DP. Effects of closed-circuit television on crime. Annals of the American Academy of Political and Social Science 2003; 587: 110–135.

Welsh BC, Farrington DP. Evidence-based crime prevention: The effectiveness of CCTV. Crime Prevention and Community Safety 2004; 6: 21–33.

Welsh BC, Farrington DP. Surveillance for crime prevention in public space: Results and policy choices in Britain and America. Criminology & Public Policy 2004; 3: 497–526.

Welsh BC, Farrington DP. Closed-circuit television surveillance. In: Welsh BC, Farrington DP, editors. Preventing Crime: What Works for Children, Offenders, Victims, and Places. New York: Springer, 2006: 193–208.

Welsh BC, Farrington DP. Closed-Circuit Television Surveillance and Crime Prevention: A Systematic Review. Stockholm, Sweden: National Council for Crime Prevention, 2007.

Contact details for co-reviewer

Dr David P Farrington

Professor of Psychological Criminology

Institute of Criminology

Cambridge University

Sigwick Avenue

Cambridge CB3 9DT

United Kingdom

Telephone: +44 (0) 1223 335 360

Facsimile: +44 (0) 1223 335 356

E-mail: dpf1@ cam.ac.uk

跨境人口贩卖:针对预防及减少性剥削的干预策略

Cross-border Trafficking In Human Beings: Prevention and Intervention Strategies for Reducing Sexual Exploitation

作者:Peter H.van der Laan,Monika Smit,Inge Busschers,Pauline Aarten

译者:林洁莹　缪璆　　核定:张金武　张彦

内容概要

近年来,人口贩卖引发了越来越多的关注。而至少在目前看来,性剥削是其最常见及显著的问题,其次是强迫劳动。大量国际及国内的组织开展了针对以性剥削为目的的人口贩卖的打击行动。虽然关于此类行动的文章有很多,但仍有一些领域被忽略,尤其是在关于“什么有效”的问题上。不断增多的关注意味着对更多信息的需求。正是这项犯罪的严重性及其对受害者的影响,就使得深入了解反贩卖人口战略的运作及效用变得极为重要。

本文的主要目的是获取现有的关于以预防和取缔为目的的反贩卖人口干预行动效用的证据。

以下是本文的核心议题:

1. 哪些类型的反贩卖人口战略和干预是具有实证分析的?

2. 这些研究中,哪些包含了准实验性的评价,能确定这些战略达到预防和取缔的效用?

3. 这些实验研究的结果是什么?

本文的研究重点是以性剥削为目的的跨境人口贩卖。之所以把跨境人口贩卖作为重点,是由于人口贩卖在许多国家尚未被识别或者最近才被识别。而且本文仅限于以利用他人卖淫进行剥削或其他形式的性剥削为目的的人口贩卖,对以强迫劳动或服务、奴役、劳役及摘取器官为目的的人口贩卖则不做研究。此外,本文仅收录对打击人口贩卖的相关措施和项目的研究,这些研究对预防、取缔跨境人口贩卖政策的效果进行评估,且至少采用了马里兰科学等级量表(Maryland Scientific Methods Scale,SMS)中第三等级,也就是准实验的研究设计。

本文运用了大规模搜寻策略,并结合对电子数据库、荷兰人口贩卖国家报告处(BNRM)的文库和互联网搜寻,来识别符合条件的研究。此外,我们联系了相关的互联网专业人士,最终从 19000 余篇文章中选取 144 篇,作者对其中约 20 篇可能符合条件的研究进行了编码。

由于没有一个研究是完全符合标准的(针对以性剥削为目的的跨境人口贩卖,所采取的政策和干预,至少是采取准实验方式的研究设计),因此,无法对此类反贩卖人口战略的效用进行元分析。然而,由于这些研究勾勒出了反人口贩卖干预策略的大致轮廓,而且现阶段这些研究的内容还算充实,因此我们决定对这些研究进行叙述性回顾。另外,由于这些非控制性的研究,并没有提供其得出结论的基本信息,因此本研究无法进行元分析。

由于缺乏对此类政策的严谨性进行评估,因此无法确定它们在实践中的有效性。作者于 2000 年 1 月至 2009 年 6 月间,使用了不同的搜索方法,用九种语言对关键词进行搜索,并识别出了 19000 份关于人口贩卖的研究,经过筛选,将 20 份在主标题、副标题、摘要均包含关键词的文章全文输入电脑。所有的这些研究都没有区分实验组和对照组,大部分甚至没有前测或后测等步骤。

1. 引　言

近年来，人口贩卖现象引起了人们越来越多的关注。人口贩卖的过程通常是非法和危险的，其过程往往包括暴力胁迫、诈骗或剥削性的强迫奴役等方式（GAO，2007）。这些方式将人口贩卖和偷渡明显区别开来。人口贩卖的受害者往往被强迫在性交易场所、脱衣舞酒吧、血汗工厂、农业机构、涉及武装冲突的相关服务行业或私人住所等环境工作。未成年的受害者则被强迫在街头乞讨，在地毯店工作，或是参与到与成年人的色情活动中。此外，体育行业中，尤其是足球界，贩卖儿童的犯罪也很常见。总的来说，很多部门和行业都会有人口贩卖的现象。

并非所有国家都把人口贩卖看作是问题。部分国家会把外国受害者当作非法移民，并遣送回母国，而非采取保护措施使其免受伤害及杜绝未来继续被贩卖的可能性。然而，在大多数国家，人口贩卖已经被公认为犯罪，并在国内和国际进行多边应对的必要性上达成了广泛的共识。《联合国打击跨国有组织犯罪公约关于预防、禁止和惩治贩卖人口特别是妇女和儿童的协议》，促进了世界各国反人口贩卖的立法和干预。在过去的十年，关于贩卖人口以及如何预防和禁止贩卖人口的刊物大幅增加，国际间关于贩卖人口的公约也不断增多。

1.1　贩卖人口的定义

本文采用由《联合国打击跨国有组织犯罪公约关于预防、禁止和惩治贩卖人口特别是妇女和儿童的协议》给出的对跨境人口贩卖的定义。此协议条款 3（a）中指出：

“人口贩卖是指以剥削为目的，使用暴力、暴力威胁，或其他形式的胁迫、诱拐、欺诈、欺骗、滥用权力、趁人之危、收买等手段招募、运送、移送、窝藏或接收人员。剥削应至少包括利用他人卖淫进行剥削或其他形式的性剥削、强迫劳动或服务、奴役、劳役或非法摘取器官。”

这项由 117 个国家[①]共同签署的反贩卖人口的协议旨在通过司法和执法手段打击人口贩卖，它界定的人口贩卖的定义也是在各政府和非政府组织中最广泛使用的通行的定义。

---

① 数据来源：http://：treaties.un.org（2011-3-11）。

1.2 关于跨境贩卖人口的研究

迄今为止,性剥削被认为是贩卖人口最常见的特征,在所有贩卖人口的案件中占79%。根据国际劳工组织的报告,75%的上报案件[①]为性剥削。传统的劳动剥削并不被执法机关优先打击,而常常无法侦破。对贩卖人口的法律界定也难以包括劳动力贩卖,被强迫劳动的人也可能因为没有意识到他们是人口贩卖的受害者而不愿出面作证。尽管性剥削是人口贩卖罪行中被记录在案最普遍的类型,这也并不表明识别性剥削的方法是没有分歧的。例如,政府间对于"强迫"和"自愿"[②]卖淫之间是否有区别就存在分歧。此外,各种组织也在进行全球性和区域性的打击人口贩卖倡议工作中面临不少困难,特别是针对那些较少被揭发的剥削罪行进行打击的倡议是有难度的,包括强迫劳动、债役劳工、家奴和强制婚姻,以及以摘取器官或强制被拐卖儿童乞讨为目的的贩卖人口。

许多研究侧重于贩卖人口的发生率,但就其发生率并没有达成共识。2006 年,美国政府估计每年有 600000 至 800000 人被跨境贩卖。然而联合国儿童基金会和国际劳工组织所估计的数字要大得多,即每年将近有 2000000 人被跨境贩卖。这些估计由于研究方法的瑕疵、数据来源的鸿沟、翻译上的差异和已经发现的矛盾等原因都被认为是值得怀疑的。对记录在案受害者的数量,其估计也非常不同。例如,意大利 2006 年就显示有 2143 名受害者,是欧洲国家中相对较多的。而其中可能包括大量非法移民,当然也可能由于意大利对受害者广泛关怀从而促使受害者更积极地进行控诉而催高了数字[③]。因此真正的人口贩卖的受害者被记录在案的可能只有少数,而实际发生率仍然有大量的黑数。

为了能更好地理解人口贩卖,许多的研究也将关注点放在其发展趋势和人贩子上。对其深度、广度和前景的理解在开展所有预防和取缔活动时都是十分必要的。另外也有关于定罪的研究。尽管数据显示定罪的数量有所增加,但大多数定罪都只在少数几个国家。根据 Chawla 等人对于欧洲、亚洲、非洲和美洲的贩卖人口研究,有41%的国家不对贩卖人口的定罪进行记录,14%的国家根本就没有有效数据。对于数据和定罪报告缺乏的合理解释可能是一些国家很少或根本不关注这一现象,或者是没有条件处理人口贩卖这一犯罪。随着人口贩卖更多地被人所知、所告,刑事司法

---

① 一些报告提及劳工剥削增长的例子以及 2009 年美国人口拐卖报告中提出:大部分的人口买卖是以强迫劳动为剥削方式,所以我们是假设与性剥削相关的人口贩卖是贩卖的主要方式,直到最近的关于此领域的文章出现,所以该假设可能存在不适当之处。

② 一些研究认为"卖淫"往往伴随着"人口贩卖",所以直接用"卖淫"代替"性剥削"的表述。

③ 详见美国人口贩卖报告(2009)中提及的在欧洲不同国家中的受害人人数。

体系提高对这一犯罪的警惕,越来越多的关注也导致了更高的发案率。所以,对人口贩卖案件调查的越多,发案率的统计也会随之增加,而显然,这一增加并不一定是单纯由于实际发生增多引起的。

1.3 关于贩卖人口研究的局限性

多数研究的研究对象为反人口贩卖的具体措施,而忽略了其他一些要素,尤其是关于"什么有效"的认知。同时,大多数研究主要是描述性的,如描述向受害者提供社会援助的困难程度。还有的研究收集可靠的数字来确定人口贩卖的规模。也有少数评估性的研究伴随着干预措施,并收集了一些系统性数据。而独立的评估①包括应对人口贩卖政策、项目和干预行动等的有效性的研究则相对较少。这一点颇成问题,这些部门评估他们的行动时,采用明确或不明确的实际操作议程,都可能会使他们的结论受到影响。例如某一信息的选择,很可能由于某些关键因素的权威性,给予这些数据不同的权重。

无论是罪犯还是受害人,涉及人口贩卖的个体都被认为是"隐蔽人群",其总数和界限目前仍为未知。贩卖人口的非法性和地下性使得收集可靠的数据变得困难,从而结论可能与事实有很大的偏差。低效的数据追踪系统和评估方法更是增加了研究的不准确性。而引入评估可以发展和完善相关的预防技术及政策,因此,对贩卖人口的评估变得尤为重要。美国政府问责办公室回顾了 23 份由美国政府发起的位于印度尼西亚、泰国和墨西哥的反贩卖人口项目的文件,发现其中 21 份描述了至少一个对政策效果进行观测的措施,但其中只有 10 个报告描述了这些措施是怎么运作的。这些评估报告大多都缺乏一个严密的将活动与目标联系起来的逻辑框架。尽管评估研究的数量有所增加,但为了干预效果的提升,帮助相关部门达到预期目标,使监督和问责制更为有效,更多科学评估的研究就变得非常必要。

另外一个在研究贩卖人口时经常遇到的限制是只有小样本可用。主要原因是因为能接触到的贩卖人口的罪犯和受害者十分有限。本质上说,虽然小样本并不是不行,可以有许多种研究方法通过小样本得出富有启发性的结果。但是大量研究常常更倾向于使用单一的方法,如访问或是问卷调查。而且,小样本数据容易产生有偏差的结果。因此,和干预政策效果相关的可靠的知识少之又少。

尽管关于干预效果的知识不多,但仍然有资料表明一些干预会带来附带的伤害。它往往影响了年轻女性作出移民、旅行甚至是离开父母居住的决定,从而对当事人带

---

① 独立的评估指的是其他组织实施的,并非同一组织实施的评估。

来负面的影响。例如,部分国家反贩卖人口措施就有拒绝对年轻女性发放准许进入他国的签证。2002 年,联合国人权事务高级专员发布了一系列关于人权和人口贩卖的建议性原则和方针,其中第三条指出,反对贩卖人口措施"不应反过来影响人权和个人尊严,特别是那些被贩卖的人的权利……"只有这样,才能更好地运用干预政策来保护受害者免受更多伤害。上述第三条原则提供了更多相关细节,并要求政府、政府间组织和非政府组织监控和评估"反人口贩卖的法律、政策、干预措施与它们实际效果间的关系",而且将"真正减少人口贩卖的措施和可能仅仅是将问题转移的措施"区别开来。但 Dottridge 指出,许多参与到反对人口贩卖中的政府机构和非政府组织并没有听从人权事务高级专员的方针。自《联合国禁止人口贩运议定书》的签署已经过去若干年,但是仍然不确定哪项干预措施对于预防贩卖人口、保护受害者和起诉人贩最为有效。

2. 研究目标

以上背景资料为康拜尔组织对这一主题进行系统性回顾提供了许多理由。对人口贩卖日益增长的关注度意味着需求更多信息。应对贩卖人口的干预正在不断增加,在很多行动都被关注的同时,其效用却仍然未知①。这项犯罪的严重性及其对受害者的影响,使得更深一步地了解反人口贩卖战略②的运作和效用变得极为重要。因此,这份系统性回顾具有双重目标。第一,本文将会把相关反贩卖人口战略和干预效果的可用证据整合并进行评估。这将增加对反人口贩卖的干预措施及其效用的认知,从而为政策制定者提供更多信息。第二,本文将增加对反贩卖人口战略和干预的优势、劣势的研究,促进未来的研究和评估的进步。我们已经意识到,更为严谨的研究设计是十分必要的,这也揭示了干预行动所附带的损害很可能未被完全发掘。

因此,本文旨在促使对以性剥削为目的的跨境贩卖人口的预防和取缔方法的研究更加基于实际证据。

以下是需要解决的问题:

a)区分哪些类型的反人口贩卖战略和干预是伴随着实证分析的?

① 例如,截至 2009 年 2 月,至少 44 个关于人口贩卖的文章被收入在 Terr des hommes 电子数据库中,而 2009 年 3 月,数量上升至 82 篇,但无一篇是关于反人口贩卖措施的评估。

② 这里的战略指含有多项预防措施的综合性战略。

b)这些研究中,哪些包含了准实验性的评估,能足够严谨地确定这些战略对预防和取缔人口贩运的效果?

c)这些准实验研究的结果是什么?

3. 研究方法

为了实现以上研究目标,本系统性回顾提出了以下研究方法。本章是对协议中具体阐述的研究方法的总结,该协议已经于2010年由康拜尔合作组织批准①。

3.1 本文研究文献的选取标准

干预的种类

正如引言中所说,人口贩卖的定义范围很广泛。本文则集中收集关于以性剥削为目的的跨境人口贩卖的研究。集中于跨境人口贩卖,是因为境内人口贩卖在许多国家没有或还没有抑或近期才被关注。此外,本文研究对象仅限于以利用他人卖淫进行剥削或其他形式的性剥削为目的的贩卖人口,对以强迫劳动或服务、使人成为奴隶或类似奴隶、劳役或摘取器官为目的的人口贩卖则不做研究。迄今为止,人们鲜有意识到上述人口贩卖的种类,打击这些犯罪的立法也时有缺失。尽管目前很多国家的法律囊括了以劳务剥削和摘取器官为目的的贩卖人口,但劳务剥削通常没有严格的定义,于是留给了法官阐释,这也就导致了对其不同的界定以及如何区分"恶劣劳动条件"与"贩卖人口"的讨论,这使该领域的研究不甚明晰。此外,性剥削、劳务剥削以及摘取器官为目的的人口贩卖实际上分属不同的领域,没必要由同样的机关进行调查、起诉或是审判研究,否则使得这一领域包含了所有内容而涵盖太广。

另外,反人口贩卖措施的研究包括了策略的评估、政策及干预措施,旨在预防和打击以性剥削为目的的跨境人口贩卖。这意味着专门针对性剥削进行的评估性研究也包含在内一并分析。也包括了部分研究一般人口贩卖的文章,但其提取了有关性剥削的数据。而由于缺乏透明数据,不可能将性剥削型人口贩卖的干预效果分离出来,评估一般干预的研究则被排除在本文之外。

研究文献的种类

本文包括了所有打击以性剥削为核心的人口贩卖干预战略方面的定量评估性研

① 详见 http://www.campbellcollaboration.org/library.php。

究。为了识别和评估证据力,他们依照马里兰科学量表(SMS)被整理分类。因此,本文只包括"级别3"及以上的研究[①],也就是说这些研究都执行了前后测验方法,且控制条件与实验条件具有可比性。被认为最具实践性的或基于证据具有实践性的相关研究也包含在内,而那些描述如何最具实践性但又缺乏数据支撑的研究则被排除在外。

参与者

本文所选研究的项目对象包括潜在受害人、反人口贩卖领域的专家、犯罪施行个体和组织。那些只针对受害者进行援助、帮助受害者重返社会,获得合法身份的政策和行动则不包括在内。

刊物

符合条件的研究包括已出版的(电子版或打印版)和未出版的。这些研究最早的可追溯至2000年,且都纳入了本文。之所以从2000年开始,是因为《联合国禁止贩运人口议定书》于该年签订。本文中最新的研究截止至2009年,此后的研究并没有被收录,但会在日后的审查中不断更新。

来源国

相关研究来自世界各国,但研究小组由于资源和语言的限制,只搜集了使用丹麦语、荷兰语、英语、法语、德语、意大利语、挪威语、西班牙语和瑞典语成文的研究,而不包东欧语言成文的研究,且La Strada International方面也表示并未涉猎东欧在这领域的研究[②]。

在所有符合条件的144份研究中,只有18篇为非英语,其中13篇为荷兰语,德语、法语、丹麦语和西班牙语各1篇。1篇用芬兰语但附有英语总结。

3.2 文献搜寻策略

本文采用了广泛的搜寻来识别符合上述标准(出版或未出版)的研究。搜寻策略包括对电子数据库进行搜寻,搜寻BNRM文库,联系专业网络,以及通过所有文献中的参考文献和互联网进行搜寻,并特别注意搜寻和收集了所谓的灰色文献中提到的相关研究。表1为搜寻结果的总结。

---

① Farrington(2003)在对马里兰科学评估量的不同等级的描述为:等级1:在特定时间预防项目与犯罪的测量呈现相关性;等级2:有前测和后测测量,但没有可对照的经控制的条件;等级3:有前后测,且有可对照的经控制的条件;等级4:在多次实验和不同的可对照的控制组中均有前后测测量;等级5:随机进行项目分配和控制条件。

② La Strada International联系了东欧不同国家的非政府组织(包括白俄罗斯、波斯尼亚和黑塞哥维那、保加利亚、捷克、前南斯拉夫、摩尔多瓦、波兰和乌克兰),试图找寻相关研究,但无有所获。

表1 搜寻结果概况

搜寻来源	回顾的文献数
电子数据库	973
BNRM 文库	3080
专业网络(现有的联系人)	306
交叉引用的文献书目	39
互联网	约 15000
总数	19398

为了找出相关的研究,我们使用了如图 1 中所示的基于一个初步的文献综述得出的关键词和通配符进行搜寻。只有那些在标题、副标题和/或摘要中包含这些关键词的才认定为符合本文条件的研究。

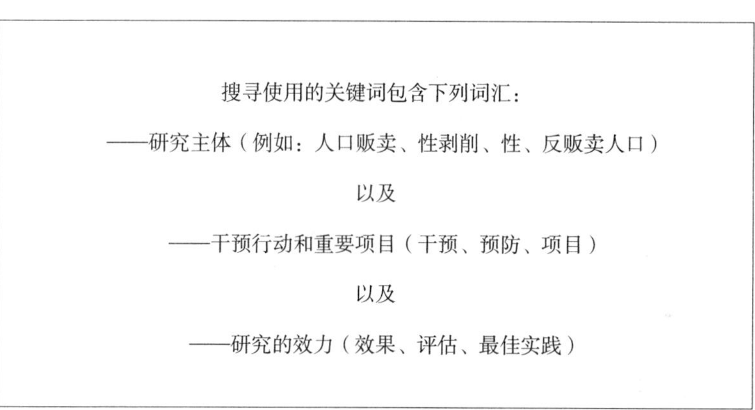

搜寻使用的关键词包含下列词汇：
——研究主体（例如：人口贩卖、性剥削、性、反贩卖人口）
以及
——干预行动和重要项目（干预、预防、项目）
以及
——研究的效力（效果、评估、最佳实践）

图1 关键词搜索

从 19398 份关于性人口贩卖的引文中,我们找到了 144 份看似符合条件的研究文献。这些研究的标题和摘要中至少一个包含了关键词。在对这 144 份研究进行仔细浏览之后,结果显示有 20 份研究与本文相关(例如,文中包含了实证研究)。本文作者仔细审查了这 20 份研究并将它们输入电脑。其中只有 4 份研究包含对干预和预防性剥削的贩卖人口进行的某种形式的评估(SMS 一级或二级),因此这 4 份研究也被收入叙事回顾中。所有的这些研究都没有包含 SMS 第三或更高等级的评估。

表 2　引文及相关研究概况

	数量
文献阅览数	19398
撷取并筛选的研究	144
输入电脑的研究	20
叙事回顾中包含的研究	4
包含 SMS 第三或更高等级的研究	0

电子数据库

不同的电子数据库用作电子化的文献搜寻操作中。所选的数据库，有些是我们提前知晓包含相关文献的，也有在网络搜寻到的，或者是由于相关文献或相关学术网人员曾经提及的。我们总共搜寻了 66 个电子数据库，综述了共 973 份引文。然而，所有这些引文都没有可被归类为 SMS 第三或更高等级进行设计的。

BNRM 文库

BNRM 文库中有超过 3000 份与人口贩卖相关的文章、书籍和报告。我们通过使用它们的搜寻引擎（Reference Manager），根据关键词浏览了所有的文章，以识别它们的适用性。在审阅的 3080 份引文中，10 份文档符合初步标准。但在仔细的审查之后，由于这些文档也没有根据 SMS 第三或更高等级作者进行设计，最后都没有被列入。

相关网络（现有的联系人）

我们联系了相关组织的工作人员，请他们提供任何发表或未发表研究的作者。首先，我们联系了 BNRM 的员工。接着征询了作者的一些人脉资源，例如政策制定者、研究人员或者国际组织的联系人。通过邮件和电子邮件共寄出 954 封信，其中 91 封寄给个人的电邮收到了含有信息和建议的回复。这一搜寻策略提供了大量信息，但许多引文没有对干预行动进行评估，取而代之的是许多国家的行动计划，项目描述和一般性信息。

此外，位于荷兰的非政府组织 Terre des Hommes 邀请了研究人员来审查他们干预人口贩卖研究的效果。这些研究并未发表，从而属于灰色文件。在综述的 15 份研究中，6 份符合初步标准。然而在进一步的审查之后，由于他们的研究设计存在问题，以及研究重点是一般性的人口贩卖而不是性剥削式的人口贩卖，最终都被排除在本文之外。

交叉引用的文献书目

在搜索的过程中,我们浏览了相关综述文章的参考文献,通过初步地整合分析,寻找新的线索,但是只综述了在标题或副标题中包含的关键词的文章。为了找到灰色文献,我们参考了官方或非官方的报告、书目、政策文件、相关个人或研究机构的网站。另外有39条独立的参考文献被认为有价值而进行审阅。除此以外,文献书目中提供的相关网站,我们也加以浏览,但最终这些参考文献和网站都未被纳入本文的研究,仅有2份通过交叉引用得到的研究被纳入了叙事性回顾中。

互联网搜寻

我们搜索了非政府组织(例:Terre des Hommes,联合国儿童基金会和反妇女贩卖联盟)、涉及人口贩卖应用和政策研究的专业组织的网站,并以BNRM列出的相关非政府组织(及它们的网站)作为补充。除此之外,我们还使用了谷歌等搜索引擎进行关键词搜寻。我们总共访问了110个网站。而对那些作者和组织符合条件但缺乏数据的研究,我们通过电子邮件请求他们提供更多数据。最终,只有2份被纳入叙事性回顾的研究是通过搜寻互联网获得的。

3.3 主要研究方法的描述

作者们按照入选标准,独立地搜索评估性研究,并根据与本文的相关性对这些文章的摘要进行评估。首先,先不管研究的设计或质量,所有涉及项目评估的研究都被列入范围。我们对144份在标题、副标题或摘要中包含了任何相关关键词(的结合)的研究进行了概述,完成对概述的编码之后,便开始第二阶段运用编码表审查全文①。第三阶段也是最后一个阶段包括筛选运用SMS第三或更高等级的评估设计对干预行动进行评估。

3.4 独立研究结果的确定标准

本系统性综述审查了反人口贩卖干预项目的效力的研究。预期使这些研究包括不同类型的战略或不同的研究样本。部分研究呈现了一些独立样本,我们将这些样本及其成果当作独立的研究结果。

3.5 编码类别的细节

本文运用了一个初级编码表,包括研究的关键因素,如研究设计、方法学质量和结果测量;也包括干预行动的特点,如干预的种类、目标人群和所采的程序。所有最初筛选出的研究都由至少两名作者独立进行编码,以排除编码偏差。

① 编码表详见 http://www.campbellcollaboration.org。

3.6 定性数据

排除涉及比较条件或反事实条件的研究标准,我们对符合标准的研究进行了叙事性回顾,用于总结定性和定量但非对照的研究。这对总结被元分析排除在外的调查结果非常有用,也能突出目前评估反人口贩卖干预所用证据的现状。这一叙事性回顾能帮助加深对关键研究领域的了解,也有助于认识到性剥削式跨境贩卖人口的评估研究还相当空白。

4. 研究结果

搜索到的 144 份预期符合条件的研究,有 38 份与预防性质为主的干预有关,23 份与抑制性干预(立法和诉讼)有关,8 份兼具预防和抑制。另外 48 份中,无任何专门干预行动的描述。绝大多数研究是针对性剥削领域,或关于剥削种类,这样的研究有 68 份。研究的目标群体各异,其中 57 份研究同时包含成人(主要是妇女)和儿童。同时我们也发现,以项目为重点的研究往往目标人群锁定为未成年人。

经过更为广泛的审阅之后,我们找到接近 20 份符合条件的研究。这些研究分别由两名作者完整地阅读并使用编码表独立将其编码,随后由四名作者共同讨论研究结果。作者之间就纳入和排除哪些研究方面并无分歧,但结果是所有的研究都不适用于本文。有两份研究似乎具有潜在的相关性,但对该组织的网站进一步仔细阅览后,发现其研究对象为境内而非跨境的人口贩卖,因此这些研究也被排除在分析之外。

我们评估了与反人口贩卖干预相关的 20 份研究,关于某些研究是注重于性剥削式的人口贩卖还是一般的人口贩卖方面较为模糊;11 项干预纯粹以性剥削为重点,4 项干预的重点为性剥削和劳务剥削,另外 5 份则集中在一般的人口贩卖。部分干预并未指明其专注于境内或跨境的人口贩卖,因此将跨境人口贩卖的研究结果从中分离并不可行。

这 20 份研究都是不符合条件的准实验研究,最终都被排除在分析之外。尽管如此,还是将它们罗列出来,以对这一领域现有的评估形成大致概念。

5. 叙事性回顾

共有四份研究符合叙事回顾的标准,这些标准包括:

1. 以预防和取缔人口贩卖为目的的干预。

2. 跨境人口贩卖。

3. 以性剥削为目的。

4. 对应 SMS 一级或二级的评估。

有些研究评估了超过一个干预项目。在这种情况下,只纳入符合选择标准的干预项目。结果如下:

5.1 干预的类型

第一份研究是一份定性评估,评估对象是一个为前南斯拉夫马其顿共和国边境地区的潜在人口贩卖受害者提供经济支持和帮助稳定融入社会的项目。此项目的主要目标是赋予受害者权利,通过技能培训为他们提供就业机会。基本的业务培训课程内容包括如何开始和管理小型企业,以及如何创造收入等。这一干预项目的人群是潜在的易受伤害群体,主要是女性。

第二份研究评估了位于菲律宾的青年训练营的影响,该训练营旨在改变男孩、青年男子性观念和性行为。旧有的性观念和性行为被认为在(非法)卖淫的教唆下助长了性剥削式的人口贩卖。这一预防项目的目的在于转变社会建构赋予男性的性观念。

第三份研究是对在尼泊尔农村施行的一个提高公众意识项目的评估。其主要目标群体为未成年少女及其同伴、父母;次要目标群体为其所处的社区。这一干预项目的目的是通过教育手段,从而防止少女沦为人口贩卖的受害者。

第四份研究是对以色列的一个预防项目的评估。其目标为提升公民意识、改变决策者和执法者对这一议题的态度和相关的制度。项目通过分发资料、提供培训、公开报告、媒体宣传和讲座等方式进行人口贩卖方面的教育,旨在通过影响公共政策和舆论来减少人口贩卖。

5.2 评估方法和类型

第一份研究评估了项目对受益者及其家庭和当地利益相关人的影响。人口贩卖的潜在受害性、社会经济地位和生活质量是主要的评价维度。评估人员对他们进行了问卷调查和访问,并根据目标群体的不同,设计了不同的访问指南。研究中只包括后测(SMS 一级),没有控制组、对照组和实证结果的报告。

第二份研究采用了前后检测(SMS 二级)评估男孩和青年男子在意识上的改变。研究测量了训练营对毕业者的直接影响以及知识和态度等直接输出。另外还有后续活动作为评估,活动包括为期一天的论坛和研讨会。但是干预是否只注重于跨境人口贩卖始终未知。

第三份研究通过访问和调查测量了项目的效果,包括前后检测,但没有对照组或控制组(SMS 二级)。项目参与者是从目标人群中随机选取的,项目成果根据贩卖人口的相关意识和知识是否增长来测量。

第四份研究对为以色列移民劳工提供的热线进行评估。研究人员采用了访问和问卷调查方法进行前后测量。但是研究中也没有控制组或对照组(SMS 二级)。

这四份研究都没有达到 SMS 第三或更高等级的要求。其中三份研究属于第二等级,包括了前后测量方法,一份只有一级。且四份研究都没有组织控制组或对照组。此外,报告中只有定性性质的可用数据,而缺乏实证数据,也无法向研究人员获取。

5.3 研究发现

前三份研究显示出了正面效果,其中提到"意识和看法上改变的立竿见影的效果"。第四份研究指出对于意识的前后测量之间没有区别,但报告中也没显示负面影响或副作用。四份研究都只报告了在干预期间及之后短期内进行测量的效果,而未评估长期的效应。尽管青年训练营组织了后续活动,但这些活动只是研讨会,并无后续评估。本文作者建议在研究中改进监测和评估系统也表明意识到这些研究具有一定的劣势。

需要说明的是,尽管研究中报告了一些成果,但由于方法论等质量问题,无法明确得出这些干预效力究竟如何的结论。

6. 结　论

干预人口贩卖行动的现状表明许多打击行动是由大量国内或国际组织发起的[①]。一般来说,这些组织对这一现象的发生率和严重性进行评估,并根据他们的调

① 这些机构例如:Terre des,Homme,Save the Children("救救孩子")以及 UNICEF。

查结果展开行动。这些行动可以分为预防性、取缔性和帮助受害者的干预,而这些干预的目标各有不同,包括了提升意识、提供教育和就业、改变立法、起诉犯罪分子以及对受害者赋权等。

文献指出,多数干预活动注重提升意识从而达到预防的目的。部分干预直接以风险人群、受害人和犯罪者为目标,另一部分则更注重于间接人群,尝试提升社会工作者和政策制定者的相关认识。结合不同的目标开展不同的活动,以立法、政策发展和提升意识为重点。绝大多数案例中,意识提升项目为受害者或潜在危险人群提供了技能训练,通过媒介传播(电视、收音机和海报),从而提升公众意识。

本系统性回顾旨在探索干预性剥削式跨境贩卖人口行动的效果,从而有助于获取更为基于证据的方法来预防及取缔这一犯罪。主要的结论为,目前还没有符合方法论标准的打击贩卖人口行动的评估性研究。因此也无法得出关于效果的实质性结论,以支持或者反对现今的打击人口贩卖行动。

7. 讨　论

尽管缺乏有效性的可靠结论,但一些观察也值得一提。

第一,评估性研究的数量似有增加。学者更多地在报告中提及对项目进行某种形式的评估或监测。这或许表明他们对实证研究的兴趣以及评估干预行动的意愿都在日益增大。然而同时,研究人员依然面临着许多研究方法上的挑战以及伦理问题,例如脆弱受害者的接触、犯罪的保密性等。尽管他们为了评估反人口贩卖行动进行了认真的尝试,但若要得到对于其效果的实质性结论,研究设计的水平依然有待提高。改进研究设计或许并非难事,比如我们在回顾中简要说明的青年训练营的研究,它使用了前后测量方法,但缺乏控制组。如果增加一个控制组,就改进了研究设计。那些未参加或在候选名单中的青年就可作为控制组。

第二,研究结果并未持续呈现全面性。设计中未被意识到的缺陷以及缺乏实证数据的缺失,使得完全了解和复制研究变得非常困难。

第三,某种程度上的不一致性似有升高。在现有的项目未被适当评估的同时,新的干预人口贩卖的行动层出不穷。虽然影响不大,但仍可能造成一定的偏差。因此了解更多干预人口贩卖项目的效力从而确定资金投向,以及受害者的切实需求也就变得至关重要。

第四，评估和监测活动的目标多样化。这些目标包括，考核行动的落实程度、对相关服务的满意度、议题认识度、组织合作度等是否提升。这些评估应当符合一般社会项目的理念，有明确的目标，且能通过目标衡量出项目的成败。但一些研究并无法专注于人口贩卖，而关注一般社会经济问题和儿童保护。另外，调查方式也呈现了多样性，部分评估研究人员使用了问卷调查，另外的进行访谈、观察或与核心人群讨论，这都给研究间的比较增加了难度。

第五，大量报告并没有将卖淫和以性剥削为目的的人口贩卖区别开来。相反地，这两个术语被作为同义词使用。而在以强迫卖淫和自愿移民从事性工作之间也没有明显的区别。对这些研究进行回顾的工作也由此变得困难。

第六，正如许多干预行动与意识提升有关，应当指出的是：

“根据定义，意识提升在于对未来陷入危险可能性的假定，因此不可能完全地通过实证来检验。由此，项目是基于信念而跨越式发展的。对某个特定城镇、地区的儿童、家庭或社区的易受害风险的认识，以及对干预策略改变他们的行为和生活方式的信心就是对这一项目的支持。尽管项目不能在短期内对效果进行实证测量，但这无疑还是具有某种效度的。只是令人不安的是，剥削者和被剥削者的现实和模式几乎没有作为变量纳入方程式。考虑到这么多的变量，对儿童和家庭的中期监测和后续跟进也变得极为重要。”

信息宣传可能导致目标人群泛化的问题。混合性群体就意味着需要更多种研究方法，或者至少需要不同的工具（海报、电视广告等）以吸引和接触子群体。而工具是否适合目标群体并非一直都明确。

最终，本文只涉及以性剥削为目的的人口贩卖，其他形式的贩卖人口可能也与研究相关，并存在着关于境内贩卖人口的评估性研究。在我们搜索符合本文条件的研究时，也发现了关于劳务剥削的研究。因此，寻求对与境内人口贩卖研究和与劳务剥削相关的研究进行系统性回顾也值得一试。

8. 启　示

现有的研究方法的缺陷让我们无法作出对项目是否有效以及是否附带损害作出结论。缺乏可靠的研究也就很难对政策提出有意义的建议。同时也缺少关于项目运行机制的更多细节，更不用说对严谨的评估性研究的需求了。研究人员、供资机构和政策制定者应当寻求更高标准的评估性研究,对项目效果有更深的认识。这也能帮助他们在预防和取缔以性剥削为目的的人口贩卖的行动中取得更大成功。为了实现更多更严谨的研究,研究者也可以在政府部门和资助机构间寻求合作关系,资助机构和其他外部团体也能够影响研究人员运用这些设计。但注意的是评估不能由资助或提供项目的机构进行操作,这也是规范的做法。

同时,应该更加注意研究方法。为了能够评估研究及其结果的真实价值,关于研究方法的信息至关重要。另外,为了阐释结果,应当将定量和定性数据清晰地展示出来。这包括对研究所使用的问卷调查和访谈问题加以举例说明。这些信息也是进行元分析的必要条件。

进行评估性研究并公开发布研究结论能使何为有效、何为无效为人所知。这能促进新的更有效的打击贩卖人口行动的发展。这种基于实证的方法对减少和消除人口贩卖十分必要。正如 Dottridge 所言:"在施行预防人口贩卖的重大举措时,对每个举措的评估都十分重要。只要条件允许,从评估中获得的教训都应当公开,让相关从业人员能够获取。目前最有效的传播方式是将上述信息上传网站,并确保标题中提到(对贩卖儿童的预防工作的)'评估'或'影响评价',以方便互联网搜索引擎的搜索。"

9. 参考文献

Andrees,B.,& Van der Linden,M.N.J.(2005).Designing trafficking research from a labour perspective:the ILO experience.International Migration,1-2,55-73.

Association for Emancipation,Solidarity and Equality of Women.(2006).Qualitative evaluation of the economic and social stabilization programme for potential victims of trafficking in the border regions of FYR Macedonia-ESS.CEB,IOM & the Norwegian government.

Balanon,F.G.,& Barrameda,T.V.(2007).Coalition against trafficking in women-Asia Pacific 2004 to 2006.Evaluation of Programs.The Philippines:CATW.

Barnitz,L.(2001).Effectively responding to the commercial sexual exploitation of children:A comprehensive approach to prevention,protection and reintegration services. Child Welfare Journal. Special Issue: International Issues in Child Welfare, 80(5),

597-610.

Belser,P.(2005).Forced Labour and Human Trafficking:Estimating the Profits.Geneva:International Labour Office.

Berk,R.A.,& Rossi,P.H.(1999).Thinking about program evaluation (2nd ed.).California:Sage.

Boak,A.,Boldosser,A.,& Biu,O.(2003).Smooth Flight:Guide to Preventing Youth Trafficking.New York:International Organization for Adolescents.

Boermans,B.(2009).Uitgebuit en in de bak! Slachtoffers van mensenhandel in vreemdelingendetentie.Amsterdam:Bonded Labour in Nederland (BLinN).

Boonpala,P.,& Kane,J.(2002).Unbearable to the human heart:Child trafficking and action to eliminate it.Geneva:International Labour Organization.

Brennan,D.(2005).Methodological challenges in research with trafficked persons:tales from the field.International Migration,43 (1/2),35-54.

Bühler,M.,Barron,M.,Thy,A.,& Sovanny,P.(2004).Child Protection Networks. Findings and recommendations of the external evaluation.Phnom Penh:Ministry of Social Affairs,Labour,Vocational Training and Youth Rehabilitation & UNICEF Cambodia.

Bureau Nationaal Rapporteur Mensenhandel.(2007).Mensenhandel-Vijfde rapportage van de nationaal rapporteur.Den Haag:BNRM.

Bureau Nationaal Rapporteur Mensenhandel. (2009). Mensenhandel-Zevende rapportage van de Nationaal Rapporteur.Den Haag:BNRM.

Centre for Research on Environment Health and Population Activities.(2004).The anti-trafficking programme in rural Nepal:Assessment of change in awareness and communication among adolescent girls,peers and parents in Baglug District.Gairidhare,Kathmandu:Centre for Development and Population Activities.

Chase,E.,& Statham,J.(2005).Commercial and sexual exploitation of children and young people in the UK-a review.Child Abuse Review,14(1),4-25.

Chawla,S.,Me,A.,& Pichon,T.le (2009).Global report on trafficking in persons. Human trafficking a crime that shames us all.United Nations Global Initiative to Fight Human Trafficking (UN.GIFT).

Clawson,H.J.,Williamson,E.,& Garrett,A.(2008).Improving data to combat human trafficking.USA:ICF International.

Commission of the European Communities.(2008).Commission Working Document.Evaluation and monitoring of the implementation of the EU Plan on best practices,standards and procedures for combating and preventing trafficking in human beings.Commission of the European Communities.COM 657 final.

Cwikel,J.,& Hoban,E.(2005).Contentious issues in research on trafficked women working in the sex industry:study designs,ethics and methodology.Journal of Sex Research,42(4),306-316.

David,P.(2005).Human rights in youth sports.A critical review of children's rights in competitive sports.Oxon:Routeledge.

De Boer,J.(2002).De handel in jeugdige voetballers in Nederland.Justiti.le Verkenningen,3,32- 45.

De Sas Kropiwnicki,Z.(2007) Children Speak Out:Trafficking Risk and Resilience in Southeast Europe.Tirana:Save the Children in Albania.

Dottridge,M.(2007a).A handbook on planning projects to prevent child trafficking.Lausanne:International Federation Terre des hommes.

Dottridge,M.(2007b).Collateral Damage.The impact of anti-trafficking measures on human rights around the world.Bangkok:Global Alliance against Trafficking in Women.

Dottridge,M.(2007c).Measuring Responses to Trafficking in Human Beings in the European Union:an Assessment Manual.Brussels:Consultancy for Directorate-General Justice,Freedom and Security,European Commission.

Ekberg,G.(2004).Swedish law that prohibits the purchase of sexual services:Best practices for prevention of prostitution and trafficking in human beings.Violence Against Women 10 (10),1187-1218.

Ennew,J.(2008).Exploitation of children in prostitution.Thematic paper.Bangkok.

EUROPOL (2009). Trafficking in human beings in the European Union: A EUROPOL perspective.Available at http://www/europol/europa.eu/publications.

Farrington,D.P.(2003).Methodological quality standards for evaluation research.The Annals of the American Academy of Political and Social Science,587,49-68.

Friesendorf,C.(2007).Pathologies of Security Governance:Efforts against human trafficking in Europe.Security Dialogue,38 (3),379-402.

Gallagher,A.T.(2006).Human trafficking:International law and international responsibility. Utrecht: Utrecht University.

Gervais, C. (2005). Report on promising practices for the prevention of human trafficking. Canada: National Crime Prevention Centre, Department of Public Safety and Emergency Preparedness.

Gozdziak, E., & Bump, M. (2008). Data and research on human trafficking: bibliography of research-based literature. Washington, D.C.: Institute for the study of international migration.

Goodey, J. (2008). Human trafficking: sketchy data and policy responses. Criminology & Criminal Justice, 8(4), 421-442.

Hashash, Y. (2007). Evaluation report. Trafficking Project. Hotline for migrant workers and Isha, L'Isha.

ILO-IPEC. (2001). Action against trafficking and sexual exploitation of children-Going where the children are: an evaluation of ILO/IPEC programmes, Thailand, Philippines, Colombia, Costa Rica and Nicaragua.

ILO. (2005). Human trafficking for labour exploitation: guidance for legislation and law enforcement. ILO, Geneva. ILO (2009). The cost of coercion. Global report under the follow-up of the ILO Declaration on fundamental principles and rights at work. Geneva, ILO.

Jones, K. (2004). Mission drift in qualitative research, or moving toward a systematic review of qualitative studies, moving back to a more systematic narrative review. The Qualitative Report, 9, 1, 95-112.

Kelly, L. (2002). Journeys of Jeopardy: A review of research on trafficking in women and children in Europe. London: Child and Woman Abuse Studies Unit, University of North London.

Kelly, L. (2005). "You can find anything you want": A critical reflection on research on trafficking in persons within and into Europe. International Migration, 43 (1/2), 235-265.

Laczko, F. (2005). Data and Research on Human Trafficking. International Migration, 43(1/2), 5-16.

Larsen, J. L., Lindley, J., & Putt, J. (2009). Trafficking in persons monitoring report July 2007-December 2008. Canbarra: Australian Institute of Criminology.

Limanowska, B. (2003). Women's human rights and elimination of all forms of violence against women and girls as defined in the Beijing Platform for Action and the outcome documents of the twenty-third special session of the General Assembly.New York:United Nations 3-14 March 2003.

Lipsey,M.W.,& Wilson,D.B.(2001).Practical meta-analysis.Thousand Oaks,CA:Sage.

Lum,C.,& Yang,S.M.(2005).Why do evaluation researchers in crime and justice choose non-experimental methods? Journal of Experimental Criminology,1,191-213.

Rossi,P. H., Lipsey, M. W., & Freeman, H. E. (2004). Evaluation: a systematic approach.London:Sage publications.

Sherman, L., Gottfredson, D., MacKenzie, D., Eck, J., Reuter, P., & Bushway, S. (1998).Preventing Crime:What works,What Doesn't,What's Promising.U.S.:Department of Justice.

Sherman,L.W.,Farrington,D.P.,Welsh,B.C.,& MacKenzie,D.L.(Eds.).(2002). Evidence based crime prevention.London,UK:Routledge.

Smit,M.(2011).Trafficking in human beings for labour exploitation:The case of the Netherlands.Trends in Organized Crime,14,184-197.

Surtees,R.(2008).Traffickers and trafficking in Southern and Eastern Europe:Considering the other side of human trafficking.European Journal of Criminology,5(1),39-68.

Tyldum, G., & Brunovskis, A. (2005). Describing the unobserved: methodological challenges in empirical studies on human trafficking. International Migration, 43 (1/2), 17-34.

Tyldum,G.,Tveit,M.,& Brunovskis,A.(2005).Taking stock:a review of the existing research on trafficking for sexual exploitation.Fafo-report 493.Oslo:Fafo.

United Nations. (2000). Protocol to prevent, suppress and punish trafficking in persons,especially women and children supplementing the United Nations Convention against transnational organized crime. Retrieved from: http://www. uncjin. org/Documents/Conventions/dcatoc/final_documents_2/convention_%20traff_eng.pdf.

UN High Commissioner.(2002).Recommended Principles and Guidelines on Human Rights and Human Trafficking.Addendum to the Report of the United Nations High Commissioner for Human Rights to the Economic and Social Council, UN document E/2002/68/Add. 1. Retrieved from: http://www. ohchr. org/Documents/Press/OHCHR%

20Recommended%20Guidelines.pdf.

United States Government Accountability Office (GAO) (2006).Human Trafficking. Better Data,Strategy and Reporting Needed to Enhance U.S.Antitrafficking Efforts Abroad. Report to the Chairman,Committee on the Judiciary and the Chairman,Committee on International Relations,House of Representatives.GAO-06-825.

United States Government Accountability Office (GAO) (2007).Human Trafficking. Monitoring and Evaluation of International Projects Are Limited,but Experts Suggest Improvement.Report to Congressional Requesters.GAO-07-1034.

US Department of State (2009).Trafficking in Persons Report 2009.Washington:US Department of State.

Vandekerckhove,W.(2003).Ethische problemen van en voor NGO's in de strijd tegen mensenhandel.In W.Vandekerckhove (Ed.),NGO's in de strijd tegen mensenhandel:humanitaire motieven,repressieve middelen? Antwerpen:EPO.

Weiner,N.A.,& Hala,N.(2008).Measuring Human Trafficking.Lessons from New York City.New York:Vera Institute of Justice.

Weintraub,I.(2006).The role of grey literature in the sciences.Brooklyn College Library.Retrieved from http://academic.brooklyn.cuny.edu/library/access/greyliter.htm

Wilson,B.D.(2009).Missing a critical piece of the pie:simple document search strategies inadequate for systematic reviews.Journal of Experimental Criminology,5,429-440.

World Congress Against Commercial Sexual Exploitation of Children.(2001).Theme paper Yokohama Conference.Trafficking in children for sexual purposes:An analytical review.Yokohama.

Zimmerman,C.,Yun,K.,Shvab,I.,Watts,C.,Trappolin,L.,Treppete,M.,...Regan,L.(2003).The health risks and consequences of trafficking in women and adolescents. Findings from a European study.London:London School of Hygiene & Tropical Medicine (LSHTM).

针对青少年及其监护人对预防及减轻网络滥用的干预

Interventions for Children, Youth, and Parets to Prevent and Reduce Cyber Abuse

作者:Faye Mishna, Charlene Cook, Michael Saini, Meng-Jia Wu, Robert MacFadden

译者:林洁莹　缪璆　　核定:张金武　张彦

内容概要

背景

互联网作为一种新的交流工具,尤其是对日益普遍使用电子邮件、门户网、即时通讯、视频聊天、社交网络的年轻人而言,风靡全球。但人们在当前的网络交流中获益匪浅的同时,其也潜在地滋生滥用、诈骗等行为,我们都可能沦为性犯罪者、跟踪狂、劳动剥削者和同伴线上欺凌的加害对象。随着对青少年免受网络危险的保护逐渐加强,针对网络欺凌的干预项目也得以发展。

目标

检验网络欺凌的干预项目在增加互联网安全和减少在线危险行为方面的效果。

文献选取标准

本文系统性回顾的文献范围包括通过实验性和准实验性的相关预防和干预策略的评估报告,目标包括年龄在5—19岁的儿童或他们的父母,运用控制组,并检验与网络滥用相关的结果,诸如互联网安全认知、在线危险行为或对不当网络内容的接触。

搜索策略

我们对以下数据库进行了搜寻:Psychological Abstracts(PsycINFO,PsycLIT,Clin-Psyc-clinical subset);MEDLINE;EMBASE;Database of reviews of effectiveness(DARE online);ChildData(child health and welfare);ASSIA(applied social sciences);Caredata(social work);Social Work Abstracts;Child Abuse,Child Welfare & Adoption;Cochrane Collaboration;C2-SPECTR;Social Sciences Abstracts;SocialService Abstracts;Dissertation Abstracts International(DAI)。我们也对Youth and Society;Journal of Interpersonal Violence;Annual Review of Sex Research;Computers in Human Behavior;Computers & Education;and Journal of Adolescent Health这些期刊进行了手工检索。此外,我们还联系了该领域的专家,搜寻相关未正式出版的文献。

数据搜集及分析

两名筛选人回顾了所有文章的摘要和全文,其中三篇符合所有入选标准,并对他们的相关结果进行了效应值和z检验的计算。

主要结果

在对控制线上风险、识别线上犯罪等与互联网安全认知相关的方面进行z检验时,前测与后测的分数存在显著差异。

大多数对包括公开个人姓名,参与开放聊天室的聊天,或电邮陌生人等在线危险行为进行的z检验,前测后测的差异并不显著。

结论

结果证明,参与到心理教育的互联网安全干预与互联网安全认知的提升有关,但与在线危险行为并无显著联系,凸显了未来该领域深入研究的需要。

1. 研究背景

1.1 网络滥用的定义

以电子和计算机为基础的交流和信息共享方式在近几十年迅速发展,改变了人类社会互动、学习和娱乐的方式,成为一种新的交流工具。尤其是对日益普遍使用电子邮件、门户网、即时通讯、视频聊天、社交网络的年轻人而言。有证据表明,相较过去,如今使用互联网已经超过看电视,成为年轻人首选的消遣方式。

尽管基于网络的交流方式使人受益匪浅,互联网同时也成为一个滋生虐待和诈骗行为的潜在场所,年轻人都可能被性犯罪者、跟踪狂、劳动剥削者和同伴线上欺凌加害,成为受害者。

最近,大量关于网络滥用盛行率的"大规模跨部门"研究都表明这一问题日益严重,其中最常见的形式是利用网络对儿童造成伤害或不良影响,世界各国的研究都表明网络滥用现象的急速上升,长期或短期地造成了青少年社会心理上的损害。

网络滥用是一种涵盖很广的统称,包括网络欺凌、网络跟踪、通过网络的性诱惑和网络色情等。网络欺凌包括同龄人通过电子邮件、移动电话、短信和互联网站等进行威胁、骚扰、捉弄、孤立、损害声誉等行为。网络跟踪是现实生活中跟踪概念在网络上的延伸,指个人在未经同意的情况下,使用电子邮件、移动电话、短信或互联网站等电子媒介,进行追逐、骚扰或联系他人的行为。通过网络的性诱惑则指成年人通过电子邮件、移动电话、短信或互联网站等电子媒介进行鼓励、"培养"和诱使青少年在线上或线下进行性行为。网络色情则包括通过电子邮件、移动电话、短信和互联网站等科技手段制作、传播含有色情的内容。

1.2 网络滥用的盛行率及影响

关于盛行率的研究凸显了网络滥用对青少年生活的影响。一个最近由哈佛大学的研究团队完成的综合分析文献详细指出了互联网活动带给青少年的风险,特别强调了与性诱惑、网络欺凌和不良内容传播的风险。本文大量借鉴了青少年网络安全调查的结果,这是一项在全美范围内针对 1500 名 10—17 岁并经常使用互联网的青少年进行的具有代表性的电话调查。该调查在 2000 年第一次进行,随后在 2005 年进行了第二轮调查。调查中重点突出了网络性诱惑、网络欺凌,以及观看网络色情资料的经历。

就网络色情来说,2005年,34%的青少年报告了他们在上网过程中被迫观看了网站推送的色情内容,比2000年增加了25%。线上骚扰的网络跟踪也有所增加,从2000年占青少年网络用户的6%增加到2005年的9%。与此同时,尽管2005年受到强制推送的性诱惑的青少年网络用户比例(13%)与2000年(19%)相比有所减少,他们之中受到的主动性诱惑(指性诱惑者尝试离线接触这些青少年)的人数则保持不变。最为令人不安的是,根据当局了解,线上性诱惑的概率已经较低,且在2000—2005年期间还从2000年的占所有事件的9%下降至2005年的5%。

2002年,全美失踪和受虐儿童中心的一项针对1501名年龄10—17岁的青少年的调查也显示了相似结果。五分之一的青少年证实曾在网上受过性诱惑。3%的青少年受到过主动性性诱惑(提出在某地见面、打电话、收到金钱或礼物),并有25%的青少年反映被迫观看裸照或性行为的图片或视频。调查结果还显示,低于10%的受访者曾经报过警,且只有40%的青少年向父母提及过。

网络欺凌被定义为"利用信息及通信技术,对个人或群体进行重复的恶意伤害行为"。网络欺凌的方式包括使用电子邮件、移动电话、短信或互联网站进行威胁、骚扰、捉弄或者社会孤立,还包括同龄人间通过电子媒介进行的性骚扰,例如散布淫秽图片、文章,或点对点要求进行在线或离线的性行为等。青少年网络安全调查结果表明,将近20%的青少年反映了在过去一年受到过线上骚扰的经历。加拿大某城市进行的研究发现,大约有70%的学生表示听说过网络欺凌事件,21%的学生表示多次被欺凌,3%的学生表示参与过这种形式的欺凌。相当大比例的被认为受到过网络欺凌的青少年同时也表示自己是传统欺凌的目标,而另外一些青少年则表示自己是网络骚扰的受害者,而非遭受传统欺凌。3%的青少年既是欺凌者也是受欺凌对象,4%的青少年是单纯的受欺凌者,而12%的青少年承认在线上对他人实施过伤害行为。一项在中央兰开夏大学的网络空间研究机构的研究发现,在25%承认曾遭受过电子邮件或短信欺凌的青少年中,约有三分之一的人不会将这些骚扰告知他人。这一结果与绝大多数被传统方式欺凌的青少年都不会把经历告诉他人的事实相一致。

尽管网络欺凌与传统欺凌的现象不同,但关于传统欺凌的研究可以用作检验网络欺凌的起始点,引导人们探究网络欺凌在社会、情感和学术方面对青少年的影响。有学者开展的一项调查问及了学生们对网络欺凌的反应。大部分学生表示感觉到悲伤、焦虑和恐惧,并认为这影响了他们的学业和成绩。研究结果表明,传统欺凌行为会对欺凌者和被欺凌者产生深远的影响,双方都有经受情感、社会和精神问题的风险,并持续到成年。而网络欺凌和传统欺凌之间一个显著的区别在于,网络欺凌者是匿名的。

正如传统欺凌的行为一样，建立一个关于网络滥用的生态系统框架，对于了解和解决网络滥用（包括网络欺凌、网络跟踪、网络性骚扰和网络色情）是十分必要的。这一框架基于的假设是，人是根植于社会和环境背景中的，社会行为模式受到多重因素的共同影响。根据这一理论框架，网络滥用不仅仅涉及其中的青少年，也在他们朋辈、教室、学校、家庭和更大的社区和社会群体中蔓延开来。因此受害青少年缺乏自卫的能力也是其中一个重要议题。青少年免受网络滥用的伤害是其一项基本人权，保护他们就变得责无旁贷。

尽管研究相对较少，但现有对网络滥用影响所做的工作，还是引发了大家对这一领域及其青少年群体的关注。38%经历过网络骚扰的青少年表示事件给他们带来了压力，而曾作为网络欺凌者的青少年也表示由此产生许多心理问题，表现包括与父母关系恶化、犯罪和药物滥用。而亦有研究表明抑郁心理与遭受网络性骚扰具有关联性，特别是男性青少年。在科技已经日益成为青少年学业和社交的必需品时，甚至是一种生活方式的时代，确保他们的网络安全对预防和干预网络滥用是至关重要的。

1.3 研究现状

搜索了现有的公开出版及未公开出版的文献之后，可以发现保护青少年免受互联网危害得到越来越多的关注。目前文献的重点更多在于教育和技术手段，以及呼吁关注治疗方面的议题。

在教育领域，对青少年开展关于互联网使用风险的教育而发展了若干项目。在有关预防和干预的未正式出版的文献中特别强调了这些项目对青少年及家长所做的努力。对青少年的教育工作主要由老师开展，在学校内进行，并延伸至家长和监护人。除了说教的形式之外，还使用了包括电脑游戏、模拟网络诱惑及其他网络创新教育媒体。初步的研究也表明，儿童能在戏剧型的学习背景中对网络安全信息作出回应。

教育工作面向一系列学龄青少年，尤其以中学生为主，并在英国、美国和加拿大进行。相关研究侧重于对这些项目效果的评估，具体包括儿童对网络安全战略、使用互联网的危险和高风险网络行为等方面的认知。

技术措施和方案包括阻止儿童访问未经许可的网站，以及过滤图文描述和图像。《增强儿童安全及网络技术：网络安全技术工作小组的最终报告》是目前这方面最为全面的报告。这份报告由哈佛大学主导，寻求确保网络安全的技术方法，尤其注重社交网站。尽管报告中没有对所回顾的技术的优势进行评估，但作者强调了运用技术创新提供网络保护的潜力。此外也有对针对网络滥用的技术解决方案进行的研究，研究特别分析了相关技术用于阻止含有色情、暴力等不良信息的网站的效果。研究证明过滤软件在青少年往往无视父母规定的使用网络的要求时可以起到重要的作用。也有研究对技术预防与网络色情、网络骚扰之间的联系进行评估的。预期结果包括技术手段过滤、阻止色情内容的能力。

网络过滤和网站屏蔽在减少(非消除)网络色情内容的曝光率上展现了一定的成效。此外,软件也不当地阻止了良性内容。通过过滤器的色情内容量与被不当过滤的良性内容量之间的联系与设置的阻止程度有关。尽管过滤软件减少了对色情内容的出现,但并没有减少网络骚扰。

对过滤和阻止软件的看法进行定量研究后发现,对产品了解的缺乏是突出问题。图书管理员表明对学校图书馆使用的软件知之甚少。对过滤软件有更多相关知识的人对其的接受能力则更好,使用了过滤软件的家长表明与网络色情暴力相关的家庭问题有所减少。值得特别注意的是,鉴于青少年倾向于逃避单方面施加给他们的网络使用限制,使用技术解决方案则同时有利于减少网络滥用与保护青少年。

网络安全和预防是一个初具雏形的新兴领域,包括为青少年提供网络安全的发展战略,以及通过实证研究来评估这些战略的效力。最近在对网络评估的未正式出版的文献中,一些使用了准实验性设计,通过对诸如儿童对网络安全战略、使用互联网的危险、高风险网络行为方面的认知等测量来评估项目有效性。其他项目则报告了进行这类评估的计划。这些进步都表明这一领域在复杂性和严谨性等方面都趋于成熟。因此,本文认为为确保这一领域朝着实证方向前进,对这些战略进行系统性回顾是十分迫切的。

1.4 本文的贡献

本文将为政策、实践和研究带来若干启示,特别是对未来预防和干预网络滥用、改善受害情况方面、教育政策和实践方面具有深远影响。关于网络安全以及网络滥用预防和干预战略有效性的证据将被发放到相关青少年服务机构、儿童精神健康组织、公益组织、学校、研究人员、政策制定者及父母和青少年中去。同时,研究结果将会提供给互联网服务供应商,使他们能够将这些结果与现有的保护机制进行比较,认清差距与最新趋势。本文通过对预防和干预战略在解决网络滥用现状的系统性回顾,将有助于建立起一项严格标准的研究议题,从而达到对项目效力进行最佳检验。

2. 研究目的

本文的主要目标是对文献进行全面的检验，收集关于预防和干预网络滥用战略的所有证据，并对这些证据进行系统性回顾，确定预防和干预网络滥用、保护青少年网络安全的最佳方式。网络滥用被定义为通过互联网或其他形式的信息通信技术，对青少年进行欺凌、性诱惑、跟踪、传播色情或其他身体或情感伤害的行为，这些技术包括短信、移动电话摄像头等。网络安全被定义为安全的在线活动，包括在线时避免遇到危险、风险、威胁或伤害。网络安全的提升需要借助各种提升安全等级的预防和干预战略，减少危险在线行为。

特别是，我们旨在：

- 尽量搜集的近十年内发表的，关于预防和干预儿童和青少年网络滥用的研究论文
- 整合对已发表和未发表文献中关于预防和干预网络滥用项目的有效性的证据
- 识别主要的分歧与差距，为未来的研究工作提供指导

此外，我们的目标还包括协助实践者和决策者及早发现和管理涉及儿童和青少年的网络滥用。

3. 研究方法

3.1 筛选研究文献的标准

3.1.1 研究的种类

被纳入本文的研究需符合以下条件：1）研究的参与者是5—19岁儿童、青少年或他们的父母；2）所评估的对象是与儿童和青少年网络行为有关的预防或干预的方案或项目；3）评估中使用了实验性的或双组准实验性的研究设计，也就是指包括一个没有受到干预或仅受最小程度干预的控制组（排除单组设计）；4）通过随机方式把参与者分配到实验组或对照组，并将诸如班级等原有群体作为小组单位（研究根据构建控制组方法的不同而不同，也根据为减少筛选的偏差而运用统计学的控制手段不同而不同）；5）对网络滥用和网络操作认知和行为效果的测量含有后测测量措施的

研究（这些后测测量可能包括对网络知识的调查、与在线活动相关的风险意识、网络安全操作的发展和对风险在性行为发生频率的测量）；6）评估是在最近十年内进行的，且对研究报告的语言、研究的地理位置都没有限制。

网络滥用，是指包括网络欺凌、网络跟踪、网络性骚扰和网络色情在内的行为。我们尽可能地在分析中对网络滥用的这些种类进行分别编码。本文所纳入的评估必须包括接触互联网或移动电话的儿童、青少年或他们的父母，但是对他们接触互联网的程度灵活要求。对于控制组，我们搜索的相关研究中，主要是没有接受任何处理的控制组。但我们也对不同种类的控制组进行编码，包括接受一些其他处理的小组。

3.1.2 参与者的种类

研究对象包括使用互联网或移动电话，从而容易成为网络滥用的受害者的儿童和青少年，以及曾经是网络滥用的受害者或犯罪行为实施者的儿童或青少年。学龄儿童和青少年被纳入本文中（我们的预期年龄为 5—19 岁）。以往的研究已经确定了家长参与和家长监测的重要性，我们计划在此基础上纳入家长作为样本的研究，但我们在分析中将这些研究区别对待。

3.1.3 干预的种类

为了进行这项系统性回顾，网络滥用的预防和干预项目被分成四种。具体而言，他们包括：

1. 技术和软件过滤，用于为儿童和青少年过滤及屏蔽不适当的在线内容；
2. 在线或离线的网络滥用预防性干预措施，通过各种媒体对儿童和青少年进行教育（包括面对面展示、视频游戏、互动软件等）；
3. 针对家长的在线或离线的网络滥用预防性干预措施，以保护儿童免受网络滥用伤害；
4. 针对有过网络滥用经历的儿童和青少年的治疗性干预措施。

我们搜寻了所有潜在的预防和干预研究，这些研究基于技术、心理教育和治疗性干预，对网络滥用进行预防。技术措施包括以下任一种用于儿童和青少年的措施：安装防火墙，安装防病毒软件或反木马软件，安装键盘输入记录程序和隐私过滤器。心理教育措施包括：旨在保护儿童和青少年避免成为网络滥用受害者的在线预防战略和传统“离线”战略。“在线”一词指各种互联网网站上以网络为传播平台的预防策略。相反，“离线”是指通过告知儿童、青少年和他们父母相关战略，与他们直接接触，从而防止网络滥用。治疗性干预包括帮助涉及网络滥用的受害者或滥用实施者个人的在线和离线战略。由于主要目的和时间顺序可能不同（例如：对于治疗性方法,辅导和治疗是在儿童或青少年成为受害者或伤害他人之后进行的,而预防战略则不同,其目的是改善条件,防止网络滥用在第一时间发生),因此区分不同的战略十分重要。

两名回顾者根据上述术语的定义对预防和干预措施的种类进行划分,期间出现了对所选类别意见分歧的情况,冲突由第三方解决(参见文章选择)。

3.1.4 结果测量的种类

本文主要关注的结果包括:1)儿童和青少年的网络滥用;2)儿童和青少年的风险行为;3)与网络滥用相关的知识;4)网络滥用对受害者精神状态的负面影响。根据预防和干预分组的类型,这些结果被分别测量:

1. 技术和软件举措的结果包括对儿童和青少年接触不良网络内容情况的评估。

2. 对儿童和青少年的在线和离线预防新干预措施的结果,重点评估干预之后对网络安全的认知,以及已经测量的、对之后网络滥用事件或在线危险行为产生的影响及变化。这些测量得出的平均得分的改变将与控制组平均得分的改变进行对比。

3. 针对家长的预防性干预措施的成果,集中评估他们对技术的认知、新实施的为减少儿童遭受网络滥用的干预措施,以及未来网络滥用事件或风险行为的影响是否产生变化。

4. 对受网络滥用伤害的青少年进行治疗性干预的成果包括,对危险网络行为后续干预的评估,以及网络滥用对受害者造成不良后果的评估。

3.2 研究文献的搜索策略

我们使用了若干策略对符合标准的文献进行了尽可能全面的搜寻。首先,在各种电子文献数据库中进行关键词搜索(参见下文关键词和数据库列表)。其次,我们对该领域的重点期刊进行了手工检索。再次,我们联系了该领域的专家,请求他们提供符合标准的文章。最后,我们在未公开出版的文献中对相关文章进行搜索。

文献数据库:

1. Psychological Abstracts(PsycINFO,PsycLIT,ClinPsyc-clinical subset)

2. MEDLINE

3. EMBASE

4. Database of reviews of effectiveness(DARE online)

5. ChildData(child health and welfare)

6. ASSIA(applied social sciences)

7. Caredata(social work)

8. Social Work Abstracts

9. Child Abuse,Child Welfare & Adoption

10. Cochrane Collaboration

11. C2-SPECTR

12. Social Sciences Abstracts

13. Social Service Abstracts

14. Dissertation Abstracts International(DAI)

为了确保最高敏感度和特异性,对主题词和文本进行了系统性的搜索。对MEDLINE 的搜索如下(搜索会根据特定数据库有所调整)。

1. 儿童/

2. 互联网/

3. 互联网的相关扩展

4. 虐待儿童/

5. 虐待儿童的相关扩展

6. 预防/

7. 预防的相关扩展

8. 干预/

9. 干预的相关扩展

10. “3”和“5”

11. “3”和“7”

12. “3”和“9”

13. (文献摘要=(儿童 $ 或青少年 $ 或青年 $ 或少年 $ 或学生 $ 或孩子))和(文献摘要=(安全 $ 或预防 $ 或教育 $ 或学校 $ 或项目 $ 或知识或减少 $ 或培训 $ 或过滤 $ 或阻止 $ 或警察 $ 或干预))和(文献摘要=(性 $ 或骚扰 $ 或跟踪 $ 或色情 $ 或滥用 $ 或欺凌 $ 或受害者 $ 或恋童癖 $ 或猥亵 $ 或强奸 $ 或折磨 $ 或黑穗病 $ 或残忍 $ 或邪恶 $ 或强奸 $ 或诱惑 $ 或虐待 $ 或期盼 $ 或犯罪 $ 或威胁 $ 或剥削 $ 或破坏 $ 或绯闻 $ 或中伤或殴打或侮辱 $ 或暴露 $ 或明确))和(摘要=(网络 $ 或计算机 $ 或互联网或网页或电子邮件或网路或网络摄像头))

14. “12”或“13”

对近十年内容的手工检索在以下期刊中完成:Youth and Society;Journal of Interpersonal Violence;Annual Review of Sex Research;Computers in Human Behavior;Computers & Education;Journal of Adolescent Health.

我们联系了十名该领域的专家,大多数回复说并不知道任何相关的文章,仅有的转送过来的几篇文章并不符合资格,或者已经被纳入回顾中。

未公开出版文献的检索涉及以下网站:

1. Google

2. Canadian Evaluation Society Grey Literature Bank

3. Criminology Grey Literature

4. Dissertations and Theses

5. Proceeding s from Professional Conferences,包括 PapersFirst 和 ProceedingsFirst

6. Government Sources,包括 the Governments of Canada, United States and the European Union

3.3 文章的筛选

我们共检索了 3029 篇研究文献。两名筛选员回顾了这些研究的摘要,确认相关研究(即内容相关性和是否含有评估)。多数可用文章与主题无关,因此被排除。我们对全文满足初步标准的研究进行检索并进一步评估,并对在初步筛选中有冲突的研究进行全文回顾。由于缺少必要的研究设计或结果测量,大部分初步保留的研究也被排除在外。两名筛选员通过全文筛选,确认了三篇符合标准的研究,包括一篇关于对 I-SAFE 网络安全项目的评估,一篇对 Missing 网络安全项目的评估,以及一篇对校内网络欺凌干预(HAHASO)的评估。前两篇研究属于针对青少年的心理教育预防性干预措施,以互联网安全知识和在线危险行为为导向。其中一篇在美国进行,另一篇在加拿大进行。两篇都属于由国家政府资助的评估性报告。HAHASO 研究是一篇博士论文,它对康涅狄格州某学校的一个反欺凌项目进行了研究。该项目通过对参与者提供认知和行为的训练,诸如帮助、坚持自我、幽默、规避、与自我对话、掌控自我等,来解决网络欺凌和传统欺凌(面对面)的问题。

3.4 研究发现的评判标准

我们在各研究中都对多种效应值进行了计算,但是,I-SAFE 的结果注重于保留知识,而 Missing 项目的结果注重于行为和态度的改变。各研究的结果缺乏足够的相似度,而且 HAHASO 研究注重的结果为网络欺凌而非网络安全认知和行为,因此该研究揭示的结果也与 I-SAFE 或 Missing 项目评估研究所不同。

3.5　研究方法的质量评估

所有被纳入本文的研究都包括了前测、后测的研究设计和一个控制组。学生不是被随机分配到干预组或控制组的,而是根据班级划分。Missing 项目干预组和控制组的成员流失率均约为 1%,I-SAFE 项目干预组的成员流失率约为 7%,控制组的约为 3%。低水平的流失率表明了研究中几乎没有由成员流失造成的偏差。HAHASO 报告中没有指出成员流失。Missing 项目的随访期约为三周。I-SAFE 项目延展至将近 9 个月,HAHASO 项目约为 90 天。干预组和对照组来自同一所学校,因此参与者之间的互相交流可能难以避免。Missing 项目尤为可能出现这一问题,因为研究进行的八所学校中有六所是同时提供了干预组和对照组班级的。相比之下,I-SAFE 项目在十八所学校中只有两所同时提供了干预组和对照组班级。在 HAHASO 项目中,参与者之间的互相交流是一项需要引起特别关注的问题,由于干预组和控制组都选自同一所中学,这会影响研究结果的效度。

3.6　分析方法—计算效应值

本研究通过使用标准化的均值变化测量来计算效应值。它表明了对干预组、控制组分别进行的前测、后测的结果之间差异的幅度。干预组和控制组的方程式如下:

$$g^{trt} = \frac{(\bar{Y}^{trt} - \bar{X}^{trt})}{S_X^{trt}} \text{ 与 } g^{ctrl} = \frac{(\bar{Y}^{ctrl} - \bar{X}^{ctrl})}{S_X^{ctrl}}$$,其中

g^{trt} :干预之前(前测)和干预之后(后测)之间的变化标准差;

$\bar{Y}^{trt}$:干预组后测平均数;

$\bar{X}^{trt}$:干预组前测平均数;

S_X^{trt} :处理组前测标准差;

且 g^{ctrl} , $\bar{Y}^{ctrl}$, $\bar{X}^{ctrl}$ 和 S_X^{ctrl} ,为控制组的平行数据。

如 g 为 0.1 则表明干预组的学生后测的结果比前测平均提升了 0.1 个标准差。I-SAFE 研究收集了五次后测的数据,第二次后测(第三次测量)与前测之间的时间间隔与 Missing 项目前后测量的时间间隔相似。因此,只有第三次测量(第二次后测)的数据被用来计算效应值,从而可以进行项目间的比较。在 Missing 项目的研究中,男性和女性每项结果的平均数和标准差在合并之后才计算效应值,从而可以与 I-SAFE 研究的结果进行比较,因为 I-SAFE 研究的结果没有根据性别划分。HAHASO 项目仅仅在前测之后约 90 天使用了一次后测数据收集点。基于 HAHASO 项目着重点的不同,该研究的成果没有直接用于与 I-SAFE 和 Missing 项目结果的

比较。

所有的 gs 都用于纠正小样本偏差。处理组中第 i 个效应值的无偏值,记为 d_i^{trt} ,定义为

$$d_i^{trt} = \left\{1 - \left[\frac{3}{4n_i - 5}\right]\right\} g_i^{trt}$$

其中是处理组中对结果 i 的样本容量。只需将上述方程式中的上标由“trt”变为“ctrl”,方程式即同样适用于控制组。

我们还计算了无偏效应值(干预组中的 d_i^{trt})的标准误差,即

$$SE(d_i^{trt}) = \sqrt{\frac{2(1 - r_i)}{n_i} + \frac{(d_i^{trt})^2}{2n_i}}$$

r_i 代表第 i 个样本前后测量之间的关联。由于关联很少有,除非研究特定的关系,因此用一个 0.5 的保守值来计算所有干预组和控制组效应值的方差。同样的,将上述方程式中的上标由“trt”变为“ctrl”,方程式即同样适用于计算控制组无偏效应值的方差。

各研究中干预组和控制组之间每项结果的对比通过合并标准差的 z 检验来进行。之所以运用 z 检验,是由于我们要比较两组(干预组和控制组)基于效应值样本分布的“已知方差”。z 检验的计算方法为:

$$z = \frac{ES^{trt} - ES^{trt}}{S(ES_{pooled})}$$

为效应值的合并标准差,它是根据干预组和对照组的自由度,对两组效应值权重的计算。特别是,

$$S(ES_{pooled}) = \sqrt{\frac{(N^{trt} - 1) * (SE^{trt})^2 - (N^{ctrl} - 1) * (SE^{ctrl})^2}{(N^{trt} + N^{ctrl} - 2)}}$$

z 值大于 1.96,则表明两组间的效应值有显著差异。

3.7 均匀性检验与调节效应分析

由于现阶段三篇研究之间的概念差异,我们没有结合他们的效应值,因此不适用于均匀性检验(并不是说因为只有三篇研究,自由度为 2,均匀性检验就没有意义)。没有必要进行调节分析,因为三篇研究的结果不足以相似到进行更传统的元分析。

我们的分析集中于系统地诠释从研究中提取的效应值。我们尝试将不同研究的结果联系起来,得出关于网络滥用干预措施效力的更为广泛的结论。

4. 研究结果

4.1 符合资格的研究文献描述

纳入本文的研究都同时涵盖了干预组和控制组的测量结果,测量包括互联网安全认知、风险行为、网络欺凌。所有的研究都使用了学校内原有的班级划分来构造控制组。I-SAFE 和 Missing 项目的干预由教师实施,HAHASO 项目的干预由研究人员实施,所有研究都收集了基准测量值。

尽管 I-SAFE 和 Missing 研究大体相似,但是在测量的具体操作上有关键差异,因此排除了元分析的使用。I-SAFE 研究集中测量学生在干预后掌握的网络安全知识,而 Missing 项目集中测量干预后网络安全行为和态度的改变。由于结果不同,仅仅计算了两者的效应值并进行了对比,并没有计算联合效应。此外,鉴于 HAHASO 项目注重网络欺凌行为,研究成果也不能直接与 I-SAFE 或 Missing 项目相比较。

4.2 排除的研究

由于缺少控制组、定性数据的收集等方法性的原因,以及其他方法学和结果的局限性,其他一些与网络安全的心理教育方面的干预有关的评估被排除在回顾之外。虽然检索过程中识别了对技术干预的评估,但由于没有在儿童或青少年或他们的家长中实施,也被排除在外。

4.3 网络滥用干预的种类

三篇文章符合所有标准,即提供面向学生或青少年的,关于网络安全的教育性预防干预。其中第一项干预,即 I-SAFE 课程,包括五门课程以及青少年自主活动,涉及网络社区公民、网络安全、人身安全、犯罪者识别和知识产权等领域。由教师授课,且几乎所有活动都是在线下自然状态中进行。干预项目的对象为 5—8 年级的学生。由于 I-SAFE 的目标是“为学生提供他们所需要的意识和知识,来识别和避免危险、有害或非法的网络行为,并合理地使用互联网”,因此可以清楚地看到 I-SAFE 项目超出了网络安全范围。课程的开发符合布鲁纳的建构主义学习理论,该理论指出,“学习是一个学生根据他们目前或过去的知识,主动建构新想法和概念的过程”。项目的意图在于鼓励学生选择和转化信息,建构假设,作出决定。尽管这一理论并没有明确包括网络安全,但其与项目开发者的意图一致,即让学生通过思考他们自己的网络行为,互相讨论,建立他们自己的视角。课程没有要求使用计算机,且在实施过程中具有灵活性。具体包括:与购买版权和侵权下载等议题有关的知识产权知识;与网络聊天室、犯罪者、电脑病毒和剽窃等相关的网络安全知识;与网友联系或潜在伤害的风险管理意识;在以下方面具有对可能的犯罪者具有警惕意识,如有人可能假冒学生,尝试以小孩身份联系学生;分享个人信息,诸如学生的姓名和与同伴出现的地点;不当的在线行为,诸如登录不良网站,观看不良图像,将密码告诉朋友等。I-SAFE 课程的授课时期为一周至六周,五门课程时长分别约为 40 分钟。

第二项教育预防干预项目,即 Missing 项目,一个鼓励青少年建立安全使用网络指南的互动型电脑游戏。与 I-SAFE 课程相比,Missing 项目需要基本的硬件以达成和计算机互动。在游戏中,由青年扮演警察的角色,通过解决一系列谜题来寻找一名失踪少年。游戏玩家能够看到网络犯罪者如何利用青少年的脆弱,使用大量方法获取对他的信任并诱使青少年接受。该游戏强调了在网上透露个人信息可能会遭受伤害的漏洞。另外,游戏通过突出网络犯罪者如何歪曲自己形象,意在强调儿童不应当一味信任网友的话。这一项目的目标为:(1)公开聊天室的交谈,(2)与网友的个人电子邮件交流,(3)个人网页设计。因此该项目与 I-SAFE 课程的广泛性相比有其更明确的侧重点。除了计算机游戏,Missing 项目还包括纪录片视频、海报和宣传手册,以及为教师和家长准备的指导手册。教师对学生参与游戏进行监督,且大多数教师促进了辅助活动,如发展网络安全指引和其他指导手册所支持的活动。干预项目的提供对象为 6、7 年级的学生。Missing 项目的细节透露不多,公布的项目成果包括:在公开聊天室泄露个人信息的频率、与网友的个人电子邮件交流的频率,以及个人网页浏览使用的频率;还包括对在网上泄露个人信息的安全性的态度,对网友的信任,以及当有人尝试在网上诱使儿童离家时它成功的可能性以及网络安全指引对四种网络相关情景的发展。Missing 项目在三至四个班级中进行,时长约为 40—50 分钟。

最后一项干预,即 HAHASO 项目,包括五类针对"帮助、坚持自我、幽默、规避与自我对话、拥有它"指令的反欺凌策略。这一策略集中在面对面欺凌,并随附关于网络欺凌的数据收集这一要素。控制组在正常课程之外没有接收任何特殊指示。课程由研究人员在上课期间授予,且策略同时注重网络欺凌和面对面欺凌。干预项目的提供对象为 5、6 年级的学生。项目并未详细说明支撑"帮助、坚持自我、幽默、规避与自我对话、拥有它"这一课程的具体理论方法。结果包括:欺凌事件和行为在学校、网络、移动电话中的发生率;对于欺凌的反应;以及社会技能知识。

4.4 干预项目对网络安全知识、风险行为及网络欺凌改善的效果

下列表格分别为 I-SAFE、Missing 和 HAHASO 三个项目中干预组和控制组的效

应值、标准差、样本量。

表 1　I-SAFE、Missing 和 HAHASO 项目中的干预组、控制组的效应值、标准差、样本量列表

I-SAFE(美国)	干预组（人数:796—1199）		控制组（人数:528—738）	
	效应值	标准差	效应值	标准差
知识产权知识:媒体	0. 46	0. 0304	0. 05	0. 0369
知识产权知识:剽窃	0. 21	0. 0293	-0. 11	0. 0371
互联网安全知识	0. 88	0. 0340	0. 10	0. 0369
管控风险	0. 22	0. 0292	0. 00	0. 0369
犯罪者识别	0. 25	0. 0294	-0. 15	0. 0371
个人信息	0. 24	0. 0293	0. 04	0. 0369
电脑病毒	0. 41	0. 0301	0. 20	0. 0373
mentoring	0. 07	0. 0290	0. 27	0. 0376
电子邮件协议	0. 04	0. 0355	-0. 04	0. 0435
不良网上行为	0. 16	0. 0291	0. 14	0. 0371
网络社交体验度	0. 17	0. 0291	0. 07	0. 0369
Missing 项目(加拿大)	干预组（人数:57—181）		控制组（人数:57—157）	
在公共聊天室及与邮件陌生人的行为	效应值	标准差	效应值	标准差
去过公共聊天室	0. 14	0. 1168	0. 10	0. 1166
泄露姓名信息	0. 06	0. 2087	-0. 19	0. 1942
泄露性别信息	0. 07	0. 2088	-0. 44	0. 1981
泄露年龄信息	0. 24	0. 2116	-0. 24	0. 1916
泄露外貌特征	0. 00	0. 6803	0. 12	0. 1896
泄露城市名称	0. 35	0. 2148	-0. 00	0. 1890
泄露学校名称	0. 13	0. 2093	0. 06	0. 1891
泄露电邮地址	0. 06	0. 2087	-0. 16	0. 1902
泄露常用联系人的数量或昵称	0. 15	0. 2097	-0. 09	0. 1894
与陌生人电邮	0. 20	0. 1191	0. 14	0. 1201
Missing 项目(加拿大)	干预组（人数:57—181）		控制组（人数:55—157）	
在个人网页上公开各项私人信息的热衷度	效应值	标准差	效应值	标准差
全名	0. 09	0. 1107	0. 04	0. 1126
性别	-0. 05	0. 1105	-0. 03	0. 1125
年龄	0. 14	0. 1117	0. 07	0. 1126
外貌描述	0. 12	0. 1108	0. 05	0. 1133
城市名称	0. 16	0. 1111	0. 08	0. 1134

续表

街道地址	0.13	0.1109	0.06	0.1126
学校名字	0.07	0.1106	-0.20	0.1143
电邮地址	0.15	0.1124	0.09	0.1135
常用联系人的昵称或数量	0.00	0.1104	-0.03	0.1133
个人照片	0.18	0.1113	-0.02	0.1125
家庭照片	0.09	0.1113	0.11	0.1136
Missing 项目(加拿大)	干预组(人数:57—181)		控制组(人数:55—157)	
对互联网安全的态度(分数越高代表越安全)				
网络发言的真实性有多高	0.13	0.1102	0.00	0.1125
网络上乔装成他人的可能性有多大	0.13	0.1102	0.29	0.1148
网络上被他人操控的可能性有多大	0.24	0.1113	0.24	0.1142
网络上对他人的信任度有多高	0.00	0.1098	0.03	0.1125
你认识网友多久才会对他有所信任	0.14	0.1103	0.19	0.1143
你认识网友多久才会对他很信任	0.19	0.1107	0.20	0.1143
网友劝你出门离家的可能性有多大	0.37	0.1141	0.23	0.1140
网友劝你的同龄人出门离家的可能性有多大	0.06	0.1099	0.04	0.1125
在公共聊天室透露个人信息的风险有多大	0.16	0.1111	0.16	0.1132
通过电邮联系网友的风险有多大	0.22	0.1111	0.04	0.1140
在个人主页上透露个人信息的风险有多大	0.11	0.1114	0.20	0.1182
HAHASO 项目	干预组(人数:6)		控制组(人数:6)	
	效应值	标准差	效应值	标准差
Olweus 网络欺凌及受害者调查修正版	0.00	0.4082	-0.02	0.4083
网络欺凌调查	0.37	0.4219	0.88	0.4801
网络欺凌及被害的内在压力测量	0.19	0.4118	-0.43	0.4268
网络欺凌及被害的外在压力测量	0.15	0.4107	0.49	0.4318
社交技能测量	0.62	0.4463	0.04	0.4084

三篇报告共产生了属于干预组和控制组的 96 个效应值(22 个效应值来自 I-SAFE 项目;64 个效应值来自 Missing 项目;10 个效应值来自 HAHASO 项目)。三篇报告中测量的不同的结果参见表 1。通过对表 1 中呈现的效应值的计算,得出的所有为正的效应值表明:后测结果与前测相比有所改善。

在 I-SAFE 项目中,干预组中最显著的效果在于“网络安全知识”的结果(d^{trt} = 0.88),这表明对学生关于网络安全知识的后测结果比前测增加了 0.88 个标准差。

Cohan 指出效应值 0.2 为小，0.5 中等，0.8 则为大。另一个进行综合的实践指南以 Lipsey 提出的实证检验为基础，据他发现，效应值 0.15 为小，0.45 为中等，0.90 则为大。根据经验法则，学生的知识有显著提高。这项项目的报告中，控制组的结果也相应地表现出微弱的效果。控制组中出现的效应值为负，则说明后测结果比前测恶化。例如，“犯罪者识别”的效应值为−0.15，表明控制组中，学生关于犯罪者可能会采取行动的认知的后测结果比前测减少了 0.15 个标准差。

在 Missing 项目中，干预组在公开聊天室行为的效应值的范围为−0.35（“泄露个人城市名字”）到 0.00（“泄露个人外貌描述”）。效应值为正，表明个人信息的泄露在后测中比前测中少。控制组中出现的部分负值则表明某些行为在后测中比前测更为恶化。例如，控制组中最大的效应值为“泄露个人性别”（$d^{ctrl}=-0.44$），这表明学生在聊天室中的危险行为（泄露性别）的后测中，结果比前测增加了 0.44 个标准差。而对与“报告在个人网页发布个人具体信息的可能性”相关的 11 个结果，项目对干预组的效果范围为 0.18（“本人照片”）至−0.05（“性别”）。这说明在参加到项目中后，学生发布某种与自己或家人相关信息的可能性在总体上略有减少，而发布性别信息的略有增多。在控制组中，这些结果也出现相似的模式，不过那是对网络安全态度的效应值。其中效应值为正表明后测中安全态度更为改善。干预组和控制组在以下结果中都出现了如上的中等效应，分别为“你在网上被人操纵的可能性有多大”（$d^{trt}=0.24$，$d^{ctrl}=0.24$），以及“你在网上被人诱使离家的可能性有多大”（$d^{trt}=0.37$，$d^{ctrl}=0.23$）。其他结果也有类似，例如“网上信任能达到多大程度”（$d^{trt}=0.00$，$d^{ctrl}=0.03$），“你对网友的信任在互相认识多久后建立”（$d^{trt}=0.19$，$d^{ctrl}=0.20$），“你的同龄人在网上被人诱使离家出走的可能性有多大”（$d^{trt}=0.06$，$d^{ctrl}=0.04$），“在公开聊天室泄露个人信息有多大风险”（$d^{trt}=0.16$，$d^{ctrl}=0.16$）。在部分结果的后测中，控制组似乎比干预组的态度更为安全（例：“某人在网上假扮作他人的可能性有多大”（$d^{trt}=0.13$，$d^{ctrl}=0.29$）。

在 HAHASO 项目中，处理组的效应值范围为从 0.62（“社会技能评定量表”—测量学生积极的社会行为）至 0.00（“欺凌/受害者调查问卷”—测量欺凌的发生），这表明学生面对欺凌的行为和看法在后测与前测之间的变化范围为从中等到没有。最大的效应值出现在控制组“网络欺凌调查”（$d^{ctrl}=0.88$），说明后测中的欺凌比前测减少。同时，干预组中的网络欺凌也有所减少（$d^{trt}=0.37$）。

下一节中，将会对处理组和控制组之间的对各个结果的效应值差异（$ES^{trt}-ES^{ctrl}$）进行统计检验。

表 2 I-SAFE、Missing、HAHASO 项目中干预组及控制组的效应值差异及相关统计结果列表

I-SAFE(美国)	效应值的差	z 检验
知识产权知识:媒体	0.41*	12.26*
知识产权知识:剽窃	0.32*	9.85*
互联网安全知识	0.78*	22.10*
管控风险	0.22*	6.68*
犯罪者识别	0.40*	12.27*
个人信息	0.20*	6.04*
电脑病毒	0.20*	6.16*
mentoring	-0.20*	-6.08*
电子邮件协议	0.09*	2.19*
不良网上行为	0.02	0.50
网络社交体验度	0.10*	3.06*
Missing 项目(加拿大)	效应值的差	z 检验
在公共聊天室及与邮件陌生人的行为		
去过公共聊天室	0.04	0.31
泄露姓名信息	0.25	1.26
泄露性别信息	0.52*	2.55*
泄露年龄信息	0.48*	2.37*
泄露外貌特征	-0.11	-0.22
泄露城市名称	0.35	1.71
泄露学校名称	0.07	0.35
泄露电邮地址	0.22	1.11
泄露常用联系人的数量或昵称	0.24	1.22
与陌生人电邮	0.07	0.56
在个人网页上公开各项私人信息的热衷度		
全名	0.05	0.42
性别	-0.03	-0.24
年龄	0.07	0.67
外貌描述	0.07	0.64
城市名称	0.08	0.68
街道地址	0.07	0.65
学校名字	0.27	2.38*
电邮地址	0.05	0.49
常用联系人的昵称或数量	0.04	0.32
个人照片	0.20	1.78

续表

家庭照片	-0.02	-0.22
对互联网安全的态度(分数越高代表越安全)		
网络发言的真实性有多高	-0.13	-1.14
网络上乔装成他人的可能性有多大	0.16	1.43
网络上被他人操控的可能性有多大	0.01	0.06
网络上对他人的信任度有多高	0.04	0.32
你认识网友多久才会对他有所信任	0.05	0.46
你认识网友多久才会对他很信任	0.01	0.08
网友劝你出门离家的可能性有多大	-0.14	-1.19
网友劝你的同龄人出门离家的可能性有多大	-0.02	-0.22
在公共聊天室透露个人信息的风险有多大	0.01	0.55
通过电邮联系网友的风险有多大	-0.18	-1.60
在个人主页上透露个人信息的风险有多大	0.09	0.77
HAHASO 项目	效应值的差	z 检验
Olweus 网络欺凌及受害者调查修正版	-0.02	-0.04
网络欺凌调查	-0.51	-1.23
网络欺凌及被害的内在压力测量	-0.24	-0.64
网络欺凌及被害的外在压力测量	-0.33	-0.87
社交技能测量	0.58	1.49

表 2 中,其中的列,表示处理和控制组各个结果的效应值之间的差异,其次"z 检验"列表示对差异进行显著性检验的 z 值。在 I-SAFE 项目中,除了"不良在线行为"的结果以外,干预组和控制组所有结果的效应值之间对比得出的显著性差异为 0.05(z 统计量大于 1.96)。这说明与控制组相比,处理组确实保有不同的知识。最显著的差别在于"网络安全知识"($ES^{trt}-ES^{ctrl}=0.78$)。然而,干预组与控制组之间在"不良在线行为"的结果上并未呈现显著差异,说明干预项目没有真正明显地改变行为。

在 Missing 项目中,大多数处理组与控制组之间比较的结果大于 0.05,呈现非显著性差异。换言之,在干预组和控制组中,我们所观察的结果的效应值之间的差异可能只是碰巧出现。具体来说,除了减少泄露个人性别、年龄、学校名字和照片泄露的可能性之外,该项目没有显著改变大部分学生的线上行为与态度。

在 HAHASO 项目策略中,处理组和控制组之间最大的效应值差异在于"社会技能"的评定($ES^{trt}-ES^{ctrl}=0.58$),尽管这差异并不显著(z=1.49)。其余的效应值都为负,也就说明控制组在前后测量之间变化比处理组更大。但是,干预组与控制组之间的差异都不显著。

这项分析存在一些局限性。分析中运用的统计检验的次数增加了一类错误产生的风险。另外,被纳入的这些研究之间的差异使得进行元分析。

5. 讨　论

本文旨在检验所有现有的关于网络滥用预防和干预措施的证据。在对现有研究进行了全面检索的基础上,可以清楚地知道,这是一个初见雏形的新兴研究领域。至今为止的结果证明,参加网络滥用预防和干预策略与网络安全知识的增长相关,但与网络风险态度和行为并不显著相关。与其他公共健康问题相似,网络滥用方面的知识不一定会带来行为上的改变。然而,需要注意的是,干预组中报告的关于网络行为的许多变化是往预期的方向发展的,而这些案例可能只是缺乏足够的证据。此外,学校的反欺凌策略与学生遇到的网络欺凌事件数量的改变并不显著相关。

具体来说,I-SAFE 项目的结果证明,心理教育预防和干预措施与网络安全知识的增长有关,这些知识涵盖了网络犯罪者事项、有主持人的聊天室等方面。结果还指出,控制组的学生在关于如何管理线上风险方面的知识有所增长,包括识别网络犯罪者和泄露个人信息的安全性等方面。接受干预的学生同时更倾向于与朋友或兄弟姐妹讨论线上风险。关于网络安全的知识和交谈的增多是一项重要的发现,突出了 I-SAFE 项目的价值。但尽管这方面的知识增长了,接受干预的学生在不当在线行为上的倾向并不显著,行为包括浏览不良网站,告诉网友电子邮件地址,或者告诉他人个人密码。他们表明把个人信息告诉网友之前会等待更长一段时间。

Missing 项目的结果表明,参加干预并没有显著改变网络相关的安全态度或在个人网页发布大量个人信息的可能性。尽管接受干预的学生表明他们减少了在与陌生人的交流中泄露自己的性别、年龄和城市名的倾向,但他们泄露个人姓名、外貌描述、个人电子邮件地址或学校名称的倾向则没有变化。另外,接受干预的学生参与到公开聊天室交谈和给陌生人发送电子邮件的倾向也没有显著降低。

HAHASO 项目的结果表明,参加学校为主导的反欺凌干预没有改变参与者经历的网络欺凌事件的报告数量。

这些研究结果对所有儿童和青少年的普遍适用性受到了参与者局限的年龄范围

(5—8 年级)的影响,也没有关于这些干预能够适用与更为年幼或年长儿童和青少年的信息。

基于对打击网络滥用的关注度日益提升,本系统性回顾的结果可谓是及时的。研究结果强调了尽管态度上的显著改变可能不足以改变学生和青年的在线危险行为,网络滥用依然是一项复杂的问题。网络滥用项目发展者必须更加致力于创造和提升对互联网潜在威胁意识的预防和干预策略,并将重点落在切实减少在线危险行为上。

6. 研究结论

6.1 实践意义

网络滥用还是一种新的,相对未开发的现象。出于对在线活动的必要关注,在线风险的普及程度突出了对所有儿童和青少年的实施预防和干预项目或策略的重要性,即使是那些通常不被视为脆弱的儿童和青少年。而且,由于本文未能找到发展和评估对更为脆弱的、处于更大风险儿童和青少年进行的干预措施,这类评估就更为必要。尽管在这一领域还几乎没有临床知识,该现象在不断增多的情况下需要人们对此投入更多关注。

另外,必须强调对家长、监护人和教师进行相关网络活动潜在风险教育的重要性。家长对相关技术需要更为了解和娴熟,对互联网带来的机会和风险要有更全面的认知。家长和其他青少年生活中重要的成年人还要制定有效策略,与他们的孩子共同参与到线上活动中。家长的教育动议必须包括认清技术在儿童和青少年生活中的重要性,从而更深刻地了解线上风险行为的复杂性。

6.2 研究意义

尽管媒体和公众对网络滥用投以了关注,缺乏严谨的网络滥用预防和干预评估依然令人惊讶和沮丧。进一步的研究对更深入地了解这一关键领域是至关重要的。本文所得出的研究启示为,进一步的研究对于探索网络安全知识的产生与风险线上行为之间的联系是十分必要的。虽然研究能清晰地界定心理教育干预措施对网络安全知识具有重要影响,但两者之间的联系仍然未知。考虑到本文中的研究仅仅注重于中学五至八年级的儿童,为探索这些形式的干预对更年轻的儿童或更年长的青少年的影响进行进一步的研究也是必要的。另外,还需要研究技术干预在儿童和青少年中的如何施行,寻求机会,通过过滤软件和屏蔽程序来减少风险。最后,对网络欺凌的反欺凌策略进行研究探索,对其与减少儿童与青少年网络欺凌机会的检验至关重要。

7. 参考文献

Aloysius,2001

Aloysius,C.(2001).The media response:A journalist's view of the problem in Asia,in C.A.

Arnaldo (ed.),Child abuse on the internet:Ending the silence,Berghahn Books and UNESCO,Paris,pp.157-62.

Arnaldo & Finnstrom,1998

Arnaldo,C.A.& Finnstr.m,A.(1998).Youth and communication,in U.Carlsson &

C.von Feilitzen (eds), Children and media violence, The UNESCO International Clearinghouse on Children and Violence on the Screen,G.teborg,pp.35-41.

Atlas & Pepler,1998

Atlas,R.& Pepler,D.(1998).Observations of bullying in the classroom.Journal of Educational Research,92(2),86-99.

Becker,1988

Becker,B.J.(1988).Synthesizing standardized mean-change measures.British Journal of Mathematical and Statistical Psychology,41,257-278.

Belsey,2008

Belsey B.(2008).Available at:http://www.cyberbullying.ca Accessed July 16,2008.

Beran & Li,2005 Beran, T.& Li, Q.(2005).Cyber-harassment: A study of a new method for an old behavior.Journal of Educational Computing Research,32(3),265-277.

Berson & Berson, 2002 Berson, I.& Berson, M.(2002). Evolving a Community Initiative to Protect Children in Cyberspace Final Report.University of South Florida.Retrieved December 8,2008 from: http://www.fmhi.usf.edu/institute/pubs/pdf/cfs/cybersafetyfinalreport.pdf

Berson,Berson & Ferron,2002

Berson I.R., Berson M.J., & Ferron J.M.(2002).Emerging risks of violence in the digital age:Lessons for educators from an online study of Adolescent Girls in the United States.Meridian:AMiddle School Technologies Journal,5(2),1-32.

Brookshire & Maulhardt,2005

Brookshire, M. & Maulhardt, C. (2005). Evaluation of the effectiveness of the NetSmartz program:A study of Maine public schools.Retrieved December 9,2008 from:http://www.netsmartz.org/pdf/gw_evaluation.pdf

Cairns & Cairns,1991

Cairns,R.B.,& Cairns,B.D.(1991).Social cognition and social networks:A developmental perspective.In D.Pepler & K.Rubin (Eds.),The development and treatment of childhood aggression (pp.249-278).Hillsdale,NJ:Lawrence Erlbaum Associates.

Chibnall,Wallace,Leicht & Lunghofer,2006

Chibnall,S.,Wallace,M.,Leicht,C.,& Lunghofer L.(2006).I-safe evaluation.Final Report. Caliber Association,Fairfax.Retrieved December 8,2008 from:http://www.ncjrs.gov/pdffiles1/nij/grants/213715.pdf

Cohen,1988

Cohen,J.(1988).Statistical Power Analysis for the Behavioral Sciences,2nd ed.Hillsdale,NJ:Erlbaum.

Cowburn & Dominelli,2001

Cowburn, M., & Dominelli, L. (2001), Masking hegemonic masculinity: Reconstructing the paedophile as the dangerous stranger,British Journal of Social Work, 31,399-415.

Crick & Bigbee,1998

Crick,N.R.,& Bigbee,M.A.(1998).Relational and Overt Forms of Peer Victimization:A Multiinformant Approach.Journal of Consulting and Clinical Psychology,66(2), 337-347.

Crombie & Trinneer,2003

Crombie,G.,& Trinneer,A.(2003).Children and Internet Safety:An Evaluation of the Missing Program.A Report to the Research and Evaluation Section of the National Crime Prevention Centre of Justice Canada.Ottawa:University of Ottawa.

Curry & Haycock,2001

Curry,A.,& Haycock,K.(2001) Filtered or unfiltered? School Library Journal,47

(2),45-47.

Davidson & Martellozzo,2005

Davidson.J.,& Martellozzo,E.(2005).Educating Children about Sexual Abuse and Evaluating the Metropolitan Police Safer Surfing Programme.London,UK:Metropolitan Police.

Durkin & Low,1998 Durkin,K.& Low,J.(1998) Children,media and aggression: Current research in Australia and New Zealand,in U.Carlsson and C.von Feilitzen (eds), Children and media violence,The UNESCO International Clearinghouse on Children and Violence on the Screen,G.teborg,pp.107-24.

Finkelhor,Mitchell & Wolak,2000

Finkelhor,D.,Mitchell,K.,& Wolak,J.(2000).Online victimization:A report on the nation's youth.National Center for Missing & Exploited Children.Retrieved December 8, 2008 from:http://www.unh.edu/ccrc/pdf/jvq/CV38.pdf

Finn & Kerman,2004

Finn,J.,& Kerman,B.(2004).Internet risks for foster families online.Journal of Technology in Human Services,22(4),21-38.

Germain & Bloom,1999

Germain,C.B.,& Bloom,M.(1999).Human behavior in the social environment:An ecological view (Second Edition).New York:Columbia University Press.

Gray,2005

Gray,S.(2005).Internet safety and the intermediate student.Unpublished thesis.Royal Roads University.

Greenfield,Rickwood & Tran,2001

Greenfield,P.,Rickwood,P.& Tran,H.(2001).Effectiveness of Internet filtering software products. Retrieved December 8, 2008 from: http://www. acma. gov. au/webwr/aba/newspubs/documents/filtereffectiveness.pdf

Hanish & Guerra,2000

Hanish,L.D.,& Guerra,N.G.(2000).Children who get victimized at school:What is known? What can be done? Professional School Counseling,4(2),113-119.

Hedges & Olkin,1985

Hedges,L.V.,& Olkin,I.(1985).Statistical methods for meta-analysis.Orlando,FL: Academic Press.

Hinduja,& Patchin,2008

Hinduja,S.& Patchin,J.(2008).Cyberbullying:An exploratory analysis of factors related to offending and victimization.Deviant Behavior,29(2),129-156.

Howell,2007

Howell,D.C.(2007).Statistical methods for psychology (6th ed.).Pacific Grove,CA:Duxbury.

Hunter,2000

Hunter,C.D.(2000).Internet filter effectiveness-testing over-and underinclusive blocking decisions of four popular web filters. Social Science Computer Review, 18 (2), 214-22.

Internet Safety Technical Task Force (2008).

Internet Safety Technical Task Force (2008).Enhancing child safety and online technologies.Final report of the Internet safety technical task force.Retrieved July 7,2009 from:http://cyber.law.harvard.edu/pubrelease/isttf/

Kaynay & Yelsma,2000

Kaynay,J.M.,& Yelsma,P.(2000).Displacement effects of online media in the sociotechnical contexts of households. Journal of Broadcasting and Electronic Media, 4 (2), 215-229.

KidSmart,2002

KidSmart.(2002).Childnet's Kidsmart schools Internet Safety Project. Retrieved December 8,2008 from:http://www.childnet-int.org/downloads/kidsmart-summary.pdf

Livingston & Bober,2005

Livingstone,S.,& Bober,M.(2005).UK children go online:final report of key project findings.Retrieved December 8,2008 from:http://www.lse.ac.uk/collections/children-go-online/

Lipsey,1990

Lipsey,M.W.(1990).Design Sensitivity:Statistical Power for Experimental Research. Thousand Oaks,CA:Sage Publications.

Magid,1998

Magid,L.J.(1998). Child safety in the information highway. National Center for Missing and Exploited Children. Retrieved December 8,2008 from:http://www.safekids.

com/child_safety.htm

Mishna, Pepler & Wiener, 2006

Mishna, F., Pepler, D., & Wiener, J. (2006). Factors associated with perceptions and responses to bullying situations by children, parents, teachers and principals. Victims and Offenders, 1(3), 255-288.

Mitchell, Finkelhor & Wolak, 2001

Mitchell, K.J., Finkelhor D., & Wolak J. (2001) Risk factors for and impact of online sexual solicitation of youth. JAMA, 285(23), 3011-3014.

Mitchell, Finkelhor & Wolak, 2003

Mitchell, K.J., Finkelhor, D. & Wolak, J. (2003). The Exposure of Youth to Unwanted Sexual Material on the Internet: A National Survey of Risk, Impact, and Prevention. Youth & Society, 34(3), 330-358.

Nansel, Overpeck, Pilla, Ruan, Simons-Morton & Scheidt, 2001

Nansel, T.R., Overpeck, M., Pilla, R.S., Ruan, W.J., Simons-Morton, B., & Scheidt, P. (2001).

Bullying behaviors among US youth: Prevalence and association with psychosocial adjustment. Journal of the American Medical Association, 285, 2094-2100.

National Centre for Missing & Exploited Children, 2002

National Center for Missing & Exploited Children (2002). Education & resources: Statistics and commonly asked questions [On-line]. National Center for Missing & Exploited Children. Retrieved December 8, 2008 from: http://www.missingkids.com/missingkids/servlet/PageServlet? LanguageCountry=e n_US&PageId=2810

Nie & Hillygus, 2002

Nie, N.H., & Hillygus, D.S. (2002). Where Does Internet Time Come From?: A Reconnaissance. IT & Society, 1(2), 1-20.

O'Connell, Price & Barrow, 2004

O' Connell, R., Price, J, & Barrow, C. (2004). Cyber Stalking, Abusive Cyber Sex and Online Grooming: A Programme of Education For Teenagers. Lanchasire, UK: Cyberspace Research Unit, University of Central Lanchasire.

O'Connell, Pepler & Craig, 1999

O'Connell, P., Pepler, D., & Craig, W. (1999). Peer involvement in bullying: Insights and challenges for intervention.Journal of Adolescence,22,437-452.Olweus,1994

Olweus,D.(1994).Annotation:Bullying at school:Basic facts and effects of a school based intervention program.Journal of Child Psychology and Psychiatry and Allied Disciplines,35(7),1171-1190.

Olweus,1997

Olweus,D.(1997).Bully/victim problems in school:Facts and intervention.

European Journal of Psychology of Education. Special Issue: Children with special needs,12(4),495-510.

Patchin & Hinduja,2006 Patchin,J.& Hinduja,S.(2006).Bullies move beyond the school yard: A preliminary look at cyberbullying. Youth Violence and Juvenile Justice,4 (2),148-169.

Richardson,Resnick,Hansen & Rideout,2002 Richardson,C.,Resnick,P.,Hansen, D.& Rideout,V.(2002).Does pornography blocking software block access to health information on the Internet? Journal of the American Medical Association, 288 (22), 2887-2894.

Sellier,2001 Sellier,H.(2001),"The world citizens' movement to protect innocence in danger",In C.A.Arnaldo (ed.) Child abuse on the internet:Ending the silence (pp. 173-75).Paris:Berghahn Books and UNESCO.

Scheider,1997 Schneider,K.(1997).A Practical Guide to Internet Filters.Neal Schuman Publishing.Clifton Park,New York.

Shariff & Johnny, 2007 Shariff, S. & Johnny, L. (2007). Cyber-libel and cyber bullying:Can schools protect student reputations and free expression in virtual environments? McGill Journal of Education,16,307-342.

United Nations,1989

United Nations General Assembly.(1989).Convention on the Rights of the Child.Document A/RES/44/25(12 December) 1989.

Williams & Guerra,2007

Williams,K.& Guerra,N.(2007).Prevalence and predictors of Internet bullying.

Journal of Adolescent Health,S14-S21.

Wishart,Andrews & Yee,2005

Wishart,J.,Andrews,J.& Yee,W.C.(2005).Evaluation of the "Getting to Know IT

All" presentation as delivered in UK schools during November 2005. Bristol: University of Bristol.

Wishart, Oades & Morris, 2007

Wishart, J., Oades, C. & Morris, M. (2007). Using online role play to teach Internet safety awareness. Computers and Education, 48, 460-473.

Wolak, Finkelhor, Mitchell & Ybarra, 2008

Wolak, J., Finkelhor, D., Mitchell, K & Ybarra, M. (2008). Online predators and their victims: Myths, realities, and implications for prevention and treatment. American Psychologist, 63(2), 111-128.

Wolak, Mitchell & Finkelhor, 2006

Wolak, J., Mitchell, K., & Finkelhor, D. (2006). Online victimization of youth: Five years later. Washington, DC: National Center for Missing and Exploited Children.

Ybarra, 2004

Ybarra M.L. (2004). Linkages between depressive symptomatology and Internet harassment among young regular Internet users. Cyberpsychology & Behavior, 7(2), 247-257.

Ybarra, Lead & Diener-West, 2004

Ybarra M.L., Leaf P.J., Diener-West, M. (2004). Sex differences in youth-reported depressive symptomatology and unwanted Internet sexual solicitation. Journal of Medical Internet Research 6(1), e5.

Ybarra & Mitchell, 2004a

Ybarra, M.L., & Mitchell, K.J. (2004a). Youth engaging in online harassment: Associations with caregiver-child relationships, Internet use, and personal characteristics. Journal of Adolescence, 27, 319-336.

Ybarra & Mitchell, 2004b

Ybarra, M.L., & Mitchell, K.J. (2004b). Online aggressor/targets, aggressors, and targets: A comparison of associated youth characteristics. Journal of Child Psychology and Psychiatry, 45(7), 1308-1316.

Ybarra, Mitchell, Wolak & Finkelhor, 2006

Ybarra, M., Mitchell, K., Wolak, J. & Finkelhor, D. (2006). Examining characteristics and associated distress related to internet harassment: Findings from the second youth internet safety survey. Pediatrics, 118 (4), 1169-1177.

对邻里守望项目的效果评估

The Effectiveness of Neighbourhood Watch

作者:Trevor Bennett,Katy Holloway,David Farrington

译者:王上　　核定:张金武　张彦

内容概要

邻里守望(也被称为街区守望、居所守望、家庭守望和社区守望)诞生于美国20世纪60年代末的社会运动中,并逐渐发展成为一种发动公民和社区力量积极参与犯罪预防的方式。最近调查显示,超过四分之一的英国人与超过40%的美国人参与了邻里守望项目。本文的主要目的是评估邻里守望项目在减少犯罪方面的有效性。

邻里守望有时是一个单独的仅仅包含社区居民互相守望观察的项目,有时还包含额外的内容。这些额外内容中最常见的组合是"三大单元"(邻里守望、不动产登记和安全调查)。被选入本研究的论文包括:基于一个单独方案或联合其他三大单元的邻里守望。质量控制的主要标准是:研究应随机取样或对同一区域实施邻里守望项目前后的情况进行对比。

本文的综述基于19项研究(包括43项评估),其中12项研究(包括18项评估)被用于本文的元分析。使用的数据包括警方犯罪记录和受害事件的报告。根据综述,多数评估表明,邻里守望对减少犯罪是有效的。根据元分析,结合所有的研究,权重的值比在固定效应的方法下是1.19,在随机效应方法下是1.36。根据元分析,此两种方法的结果表明,邻里守望项目能够减少16%~26%的犯罪。综上,本文的结论是:邻里守望能够有效减少犯罪。

1. 研究背景

1.1 简介

邻里守望(也被称为街区守望、居所守望、家庭守望和社区守望)诞生于美国20世纪60年代末的社会运动中,并逐渐发展成为一种发动公民和社区力量积极参与犯罪预防的方式(Titus,1984)。第一个有记录的邻里守望项目是1973年启动的西雅图社区犯罪预防项目(Cirel et al.,1977)。在英国的首个邻里守望项目,则是1982年在Cheshire实施的(Anderton,1985)。

20世纪80年代以来,英国参与邻里守望项目的人数不断增加。据2000年英国犯罪调查显示,超过四分之一(27%)的英格兰和威尔士家庭(约六百万户)是邻里守望项目的成员(Sims,2001),相关项目总计超过155000个。邻里守望项目在美国也呈现了类似的发展情况。根据2000年国家犯罪预防调查报告(国家犯罪预防委员会,2001),41%的美国人口的生活在被邻里守望项目覆盖的社区。该报告的结论是:"邻里守望已成为国内最大的有组织的预防犯罪活动。"(p.39)。考虑到邻里守望项目涉及大量资源运用和社区参与,研究邻里守望对犯罪预防的有效性是很有必要的。

1.2 邻里守望理论

最常见的邻里守望机制是通过监控可疑行为、将可疑行为报告警方来减少犯罪。将可疑行为报告警方和犯罪减少之间的联系并未在文献详细阐述。然而,有的学者认为,可视的监控可以减少犯罪,是因为其对潜在犯罪人的观念和抉择产生了影响。因此,当潜在犯罪人意识到当地居民可能报告其可疑行为,并且认为这会增加其被捕的风险,守望和报告或许能够阻止犯罪。

邻里守望也可能通过减少犯罪机会而导致犯罪减少。文献中提到的方式之一是造成房屋有人居住的迹象。西雅图的邻里守望项目报告提到了造成房屋有人居住的迹象的一些方法(Cirel et al.,1977)。这些措施包括替离家的邻居取报纸和牛奶、修剪草坪、填满垃圾桶。这种方式可能使潜在犯罪人认为被抓到的可能性增大,从而减少犯罪。

此外,邻里守望可能通过各种社会控制的机制而导致犯罪减少。在这些方案的宣传材料中,非正式的社会控制并不是减少犯罪的机制之一。然而,他们可能会间接地增强社区凝聚力,提高社区对犯罪的控制能力(Greenberg, Rohe and Williams, 1985)。非正式的社会控制可以通过生成合理的行为规范和直接干预公民行为来影响社区犯罪率。

邻里守望还可能通过提高警察的侦查能力来减少犯罪。邻里守望可能增强有效信息从公众向警察的流动。有关犯罪过程、可疑人物和事件的信息的增多,可能会导致更多人被捕、认罪,最终(当监禁结束)使本地的犯罪人丧失民事行为能力,从而减少犯罪(Bennett,1990)。

邻里守望项目的其他组成部分也可能导致犯罪减少。有学者认为,不动产登记可能会减少犯罪,因为非法取得已登记的不动产会更加困难(Laycock,1985)。如果潜在犯罪人意识到非法取得已登记的不动产会增加犯罪被发现的风险,就会降低这方面的犯罪率。家庭安全调查可能使罪犯更难进入房屋,从而减少犯罪(Bennett and Wright,1984)。

1.3 方案的单元

邻里守望往往作为一个"一揽子"计划的一部分来实施。典型"一揽子"计划有时被称为"三大单元",其中包括邻里守望、不动产登记和家庭安全调查(Titus, 1984)。一些项目的第三或第四部分包括招募特殊警察,增强定期徒步巡逻、公民巡逻,强化对年轻人的教育,加大对警察的辅助、对受害者的支援。

邻里守望项目因区域大小不同而有所差异。在早期的美国和英国,邻里守望项目覆盖的区域只有几户居民。而近期的最近的方案有时会覆盖多达千户。最小的方案之一是在英格兰 Rochdale 的一个称为"茧"的邻里守望项目,该方案只包含了一个住宅及其临近的邻居(Forrester, Frenz, O'Connell and Pease, 1990)。最大的方案之一是在洛杉矶 Manhattan Beach 的一个邻里守望项目,该方案覆盖了超过 30000 居民(Knowles, 1983)。

邻里守望项目可以由公众或警察启动。在英国,早期的方案启动往往是由警察实施(如早期在大都会警区的邻里守望项目)。近年来,邻里守望项目主要在市民的要求下推出。一些警察部门不断地开创新方案,即使相关程序已经充分完善。例如,一个底特律实施的方案保留了一部分由警察发起的程序,以促进一些不太可能由居民自动发起的邻里守望(Turner and Barker,1983)。

在美国,街区守望通常是由街区主席(即主要协调员或组织者)来负责。协调员充当了地方警察局联络人的角色。在英国,邻里守望计划通常包括了街道协调员(相当于街区主席)和地区协调员(相当于街区的组织者)。文献中几乎没有关于邻里守望会议的记录。但确有证据表明,一些邻里守望项目的公开会议上,所有的居民都可参与,而另一些会议只涉及该方案的组织者(Bennett,1990)。

邻里守望项目几乎都是由当地警方和方案成员之间合资实施,通过各自的筹款活动获得资金。警方和方案成员对方案实施的贡献差别很大。在美国,一些方案中,当地警察只提供相关信息。其他一些方案中,警察会提供刊印时事通讯的设备、警局会议室(Turner and Barker,1983)。除了来自警局的经费,大多数方案会激励其他来源的资金,如自愿筹集、本地企业捐助、义卖和抽奖售货。

1.4 研究针对的犯罪类型

学界有一个共识:邻里守望的主要目的是犯罪预防。针对不同类型的犯罪的方案区别并不大。绝大多数的方案把入室盗窃作为唯一或最重要的犯罪预防目标。一些方案也希望邻里守望能够减少其他罪行的发生。这些罪行有的是特定的(例如街头抢劫、破坏、盗窃机动车),有的是普遍的(例如街头犯罪、财产犯罪)。

1.5 早期评估

曾有为数不多的文献对邻里守望项目的价值作出评估。最早的是美国的 Titus(1984)总结了近 40 个社区犯罪方案计划得出的结论。这些计划大多数包含了邻里守望单元。大多数的研究是由警察部门进行的,或包含来自警察部门的数据。几乎所有的研究都发现,邻里守望区域的犯罪率是较低的。然而,大多数的此类评估被描述为“论证不足”,因为他们没有设置对照组。

英国有一个主要着眼于社区守望方案的研究(Husain,1990)。这项研究回顾了现有的 9 项评估结果,并使用另外 6 个区域的警方记录进行了原始分析。根据现有的评估报告,没有证据表明邻里守望项目能够防止犯罪。

近期一个关于社区守望方案的研究选择了证明效果最好的研究设计。作者只选择采用随机取样或设置了对照区的研究结果。调查发现,只有四项评估符合这些标准。这些评估的结果都是否定的。该作者的结论是:“我们最古老、最知名的社区警务计划,即邻里守望项目,对防止犯罪是无效的”(Sherman et al.,1997,p.353;Sherman and Eck,2002)。

1.6 研究目的

本文的主要研究目的是评估邻里守望对犯罪的影响。

本文的主要研究目标是:

1)为了进行评论性研究。实施输入(例如邻里守望)和输出(例如犯罪)。

2)识别关于邻里守望对犯罪效果的评估。

3)识别符合科学严密性最低标准的研究。

4)获得适合严密研究其效果的比较方法。

5)取得一个关于邻里守望有效性的结论。

2. 研究方法

2.1 纳入研究内容的标准

影响因素的类型

邻里守望通常是与其他方案一起实施。在实践中,主要有如下两种方式:

a)邻里守望计划通常在项目中包含其他程序单元。守望方案有时被描述为包括“三大单元”的综合体(邻里守望、不动产登记和安全调查)。当另外两个单元(不动产登记和安全调查)也一起实施时,被视为邻里守望的一部分。

b)邻里守望计划(独立的守望方案或“三大单元”)有时和其他相关方案(如环境改善、社区组织计划)一起作为综合体(多项目)实施。

以下类型的影响因素将包括在研究中:

a)独立的邻里守望计划(只包含一个单独的守望单元)。

b)包括“三大单元”的邻里守望项目(邻里守望、不动产登记和安全调查)。

c)包括“三大单元”中的两部分(含邻里守望)的邻里守望项目。

为了方便研究,我们把邻里守望定义为独立的邻里守望或包含附加相关单元的方案。

参与者的类型

邻里守望可以基于多种人群,包括船主、农场主和企业员工;也可以基于多种地点,包括停车场、游艇码头和农庄。当前的研究是基于生活在社区的方案。

影响进程因素的类型

定义邻里守望的要点之一是以减少犯罪为目的的机制。其中“守望”部分的主要机制包括:

a)居民作为警察的“眼睛和耳朵”(即监控)。

b)居民向警察或社区协调员报告可疑行为。

c)居民间的互动与互助(这可能加强社区凝聚力,强化集体效能,完善社区活动机制等其他非正式的社会控制机制)。

上述机制排除了社区管理员和类似的公民巡逻机制。公民巡逻基于:

a)将居民任命为一个特定的角色。

b)对该角色的特定职责达成协议,如上街巡逻。

而守望方案是基于居民在作为居民的能力范围内的行为。

受影响结果的类型

研究的重点主要是邻里守望项目对犯罪的影响。本项研究所覆盖的是可能因邻里守望而减少的犯罪类型。包括以下犯罪类型:

a)侵犯居民人身安全的犯罪。

b)侵犯住宅安全的犯罪。

c)其他在守望区域发生的(街头)犯罪。

当对影响结果的调查研究是基于警方记录,则主要的影响结果是所研究的区域内有记录的犯罪总数。当对影响结果的调查研究是基于受害情况,则主要的影响结果是受害者的数量。

评估方法的类型

严格的评估标准是基于美国马里兰州的科学方法量表(Sherman and Eck,2002)。其总体内部效度被设计为5级,1级最弱,5级最强。Sherman和Eck(2002)认为:对于一个在合理范围内有确定性的研究结论,分数至少应为3级以上。当前的研究也以此作为将某项评估纳入研究的最低要求。这一分数要求评估必须包括一个以上的实验对照组和一个以上的可控制时间的元素。因此,纳入邻里守望研究的最低要求是要有方案实施之前和之后的实验区与对照区。

2.2 识别有关研究的检索策略

决定某文献是否纳入研究的标准

1)该项研究包括已发表和未发表的文献。

2)它是基于文件的评估。

3)其来源国不受限制。

4)评估必须可用英语表述。

5)不限制其来源(如学术、政府、政策、自愿等)。

6)不限制时间条件(如何时实施、研究或出版)。

7)不限制评估对象的时间长短(如短期或长期的影响)。

文献的来源

下面的检索策略均被使用:

1)搜索在线数据库(尤其是报道和文章)。

2)搜索在线图书馆目录(尤其是书)。

3)对有关邻里守望对犯罪预防的文献的综述。

4)搜索有关邻里守望的出版书目。

5)联系该领域处于领先地位的学者。

该项研究检索过的数据库:

1)国际社会科学书目(International Bibliography of the Social Sciences)。

2)科学网(Web of Science)。

3)刑事审判摘要(Criminal Justice Abstracts)。

4)国家刑事司法参考摘要(National Criminal Justice Reference Service Abstracts)。

5)社会学文摘(Sociological Abstracts)。

6)心理学文摘(PsycINFO)。

7)社会科学文摘(Social Science Abstracts)。

8)政府出版物(Home Office)。

9)论文摘要(ASSIA)。

10)博硕士论文全文数据库(ProQuest)。

11)C2-SPECTR。

检索项

在数据库搜索中,以下检索项均被使用过:

邻里守望、街道守望、街区守望、公寓守望、家庭守望、社区守望、家庭警报、街区协会、犯罪警报、街区俱乐部、犯罪守望、“三大单元”。

2.3 对主要研究方法的描述

对研究邻里守望项目的主要设计类型已经在之前章节中讨论过。最常见的是一种拟实验设计。本文只选择了最有说服力的设计。实际上,唯有包含了实施之前和之后的实验区与对照区的拟实验设计才会被采用。

2.4 确定独立调查结果的标准

评估有时会产生多个测量结果。这可能发生在:

(1)对相同的结果使用了多种方法测量。

(2)对相同的结果的多个时间点进行测量。

当出现多个测量结果时(如多个犯罪的测量结果),我们会详列出每一个测量结果。但只分析一个测量结果,其选择是基于一个优先考虑的结果的体系(即盗窃最优,其次是所有的财产犯罪,最后是其他所有犯罪)。当对相同的结果的多个时间点进行测量,我们首选的时间点是实施的前一年和后一年。如果不行,我们会按上述优先体系选择其他时期(即优先选择离实施最近的时间点)。

2.5 详细信息分类

提取的信息包括:作者、出版日期、研究日期、地点、物理干预情况、干预类型、干预持续的时间、评估持续的时间、样本数量,其他的影响时间、测量结果、数据源、研究设计、结果、作者结论的干预项。

2.6 统计程序和惯例

通过元分析确定整体效应量。先计算每项评估的比值比,再基于 Lipsey 和 Wilson(2001)的准则来计算所有研究的加权平均比值比。运用统计中的元分析来分析数据。

2.7 文献在不同研究阶段的选择

总共检索出 1595 份文献。总体而言,有 335 份被选择为潜在的相关评估文献。这一阶段的选择标准是基于文献的标题和摘要。与邻里守望无关的文献被排除在外。这 335 份相关文献中,有 110 份文献在之前已被确定。因此,有 225 份文献被作为潜在文献而纳入。根据文献被纳入综述的资格,有 30 份文献合格,107 份不合格。不合格(n=60)的主要原因是文献没有关于邻里守望的内容。有 11 份合格的文献的结论被其他合格的文献采用。在这种情况下,阐述更为详细的文献被纳入本次研究。由此,有 19 份文献的结果来源于 19 项独立的研究。一些研究包含了除邻里守望项目以外的内容。总之,这 19 项研究覆盖了 43 个独立的邻里守望项目。在这 19 项研究中,有 12 份适合元分析,因为其中有符合分析要求的充足数据。总体上,这 12 项研究涉及 18 个独立的邻里守望项目。

2.8 对符合纳入标准的研究的描述

在上面描述的搜索结果中,有19项研究被纳入审查,包含了43个邻里守望项目的评估。表1描述了这些研究。

第一列是出版物的作者和年份。大多数的研究(n=12)发表在20世纪80年代,这个年代的学者对邻里守望兴趣颇高。第二列显示了9个英国的、8个美国的邻里守望项目的研究报告。此外的两个研究报告,分别来自加拿大和澳大利亚。第三列显示的是43个独立的评估中的18个被运用于元分析。第四列显示,大部分的评估是基于至少有一个单元的邻里守望项目(n=30)。其中有8个包括"三大单元"(即邻里守望、不动产登记和安全调查)。第五列是设计研究方法的相关信息。所有的评估使用了测试前后对比的实验设计。第六列显示了方案实施地区的范围(即居民、住宅、道路或普查区的数量)。第七列提出了邻里守望项目实施地区的特点(即实验区)。表中最后一列对没有实施(或控制)邻里守望项目的地区进行了比较。

3. 研究结果

可以用两种方法来总结所选研究项目的结果。第一种是综述,综述描述了研究的详细情况和所得的结果。实验区和对照区的犯罪相关变化结果以表格的形式给出。评估还包括作者得出的结论和其他出版物中的结论。第二种是元分析,即重新计算各研究的结果,从而产生一个交叉研究的共同结果。综述的主要优点:尽可能包括更多的研究;主要缺点是:很难获得一个涵括所有研究的整体结论。元分析的主要优点是:可以计算出一个所有研究或各组研究结果的加权平均数;主要缺点是:该方法只有在原始报告提供了足够的信息时才能使用。后文将陈述这两种方法得出的结果。

3.1 综述

表2给出了相关研究的结果。之后依次对方法和研究结果进行简短描述。为了确定邻里守望的整体效果,有必要明确守望方案是否有效地减少了犯罪。在目前的评估中,我们通过计算确定实验区和对照区相关变化的比例,来确定方案的有效性。如果某研究没有可供上述计算的数据(例如:结果以图形的形式表达),将不会纳入分析范围。总体上,43个研究中,有24个含有必要的数据。如果实验区的效果胜于

对照区（即犯罪减少更多或增加较少），方案就被认为对犯罪有正面影响。如果对照区的效果胜于实验区，方案则被认为有负面影响。

在上述情形中，一项评估可能有多个合理的结果，本文选择的结果是使用了优先选择体系的（即入室盗窃为首选，其次财产犯罪，然后是其他全部犯罪）。

本综述的结果表明，本文采用的 24 项评估中有 19 项显示出邻里守望与犯罪率下降有关，该结论是基于相关比率的变化得出。与此相反，5 项评估发现邻里守望与犯罪增加相关。从技术上讲，邻里守望是有可能导致犯罪增加的。这可能是因为邻里守望项目向罪犯表明该区域有值得偷窃的东西，从而吸引罪犯。然而，也有可能是因为方案增加了居民报告犯罪案件的比例。总而言之，本综述所采纳的大多数研究都表明邻里守望与犯罪的减少有关。

以下是对本综述采纳的 19 项研究（包含 43 项评估）的简要总结。

Anderton（1985）

Anderton 在 Cheshire 郡的 Northwich 镇进行了一项对“家庭守望”的评估。这是英国第一批对邻里守望进行评估的报告之一。该研究根据警方的犯罪记录，比较测量了方案实施前 18 个月和实施后 30 个月的情况。Northwich 镇的犯罪率评估以整个 Cheshire 郡作为对照。结果表明，Northwich 镇入室盗窃案件的数量下降了 10%，而整个 Cheshire 郡增加了 3%。Anderton（1985）认为：“从 Cheshire 郡的经验可以知道，家庭守望是目前为止所采取的最有效果、效率最高、最成功的犯罪预防措施”（p. 53）。

Bennett（1990）

Bennett（1990）对 London 的两个地方 Wimbledon 和 Acton 进行了邻里守望项目的有效性评估。该评估基于守望方案实施前、实施一年后的犯罪率和公众态度调查。同时，在距实验区一定距离的区域进行了类似的调查。在 Wimbledon，对照区的犯罪率比实验区减少得更多（28% 对应 22%）。在 Acton，实验区的犯罪率增加了 37%，而对照区下降了 28%。作者认为，结果是“无积极作用”（p.110）。总体上，结果表明，邻里守望项目实施区域的犯罪率并未比对照区更高或更低。

Bennett and Lavrakas（1989）

Bennett 和 Lavrakas（1989）研究了 10 个美国城市（Baltimore，Boston，Bronx，Brooklyn，Cleveland，Miami，Minneapolis，Newark，Philadelphia and Washington）的邻里守望项目的有效性。本研究的设计是将实验区与非等值对照区进行实验前与实验后的对比。对照区域的选择方法是在实验区的周围画一个“圈”，宽度大约是两个普查区。有9个实验区与对照区的每月犯罪率统计没有显示出差异;有2个实验区显示出有负面影响(实验区的犯罪率比对照区下降得更少);只有一个区域显示出正面影响(实验区的犯罪率比对照区下降得更多)。作者认为,守望方案"似乎并没有实现犯罪减少的'终极'目标"(p.361)。

Cirel et al.(1977)

Cirel et al.(1977)是美国第一批对邻里守望进行评估的学者。该项评估立足于Seattle,Washington,包括电话调查以及上门调查,对比了方案实施前一年和实施后一年的数据。

作为比较的对照区是与实验区相邻的两个普查区。结果表明,实验区的盗窃率显著低于对照区(61%对应4%)。作者认为,社区犯罪预防"显著降低了被入室盗窃的风险"(p.79)。

Forrester,Chatterton and Pease(1988)

Forrester,Chatterton and Pease(1988)评估了Kirkholt的一个防盗计划,Kirkholt是英国的一个离Rochdale(位于Manchester北边10公里的小镇)不远的公共住宅区。包括"茧"型邻里守望在内的一系列措施都是计划的一部分。评估是基于警方记录的犯罪数据,分析实验区(Kirkholt)与对照区(该警局管辖区的其他部分)的实施前和实施后的犯罪率。结果表明,实验区的入室盗窃案下降了38%,而其余区域只下降了1%。作者得出结论:"在计划采取期间,入室盗窃大幅减少"(p.19)。

Henig(1984)

Henig(1984)对Washington,DC的一个警局管辖区进行邻里守望的评估。根据文章,评估街区守望对犯罪的影响,主要通过测试参与守望的街区在方案实施前后一年的警方犯罪记录。这个数据将与整个警局管辖区和整个城市进行比对。结果表明:在评估期间,实验区的盗窃率下降了100%(从4起到0起盗窃),而作为对照的整个警局管辖区下降了35%(从2745起到1778起盗窃)。作者得出的结论是:在参与了邻里守望的街区中,邻里守望与盗窃的减少存在关联性。

Hulin(1979)

Hulin(1979)对一个犯罪率较高的区域——California的Fontana——进行了邻里守望项目有效性的评估。作者使用方案实施前后一年的警方犯罪记录,对Fontana和另外4个人口构成相似、方案实施前犯罪率相似的地区进行了比较研究。结果表明,实验区的住宅盗窃率下降了25%以上,而各对照区上升了10%至25%不等。Hulin(1979)得出结论:邻里守望项目的影响是"积极的",并表示邻里守望是"一种有效的预防犯罪方法”(p.30)。

Husain(1990)

Husain(1990)对邻里守望项目有效性的评估开展在英国六大城市(Birmingham, Brighton, Burnley, Manchester, Preston and Sutton Coldfield)。每个评估都使用了警方的犯罪记录数据,比对邻里守望项目实施前后的实验区情况。然后将上述变化与6个对照区的犯罪率变化进行比较。结果主要以图形的形式给出,显示了各区域的犯罪的相对变化率。6个区域中,3个区域的犯罪率有改善,另外3个区域没有。作者得出结论:“…… 在6个区域中有3个区域的邻里守望项目伴随着犯罪形势的改善”(p.66),同时,“……从另外3个区域得出的结果却缺乏说服力”(p.67)。

Jenkins and Latimer(1986)

Jenkins and Latimer(1986)对英国 Merseyside 中的4个区域进行了邻里守望项目的评估。每个评估都基于警方的犯罪记录,对方案实施前后一年的情况进行考察。在4个区域中的3个,实验区的盗窃数量比其他区域有更大幅度的下降;在第4个区域(Burford Avenue),盗窃增加了超过1000%(从1起到12起盗窃)。作者得出的结论是:“有迹象表明,家庭守望在最初期对减少盗窃有影响,对所有犯罪的减少也有较小程度的影响。”(p.12)然而,他们警告,根据 Burford 街道守望的结果,“有一点我们不能忽视:家庭守望对减少犯罪不是万能的”(p.12)。

Knowles, Lesser and McKewen(1983)

Knowles, Lesser and McKewen(1983)评估了位于美国 Los Angeles County 西部边界的一个住宅区的邻里守望项目的有效性。该评估以警察记录的犯罪数据为基础,考察了方案实施前后一年的入室盗窃率。上述都与对照区(相邻的8个区域)的盗窃率进行了对比。结果表明,实验区的盗窃率下降了28%,而对照区上升了13%。作者认为,通过守望方案培养出的合作氛围,“成就了共同的目标——犯罪控制(crime control)”(p.38)。

Latessa and Travis(1987)

Latessa 和 Travis(1987)对美国 Cincinnati 市的 College Hill 进行了街区守望的评估。在作者的描述中,College Hill 有超过17000居民,是该城市第五大社区。评估使用警方记录的犯罪数据,将 College Hill 实施方案前后一年的盗窃率与整个城市进行比较。数据显示,实验区的盗窃率下降了11%,而 Cincinnati 市的盗窃率只下降了2%。作者认为,College Hill 在方案实施期间的犯罪率有所降低。

Lewis,Grant and Rosenbaum(1988)

在美国的另一个研究中,Lewis,Grant and Rosenbaum(1988)对 Chicago,Illinois 的 5 个区域的街区守望方案进行了评估。该评估考察了实验区与对照区在方案实施前后的犯罪率和公众态度。5 个实验区中只有 1 个区域的犯罪有所减少。然而,从统计学意义上讲,有 2 个实验区的受害者在增加。作者在原始报告中得出结论:"这迫使我们必须认真处理理论失实和方案失败的可能性"(Rosenbaum,Lewis and Grant 1985,p.170)。

Lowman(1983)

Lowman(1983)调查了加拿大 Vancouver 一个住宅区的邻里守望的有效性。评价是基于对实验区(邻里守望项目试点区)和 3 个未实施方案的对照区的比较研究。结果表明,实验区入室盗窃率下降了 33%,而对照区没有变化。作者认为实验区犯罪率的减少"可能表征了方案的威慑效益(deterrent effect)"(p.295)。

Matthews and Trickey(1994)

Matthews and Trickey(1994)对英国 Leicester 的 New Parks 区域进行了邻里守望项目的评估。该评估使用警方记录来统计犯罪率的变化,并比较研究了实验区实施方案前后 12 个月的犯罪情况。对照数据来自实验区附近的 7 个对照区。结果表明,实验区的盗窃案件减少了,而对照区的增多了。然而,在次年,实验区的入室盗窃率有所增加。作者认为,盗窃率的减少是"受欢迎"的,但有些"短命"(p.67)。

Matthews and Trickey(1994)

在对 Leicester 的第二次邻里守望评估中,Matthews and Trickey(1994)着眼于 Eyres Monsell 住宅区,进行邻里守望有效性分析。评估使用了警方数据,考察方案实施前后一年该区域犯罪数量的变化。同时也收集了离 Eyres Monsell 不远的另外 4 个住宅区的数据。研究期间,Eyres Monsell 住宅区的盗窃案件数量增加了 24%。Saffron Lane 住宅区(方案实施前的盗窃率与实验区最相近)的盗窃案件在研究期间也有所增加,但增加量是 Eyres Monsell 的一半(12%)。作者总结认为,方案的整体结果是积极的,虽然"不是特别显著"(p.50)。然而,1994 年盗窃案件的快速增多是"一个值得关注的因素"(p.50)。

Mukherjee and Wilson(1988)

Mukherjee and Wilson(1988)评估了澳大利亚 Victoria 州的邻里守望效果。作者以警方的数据为基础,比较了邻里守望水平较高区域与守望水平较低、没有邻里守望区域的犯罪率。结果以"好""一般""差"为效果指标评价了两年评估期间的情况。结果表明,邻里守望水平较高的警局管辖区的犯罪率比另两者下降得更多。作者认为,他们的发现"为邻里守望可抑制入室盗窃这一观点提供了十分合理的支持"(p.5)。

Research and Forecasts Incorporated(1983)

在美国的一项研究中,Research and Forecasts Incorporated(1983)对 Michigan 的 Detroit 地区进行了邻里守望效果的评估。本研究采用了警方数据,比较含 155 个街区的实验区(Crary-St Mary's)与 4 公里外一个对照区的犯罪率的变化。研究分别检测了两个地区实施方案前后 12 个月的犯罪率。结果表明,实验区的入室盗窃率比对照区出现更大幅度的下降(48%对应 4%)。作者认为,犯罪统计报告显示:"Crary-St Mary's 的犯罪有明显减少,而对照区没有。"

Tilley and Webb(1994)

Tilley and Webb(1994)共进行了 11 项评估,评估对象是英国的城市安全计划中的减少盗窃个人方案。其中有 3 项评估(对 Birmingham-Primrose 住宅区,Rochdale-Belfield 住宅区,Rochdale-Back O'Th'Moss 住宅区的评价)符合纳入本次研究的标准。每一个评估方法都采用了比对实施前与实施后、实验区与对照区(该警局管辖区的其他部分或整个城市)的犯罪率的设计思路。在 3 个评价中,实验区胜过了对照区。在 2 个关于 Rochdale 的评估中,对照区的犯罪数量增多了,而实验区的犯罪数量减少了或保持不变。在 Birmingham,实验区和对照区的犯罪数量都有所减少,但实验区的减少更为剧烈(41%对应 11%)。作者将这个方案描述为"减少犯罪和预防犯罪"的"巨大成功"(p.4)。

Veater(1984)

在英国的早期研究中,Veater(1984)评估了 Bristol 市 Kingsdown 镇的一个邻里守望项目。该评估调查了实施方案之前和之后的受害者数量及公众态度。对照区方面,该评估采用了相邻区域的警方犯罪记录数据。结果表明,实验区的犯罪下降了 25%,而对照区的犯罪增加了 31%。作者指出,该增加可能是由于犯罪地点的转移。他得出结论:"如果能提供充足的资源,邻里守望的概念是有潜力……"(p.5)。

3.2 元分析

为了进行一个关于邻里守望效应的元分析,每一个评估都需要一个可供比较的效应量及其方差(Lipsey and Wilson,2001)。所有的评估采用了相同的研究方法(测量实验组和对照组在实施前后的情况)。大多数(n=15)评估使用警察记录的数据,来获得测量犯罪的结果。其余部分(n=3)使用私人调查报告中的受害情况调查。这两种类型的数据要求我们使用不同的方法得到比值比(OR)。包括如下方法:

每项研究中的测量结果是警方记录(警方记录的犯罪数据)的犯罪(即依次为入室抢劫、财产犯罪或所有的犯罪)的数量,或受害者人数(调查数据)。本次研究中没有一项评估包含了充足的信息(即标准偏差),故比值比难以通过平均犯罪率来计算。因此,此次元分析的比值比完全来源于频率或比例。

警方记录的犯罪数据

比值比(OR)是计算犯罪率和受害者数量的效应量的最好选择。实践中,并不能根据警方犯罪数据中实验区和对照区犯罪的差异,严谨地计算出比值比,因为这些数据是以事件为基础,而不是以经历事件的人群的比例为基础。然而,为简明扼要,该术语可用于整体描述警方数据与调查数据中的差异。

OR 的计算如表所示:

	干预前	干预后
实验区	a	b
对照区	c	d

注:OR =a * d/b * c(其中 a,b,c,d 是犯罪数量)。

若没有影响或没有效果,比值比为 1.0。比值比超过 1.0,则可以得出结论:干预(即邻里守望)可能是有益的。比值比低于 1.0,则可以得出结论:干预可能是有害的。这在技术上是可能的,因为有些方案可能会增加报告的犯罪数量(例如:有人认为增强监控会导致更多犯罪被报告给警方)。

比值比的方差由其自然对数(LOR)计算而来:

VAR(LOR)= 1/a+1/b+1/c+1/d

为了产生元分析的总体效应量,每个效应量(LOR)通过其方差的倒数(1/V)进行加权。对该方差的估算基于一个假设:犯罪总量(a,b,c,d)呈现泊松分布。如果犯罪总量是泊松分布,其方差的平均数应相等。但是,大量外界因素的改变可能会导致离中趋势,即犯罪数量的方差 VAR 可能会超过犯罪数量 N。于是我们调整分析方式去应对可能出现的“离中趋势”(即大于期望方差)问题。因此,方差 V(LOR)规范公式是需乘以一个离中因子 D,即:

D=VAR / N

Farrington, Gill, Waples and Argomaniz(2007)以数个月的犯罪数量来估算 VAR，并发现以下方程：

D = 0008 * N + 1.2

D 线性增加与 N 呈正相关(0.77)。在他们的研究中，犯罪数量的中位数是760，这表明 D 的中值是 2。但是，Farrington et al.(2007)认为这被过高估计了，因为每月的方差因季节的变化而膨胀，从而不适用于 N 和 VAR 了。尽管如此，为了获得一个保守的估计，所有使用警方记录的犯罪数据并由上述公式计算出的 V(LOR)都被翻了一倍。这一调整纠正了研究中的离中趋势，而没有改变研究间的异质性。为了测试各种导致离中的假设因素的影响力，V(LOR)的值增加了两倍(不是一倍)，结果也重新进行了计算。结果表明，固定效应方法得出的比值比没有变化，随机效应方法得出的比值比只有微小的变化。这些方法的置信区间也有没有变化或变化很小。

调查数据

基于调查报告对干预前后数据的调查研究，比值比由其(LOR)对数计算而来，并使用如下公式：

	干预前		干预后	
	犯罪	无犯罪	犯罪	无犯罪
实验区	a1	b1	a2	b2
对照区	c1	d1	c2	d2

LOR = Ln(a2 * d2/b2 * c2) − Ln(a1 * d1/b1 * c1)

其中 a2, b2, c2, d2 是“干预后”的数据；a1, b1, c1, d1 是“干预前”的数据。

LOR 的方差的计算公式如下：

VaR(LOR) = 1/a1+1/b1+1/c1+1/d1+1/a2+1/b2+1/c2+1/d2

这种方法是基于对干预前和干预后的比值比的比较。只有当这个方法不会控制实验区与对照区之间存在的差别时，才被认为是比较干预后的比值比最好的方法。

独立效应量

表 3 总结了纳入元分析的 18 个评估。该表显示，15 项评估的比值比大于 1，3 项评估的比值比小于 1。因此，在大多数的评估中，邻里守望与犯罪的减少有关联性。15 项评估中有 3 项的比值比大于 1 且具有统计学意义(Research and Forecasts, 1983;

Anderton, 1985; Veater, 1984; Forrester et al., 1988)。这可参见图 1 所示的效应量森林图。该图清晰地显示出一个略有积极影响的模式。

平均效应量

元分析的重要目的之一是计算出加权平均效应量(此处是比值比)。

计算加权平均效应量有两种方法。若采用固定效应模型,各效应量的权重是由其方差的倒数(1/VAR)而来,因此基于更多样本的研究有更大的权重。固定效应模型是基于效应量都是同一性质的这一假设,因为它们都是随机从有意义的效应量中取出来的。但是,效应量可能会违反这一假设,并存在明显的异质性。解决异质性问题的方法之一是使用"随机效应"模型。随机效应(RE)方法可以为每个效应量添加一个恒定的方差,以此缩小异质性(Lipsey and Wilson, 2001, p.119)。

固定效应模型

据表 3 显示,在固定效应模型中,18 项评估的加权平均比值比为 1. 19。这一结果具有统计学意义($z=7.25, p<0.0001$)。比值比为 1. 19 可解释为:与实验区相比,对照区的犯罪数量增加了 19%;或与对照区相比,实验区的犯罪减少了 16%(1/OR)。

随机效应模型

根据 Q 的统计量($Q=35.72$, 17d.f, $p<0.001$),18 项研究具有明显的异质性。因此,我们采用随机效应模型。在随机效应模型下,18 项研究的加权平均比值比为 1. 36。比值比为 1. 36 可解释为:与实验区相比,对照区的犯罪数量增加了 36%;与对照区相比,实验区的犯罪数量减少了 26%。

需要强调的是,我们对比值比的方差的估算,虽然使用了目前最好的方法,但是仍没有确切的数据,还可能略微不准确。因此,在我们的元分析中,加权可能有些不精确。由此导致加权平均比值比的置信区间可能略有不准确。

变量分析

总体上,元分析表明:无论是使用固定效应还是随机效应分析,邻里守望都与犯罪显著减少有相关性。然而,结果可能因具体实施的特点、评估的设计观念不同而不同。下面的表 4 给出了变量分析的结果。

对照区类型:结果的差异可能是由于研究选择了情况相同或不同的对照区。可以说,基于非匹配研究区域的研究更可能产生积极的结果,这是因为实验区的平均数会下降(实验区的选择可能正好在一个犯罪率异常高且极可能下降的时期),但对照区不会下降(对照区的选择可能正好在其犯罪周期中的犯罪率较低且很可能上升的时期)。为了测试上述情况,使用了元分析方法的研究被分为两组,分组是基于对照区的属性(即"匹配"或"不匹配")。分组之后重复进行元分析。结果表明,基于匹配区域的研究所得的比值比差异具有统计学意义,这些匹配区域的效应量大于非匹配区域的效应量。这个发现与上文中的假设影响相反。该结果的原因之一是:"非匹配"的对照区包括了更广泛的警务区,有时甚至包括了实验区。在这种情况下,可以想见,该区域的任何行动都可能影响到实验区,这将导致邻里守望没有明显影响。该差异也可以由其他因素或组群之间不可测的不同点而造成。

数据类型:评估中有效性的差异也可能由于数据类型的不同。有人曾认为,使用警方数据或调查数据所计算出的比值比略有差异,而这个差异可能会导致研究产生不同结果。调查数据若包含了未报告给警方的犯罪,该数据也会不同。为了检测此项,我们将 15 项使用警方数据的评估,与 3 项使用调查报告数据的评估进行比较。结果表明,上述二者之间的区别并无统计学意义。因此,邻里守望项目的有效性不会因收集的数据类型不同而不同。因此,这提供了一个将警方数据和调查数据合并研究的理由。

方案类型:可以预见,基于全面方案的邻里守望比基于有限方案的邻里守望更能够反映出邻里守望的效果。为了测试上述猜想,将研究按不同方案类型分成两种(即仅是单独的邻里守望,或附加一个或一个以上"三大单元"中的元素)。结果表明,两种方案的比值比之间的平均差异不明显。因此,方案的类型不会独立地影响结果。

方案实施区域的大小:有人认为,覆盖区域更大的方案可能更有效。因为,有更多的邻居会关注可疑行为。也有人认为,覆盖区域更小的方案可能更有效。因为,邻居之间更加互相了解,且互动会更加集中。总体而言,较大和较小区域的比值比之间没有统计学上的差异。

出版年份:早期的方案有可能比后期的方案更有效。其理由是:邻里守望项目启动的时候,人们的兴趣最高、驱动力最大。但也可能是相反的情况,即人们的驱动力和相关专业知识随时间逐步增加。结果表明,早期的方案与后期的方案的结果没有明显差异。

出版物的情况:另一个可能导致结果变化的因素是出版物的情况。曾有这样的假设:出版商们可能更倾向于出版证明某方案成功的研究报告,而不是证明某方案无效或失败的研究报告。这有时被称为"发表偏倚"。为了测试这一因素,各评估被分为已出版或未出版。已出版的定义是:该研究曾公开发表在书、杂志、官方报告,因为这些研究可能在发布之前受到外部审查。未出版的定义是:该研究是警方的报告,或调研公司的报告,因为这些研究不太可能在发布之前受到外部审查。我们计算了每一组的平均比值比。结果表明,平均比值比之间的差异有统计学意义。换句话说,已出版的评估比未出版的评估更倾向于提供有利于邻里守望的证据,即此计算结果支持了论文发表偏倚这一观点。

国家:最后,不同国家的邻里守望项目可能有不同的效果,因为存在各种各样的差异因素,比如周围环境、方案的性质、评估方法。美国和加拿大的研究的平均比值比是 1.87(n=4),而英国的是 1.18(n=14)。这些比值比之间的差异具有统计学意义($p<0.05$)。换句话说,根据评估,美国和加拿大实施的方案比英国的更可能减少犯罪。这种差异很难解释,因为可能影响其结果的潜在因素太多。主要的可测量的差异是:在美国和加拿大,对匹配区域的研究(3/4)比在英国(5/14)要多。根据前文所示,相对于对非匹配区域的研究,对匹配区域的研究经常呈现出更好的结果。然而,关于差异还有许多其他不同解释。

4. 结　论

前文介绍中描述了之前的邻里守望的系统评估结果,这些评估按不同的结论类型分成几类。Titus(1984)认为邻里守望是有效的,但也指出:用调查的方法来研究邻里守望是缺乏说服力的。Husain(1990)认为没有证据表明邻里守望是有效果的。Sherman and Eck(2002)认为邻里守望对减少犯罪是没有效果的。

本文综述的主要发现是:超过一半的评估(19 项)认为邻里守望项目对减少犯罪有效,只有 6 项评估认为邻里守望项目有负面影响。本文元分析的主要发现是:邻里守望与相关犯罪的减少是有联系的,约有 16%—26%的影响。本文综述中的普遍积极的结果和元分析中积极方面的发现是一致的。因此,总而言之,通过两种方法的研究,我们发现邻里守望对减少犯罪是有效的。

然而,在原始研究、综述和元分析中,这两种方法的局限性都应被考虑到。原始研究中存在一个特有的问题,即实验区和对照区的情况很难等同,有时甚至完全不同。综述也是有局限性的,因为综述是以报道出的犯罪为基础,而这些数据只能供于有效性的一个简单测量。元分析的主要问题是它被限制在不能代表所有研究的子集中。同时,对比值比方差的估算可能会略有不准确。

值得注意的是,用综述和元分析的研究结果是不同的。为了检验这个差异对结果的影响,我们把包括综述在内的研究分成两组。运用了元分析的研究表现出正面影响的可能性更大(78%正面),没有运用元分析的研究表现出正面影响的可能性更小(28%正面)。如果将所有的综述使用元分析,其结果会表现出较小的正面影响。由于元分析提供了更强势的总体结果,因此更难判断邻里守望是否有效。

我们并没有明确的研究证据可以证明为什么邻里守望与犯罪减少有关。根据理论推测,邻里守望的有效性可能体现在增加监督、减少犯罪机会、增强非正式的社会控制。但是,很少有研究可以提供关于哪种邻里守望机制可以减少犯罪的信息。因此,很难从现有研究中得知邻里守望是如何起作用的。

4.1 研究意义

本文对以后的邻里有效性研究有以下几方面意义。第一,本文注意到,关于此方面的高质量研究相对较少。因质量问题而被方法学排除在外的27项研究中,19项没有对照组,8项没有方案实施后的犯罪数据。

第二,目前尚不清楚为何关于邻里监督的评估骤然停止于20世纪90年代中期。研究者可能认为,邻里监督是否有效已经盖棺定论,因而没有进一步研究的必要。然而,就近期而言,邻里守望的有效性在很大程度上是未知的。如果有更多近期的关于邻里守望的评估,相信会更有利于研究当前的邻里守望项目的有效性。

第三,没有任何一项控制条件和采取措施的研究是基于随机分布的区域。相反,所有的研究都是基于有版本的准实验设计。当社区并未主动要求实施邻里守望项目时,在这些地方实施方案并进行研究的困难可想而知。很难指定随机区域为实施点来进行邻里守望项目研究。然而,准实验的设计是不理想的,有些作者认为可能会过高估计了方案的正面影响,这是因为实验区中包含了极可能改变的方案或受试者。(讨论参见Wilson,Mitchell,and MacKenzie,待刊)。

第四,关于目前评论的一个特别重要的问题是:不到一半的研究数据符合进行元分析的标准。这是因为研究结果或者以不通用的统计符号表达,或者完全脱离了数据(例如:结果以图形的形式给出)。如果出版的评估中至少包含原始数据、单元大小(cell sizes)和其他相关信息,这将对未来的元分析大有裨益。

第五,很少有评估分门别类地显示调查结果,使我们可以明确各子群的不同效果,以及可以提供关于方案特征的详细信息。因为实施区域类型不同或方案类型不同,会导致研究结果不同。这一点非常重要,应该在一份研究报告中有所表述。

4.2 对实践工作的指导意义

邻里守望常常被认为是一种最普遍的减少犯罪的方法。在英国和美国，在政府的支持下，邻里守望颇受公众和警方的欢迎（Sims，2001）。当前的研究为方案在这个层面的实施提供了支持。然而，我们几乎不知道这些影响因素是否有效。本文的结论显示，根据得到的研究成果，各种方案之间是有一定差异的。政府和负责犯罪预防的机构应进一步调查有效的方案和不太有效的方案之间的差异，以便更好地指导实践。

5. 研究的更新计划

我们会每两年更新此项研究。

6. 致　谢

我们要感谢康拜尔合作机构的资金支持和格拉摩根大学的编制和审查。特别感谢 David Wilson 提供方法上的帮助和意见。许多匿名的审稿人也提供了有价值的建议。

7. 关于利益冲突的声明

本文未涉及利益冲突。但纳入本文的其中一项研究已由 Trevor Bennett 进行。

8. 图 表

表 1 对符合条件的研究报告的描述

作者/出版年份	国家	被用于元分析	内容	研究设计及评估期限	覆盖范围	研究区域简介	对照区域
Anderton (1985)	UK, Cheshire, Northwich Division	Yes	NW, Improved security, Property marking	Pre-Post, Exp-Con, 1 year before and 1 year after	629 schemes covering 14300 dwellings	A police division of the Cheshire Constabulary with the largest number of watch schemes (629 schemes covering 14300 dwellings).	The county as a whole.
Bennett (1990)	UK, London, Wimbledon*	Yes	NW, Property Marking, Security Surveys	Pre-Post, Exp-Con, 12 months before and after	13 roads	A residential area of mainly owner-occupied homes.	Matched comparison some distance from the experimental area.
	UK, London, Acton	Yes	NW	Pre-Post, Exp-Con, 12 months before and after	9 roads	A residential area of mainly owner-occupied homes.	Matched comparison some distance from the experimental area.
Bennett and Lavrakas(1989)	USA, Baltimore		NW, Other related activities	Pre-Post, Exp-Con, 1 year before and 1 year after	not stated	Inner-city communities with relatively low socio-economic levels usually racially mixed with high crime problems.	A "ring" around the target area two census tracts wide.
	USA, Boston		ditto	ditto	ditto	ditto	ditto
	USA, Bronx		ditto	ditto	ditto	ditto	ditto

续表

作者/出版年份	国家	被用于元分析	内容	研究设计及评估期限	覆盖范围	研究区域简介	对照区域
	USA, Brooklyn		ditto	ditto	ditto	ditto	ditto
	USA, Cleveland		ditto	ditto	ditto	ditto	ditto
	USA, Miami		ditto	ditto	ditto	ditto	ditto
	USA, Minneapolis		ditto	ditto	ditto	ditto	ditto
	USA, Newark		ditto	ditto	ditto	ditto	ditto
	USA, Philadelphia		ditto	ditto	ditto	ditto	ditto
	USA, Washington		ditto	ditto	ditto	ditto	ditto
Cirel et al. (1977)	USA, Washington, Seattle	Yes	NW, Property marking, Security surveys	Pre-Post, Exp-Con, 1 year before and 1 year after	not stated	Five census tracts within the city.	Two federal tracts adjacent to the selected scheme census tracts.
Forrester, Chatterton and Pease (1988)	UK, Rochdale, Kirkholt	Yes	CNW, Improved security, Victims support	Pre-Post, Exp-Con, 1 year before and 1 year after	2280 dwellings	A residential area of public housing two miles outside the town centre covering just over 2000 households.	The remainder of the subdivision.
Henig (1984)	USA, Washington DC, The First Police District	Yes	NW	Pre-Post, Exp-Con, 1 year before and 3 years after	not stated	An area of the city with a population over 50 per cent black and under one-third owner-occupied and highest crime rate of the seven police divisions.	The police division as a whole.

续表

作者/出版年份	国家	被用于元分析	内容	研究设计及评估期限	覆盖范围	研究区域简介	对照区域
Hulin (1979)	USA, California, Fontana		NW, Target hardening, Property marking	Pre-Post, Exp-Con, 1 year before and 1 year after	not stated	A small, high crime area of mainly apartments in a semi-rural location.	Four demographically similar control area with similar pre-test crime rates.
Husain (1990)	UK, Birmingham, Handsworth Wood		NW	Pre-Post, Exp-Con, 2 years before and after	7000 hh	High-status residential area.	Matched comparison adjacent to the experimental area.
	UK, Brighton, Saltdean		NW	Pre-Post, Exp-Con, 2 years before and after	1500 hh	A large high-status residential area on the Sussex coast.	Matched area some distance from the experimental area.
	UK, Burnley, Hargher Clough		NW	Pre-Post, Exp-Con, 2 years before and after	1000 hh	Densely populated small town comprising mainly manual workers.	The non-scheme part of the town.
	UK, Manchester, Trafford, Stretford		NW	Pre-Post, Exp-Con, 2 years before and after	11000 hh	A large racially mixed area comprising a variety of dwelling types.	Non-matched area near, but not adjacent to, the experimental area.
	UK, Preston, Grange Estate and Moor Nook		NW	Pre-Post, Exp-Con, 2 years before and after	1600 hh	Two large local authority housing areas.	Non-scheme dwellings close to the experimental area.
	UK, Sutton Coldfield		NW	Pre-Post, Exp-Con, 2 years before and after	3600 hh	Several fairly affluent areas on the periphery of a large conurbation.	Two police beats remote from the experimental areas, but in the same police sub-division.
Jenkins and Latimer (1986)	UK, Merseyside, York Avenue	Yes	NW	Pre-Post, Exp-Con, 1 year before and 1 year after	57 dwellings	An area of 57 privately owned but poor quality houses.	The sub-division as a whole.

续表

作者/出版年份	国家	被用于元分析	内容	研究设计及评估期限	覆盖范围	研究区域简介	对照区域
	UK, Merseyside, Burford Crescent	Yes	NW	Pre-Post, Exp-Con, 1 year before and 1 year after	67 dwellings	An area of 67 privately owned older houses.	The sub-division as a whole.
	UK, Merseyside, Villiers Crescent	Yes	NW	Pre-Post, Exp-Con, 1 year before and 1 year after	43 dwellings	An area of 43 privately owned affluent suburban houses.	The sub-division as a whole.
	UK, Merseyside, Red Acre	Yes	NW	Pre-Post, Exp-Con, 1 year before and 1 year after	97 dwellings	An area of 97 dwellings owned by the local council with poor amenities and high unemployment.	The sub-division as a whole.
Knowles, Lesser and McKewen (1983)	USA, Los Angeles, Manhattan Beach		NW, Property Marking, Security improvement	Pre-Post, Exp-Con, 1 year before and 1 year after	31000 residents	A middle-class beach community of approximately 31000 residents covering an area of six square miles.	Eight neighborhood jurisdictions.
Latessa and Travis (1987)	USA, Cincinnati, College Hill		BW, Target hardening	Pre-Post, Exp-Con, 1 year before and 2 years after	17327 population	A community of over 17000 population within the city comprising one-third black and one quarter aged under 18.	The city as a whole.
Lewis, Grant and Rosenbaum (1988)	USA, Chicago, Northwest		BW, Community organizing, Community action	Pre-Post, Exp-Con, 1 year before and 1 year after	7 census tracts	The area covered 7 census tracts with a mean percent white of 91%.	Matched comparison areas of three equivalent census tracts.
	USA, Chicago, Northeast		BW, Community organizing CB patrol	Pre-Post, Exp-Con, 1 year before and 1 year after	2 census tracts	The area covered 2 census tracts with a mean percent white of 60%.	Matched comparison areas of three equivalent census tracts.

续表

作者/出版年份	国家	被用于元分析	内容	研究设计及评估期限	覆盖范围	研究区域简介	对照区域
	USA, Chicago, Back of the Yards		BW, Community organizing	Pre-Post, Exp-Con, 1 year before and 1 year after	1 census tract	The area covered 1 census tracts with a mean percent white of 61%.	Matched comparison areas of three equivalent census tracts.
	USA, Chicago, Auburn-Gresham		BW, Community organizing	Pre-Post, Exp-Con, 1 year before and 1 year after	2 census tracts	The area covered 2 census tracts with a mean percent white of 0%.	Matched comparison areas of three equivalent census tracts.
	USA, Chicago, Edgewater		BW, Community development, WhistleStop	Pre-Post, Exp-Con, 1 year before and 1 year after	3 census tracts	The area covered 3 census tracts with a mean percent white of 62%.	Matched comparison areas of three equivalent census tracts.
Lowman (1983)	Canada, Vancouver	Yes	NW, Property marking	Pre-Post, Exp-Con, 2 years before and after	not stated	A residential district in Vancouver (West End South).	One of the areas close to the project area which had no substantial border contact with the scheme location.
Matthews and Trickey (1994a)	UK, Leicester, New Parks	Yes	NW, School Watch, Target hardening, Newsletters, Summer play scheme	Pre-Post, Exp-Con, 2 years before and 17 months after	4100 dwellings	A large residential area on the outskirts of a City comprising mainly semi-detached housing. The area was dominantly white with unemployment rates of twice the national average.	Seven surrounding estates.

续表

作者/出版年份	国家	被用于元分析	内容	研究设计及评估期限	覆盖范围	研究区域简介	对照区域
Matthews and Trickey (1994b)	UK, Leicester, Eyres Monsell	Yes	NW, School Watch, Target hardening, Newsletters, Summer play scheme	Pre-Post, Exp-Con, 1 year before and 1 year after	3500 dwellings	A residential area of mainly white population with almost half unemployed on the outskirts of the city comprising 3500 dwellings over an area of 0. 7 square miles.	Four surrounding estates.
Mukherjee and Wilson (1988)	Australia, Victoria		NW	Pre-Post, Exp-Con, 2 years before and after	617 watch schemes-600-900 hh per scheme	A state comprising 23 police districts. Sixteen of these police districts had watch programs at the time of the evaluation in June 1986. The proportion of the population covered in these districts by watch schemes varied (6% to 44%).	Non-NW areas within Victoria.
Research and Forecasts Inc. (1983)	USA, Michigan, Crary-St. Mary's	Yes	NW Meetings, Security surveys	Pre-Post, Exp-Con, 1 year before and 2 years after	12880 population	A 155-block mainly residential area with a population of about 12880. The area was about 65% white. Most of the homes were houses with some apartments and some commercial buildings.	An area with similar demographic and crime characteristics four miles away from the experimental area.

续表

作者/出版年份	国家	被用于元分析	内容	研究设计及评估期限	覆盖范围	研究区域简介	对照区域
Tilley and Webb (1994)	UK, Birmingham, Primrose estate	Yes	NW, Target hardening,	Pre-Post, Exp-Con, 1 year before and 2 years after	885 dwellings	A predominantly white residential neighborhood on the edge of a city with three-quarters of household on state benefits and one-third single-parent families.	The remainder of the sub-division.
	UK, Rochdale, Belfield	Yes	HW, Target hardening, Property marking	Pre-Post, Exp-Con, 1 year before and 2 years after	668 dwellings	A public housing area two miles from the city centre with a large Asian community and high unemployment rate.	The city as a whole.
	UK, Rochdale, Back O' Th' Moss	Yes	HW, Target hardening, Property marking	Pre-Post, Exp-Con, 1 year before and 2 years after	About 700 dwellings	A public housing area with some affordable private homes on the outskirts of the city with a mainly white population and high unemployment rate.	The city as a whole.
Veater (1984)	UK, Bristol, Kingsdown	Yes	NW, Security surveys, Property marking	Pre-Post, Exp-Con, 1 year before and 1 year after	5000 population	A residential area of mainly older properties some of which were run down and some renovated including both private and public housing.	A control area of similar residential composition in an adjacent neighborhood.

表 2　相关研究的结果

Author/ publication date of main report used in the review	Country/City/area	Data source	Outcome measure	Experimental area (pre to post) crime changes	Comparison area (pre to post) crime changes	Result % crime difference	Relative % change	Outcome(based on relative % change)
Anderton (1985)	UK, Cheshire, Northwich Division	PD	Burglary	7436—6720	41149—42332	Exp-10% Con+3%	-13%	Positive
Bennett (1990)	UK, London, Wimbledon*	SR	Burglary	5.1%—4.0%	2.9%—2.1%	Exp-21.6% Con-27.6%	+6%	Negative
	UK, London, Acton	SR	Burglary	5.9%—8.1%	2.9%—2.1%	Exp+37.3% Con-27.6%	+65%	Negative
Bennett and Lavrakas (1989)	USA, Baltimore	SR	Victimization	no data	no data	Diff. change = neg.	Non-numerical result	—
	USA, Boston	ditto	ditto	ditto	ditto	Diff. change = none	Non-numerical result	—
	USA, Bronx	ditto	ditto	ditto	ditto	Diff. change = none	Non-numerical result	—
	USA, Brooklyn	ditto	ditto	ditto	ditto	Diff. change = none	Non-numerical result	—
	USA, Cleveland	ditto	ditto	ditto	ditto	Diff. change = pos.	Non-numerical result	—
	USA, Miami	ditto	ditto	ditto	ditto	Diff. change = none	Non-numerical result	—
	USA, Minneapolis	ditto	ditto	ditto	ditto	Diff. change = none	Non-numerical result	—
	USA, Newark	ditto	ditto	ditto	ditto	Diff. change = neg.	Non-numerical result	—
	USA, Philadelphia	ditto	ditto	ditto	ditto	Diff. change = none	Non-numerical result	—

续表

Author/ publication date of main report used in the review	Country/City/area	Data source	Outcome measure	Experimental area (pre to post) crime changes	Comparison area (pre to post) crime changes	Result % crime difference	Relative % change	Outcome(based on relative % change)
	USA, Washington	ditto	ditto	ditto	ditto	Diff. change = none	Non-numerical result	—
Cirel et al.(1977)	USA, Washington, Seattle	SR	Burglary	6. 2%—2. 4%	10. 4%—10. 0%	Exp-61. 3% Con-4. 0%	-57%	Positive
Forrester, Chatterton and Pease (1988)	UK, Rochdale, Kirkholt	PD	Burglary	512—317	2843—2880	Exp-38% Con+1%	-39%	Positive
Henig (1984)	USA, Washington DC, The First Police District	PD	Burglary	4—0	2745—1778	Exp-100% Con-35%	-65%	Positive
Hulin (1979)	USA, California, Fontana	PD	Burglary	no data	no data	Exp-25. 7% Con+10%	-36%	Positive
Husain (1990)	UK, Birmingham, Handsworth Wood	PD	Burglary	graphical data only	graphical data only	No change in expected and observed crime totals before and after the scheme launch	Non-numerical result	—
	UK, Brighton, Saltdean	PD	Burglary	graphical data only	graphical data only	Burglary rates were below expected levels for the first year of the scheme and then raised above expected values	Non-numerical result	—

续表

Author/ publication date of main report used in the review	Country/City/area	Data source	Outcome measure	Experimental area (pre to post) crime changes	Comparison area (pre to post) crime changes	Result % crime difference	Relative % change	Outcome (based on relative % change)
	UK, Burnley, Hargher Clough	PD	Burglary	graphical data only	graphical data only	There was no clear pattern in the differences between the scheme and comparison areas over time	Non-numerical result	—
	UK, Manchester, Trafford, Stretford	PD	Burglary	graphical data only	graphical data only	In the first year of the scheme the number of burglaries were higher than expected and in the second year they were lower	Non-numerical result	—
	UK, Preston, Grange Estate and Moor Nook	PD	Burglary	graphical data only	graphical data only	In the first year of the scheme burglary rates were as expected and in the second year lower than expected	Non-numerical result	
	UK, Sutton Coldfield	PD	Burglary	graphical data only	graphical data only	Burglary levels were higher than expected during the first 18 months of the scheme and lower than expected in the next 6 months	Non-numerical result	—

续表

Author/ publication date of main report used in the review	Country/City/area	Data source	Outcome measure	Experimental area (pre to post) crime changes	Comparison area (pre to post) crime changes	Result % crime difference	Relative % change	Outcome(based on relative % change)
Jenkins and Latimer (1986)	UK, Merseyside, York Avenue	PD	Burglary	8—6	378—384	Exp-25% Con +2%	-27%	Positive
	UK, Merseyside, Burford Crescent	PD	Burglary	1—12	393—472	Exp+1100% Con+20%	+1080%	Negative
	UK, Merseyside, Villiers Crescent	PD	Burglary	4—1	880—628	Exp-75% Con-29%	46%	Positive
	UK, Merseyside, Red Acre	PD	Burglary	17—5	1006—754	Exp-71% Con-25%	-46%	Positive
Knowles, Lesser and McKewen (1983)	USA, Los Angeles, Manhattan Beach	PD	Burglary	no data	no data	Exp-27. 7% Con+12. 9%	-41%	Positive
Latessa and Travis (1987)	USA, Cincinnati, College Hill	PD	Burglary	no data	no data	Exp-11% Con-2%	-9%	Positive
Lewis, Grant and Rosenbaum (1988)	USA, Chicago, Northwest	SR	Victimization	mean 0. 92—0. 73	mean 0. 86—0. 77	Exp-21% Con-11%	-10%	Positive
	USA, Chicago, Northeast	SR	Victimization	mean 1. 0—1. 23	mean 1. 23—0. 9	Exp+23% Con-27%	+50%	Negative
	USA, Chicago, Back of the Yards	SR	Victimization	mean 1. 3—1. 43	mean 1. 32—1. 14	Exp+10% Con-18%	+28%	Negative
	USA, Chicago, Auburn-Gresham	SR	Victimization	no sig.change	not stated	Exp no sig.change	Non-numerical result	—
	USA, Chicago, Edgewater	SR	Victimization	no sig.change	not stated	Exp no sig.change	Non-numerical result	—
Lowman (1983)	Canada, Vancouver	PD	Burglary	145—97	14—14	Exp-33% Con 0%	-33%	Positive

续表

Author/ publication date of main report used in the review	Country/City/area	Data source	Outcome measure	Experimental area (pre to post) crime changes	Comparison area (pre to post) crime changes	Result % crime difference	Relative % change	Outcome(based on relative % change)
Matthews and Trickey (1994a)	UK, Leicester, New Parks	PD	Burglary	226—181	174—145	Exp-20% Con-17%	-3%	Positive
Matthews and Trickey (1994b)	UK, Leicester, Eyres Monsell	PD	Burglary	231—286	183—266	Exp+24% Con+12%	-21%	Positive
Mukherjee and Wilson (1988)	Australia, Victoria	PD	Burglary	graphical data only	graphical data only	Police divisions identified as having high levels of NW showed greater reductions in residential burglary than those identified as having low levels or no NW.	Non-numerical result	—
Research and Forecasts Inc.(1983)	USA, Michigan, Crary-St.Mary's	PD	Burglary	253—131	206—197	Exp-48% Con-4%	-44%	Positive
Tilley and Webb (1994)	UK, Birmingham, Primrose estate	PD	Burglary	37—22	104—93	Exp-41% Con-11%	-30%	Positive
	UK, Rochdale, Belfield	PD	Burglary	40—40	1205—1352	Exp 0% Con+12%	-12%	Positive
	UK, Rochdale, Back O'Th' Moss	PD	Burglary	40—35	1205—1352	Exp-13% Con+12%	-25%	Positive
Veater(1984)	UK, Bristol, Kingsdown	PD	All crimes	652—486	467—610	Exp-25% Con+31%	-56%	Positive

Notes: SR=Self report. PD=Police data. Positive = a reduction in crime. Negative = an increase in crime.

表 3　平均效应量

Author	Date	Outcome measure	OR	CI	z	p of z
Cirel et al.(1977)	1977	Burglary	2. 38	0. 87—6. 53	1. 69	ns
Lowman (1983)	1983	Burglary	1. 49	0. 49—4. 53	0. 71	ns
Research and Forecasts Inc.(1983)	1983	Burglary	1. 85	1. 23—2. 77	2. 96	<0. 004
Henig (1984)	1984	Burglary	2. 59	0. 12—57. 52	0. 60	ns
Anderton (1985)	1985	Burglary	1. 14	1. 08—1. 20	5. 03	<0. 0001
Veater (1984)	1985	All crimes	1. 75	1. 38—2. 22	4. 61	<0. 0001
Jenkins and Latimer (1986) [1]	1986	Burglary	1. 35	0. 30—6. 13	0. 39	ns
Jenkins and Latimer (1986) [2]	1986	Burglary	0. 10	0. 01—1. 80	-1. 56	ns
Jenkins and Latimer (1986) [3]	1986	Burglary	2. 85	0. 13—63. 52	0. 66	ns
Jenkins and Latimer (1986) [4]	1986	Burglary	2. 55	0. 62—10. 51	1. 29	ns
Forrester, Chatterton and Pease (1988)	1988	Burglary	1. 64	1. 32—2. 02	4. 57	<0. 0001
Bennett (1990) [1]	1990	Burglary	0. 92	0. 27—3. 11	-0. 13	ns
Bennett (1990) [2]	1990	Burglary	0. 51	0. 16—1. 65	-1. 12	ns
Matthews and Trickey (1994a)	1994	Burglary	1. 04	0. 69—1. 58	0. 19	ns
Tilley and Webb (1994) [1]	1994	Burglary	1. 50	0. 65—3. 50	0. 95	ns
Tilley and Webb (1994) [2]	1994	Burglary	1. 12	0. 60—2. 11	0. 36	ns
Tilley and Webb (1994) [3]	1994	Burglary	1. 28	0. 67—2. 46	0. 75	ns
Matthews and Trickey (1994b)	1994	Burglary	1. 17	0. 82—1. 69	0. 87	ns
Total n = 18						
Fixed Effects			1. 19	1. 13—1. 24	7. 25	<0. 0001
Random Effects			1. 36	1. 15—1. 61	3. 63	<0. 0004

Notes: An odds ratio of 1. 19 means that crime increased by 19% in the control area compared with the experimental area or decreased by 16% in the experimental area compared with the control area (1/OR).

An odds ratio of 1. 36 means that crime increased by 36% in the control area compared with the experimental area or decreased by 26% in the experimental area compared with the control area.

表 4　中介变量分析

		No.of studies	OR	CI	z	p of z	Q	p of Q	Sig.of diff in OR
Type of comparison	Matched	8	1. 48	1. 26—1. 73	4. 84	<0. 0001	11. 96	ns	<0. 01
	Not matched	10	1. 16	1. 11—1. 22	6. 09	<0. 0001	15. 74	ns	

续表

		No.of studies	OR	CI	z	p of z	Q	p of Q	Sig.of diff in OR
Type of data	Police data Survey data	15 3	1. 19 1. 14	1. 13—1. 24 0. 60—2. 18	7. 24 0. 40	<0. 0001 ns	31. 72 3. 98	<0. 005 ns	ns
Type of scheme	NW only NW plus	8 10	1. 30 1. 19	0. 90—1. 87 1. 13—1. 24	1. 41 7. 13	ns <0. 0001	4. 65 30. 82	ns <0. 001	ns
Size of scheme area	Small Large	11 7	1. 27 1. 19	0. 93—1. 72 1. 13—1. 24	1. 52 7. 10	ns <0. 0001	8. 63 26. 9	ns <0. 01	ns
Year	1977—1988 1989—1994	11 7	1. 19 1. 12	1. 14—1. 25 0. 90—1. 39	7. 20 1. 01	<0. 0001 ns	32. 77 2. 64	<0. 001 ns	ns
Published	Published Not published	8 10	1. 51 1. 17	1. 26—1. 80 1. 11—1. 22	4. 56 6. 28	<0. 0001 <0. 0001	6. 35 21. 81	ns <0. 01	<0. 01
Country	UK USA/Canada	14 4	1. 18 1. 87	1. 12—1. 23 1. 31—2. 67	6. 86 3. 47	<0. 0001 0. 0005	28. 82 0. 43	<0. 01 ns	<0. 05
All studies		18	1. 19	1. 13—1. 24	7. 25	<0. 0001	35. 72	<0. 01	

ns = not significant

Jenkins and Latimer (1986) [3]
Henig (1984)
Jenkins and Latimer (1986) [4]
Cirel et al. (1977)
Research and Forecasts Inc. (1983)
Veater (1984)
Forrester et al. (1988)
Tilley and Webb (1994) [1]
Lowman (1983)
Jenkins and Latimer (1986) [1]
Tilley and Webb (1994) [3]
Matthews and Trickey (1994b)
Anderton (1985)
Tilley and Webb (1994) [2]
Matthews and Trickey (1994a)
Bennett (1990) [1]
Bennett (1990) [2]
Jenkins and Latimer (1986) [2]
Fixed Effects
Random Effects

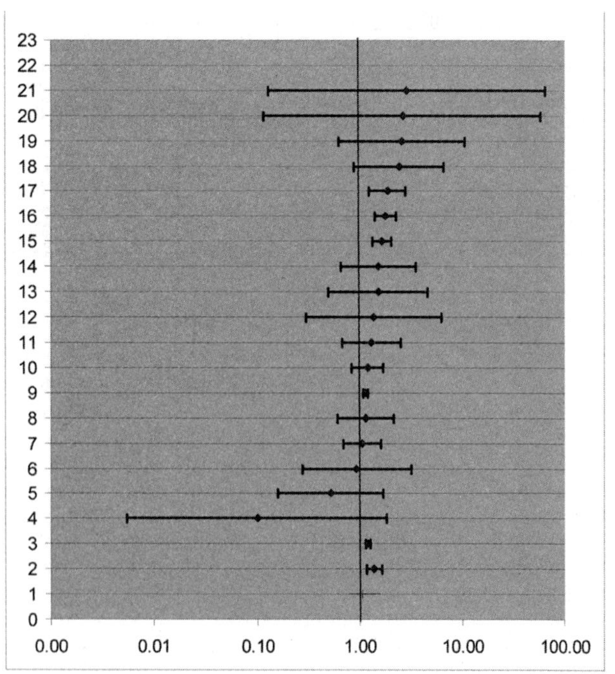

Weighted mean FEOR=1.19; p=.0001; Q=35.72; p<.005
Weighted mean REOR=1.36; p=.0003; Q=13.35; p=ns

图 1　效应量的森林图

9. 参考文献

Anderton, K.J.1985 The Effectiveness of Home Watch Schemes in Cheshire, Chester: Cheshire Constabulary.

Bennett, T. 1990. Evaluating Neighborhood Watch. Cambridge Studies in Criminology LXI. UK: Gower.

Bennett, S. F. and Lavrakas, P. J. 1989. Community-based crime prevention: an assessment of the Eisenhower Foundation's Neighborhood Program. Crime and Delinquency, 35, 3, pp.345-364.

Cirel, P., Evans, P., McGillis, D.and Whitcomb, D.1977. Community Crime Prevention Program, Seattle: An Exemplary Project. Washington D.C.: Government Printing Office.

Forrester, D., Frenz, S., O'Connell, M., et al. 1990. The Kirkholt Burglary Prevention Project: Phase II. Crime Prevention Unit: Paper 23. London: Home Office.

Henig, J.R.1984. Citizens Against Crime: An Assessment of the Neighborhood Watch Program in Washington, D.C. Occasional Paper, Center for Washington Area Studies. Washington: George Washington University.

Hulin, J. O. 1979. Community based crime prevention project. Crime Prevention Review, California State Department of Justice, 6, (3), pp.26-34.

Husain, S. 1990. Neighborhood Watch and Crime: An Assessment of Impact. London: Police Foundation.

Jenkins, A.D.and Latimer, I.1986. Evaluation of Merseyside Homewatch Scheme. Management Development and Force Planning Unit: Merseyside Police.

Knowles, L., Lesser, C. and McKewen, F. 1983. Burglary prevention: a citizen initiated and operated neighborhood watch program. Police Chief, 50, pp.36-38.

Latessa, E. J. and Travis, L. F. 1986. Evaluation of the College Hill Crime Prevention Program. United States: University of Cincinnati.

Lewis, D.A., Grant, J.A., and Rosenbaum, D.P. 1988. Social Construction of Reform: Crime Prevention and Community Organizations. New Brunswick: Transaction Books.

Lowman, J. 1983. Target hardening burglary prevention and the problem of displacement phenomena.In T.Fleming (ed.) Deviant Designations:Crime,Law and Deviance in Canada.Toronto:Butterworths:pp.277-304.

Matthews,R.and Trickey,J.1994.Eyres Monsell Crime Reduction Project.Leicester: University of Leicester,Centre for the Study of Public Order.

Matthews,R.,and Trickey,J.1994.The New Parks Crime Reduction Project.Leicester: Centre for the Study of Public Order,University of Leicester.

Mukherjee, S. and Wilson, P. 1988. Neighborhood Watch: issues and policy implications.Trends and Issues No.8.Australia:Australian Institute of Criminology.

Research and Forecasts Inc.1983.The Figgie Report,Part IV:Reducing Crime in A-merica- Successful Community Efforts.Ohio:Figgie International.

Tilley,N.and Webb,J.1994.Burglary Reduction:Findings From Safer Cities Scheme, Crime Prevention Unit Paper 51.London:Home Office.

Veater,P.1984.Evaluation of Kingsdown Neighborhood Watch Project,Bristol.Bristol: Avon and Somerset Constabulary.

References (Additional studies)

Cook,T.D.and Campbell,D.T.(1979) Quasi-Experimentation:Design and Analysis Issues for Field Settings.Chicago:Rand McNally.

Farrington,D.P.(2003) "Methodological quality standards for evaluation research", Annals of the American Academy of Political and Social Science,Vol.587,pp.49-68.

Farrington,D. P., Gill, M., Waples, S. J. and Argomaniz, J. (2007) "Studying the effects of CCTV on crime:meta-analyses of a national evaluation",Journal of Experimental Criminology,Vol.3,pp.21-38.

Jones,H.E.(2005) Measuring effect size in area-based crime prevention research.Unpublished M.Phil.thesis,Statistical Laboratory,Cambridge:University of Cambridge.

Lipsey,M.W.and Wilson,D.B.(2001) Practical Meta-analysis.Thousand Oaks,California:Sage.

National Crime Prevention Council (2001) The 2000 National Crime Prevention Survey.Washington:DC.National Crime Prevention Council

Sherman,L.W.and Eck,J.(2002) Policing for crime prevention.In L.W.Sherman,D. P.Farrington,B.C.Welsh,and D.L.MacKenzie (Eds.) Evidence-based Crime Prevention. London:Routledge (pp.295-329).

Sherman, L.W., Gottfredson, D.C., MacKenzie, D.L., Eck, J., Reuter, P. and Bushway, S.(1997) Preventing Crime: What Works, What Doesn't, What's Promising. Washington, D.C.: US Office of Justice Programs.

Sims, L.(2001) Neighborhood Watch: Findings from the 2000 British Crime Survey. Research Findings 150. London: Home Office.

Titus, R., (1984) "Residential Burglary and the Community Response". In: Clarke, R.V.G. and Hope, T.(Eds.). Coping with Burglary. Boston: Kluwer-Nijhoff.

Welsh, B.C. and Farrington, D.P.(2002) Crime Prevention Effects of Closed Circuit Television: A Systematic Review. Home Office Research Study 252. London: Home Office.

改善街道照明状况对减少犯罪的效果

Effects of Improved Street Lighting on Crime

作者:Brandon C.Welsh,David P.Farrington

译者:夏一巍　　核定:张金武　张彦

内容概要

改善街道照明的初衷在于实现若干目标,预防犯罪只是其中之一。而且,改善街道照明最初通常并不是为了预防犯罪,而是为了保护行人安全和交通畅通。良好的街道照明能够阻吓潜在的罪犯这一说法固然很简单,但是对于犯罪频生的市中心、住宅区等其他区域,照明效果确实在某种意义上实现了犯罪预防。此分析的主要目的就在于回顾已有的研究,评估街道照明效果对公共场所犯罪的作用。除了评估街道照明对总体犯罪数量的作用外,本文还评估了何种照明设施,对何种犯罪,在什么条件下能起到最大的预防犯罪效果。本文使用了元分析技术对有关研究进行汇总筛选,具体分析方法如下:其一,我们使用“相关效应大小”简称 RES(可以解释为犯罪事件发生率)来评判效应大小。其二,我们使用的是官方数据中的总犯罪数(如果可能则区别财产犯罪和人身犯罪)。其三,对于有多个观察时间点的研究,我们会对比改善照明前后相似的时间段[①](时间间隔越大越好)。其四,本次回顾也涉及犯罪转移和利益扩散的问题。其五,本次元分析的结论是改善街道照明能显著减少犯罪,这种效果对英国比对美国更为显著,并且对夜间犯罪更为明显。本文作者因此认为,改善街道照明能持续预防公共场所的犯罪,这种措施几乎没有副作用而且对守法公民来说更有明显的益处。

1. 研究背景

改善街道照明对减少犯罪的机制有以下两种观点:

1)犯罪机会理论认为:犯罪的预防表现应当通过对物理环境的改变(Clarke,1995)从而减少犯罪机会和增加犯罪风险(Jeffery,1977)。

2)社会控制理论和社区理论认为:通过更加有效的利用(Angel,1968;Jacobs,1961)和投资(Taub,1984;Taylor,1986)街道资源,能加强非正式社会控制和社区凝聚力。

社会控制理论认为犯罪预防措施能够通过改善社区环境来实现[②],这种措施能直接增加前者罪犯对犯罪风险的感知,减少犯罪利益[③]。这种方法背后有丰富的理论支撑,这些理论普遍强调自然的和非正式的社会控制作为控制犯罪的关键。例如,Jacobs(1961)的研究表明街道社区的能见程度和自然的监控能极大地遏制犯罪。她进一步强调犯罪类型和街道使用程度的关系,并指出当潜在的监控增加时会导致更少的犯罪。

社区理论强调增强和改善社区条件能起到加强社区自信、社区凝集力和社会控制(Kelling,1996;Skogan,1990;Wilson,1982)。Sampson(1997)指出邻里间较低的“集体效能”[④]导致较高的犯罪率。如果改善街道照明,作为一种高度可见的信号,能

① 假设改善照明时间发生在点 x,那么会尽可能选择(x-a,a)和(x,x+a)两个时间段进行研究,其中 a≥0。——译者注

② 在美国这种途径通常称为 CPTED(Crime Prevention Thought Environment Design)。——译者注

③ 这种理论源自于古典犯罪学派,他们认为犯罪人进行犯罪是存在理性选择的,因此预防犯罪应当通过增加犯罪风险、减少犯罪收益的途径来实现。——译者注

④ 集体效能(collective efficacy),是 Sampson(1997)探究社区凝聚力的主要指标。——译者注

从物理上改善社区环境同时增加街区住户对街道管理等有关部门的信任,那么应该能减少犯罪。依次地,改善照明能增强社区正面的形象。值得注意的是,这种理论认为改善社区的效果不仅能惠及夜晚,也能惠及白天。因此,改善照明等社区环境不应该仅仅改善了夜间犯罪的问题。

上述的理论文献均涉及能见度、社区监督和犯罪机会等概念。两者的核心主题是环境条件和住户(犯罪人)的互动影响犯罪机会和风险。街道照明是一个改善社区环境的有形的方面,但是照明本身并不能对犯罪提供一个物理上的阻碍。然而,街道照明起到的作用更像催化剂一般:通过改变住户和犯罪人的认知、态度等,从而实现犯罪预防。

当然,在某些特定情况下改善街道照明也会增加犯罪机会。比如,改善照明可能让更多潜在的被害人和犯罪人在同一时空下积聚[①]。或者是增加了潜在犯罪人的能见度,某种程度上让犯罪人能更好地判断目标是否合适(目标的易侵害性和吸引力)。而且改善社区照明增加居民的户外活动也可能会增加入户盗窃发生率。增加照明也可能让犯罪更容易得手,也更容易逃脱。

故改善街道照明对犯罪的作用也是因地制宜。特别是,当改善照明前的照明条件差或是照明改善十分显著的情况下,犯罪下降会十分显著。同样,改善照明的效果也随着居住区的特点、区域的设计、照明的设计和被照明的变化而变化。例如,加强街道照明多拿些同质性比较高的社区,对社区自信的提高效果显著,但对异质性较高的社区(例如人口混杂、人口流动频繁)则不显著。改善照明也会和其他环境改善措施有交互作用,例如闭路电视系统[②](CCTV)或安全巡逻。

改善街道照明对犯罪的作用问题的研究兴趣起源于20世纪60年代的美国,当时美国犯罪率处于激增的状态。许多城镇将改善主要街道照明作为一种减少犯罪的方法,而且在初期这种方法的成果也是振奋人心的(Wright,1974)。改善街道照明方法的逐渐普及促进了Tien(1979)对这种方法的有效性的评估。Tien的研究当时也是隶属于国家级评估项目—LEAA(Law Enforcement Assistance Agency)的一部分。Tien(1979)的结果表明103项最初用于街道照明项目最终只有15项有比较全面的信息以供其严格的回顾研究。Tien(1979)发现其结果十分混乱因此无法作出改善照明减少犯罪结论。然而,每个项目均被认为有严重瑕疵:项目设计的薄弱、误用或是

---

① 日常活动理论(routine active)认为犯罪发生是由于潜在的犯罪人、合适的被害人(目标)以及丧失合适的监控三个元素在同一时空下聚集的结果。——译者注

② 国内称之为“监控录像”。——译者注

根本没有分析技术、对街道照明不充足的测量、对犯罪的不正确测量(全部依照警方数据)和改善照明效果对不同类型的犯罪的评估的不充分。

Tien(1979)的评估回顾研究本可以使用更加完备的设计和更加准确的犯罪数据,例如被害调查,犯罪人报告,或是使用系统性观察。也本可以利用现有数据研究在何种情况下改善街道照明能导致犯罪减少。不幸的是,其报告结论表明改善路灯状况对犯罪无影响,从而在实质意义上终结了美国对此类问题的研究。

在英国,20 世纪 80 年代前几乎无此类研究(Fleming,1986)。而在 1988—1990 年间有少许复苏,在此期间进行了 3 个小规模的街道照明项目,并且在伦敦的不同地点进行了评估(Painter,1994)。对各个地点的犯罪、失序、对犯罪的恐惧均出现下降的现象,而步行街的人数也在改善照明后显著上升。

和上述的良性结果相反,一项主要由英国内政部资助对 Wandsworth 市的有关情况进行评估的报告(Atkins,1991)却作出如下结论:改善街道照明对犯罪无影响。与此同时,内政部自己也发表报告声称,"改善照明本身对犯罪几乎无效果"。然而,在此之后的更多迹象表明改善街道照明对减少犯罪是有效果的。在最近的一项由 Pease(1999)撰写的描述性回顾研究中,Pease 写道"对于街道照明影响犯罪的问题如今终于有了令人满意的答案",他也建议对此类问题的讨论应该由"改善照明对犯罪是否有效果"转变到"如何能更灵活和更具有想象力地将照明和减少犯罪的策略措施有机地结合在一起"。

2. 研究目标

本次研究的目标是:基于现有的研究证据评估改善街道照明对犯罪的作用。除了研究改善照明对总体街头犯罪率之外,本次研究也调查了何种(照明)设施,对何种犯罪以及对在何种条件下最为有效。

3. 筛选研究的标准

3.1 研究的类型

所选研究必须至少包括(1)实验组和控制组并对其进行前测和后测;(2)至少有

一个实验区和一个合理的且可以比较的控制区;(3)研究单位必须为地区。

3.2 干预措施的类型

干预措施类型主要是改善街道照明(或是改善照明),包含多个干预措施的研究,我们只选择那些将街区照明作为主要干预措施。对于主要干预措施的确定标准是:(1)作者直接指明的,或(2)虽然作者并未指明,但是在文章中强调街道照明相对其他措施来说更为重要。

3.3 对结果的测量

所选研究必须包括对犯罪数据变化的测量,犯罪数据必须分别由两类组成:官方数据(警方数据)和非官方数据(被害调查和犯罪人调查)①。

所选研究各个区域的干预措施前收集犯罪总数至少为20起。对效应大小的主要依据是干预措施前后犯罪数量的变化(具体公式详见下文)。之所以要求干预措施前的犯罪数必须大于20是由于若犯罪数效应20我们在计算效应大小时可能会引起误导,除此之外,犯罪数小于20则会导致统计功效②不足从而无法检测出犯罪的变化(我们设定20的标准其实也太小,但是我们不愿意排除合适的研究,除非它们的数量过于不足)。

4. 收集合适文献的方法

本文使用如下方法收集数据:(1)收集电子文献数据库;(2)搜索符合主题的文献回顾;(3)搜索街道照明研究的书目;(4)联系这个领域的主要研究者。除此之外,本次研究不限定发表与否,也不限定是否以英文撰写。

本文分别对两次有关文献进行收集。第一次收集时间截至2001年1月,以上的收集方法均予以使用,所选研究更新至2000年12月。第二次收集时间截至2007年3月,搜索方法同上,所选研究更新至2006年12月。

第一次收集中我们使用了如下的电子期刊数据库:

Criminal Justice Abstracts

---

① 由于官方数据含有大量的犯罪黑数(dark figure),在使用犯罪数据的时候,为了保证数据的相对准确性,欧美犯罪学学者会结合使用两类犯罪数据。而且非官方数据在美国也十分成熟和易得(数据均是公开的,有兴趣的读者可以自行搜索下载),如UCR、NVS等数据库。——译者注

② 统计功效指在假设检验中,拒绝原假设后,接受正确的替换假设的概率。——译者注

NCJRS(National Criminal Justice Reference Service)Abstracts

Sociological Abstracts

SocialSciAbs(Social Science Abstracts)

ERIC(Educational Resources Information Clearinghouse)

GPO Monthly(Government Printing Office Monthly)

PsychInfo(Psychology Information)

PAIS International(Public Affairs Information Service)

Dissertation Abstracts

CINCH(Australian Criminology Database)

C2-SPECTR(Campbell Collaboration Social,Psychological,Educational & Criminological Trials Register)

第二次收集中我们使用了如下的数据库:

Criminal Justice Abstracts

NCJRS(National Criminal Justice Reference Service)Abstracts

Sociological Abstracts

ERIC(Educational Resources Information Clearinghouse)

GPO Monthly(Government Printing Office Monthly)

PsychInfo(Psychology Information)

Dissertation Abstracts

C2-SPECTR(Campbell Collaboration Social,Psychological,Educational & Criminological Trials Register)

Google Scholar

Medline

值得注意的是在第二次收集中,并未包含以下三个数据库:Social Science Abstracts(SocialSciAbs),Public Affairs Information Service(PAIS)International,and the Australian Criminology Database(CINCH)。而在第一次收集中上述三个数据库是被包括在内的。之所以会出现这种情况是因为在第二次收集的时候这三个数据库不可用。除此之外,第二次搜索新增了两个数据库:Google Scholar 和 Medline。

两次搜索均使用以下关键词:"street lighting""lighting""illumination"和"natural surveillance"。搜索"crime"的时候,我们增加一些关键词(例如"街道照明与犯罪")以限制范围。

下面列举的是本次元分析包含的研究照明对预防犯罪作用的文献回顾:Beyer(2005),Cozens(2003),Eck(1997;2002),Fleming(1986),Painter(1996),Pease(1999),Poyner(1993),Ramsay(1991) and Tien(1979)。

如上文所述,Tien(1979)的细致的文献回顾收集了20世纪70年代的103个项目,但是只有15个满足其最低标准。Tien将这15个项目进一步筛选:其中11个有实验控制对照,其余4个(Baltimore;Chicago;Richmond,Virginia;Washington,DC)则无法确定是否具有。因此,我们并没有取得和监控Tien的文献中提到的每个可能的照明项目,只有那些符合我们标准的研究予以保留。

5. 回顾方法

5.1 被选择的回顾研究

通过我们的筛选,最终符合我们筛选条件的共13项研究。其余19项研究由于不符合筛选条件,因此被排除在外。另外还有4项研究,虽然可能满足我们的筛选条件,但却无法获得。

上述四项研究,分别由以下作者完成:Tien(1979):Department of Public Works(1976);Denver Anti-Crime Council(1977);Newark High Impact Evaluation Staff(1975);Tucson Department of Human and Community Development(1971)。但是我们并不知道,这些报告是否能满足筛选条件。然而,根据Tien(1979)所述,Denver的研究有一个毗连的控制区,Tuon的研究也有随机选择的实验区和控制区,因此他们的研究回顾可能被包括。

表1罗列了19项没有符合筛选条件的回顾,并列举了其主要特点并称述其被排除的原因。之所以我们要单独列表讨论有两个理由:首先,系统性回顾研究的惯例是如此。其次,这样也可以让读者比较判断较之于被包括进来的研究,那些被排除的研究所计算的效应大小。

如表1所述,14项评估被排除在外的原因在于其并未包括一个可比较的控制区。3项研究被排除的原因是并未将减少犯罪作为干预措施的结果作为测量。还有2项被排除的原因以上两者均有。3项研究包含其他的干预措施,导致我们无法将改善照明的作用与其他干预措施的作用相区分。上述的被排除的研究虽然大多数也指出改善街道照明能减少犯罪,但是由于这些研究的内部效度过差(还伴随其他的方法论问题),这就意味着我们不能信任他们的研究结果。

5.2 评估研究方法的质量

对每项文献的研究方法评估,我们主要的标准是其是否存在一个合理的可比较的控制区。除此之外,该项研究必须报告实验区和控制区前后的犯罪数量变化。

5.3 数据综述

表2和表3总结了我们最终筛选的13项研究的基本情况,这些特征可能对结果起到潜在的调和作用:

(1)作者、发表日期和地点。

(2)干预措施内容:定义为改善街道照明系统的物理设置。

(3)照明:指改善照明的程度。

(4)干预措施持续时间:指所报告的项目执行的时间段。

(5)样本量:实验区和控制区的数量和特点。

(6)其他干预措施:指在实施改善照明项目时进行的其他措施。

(7)对结果的测量和数据源:本次研究主要把犯罪数的改变作为主要的结果。同时也识别犯罪种类、测量的数据源(例如警方数据、被害调查)以及对日间和夜间的犯罪数量分别识别。其他的结果若有我们也会进行分析。

(8)实验设计:指使用什么评估方法对照明项目、研究课题进行评估。若研究使用了其他的统计分析方法,我们会予以注明。

(9)前后时间段:指干预措施[①]前后的时间段。

如上所述,我们关注的主要焦点是犯罪数的变化,尤其是财产犯罪(入户盗窃、盗窃车辆)和暴力犯罪(例如故意伤害、抢劫)。在总结结果时,我们主要强调犯罪数量的变化,并对实验区和控制区进行比较。我们报告了犯罪总数的变化,如果可能我们也报告了财产犯罪和暴力犯罪的数量变化。若有研究干预措施前后多个时间点的,我们则会截取干预措施前后大致相等的时间段(例如,12个月)进行比较(时间段尽可能的远)。

本次研究也报告了犯罪转移和利益扩散[②]。犯罪转移通常被定义为犯罪预防措施实施区域以外的地区意想不到的犯罪增加现象。到目前为止已经识别出六种类型的犯罪转移:时间转移、犯罪手段转移、目标转移(被害变化)、地域转移、功能转移

---

① 原文为评估的前后时间段,根据后表应为干预措施前后的时间段。——译者注

② 相关概念的详细界定和对该类问题的元分析,参考另一文献《地点警务中的犯罪空间转移和利益扩散》。——译者注

(指犯罪类型变化)和犯罪人变化(Reppetto,1976;Barr,1990)。而利益扩散则是犯罪预防措施实施区域以外的地区意想不到的犯罪减少现象,和犯罪转移"完全相反"(Clarke,1994)。为了调查犯罪转移和利益扩散,研究至少包括一个实验区、一个毗连区和一个非毗连的控制区。如果实验区犯罪数下降,毗连区犯罪数上升,而控制区犯罪数稳定不变,这可能是犯罪转移出现的证据。若实验区和毗连区犯罪数量下降,而控制区稳定不变,则可以证明出现了利益扩散的现象。

5.4 数据分析

本文是由元分析技术评估平均效应大小。为完成元分析,我们需要报告可比较的效应大小,同时也报告了其方差。上述指标必须依照实验区和控制区干预措施前后(通常 12 个月)犯罪数量的变化,因为这是所有的评估研究中最普遍的。

虽然基于警方数据的研究可以提供不同时间系列的数据,但是基于被害调查的研究往往只有研究前后一段时间的数据。由于干预措施本身会导致更多的犯罪被警方发现和记录,因此警方数据和被害调查结合起来是有必要的。

"相对效应大小"简称 RES(可以解释为事件比)被用来测量效应大小。具体来说 RES 用下表方法测量:

	前	**后**
实验组	a	b
控制组	c	d

其中 a,b,c,d 均为犯罪数
RES = a * d/b * c

在计算所有或部分研究的加权平均效应大小时,各项研究均会根据其自身的方差予以加权(Lipsey,2001)。除此之外,计算所有或部分研究的加权平均效应大小时,我们也使用了统计方法检验个体效应大小是否随机分布在平均效应大小的周围(或是否存在异质性)。预测效应大小的预测变量我们也进行了侦测(若有)。

RES 在直观上就很有意义,因为其直接指明了实验区和控制区犯罪数量的相应变化。RES = 2 指 d/c(控制区后/控制区前)是 b/a 的两倍(实验区后/实验区前)。例如,如果控制区的犯罪翻倍,而实验区的犯罪保持不变,或是实验区的犯罪数减半,而控制区不变,RES 就可以等于 2,当然除了上述两种情况外,无数种方法可以让 RES 等于 2。

OR 的变异通常是用其自然对数来计算(LOR)。

VAR(LOR) = 1/a+1/b+1/c+1/d

在本次分析中我们使用的是 LRES,即 RES 的自然对数,并计算了 VAR(LRES)。计算 VAR(LRES)是基于犯罪随机发生的假设,基于泊松过程①。这种假设貌似可信,因为 30 年间对犯罪的数学建模主要的假设都是犯罪数能够被泊松过程这样假设精确的模型化(Piquero,2003)。在泊松过程中,犯罪数的方差和犯罪数量相同(VAR=N)。然而,大量的外来因素会影响犯罪的数量,故会产生过度离散。这即是说,犯罪数量的方差 VAR 超过了犯罪数 N。

D = VAR/N

上述公式指明了过度离散的因素。当存在过度离散现象时,V(LRES)应该乘以 D。Farrington(2007a)从每月犯罪数来估计 VAR,结果发生如下公式:

D =. 0008 * N+1. 2

这即是说 D 与 N 线性正相关系数为 0. 77。我们所选的研究中一个区域平均犯罪数是 445 起,这意味着 D 是 1. 56。但是,这个值被高估了,因为每月的犯罪数方差被季节性波动所膨胀,季节性波动并不适用于 N 和 VAR(即和 N、VAR 无关)。因此,为得到一个保守的估计,V(LRES)使用了如下的公式乘以 D(用上述公式)来计算。

$$V(LRES) = Va/a^2+Vb/b^2+Vc/c^2+Vd/d^2$$

其中 Va/a =. 0008 * a+1. 2

这是我们对过度离散程度最好的估计,至少在基于地点的犯罪预防研究是如此。上述调整纠正了每项研究间的过度离散问题,但是并未纠正研究之间的异质性问题。

6. 对所选研究的描述

所选 13 项研究主要在两个国家进行:美国和英国。

6.1 美国的研究

13 项所选研究中 8 项是在美国开展的。其中大部分都是选择居民区的邻里作为干预措施实施地。8 项中只有 4 项评估了照明改善的程度,分布为以下城市:Milwaukee 评估了 7 次,Atlanta 4 次,Fort Worth 3 次,Portland a2 次(见表 2)。然而,其他

① 泊松过程是一种累计随机事件发生次数的最基本的独立增量过程,有兴趣的读者自行参考有关的统计著作。——译者注

案例对照明情况的描述则仅表明照明程度显著改善(例如 Harrisburg 和 New Orleans 只提到“高强度街道照明”)。只有 Indianapolis 市将改善街道照明和其他干预措施混杂在一起,但是将两者区分开来并不困难。

控制区通常与实验区毗连。因此,两个区域相似的犯罪数量减少可能暗示有利益扩散的现象发生,而不是由于改善街道照明没有效果。在大多数情况下,控制区和实验区在社会人口学特征和犯罪率上十分相似。但是,没有一项评估尝试控制利益扩散现象的发生。只有一项评估研究(Portland)包括了毗连区和一个用于比较的非毗连控制区。

对犯罪的测量均为改善街道前后的警方记录。Indianapolis 市的评估则是依据报警电话,其中很多并不很清楚地包括犯罪(例如,举报扰民等)。仅仅在 Atlanta 和 Milwaukee 的研究报告了犯罪总数、夜间犯罪数和日间犯罪数的变化。

Portland 市,Kansas 市,Harrisburg 市和 New Orleans 市的研究仅仅涉及夜间犯罪数变化,Fort Worth 市和 Indianapolis 市仅仅研究了犯罪总数变化。

6.2 英国的研究

共有 5 项研究于英国展开。其照明设施包含多样:停车场车库、市场和住宅区(见表 3)。对市场照明的调查涵盖整体的照明而不仅仅是街道的照明。3 项研究指明了改善照明的程度:Stoke-on-Trent 改善了 5 倍,Bristol 和 Dudley 改善了接近两倍。只有一项研究(Stoke-on-Trent)包括毗连区和一个可比较的非毗连控制区。3 项研究将警方数据作为测量犯罪数量变化的量具,其他 2 项(Dudley 和 Stoke-on-Trent)则是依据被害调查。Dudley 的项目还使用了对青少年的犯罪人调查,这是十分独特的。此外,该项目还使用被害调查和犯罪人调查对青少年的犯罪恐惧感进行了问卷(Painter,2001)。

6.3 所选研究的研究方法质量

主要使用如下问题评估研究方法的质量:“研究者是否报告了合理的可比较的控制区?”

本次元分析包含的所有回顾研究中,控制区必须达到可以比较的最小的合理要求。之所以使用“合理”这个词是因为有些研究中,研究人员没有提供足够的细节让我们比较实验区和控制区是否在许多重要的层面上是可比较的(例如,犯罪率、人口年龄、失业率、贫穷率等),但是实质上两个区域在上述的层面是可比较的,但是该项研究的研究人员仅仅只是说可以比较却没有提供数据支持他们的断言。实际上,我们认为大小类似区域是可比较的,从而仅仅排除了两种区域相差过大的研究。如上所述,我们排除了14项研究,因为其没有使用合理的可比较的控制区。

控制区有毗连区也有非毗连区,但是理想的控制区应该不与实验区相毗连。这是由于实验区会"污染"控制区,从而导致纯粹的干预措施效果无法侦测。两项研究使用了多个控制区,且均为非毗连区。其中有几项研究使用了统计分析方法将实验组和控制组等同。

7. 研究结果

7.1 对所选研究的叙述性结果

美国的研究

如表4所述,4项评估报告称改善街道照明有效地减少了犯罪(Atlanta, Milwaukee, Fort Worth 以及—对暴力犯罪来说-Kansas)。其他4项研究报告称改善照明无效(Portland, Harrisburg, New Orleans and Indianapolis)。

对 Fort Worth 市项目的评估表明:改善街道照明有效减少犯罪。犯罪在实验区减少了21.5%,而在控制区减少了8.8%(Lewis,1979:75)。由于犯罪数量在整个城市趋于恒定(仅仅减少了1.1%),据称有效犯罪可能从实验区转移到毗连区。对实验区而言,财产犯罪急剧下降,而暴力犯罪则不然。对控制区而言,无论是犯罪种类还是日夜犯罪对比均未予以报告。

对 Fort Worth 市项目的评估表明:改善街道照明导致抢劫案件和入室盗窃案件减少,而这些案件在控制区则呈现上升的状况(Atlanta Regional Commission,1974:11-12)。实验区的故意伤害案件却有上升,但是其数量相对较少(从11起增加到57起)。总体上看,实验区在改善照明后日间犯罪减少16.4%,相较之于控制区增加了33.3%。夜间犯罪在两个区域均有显著上升。

对 Milwaukee 市项目的信息仅仅包含改善照明前后各7个月的犯罪数据。在实验区犯罪减少5.6%,而在控制区上升了29.2%(Department of Intergovernmental Fiscal Liaison,1973:6)。夜间犯罪呈现相似的结果(实验区减少15.3%,而控制区增加20.0%)。同样,对日间犯罪也有极大的效力(实验区增加2.2%,而控制区增加37.0%)。然而,在之后的研究表明效果却不那么显著(Department of Intergovernmental Fiscal Liaison,1974:3)。

对 Kansas 市项目的评估表明:改善街道照明显著减少夜间暴力犯罪(抢劫与伤

害),然而对夜间财产犯罪(盗窃和窃车)效果不显著。实验区暴力犯罪下降了51.9%,相较之下控制区7.2%(Wright,1974:49)。然而财产犯罪在控制区下降幅度大于实验区(32.0%较之22.6%)。上述结果暴力犯罪而言是统计学显著的,对财产犯罪则不然。

Indiannapolis市的项目的评估结果很难解释。当排除了特别的警务措施的影响后,犯罪在实验区增长大于控制区(Quinet,1998:759,763;他们研究的实验区A和C均包含在我们的分析中)。A区和控制组A2区均收集了改善照明措施前后7个月的数据,与此同时C区和其对应的C2区则是收集了10个月的数据。这些数据也包含犯罪种类的变化:暴力犯罪在控制区增长更快(Quinet,1998:769,773)。然而,从犯罪种类的数据中我们不能得出确切的结论,因为改善照明的效果和特殊警务措施的效果相混杂。

对Portland市项目的评估表明:几乎没有证据表明改善街道照明导致夜间犯罪的减少。由于对一组实验区、控制区和毗连区使用了前后11个月的数据,而另一组则使用了6个月(Inskeep,1974:10)。为计算单一效应大小,在表4中我们将其结合了起来。总体上说,控制区和其他区域犯罪数量类似,并且没有令人满意的变化。

最后,对Harrisburg市的项目评估表明实验区和控制区的犯罪增长幅度类似(Harrisburg Police Department,1976,详见表1、表2);New Orleans市两种区域的犯罪减少幅度类似(Sternhell,1977:13-15)。值得一提的是,后者使用了前后各29个月的犯罪统计数字。

为何改善街道照明对某些研究有效而对其他无效?而且对某一犯罪类型的减少也无明显的规律。上述研究在研究设计上却有明显不同:Atlanta,Milwaukee,和Fort Worth市的评估中对日间犯罪和夜间犯罪的评估是“有效”的,而Atlanta,Milwaukee和Fort Worth市的评估中仅有夜间犯罪被度量为“无效”的。然而Indianapolis市的评估中日间犯罪和夜间犯罪的评估均无效。而Kansas城只记录了日间犯罪的数据。Portland or New Orleans的评估中未定义夜间犯罪,而在Harrisburg市的评估中,夜间犯罪被定义为8:00 p.m.到4:00 a.m.,这种界定会排除很多黑暗的时候实施的犯罪。

英国的研究

表5表明,对英国的4项评估而言,改善街道照明均对减少犯罪有效(Bristol,Birmingham,Dudley and Stoke)。对第五项研究而言,改善街区照明的效果和其他干预措施相混淆,其他措施包括对停车车库设立围栏以限制进入以及主要街道附近修

建治安岗哨亭。有关部门官员认为这一犯罪预防措施是有效的,因为减少公物损害的花销同时也减少了清理街头涂鸦的费用。Poyner(1991)推断:该项干预措施减少了盗窃车辆案件的数量,但是却没能减少将车辆作为工具的盗窃。

我们很难解释 Bristol 市的评估,因为街道的照明是在 28 个月内逐渐改善的。半年为一期的评估中虽有 9 期犯罪显著下降,但是其中有部分和上述 28 个月相重叠(Shaftoe,1994:75)。干预措施前 12 个月(1986 年 1—12 月)和之后的 12 个月(1989 年 7 月—1990 年 6 月)相比较。表 5 展示了比较的结果。就总体而言,无论日间犯罪还是夜间犯罪,犯罪在实验区数量下降而在控制区上升。因此,虽然对抢劫案件来说是相反的(控制区从 18 起下降到 13 起),我们可以推断改善街道照明能有效地减少犯罪。

对 Birmingham 市中央市场的项目评估结果如下:干预措施前后分别使用了 2 个 6 月一期的时间段进行比较。在其中一个控制区有另外一项干预措施本应该减少犯罪的,然而实验区的改善照明后的盗窃案件反而增加。作为实验区的市场面积大且封闭,其照明也是显著提高。Poyner(1997:89)推测到"改善照明级别似乎只是震慑了潜在的小偷们"。

对 Dudley 的研究来说:在改善照明前后均用被害调查的方法对两种区域的犯罪数据进行收集。故在回顾的时候,其研究也使用了较大的样本:实验区 431 人,控制区 448 人。改善照明前后的回收率分别为 77%和 84%。如回归方程所示实验区犯罪数量下降更为明显(Painter,1997:221)。此外,控制其他的会影响犯罪的参数(例如年龄等)交互项依然是统计学显著的(Painter,1997:221)。

Dudley 的研究还对居住在两种区域的青少年进行了自陈式偏差行为调查。最后,在干预措施前后分别访问了 307 和 334 名青少年(Painter,2001:271)。自陈式问卷结果和被害调查的结果惊人的一致。表 5 表明:对实验区而言,被害调查显示犯罪下降了 40.8%,而自陈式调查显示则下降了 35%,对控制区而言分别下降了 15%和 14%。我们最后选择的是被害调查的数据作为我们元分析的数据,因其对犯罪的测量更为有效[①]。

Stoke 市的研究包括了毗连和非毗连的控制区,其目的是测量犯罪转移和利益扩散的效果。同样,该项研究使用了被害调查,干预措施前后的回收率分别为 84%和 89%。结果显示,实验区犯罪案件数量减少 42.9%,而在毗连区下降了 45.4%,但在

① 有效性,又称效度是指量工具或手段能够准确测出所需测量的事物的程度。——译者注

控制区仅下降了 2.0%(Painter,1999a:97)。回归模型的交互项表示:控制区和毗连区的变化比控制区更为明显。因此我们可以推断:改善街道照明导致实验区犯罪下降,而且在毗连区存在利益扩散现象,当然,对实验区和其毗连区的界定是很困难的。上述效应被该文作者解释为:改善街道照明可能增加社区自信、社区凝聚程度和非正式社会控制,上述几种机制都能震慑潜在的犯罪人。

7.2 元分析

合并的结果

表 6 展示了元分析的结果。对这 13 项干预措施总体来说,改善照明对犯罪是有显著的效果的,加权平均 RES 为 1.27(α=.05 下,置信区间为 1.09—1.47,p=.0008)。这表明较之于实验区,犯罪在控制区增加了 27%,或是较之于控制区,犯罪在实验区下降了 21%。由于 13 项研究的效应大小具有显著的异质性(Q=37.14,df=12,p=.0002),故我们使用了随机效应模型。一般而言,当异质性较小时我们会使用固定效应模型。Jones(2005)使用了固定效应模型,随机效应模型和其他的模型,其结果产生的加权平均效应都很类似。

图 1 用森林图总结了所有 13 项研究。其结果展示了每项研究犯罪总数的 RES 和 α=.05 下的置信区间。我们依据各个研究的 RES 大小排序。如图显示,仅 3 项研究的 RES(Portland,New Orleans,and Indianapolis)小于 1,表明改善街道照明会增加犯罪,但是这三项研究中犯罪的增加都构不成统计学显著。其余 10 项研究的 RES 均大于 1,表明改善街道照明减少了犯罪,其中 6 项这种减少达到统计学显著的程度(在 Atlanta 的评估中接近统计学显著)。因此,改善照明导致更多犯罪的假设可以被拒绝。

如表 6 所示,日间犯罪和夜间犯罪均有记录的研究为:英国的所有 5 项评估和美国的 4 项评估,上述 9 项研究也表明改善照明对犯罪遏制有明显效果(RES=1.43,CI=1.19-1.71,p <.0001)。

美国的研究

如表 6 所述,改善街道照明被认为是有遏制犯罪的效果的有如下 4 项:Atlanta,Milwaukee,Fort Worth,和 Kansas 市。上述 4 项研究中其 RES 均大于 1.24。其他 4 项研究结果表示改善照明对犯罪无效果。对 8 项美国的研究的元分析也证实了上述推断:平均效应大小 RES=1.08,未构成统计学显著。总体上说,对比实验区,控制区犯罪数量增加 8%,或是对比控制区,实验区犯罪减少 7%。

进一步划分,4 项研究的数据既有日间犯罪又有夜间犯罪(Atlanta,Milwaukee,

Fort Worth, and Indianapolis), 其他 4 项仅有夜间犯罪。对前者而言, 平均效应大小是显著的 RES = 1.28 (CI[①] = 1.06 - 1.53, p = .010), 表明对比实验区, 控制区犯罪上升 28%, 或是对比控制区, 实验区犯罪减少 22%。对 4 项只研究夜间犯罪的研究, RES 是 1.01, 表明几乎没有效果。因此, 8 项美国的研究能分成两个 4 项研究为一组的组, 其中一组表明改善照明导致犯罪下降, 而另一组则没有。令人惊奇的是, 仅对那些对日间和夜间犯罪都进行度量的研究, 才能观察到犯罪减少的证据, 尽管这个特点可能是不同研究的其他方面的原因导致。

英国的研究

如上述, 如下 4 项研究表明: 改善街道照明对减少犯罪有效果仅对那些日间和夜间犯罪都进行度量的研究。第五项研究 (Dover) 表明: 改善街道照明和其他干预措施的效果相混同, 其他干预措施包括对限制区域加围栏和在主要街道附件修建警察办公室。基于警方数据记录, Poyner (1991) 推断该项措施能减少盗窃车辆的数量, 但是不能减少利用车辆作为交通工具的盗窃。

对 5 项英国研究的元分析, 肯定了上述结论。对 Bristol, Birmingham, Dudley, 和 Stoke-on-Trent 市来说, 在改善照明能显著减少犯罪。我们将 5 项研究的 RES 结合在一起, 对比实验区, 控制区犯罪上升 62%, 或是对比控制区, 实验区下降 38% (RES = 1.62, CI = 1.22-2.15, p = .0008)。

总之, 研究开展时间越靠后结果越支持改善街道照明的正面效果。由于夜间犯罪的减少没有日间犯罪更多, 这表明"社区自信"理论并不比"威慑/监督"理论更有说服力。

表 7 展示了对财产犯罪和暴力犯罪的元分析结果。简单地说, 改善照明对财产犯罪有遏制效果 (RES = 1.20, CI = 1.02 - 1.41, p = .024), 但是对暴力犯罪则不然 (RES = 1.10, CI = 0.91 - 1.34, n.s.[②])。我们使用的模型是随机效应模型。

8. 讨　论

8 个美国的评估符合我们的筛选条件, 其结果也不是统一的。4 项研究表明改善照明能遏制犯罪, 与此同时其他 4 项评估显示并不显著。虽然为何这些研究呈现出

---

① 置信区间 (confident interval) 简称 CI。——译者注

② 不显著 (not significant) 简称 n.s.。——译者注

不同的结果的原因尚未知晓,但是其大体趋势是,日间犯罪和夜间犯罪都包括的研究结论(改善街道照明)都是有效的,而仅包含夜间犯罪的研究的结论(改善街道照明)都是无效的。然而,除一项美国 20 世纪 70 年代的评估外,其他研究的开展的时间都比较类似。英国最近的 5 项项目评估表明改善照明减少了犯罪。此外,Dudley 和 Stoke-on-Trent 两项研究表明:减少犯罪获得的收益超过了改善街道照明的支出(Painter,2001)。由于这些研究并未发现夜间犯罪减少多于日间犯罪,故我们更支持改善照明增加了社区自信和非正式社会控制这一假说,而非是改善照明增加了监控和对犯罪的阻吓。结果和如下假说相悖:改善街道照明的效果对于同质性较高的社区更加明显。尽管对社区的流动缺乏系统性的证据,让我们很难作出上述结论,但是 10 项研究中无一项报告有与上述假设相反的证据,仅有 4 项研究的结论与上述相反(Dudley,Stoke-on-Trent,Harrisburg,and Fort Worth)。3 项研究无法进行上述的分析(Indianapolis,Dover,and Birmingham)。

另外一种可能的解释是,社区自信度提高了,导致街区照明改善同时也导致了犯罪下降,改善照明和犯罪下降无必然联系。基于已经公布的数据我们很难排除上述解释。然而,Dudley 和 Stoke-on-Trent 项目评估的结果可以排除上述解释。

Dudley 市的项目评估报告显示,实验区几乎处于停滞的状态,而其居民和地方政府也经常抱怨照明太差,这是为何地方政府打算改善照明的原因。从结果看,实验区照明的改善十分显著,实验区的居民也认为其生活质量得到了提高(Painter,1997)。这也促使了当地的居委会从环境保护局申请到接近 2000 万的资金用于今后几年的邻里改善项目。实验区照明的改善也促使了居委会向当地政府请愿,以改善其他住宅区的照明。

该市的项目评估报告表明:改善照明措施在先,导致社区自信的增加,照明措施如同催化剂一般加速了进一步改善环境项目开展。Stoke-on-Trent 市也发生了类似的连锁反应。虽然如此,我们却不能确定其他开展类似照明改善项目的城市是否也是遵循相同的因果链,至少我们能作出结论,某些研究表明改善街道照明提高了社区自信,从而减少了犯罪。

9. 灵敏度分析

我们的目标是在实验区和控制区改善照明前后相同的时间段(越多越好,但是大多数案例都是12个月)对总体犯罪数(如可能则收集犯罪的种类)的计算。我们想计算每项评估的简单效应大小。当一项研究具有实验区、毗连区和控制区时,我们会用实验区和控制区的对比来计算效应大小。我们仅仅使用那些有控制区,且控制区在改善照明前至少有20起犯罪的研究。所有的评估都清楚地指明了各种使用了何种评估方法以及计算了多少犯罪。

然而,调查这些效应大小的变化可能起到一定的作用。在8项研究中,除了将多个实验区或是控制区的犯罪结合起来之外没有其他的可行的办法。例如,Portland 和 Indianapolis 市的项目,为比较实验区总体犯罪数和控制区总体犯罪数,两项评估研究各自的两个实验区和控制区的数据被结合了起来。如上所述,我们之所以结合多个区域的数据,是因为我们只想用一个效应大小来评估各个研究。New Orleans 市的项目评估研究分析了改善照明前51个月的数据,但是却没有影响到RES的值。

Bristol 市的项目:我们比较了改善照明前后12月的时间段。由于其研究只选择了改善照明后12个月的时间段,虽然其在改善照明前收集了18个月的犯罪数,但是我们只能使用12个月的数据。最终,RES从1.35下降到1.23(见表8)。

Birmingham 市的研究:分别提供了1982年、1983年、1984年和1985年从3月到8月的盗窃数目。而改善照明措施则发生在1983年年底,因此我们只能将1982年、1983年、1984年、1985年的数字进行分析。然而,1982年警方曾在控制区施行了较为集中的警务行动,导致犯罪转移到了实验区(poyner,1997:87)。因此,我们只调查了1983年、1984年和1985年的数据。RES从3.82下降到2.19。上述的改动将加权平均RES减少到1.19。

最终,改善照明的最坏的情况,我们合并了 Portland 和 Stoke-on-Trent 评估研究的扩散区和控制区,尽管这一措施和调查犯罪转移和利益扩散的目标相悖。对于Portland 的项目评估结果为无效果,但对 Stoke-on-Trent 市来说RES从1.71下降到了1.11。当进行完上述改变后,加权平均RES变为1.16(CI 1.05-1.29,p=.005)。因此,即使在最差的情况下,改善照明也能显著减少犯罪。

对分析过程的其他变动会导致加权平均RES的增加。在 Dudley 市的被害调查中,每一户报告的犯罪数不大于10,此举是为了减少极端值的影响。而对 Stoke-on-Trent 的调查则没有如此的限制,RES从1.44增加到1.49(见表8)。加权RES依然保持在1.27。

另一项被排除的研究,由 Griswold(1984)在 Bortland 市实施:其设置了一个和实验区并不匹配的控制区，而且改善照明的效果也和其他安保措施混同。这项研究本可以令人信服地作出相应的结论。表 8（Portland G）表明 RES 为 1. 33（CI 0. 98－1. 82，p＝. 07）。若将其包括在内，加权平均 RES 将提升至 1. 28。

最后，Jones（2005）比较了 6 种元分析模型（分别为：相似固定和随机效应模型，乘法变异调整 MVA 法，logistic 回归，准二项法和用准可能法的广义线性混合模型）。除了随机效应模型，其他 5 种方法对加权平均 RES 得出几乎相同的结果。表 8 展示了 MVA 模型的结果，其与每个 LOR 的方差相乘以拟合数据。因此，MVA 模型修正了过度散布和异质性的问题。该模型计算出加权平均 RES 为 1. 22（CI 1. 07－1. 40，p＝. 004）。

我们因此得出结论，无论基于何种假设改善照明均能显著减少犯罪。因此我们相信表 6 的分析是较为准确的。

10. “黑暗天际运动”的反对

“黑暗天际运动”，如其名所示，倡导更少的使用街道照明（光污染）从而让天文学家（无论是专业的还是非专业的）能更清楚地观察到行星。利兹都市大学的 Dr. Marchant 是一名统计学家，他同时也是这项运动的财政支持者，曾经批评过我们的研究（Marchant，2004，2005）。他对我们研究最主要的批评和我们对此回应将在下文列举：

1）过度离散：Marchant（2004）指出我们分析的 LRES（基于犯罪案件数）的方差大于通常使用的 RES（基于犯罪人数目）。我们对此的回应是，我们已经根据实证导出的方程 Marchant（2004）对方差进行了修正。此外，MVA 法实质上也能修正过度离散和异质性。

2）平均数退化：Marchant（2005）指出由于改善照明措施常常被应用于犯罪高发的地区，而实验区和控制区并不是被随机选取的，实验区在改善照明前犯罪状况会更加严峻。因此由于“平均数退化”效应，实验区的犯罪减少会十分显著。Farrington（2004，2006）对“平均数退化”做了多种分析并作出结论该效应只会导致实验区犯罪数每年 4%的减少。这种程度的减少与总体 21%的下降来比还是微不足道的。

3）Bristol 的研究：Marchant（2004：442－444）指出时间序列模型表明对该项研究而言改善照明对减少犯罪无效。Farrington（2004：459－460）因此进行了一系列的时间序列分析，结果表明改善照明显著减少了犯罪。

4) Birmingham 的研究：Marchant(2004:444)拒绝了我们基于 1982 年和 1983 年变化的分析结果。当我们将 1982 年的数据排除后，对加权平均 RES 几乎无影响。1982 年数据存在的情况下加权平均 RES-1.28(CI 1.11—1.48)。而没有 1982 年数据的情况下 RES=1.25(1.08-1.44)。

5) Dudley 的研究：基于对过度散布的争论，Marchant(2004:444-445)也拒绝了 Painter's(1997)对 Dudley 市项目的研究。Farrington(2004:450-458)对 Dudley 市的研究进行了无数次的分析，并得出结论该市项目的加权平均 RES 无论在哪种情形下都是显著的。Farrington(2004:458)于是作出如下的结论：

"若 RES 的下限小于 1 则如何？……我们可以类比为给市政议会投资的问题：若我们投资 4611 英镑用于改善街道照明，我们就有微小的可能进一步损失 12156 英镑，但是平均来说我们可以盈利 364668 英镑，因此我们的利润高达 612642。若如上属实，市政议会会接受上述议案，或者是因为改善街道照明的效果并不完全令人信服(其 RES 包括 1.0)而拒绝上述议案吗?"

我们诚挚邀请读者阅读我们和 Marchant 博士的讨论，从而读者可自行判断是否现存的评估研究表明改善照明显著减少了犯罪。

11. 局限性

我们的研究最大的局限在于我们无法检验出版误差。这是由于美国和英国研究的差异导致：即英国的研究更容易出版，但是值得注意的是只有 3 项研究(Fort Worth, Indianapolis 和 Dover)发表在了有同行评议的学术杂志上。

如上所述，本次元分析包含的研究至少存在一次前测和后测，此外还需要设置实验区和可比较的控制区。我们使用的 13 项研究大多都使用了可对比的控制区。根据 Cook 和 Campbell(Cook, 1979)和 Shadish, Cook, 和 Campbell(Shadish, 2002)的要求，上述标准是最低的标准。这种具有这种标准以上的研究能排除很多对内部效度的威胁①。对内部效度主要的威胁在于选择和统计回归(对本次研究来说是指实验

① 内部效度是指：在研究实验测量中，在完全相同的研究过程中复制研究结果的程度。其用来证明一个特殊的自变量，比如一个程序或政策，引起一个被试因变量的改变。所述的内部效度的威胁则是影响内部效度的若干因素。——译者注

区和控制区的不一致)。

在评估研究设计中,控制组的随机化被人认为是“黄金标准”。这也是评估犯罪预防项目最令人信服的方法(Farrington,2006)。许多基于地点的使用了随机实验设计(例如(Braga,2005)对警务热点的研究),但是却没有对改善照明对犯罪的领域开展实验。

12. 结　论

对实践工作的启示

Pease(1999)对改善街道照明的政策实施细节进行详尽的描述。他指出防治机会犯罪的方法在于改变环境,从而让犯罪实施需要更多的努力,承担更多的风险以及获得更少的回报。任何犯罪预防措施实施的第一步是仔细分析情境因素,以及其是如何影响潜在的犯罪人和被害人。第二步才是实施犯罪预防干预措施。改善街道照明是否能减少犯罪取决于情境因素的本身特点和其他并发的情境干预措施。在预防犯罪措施中有一点特别值得注意:犯罪倾向于集中在特定人和特定地点上,而不是均匀分布在各个社区周围。

本次元分析所选的英国的研究表明在某些情况下改善街道照明能有效减少犯罪。诚然,现在我们还不清楚最理想的情况是什么,因此我们需要进一步的评估研究。然而,改善犯罪应当被视作一种有潜力的犯罪预防措施且能和其他的犯罪预防措施共同作用。依靠对犯罪问题的分析,加强街道照明往往会作为一种可行的、花费低的和有效的犯罪预防途径而被使用。

改善街道照明比其他的一些犯罪预防措施更有优势,这些措施包括:将公共区域逐渐私有化、排除部分人群和构筑“堡垒”式社会(Bottoms,1990)。街道照明福及整个社区而不仅仅是特定的个人或是家庭。其并非仅是为犯罪提供了物理障碍,也不会限制任何市民的自由,还能加强公共安全以及对街道夜间的利用。简言之,加强街道照明几乎无负面效果,而且能确保守法公民获益。

对下一步研究的启示

今后的研究应该更加清楚地探究加强街道照明减少犯罪的主要机制和理论(例如,究竟改善照明是加强社区自信抑或是增加监督和威慑)。对实验区和控制区的青少年的调查也应随之展开,从而调查他们的犯罪情况,对这个地区的看法,他们使用街道的规律以及阻止他们犯罪的原因(例如长辈的非正式控制,在夜间增加监控)。住户调查也是必要的,重点应在对社区改善的感知,社区自信,对青少年的非正式控制和夜间监控上。

理想的情况下,未来的研究应该尽量使用多种来源的数据,包括警方数据、被害调查和犯罪人自称调查。改善街道照明可能方便了或是鼓励了市民将犯罪报告给警方,被害人能更清楚地观察到犯罪人的特点。因此,仅仅用警方的数据可能会对结果有所误导。其他两项调查对检验核心假设十分有必要。遗憾的是,现存绝大多数的研究依据的仅仅是警方数据。

理想情况下,未来的研究应该包含若干个实验区、毗连区和控制区。毗连区的设立对检验犯罪转移和利益扩散有着举足轻重的作用。对犯罪数量的对比也应该基于以上三个区域的数据变化。使用多个区域可以使如下问题的边界效应的探究成为可能:改善照明对哪些区域带来更多或更少的效果。通过增加组数,也可以增加三种类型的区域的犯罪数,从而让统计检验的方法更为有效。理想情况下,我们就可以调查出大量的潜在的犯罪人和被害者。遗憾的是,现存的研究的控制区是和实验区毗连的。

三种区域在干预措施前后的犯罪数均应进行测量。理想情况下,前后的时间段应该足够长,以侦测出现存犯罪变化趋势和干预措施效果的持续时间。尽可能使用时间序列检验方法。尽可能收集各类犯罪的数据,包括日间犯罪和夜间犯罪。照明改善的程度也应被仔细地度量,包括横向的比较和纵向的比较。对改善照明的花费—收益分析也应尽可能予以分析(13 项中只有两项进行了类似的分析)。我们之前的工作(Welsh,1999;2000)表明情境犯罪预防措施是十分经济的。

对于检验假设的研究,最好将改善照明和其他的犯罪预防措施结合起来。在某种意义上说,社区自信是十分重要的因素,其他环境改善的措施会增加社区自信。某种程度上说监控也是如此,CCTV 监控就能极大地提高监控。例如,实验区既增加了照明又安设了 CCTV,另两个实验区分别只安设其中一项措施,这样我们就有三个实验区。上述这种设计就能很好地评估不同的犯罪预防措施之间的交互效应,遗憾的是很少有研究进行过上述设计。

13. 图　表

表1　没有符合筛选条件的研究及其原因

Author, Publication Date, and Location	Reason for Not Including Program	Other Interventions	Sample Size	Follow-up and Results
Hack 1974, Norfolk, Virginia, US	Crime not measured (fear of crime measured)	None	n/a	n/a
Siemon 1974, Dade County, FL, US	No control area used	None	1 public housing project (Larchmont Gardens)	9 months; class I crimes: −22.9% (245 to 189); class II crimes: −51.4% (72 to 35)
Krause 1977, New Orleans, LA, US	No control area used	None	1 commercial area	9 months; commercial nighttime burglary (mean monthly difference): −1.4
Griswold 1984, Portland, OR, US	Non-comparable control area (rest of city)	Multiple (e.g. security surveys, cleanup day, bus shelters)	1 commercial strip and adjacent neighborhoods	34 months; commercial burglary decreased, other crimes no change (time series analysis)
Bachner 1985, Camillus, NY, US	No control area used	None	1 parking lot of shopping mall	<1 year; vehicle break-ins: "virtually eliminated"
Davidson 1991, Hull, UK	No control area used	None	1 residential area (Dukeries)	6 weeks; percentage of victimizations: +9.5% (63% to 69%)
Vamplew 1991, Cleveland, UK	No control area used and crime not measured (public perception and fear of crime measured)	None	4 residential areas	12 months; n/a
Vrij 1991, Enkhuizen, The Netherlands	Crime not measured (fear of crime and perceived risk of victimization measured)[a]	None	n/a	n/a

续表

Author, Publication Date, and Location		Reason for Not Including Program	Other Interventions	Sample Size	Follow-up and Results
Atkins 1991, Wandsworth, UK		Numbers of crimes too small. Victim survey response rate before = 37%	None	1 relit area, 1 adjacent non-relit area	VS: 7 weeks: relit crimes −35.9% (39 decrease to 25); control crimes −69.2% (13 to 4).
Ramsey 1991, Hastings, UK		Number of crimes too small	None	1 relit area, 1 control area	7 months: recorded crime in relit area +40.0% (15 to 21); control crimes +30.6% (85 to 111).
Challinger 1992, South Australia and Northern Territory, Australia		No control area used	Multiple (e.g., target hardening, security staff)	35,000 public pay phones	3 years;[b] vandalism: −19.0% (1373 to 1112)
Nair 1993, Glasgow, UK		No control area used and crime not measures (fear of crime measured)	Multiple (e.g., paths widened, entry phones)	n/a	n/a
Tilley 1993, Salford, UK		No control area used	None	3 businesses	12 months; total crimes: −72.4% (29 to 8)
Ditton 1994, Glasgow and High Blantyre, UK		No control area used	None	1 residential area in both sites	3 months; 2 sites combined: total personal victimization: −50.0% (12 to 6); total vehicle victimization: −95.7% (23 to 1); total police recorded crime: −14.0% (57 to 49)
La Vigne 1994, Austin, TX, US		No control area used	None	38 convenience stores	n/a; thefts of gasoline: −65%
Painter 1994, 3 areas in London, UK	Edmonton	No control area used (for all 3 sites)	None (for all 3 sites)	1 street and 1 pedestrian footpath	6 weeks; total crime (at night): −85.7% (21 to 3)
	Tower Hamlets			1 street	6 weeks; total crime (at night): −77.8% (18 to 4)
	Hammersmith and Fulham			1 street	12 months; total crime (at night): (2 to 0)

续表

Author, Publication Date, and Location	Reason for Not Including Program	Other Interventions	Sample Size	Follow-up and Results
Nair 1997, Glasgow, UK	No control area used	None	1 carriage-way	2 years; pestering/following: −48.2%(112 to 58); sexual proposition: −54.2%(24 to 11); assault/mugging: 3 to 1; sexual assault: 1 to 0(all at night)
Tseng 2004, Columbus, Ohio, US	No control area used	Improved visibility, change in exit and entrance locations, redesign of stairways	2 parking garages on university campus	2 years; violent crime: −20.6%(34 to 27) property crime: −2.1%(1362 to 1333) total crime: −2.6%(1396 to 1360)
Willis 2005, 3 shire counties in UK(Bedfordshire, North Yorkshire, and Wiltshire)	Crime not measured	None	residential areas	n/a

[a]Respectively, the questions asked were: "To what extent do you feel safe here?" and "How likely do you think it is that you could be molested here?" (Vrij 1991:211).

[b]Follow-up period not specified for street lighting intervention.

Noets: n/a. = not available or not applicable. VS = Victim Survey.

表 2 美国的研究

Author, Publication Date, Location	Context of Intervention	Type of Intervention(Other Interventions)	Sample Size	Outcome Measure and Data Source	Research Design
Atlanta Regional Commission 1974, Atlanta, GA	City center (high robbery)	Improved (4x) street lighting (none)	E = selected streets in census tract 27, C = rest of streets in census tract 27	Crime(robbery, assault, and burglary); police records	Before-after, experimental-control; before and after periods = 12 months
Department of Fiscal Liaison 1974, Milwaukee, WI	Residential and commercial area (older residents)	Improved (7x) street lighting (none)	E = 1 area(3.5 miles of streets), C = 1 adjacent area	Crime (property and person categories); police records	Before-after, experimental-control; before and after periods = 12 months
Inskeep 1974, Portland, OR	Residential neighborhood (high crime)	Improved (2x) street lighting (none)	E = 2 areas, A = 2 areas, C = surrounding areas	Crime(robbery, assault, and burglary); police records	Before-after, experimental-control; before and after periods = 6 to 11 months

续表

Author, Publication Date, Location	Context of Intervention	Type of Intervention (Other Interventions)	Sample Size	Outcome Measure and Data Source	Research Design
Wright 1974, Kansas City, MO	Residential and commercial areas (high crime)	Improved street lighting (none)	E = 129 relit blocks in 4 relit areas, C = 600 nonrelit blocks in same areas	Crime (violent and property offenses); police records	Before-after, experimental-control; before and after periods = 12 months
Harrisburg Police Department 1976, Harrisburg, PA	Residential neighborhood	Improved street lighting (none)	E = 1 high crime area, C = 1 adjacent area	Crime (violent and property offenses); police records	Before-after, experimental-control; before and after periods = 12 months
Sternhell 1977, New Orleans, LA	Residential and commercial areas	Improved street lighting (none)	E = 2 high crime area, C = 2 adjacent area	Crime (burglary, vehicle theft, and assault); police records	Before-after, experimental-control; before and after periods = 51 months, after periods = 29 months
Lewis 1979, Fort Worth, TX	Residential neighborhood	Improved (3x) street lighting (none)	E = 1 high crime area, C = 1 adjacent area	Crime (total); police records	Before-after, experimental-control; before and after periods = 12 months
Quinet 1998, Indianapolis, IN	Residential neighborhood	Improved street lighting (police initiatives)	E = 2 multi-block areas, C = 2 areas with no new lights	Calls for service (violent and property crime); police records	Before-after, experimental-control; before and after periods = 7–10 months

Notes: E = experimental; C = control; A = adjacent; x = times increase in lighting.

表 3 英国的研究

Author, Publication Date, Location	Context of Intervention	Type of Intervention (Other Interventions)	Sample Size	Outcome Measure and Data Source	Research Design
Poyner 1991, Dover	Parking garage (in town center)	Improved lighting (at main entrance/exit) (fencing, office constructed)	E = 1 parking garage, C = 2 open parking lots close to E	Crime (total and theft of and from vehicles); police records	Before-after, experimental-control; before and after periods = 24 months
Shaftoe 1994, Bristol	Residential neighborhood	Improved (2x) street lighting (none)	E = 2 police beats, C = 2 adjacent police beats	Crime (total); police records	Before-after, experimental-control; before and after periods = 12 months

续表

Author, Publication Date, Location	Context of Intervention	Type of Intervention (Other Interventions)	Sample Size	Outcome Measure and Data Source	Research Design
Poyner 1997, Birmingham	City center market	Improved lighting (none)	E = 1 market, C = 2 markets	Thefts; police records	Before-after, experimental-control; before and after periods = 12 months (6 months in each of 2 years)
Painter 1997, Dudley	Local authority housing estate	Improved (2x) street lighting (none)	E = 1 housing estate, C = 1 adjacent estate	Crime (total and types of offenses); victim survey and self-reports	Before-after, experimental-control and statistical analyses; before and after periods = 12 months
Painter 1999, Stoke-on-Trent	Local authority housing	Improved (5x) street lighting	E = 1 housing estate, A = 2 adjacent estates, C = 2	Crime (total and types of offenses);	Before-after, experimental-control and statistical
	estate	(none)	non-adjacent estates	victim survey	analyses; before and after periods = 12 months

Notes: E = experimental; A = adjacent; C = control; x = times increase in lighting.

表 4 改善街道照明的效果(美国)

Study	All Crimes (E Before, C Before)	Types of Crimes	Results and Displacement/Diffusion
Atlanta	T: E+34. 2%, C+76. 5% N: E+88. 7%, C+121. 5% D: E−16. 4%, C+33. 3% (114, 247)	Rob: E−8. 1%, C+23. 6% Aslt: E+418. 2%, C+319. 6% Burg: E−9. 8%, C+32. 8%	Effective No displacement occurred
Milwaukee	T (7m): E − 5. 6%, C + 29. 2% N (12m): E − 5. 9%, C − 1. 7% D (7m): E + 2. 2%, C + 37. 0% (161, 370)	Prop (N): E−5. 8%, C−3. 3% Viol (N): E−6. 3%, C+2. 0%	Effective Some displacement occurred
Portland	N: E − 6. 5%, A − 11. 8%, C−12. 0% (340, 1001; A Before = 365)	Rob (N): E−31. 5%, A−36. 6%, C−30. 3% Aslt (N): E−11. 3%, A−22. 1%, C−5. 6% Burg (N): E + 11. 9%, A + 11. 6%, C−7. 3%	Not effective No displacement or diffusion occurred

续表

Study	All Crimes (E Before, C Before)	Types of Crimes	Results and Displacement/Diffusion
Kansas City	N:E-36.7%,C-21.2% (188,386)	Rob(N):E-52.2%,C-16.9% Aslt(N):E-40.5%,C+3.8% Larc(N):E-39.2%,C-28.9% MVT(N):E+3.0%,C-34.1%	Effective for violence Some displacement occurred
Harrisburg	N:E+14.4%,C+17.1% (201,117)	Rob(N):E-8.7%,C+7.1% Aslt(N):E+9.4%,C-24.2% Burg(N):E+32.9%,C+46.0% MVT(N):E+2.4%,C+20.0%	Not effective No displacement occurred
New Orleans	N:E-25.4%,C-26.3% (863,1579)	Aslt(N):E-18.8%,C-30.1% Burg(N):E-25.8%,C-28.8% MVT(N):E-29.0%,C-22.6%	Not effective No displacement occurred
Fort Worth	E-21.5%,C+8.8% (261,80)	Not available	Effective Possible displacement
Indianapolis	E+39.0%,C+4.1%(excluding police actions) (118,49)	Viol:E+39.2%,C+81.6% Prop:E-13.8%,C-18.2% (including police actions)	Not effective No displacement occurred

Notes:T=total;N=night;D=day;E=experimental;A=adjacent;C=control;Rob=robbery;Aslt=assault;Burg=burglary;Prop=Property;Viol=violence;Larc=larceny;MVT=motor vehicle theft;E Before=no.of crimes in experimental area before;C Before=no.of crimes in control area before.

表 5 改善街道照明的效果(英国)

Study	All Crimes (E Before, C Before)	Types of Crimes	Results and Displacement/Diffusion
Dover	E-49.0%,C-41.9% (96,43)	TFV:E-21.4%,C-50.0%; TOV:E-81.6%,C-47.1%	Effective(theft of vehicles) No displacement occurred
Bristol	T:E-5.2%,C+27.8% N:E-5.8%,C+19.3% D:E-4.9%,C+33.3% (2931,1315)	Rob(N):E+50.8%,C-27.8%; TFV(N):E-29.6%,C+10.8%	Effective Displacement/diffusion not measured
Birmingham	(136,81)	Theft(D):E-78.7%,C-18.5%	Effective No displacement occurred; some diffusion occurred
Dudley	VS:E-40.8%,C-15.0% SR:E-35.0%,C-14.0% N:E-31.9%,C-2.0% D:E-38.7%,C-26.0% (VS:495,368) (SR:480,499)	VS Burg:E-37.7%,C-13.4% Veh:E-49.1%,C-15.7% Viol:E-40.8%,C+4.9% SR Viol:E-39.6%,C-25.6% Vand:E-18.2%,C+10.9% Dish:E-7.1%,C+60.0%	Effective No displacement occurred

续表

Study	All Crimes(E Before, C Before)	Types of Crimes	Results and Displacement/Diffusion
Stoke-on-Trent	VS:E-42.9%, A-45.4%, C-2.0% (55161;A before=243)	VS Burg:E-15.1%, A-20.3%, C+0.6% Veh: E - 46.4%, A - 47.7%, C-34.7% Viol: E - 68.0%, A - 66.3%, C-39.2%	Effective No displacement occurred; diffusion occured

Notes: T=total; N=night; D=day; E=experimental; A=adjacent; C=control; VS=victim survey; SR=self-reports; Rob=robbery; Burg=burglary; TFV=theft from vehicle; TOV=theft of vehicle; Viol=violence; Veh=vehicle crime; Vand=vandalism; Dish=dishonesty; E Before=no.of crimes in experimental area before; C Before=no.of crimes in control area before.

表 6 元分析结果

	Relative Effect Size	Confidence Interval/Z Value	P Value
US N Studies			
Portland	0.94	0.75—1.18 -0.53	n.s.
Kansas City	1.24	0.90—1.71 1.34	n.s.
Harrisburg	1.02	0.72—1.46 0.13	n.s.
New Orleans	0.99	0.83—1.18 -0.14	n.s.
US ND Studies			
Atlanta	1.39	0.99—1.94 1.91	.055
Milwaukee	1.37	1.01—1.86 2.01	.044
Fort Worth	1.38	0.92—2.07 1.58	n.s.
Indianapolis	0.75	0.45—1.25 -1.10	n.s.
UK ND Studies			
Dover	1.14	0.58—2.22 0.38	n.s.
Bristol	1.35	1.16—1.56 3.98	.0001
Birmingham	3.82	2.15—6.80 4.56	.0001
Dudley	1.44	1.10—1.87 2.67	.008
Stoke-on-Trent	1.71	1.10—2.67 2.38	.017
Summary Results			
4 US N Studies	1.01	0.90—1.14 0.16	n.s.
4 US ND Studies	1.28	1.06—1.53 2.59	.010
5 UK ND Studies*	1.62	1.22—2.15 3.37	.0008
8 US Studies	1.08	0.98—1.20 1.55	n.s.
9 UD Studies*	1.43	1.19—1.71 3.87	.0001
All 13 Studies*	1.27	1.09—1.47 3.09	.0008

Notes: N=only night crimes measured; ND=night and day crimes measured; * =random effects model used (fixed effects model used in other cases).

表 7 对暴力和财产犯罪的元分析

	Relative Effect Size	Confidence Interval	z	P Value
Violent				
Portland	0. 83	0. 60—1. 14	-1. 17	n.s.
Kansas City	1. 79	1. 14—2. 79	2. 55	. 011
Harrisburg	0. 81	0. 46—1. 44	-0. 70	n.s.
New Orleans	0. 86	0. 64—1. 16	-0. 99	n.s.
Atlanta	1. 20	0. 81—1. 78	0. 92	n.s.
Milwaukee	1. 09	0. 45—2. 65	0. 19	n.s.
Bristol	0. 48	0. 21—1. 09	-1. 75	n.s.
Dudley	1. 77	1. 09—2. 88	2. 31	. 021
Stoke	1. 89	0. 45—7. 90	0. 87	n.s.
Total	**1. 10**	**0. 91—1. 34**	**0. 98**	**n.s.**
Property				
Portland	0. 83	0. 60—1. 14	-1. 17	n.s.
Kansas City	0. 88	0. 57—1. 36	-0. 58	n.s.
Harrisburg	1. 14	0. 73—1. 78	0. 56	n.s.
New Orleans	1. 03	0. 85—1. 26	0. 33	n.s.
Atlanta	1. 47	0. 79—2. 73	1. 23	n.s.
Milwaukee	1. 03	0. 70—1. 50	0. 13	n.s.
Dover	1. 14	0. 58—2. 22	0. 38	n.s.
Bristol	1. 57	1. 07—2. 31	2. 31	. 021
Birmingham	3. 82	2. 15—6. 80	4. 56	. 0001
Dudley	1. 33	0. 98—1. 80	1. 81	n.s.
Stoke	1. 59	0. 99—2. 56	1. 93	. 054
Total	**1. 20**	**1. 02—1. 41**	**2. 25**	**. 024**

表 8 敏感度分析

	Relative Effect Size	Confidence Interval	z	P Value
(A) Total Effect	**1. 27**	**1. 09—1. 47**	**3. 09**	**. 002**
1. Bristol-18m	1. 23	1. 06—1. 41	2. 83	. 005
Birmingham-1983	2. 19	1. 16—4. 16	2. 41	. 016
Total Effect	1. 21	1. 07—1. 36	3. 11	. 002
2. Wandsworth	0. 48	0. 14—1. 66	-1. 16	n.s.
Hastings	0. 93	0. 41—2. 10	-0. 17	n.s.

续表

	Relative Effect Size	Confidence Interval	z	P Value
Total Effect	1. 19	1. 06—1. 34	2. 96	. 003
3. Stoke-Adjacent	1. 11	0. 86—1. 42	0. 78	n.s.
Total Effect	1. 16	1. 05—1. 29	2. 82	. 005
(B) Total Effect	**1. 27**	**1. 09—1. 47**	**3. 09**	**. 002**
1. Dudley - No Limit	1. 49	1. 16—1. 92	3. 10	. 002
Total Effect	1. 27	1. 09—1. 48	3. 12	. 002
2. Portland-G	1. 33	0. 98—1. 82	1. 81	. 070
Total Effect	1. 28	1. 11—1. 47	3. 38	. 0007
(C) Total Effect (MVA)	**1. 22**	**1. 07—1. 40**	**2. 90**	**. 004**

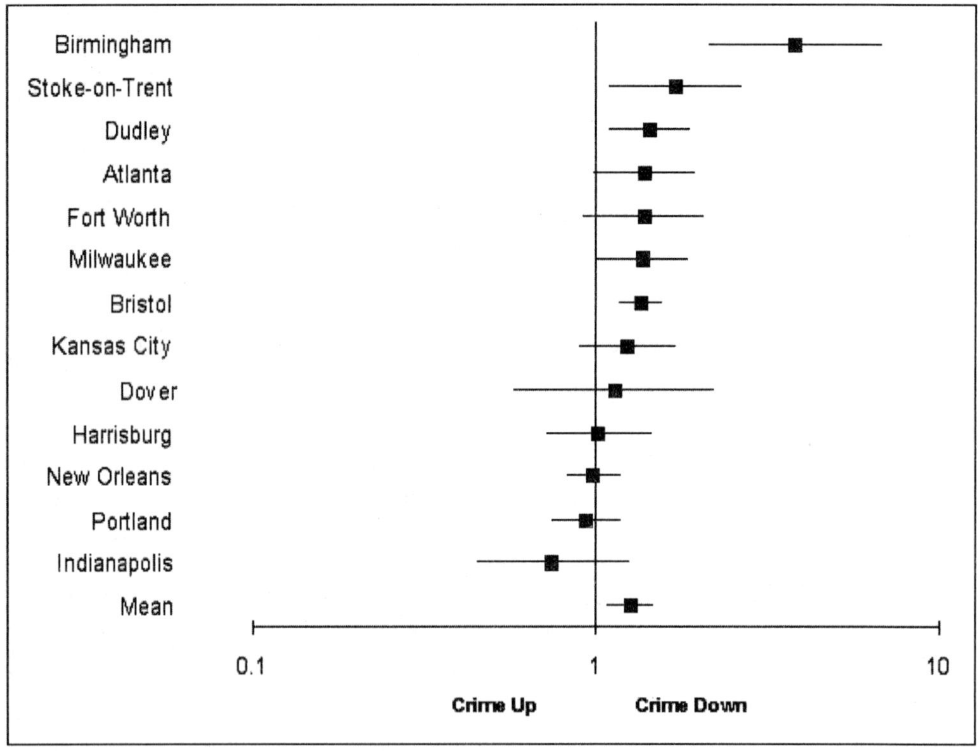

Note: RESs on logarithmic scale.

图 1 犯罪总数置信区间为 95%的 RES

14. 参考文献

被选入的研究

Atlanta Regional Commission 1974{published data only}

*Atlanta Regional Commission.Street Light Project:Final Evaluation Report.Atlanta, GA:Author,1974.

Department of Intergovernmental Fiscal Liaison 1974 {published data only}

*Department of Intergovernmental Fiscal Liaison.Final Report-Milwaukee High IntensityStreet Lighting Project.Milwaukee,WI:Author,1974.

Department of Intergovernmental Fiscal Liaison. Preliminary Report-Milwaukee High IntensityStreet Lighting Project.Milwaukee,WI:Author,1973.

Harrisburg Police Department 1976{published data only}

*Harrisburg Police Department.Final Evaluation Report of the"High Intensity Street Lighting Program." Harrisburg, PA: Planning and Research Section, Staff and Technical Services Division,Harrisburg Police Department,1976.

Inskeep 1974{published data only}

*Inskeep NR, Goff C. A Preliminary Evaluation of the Portland Lighting Project. Salem,OR:Oregon Law Enforcement Council,1974.

Lewis 1979{published data only}

*Lewis EB,Sullivan TT.Combating crime and citizen attitudes: A case study of the corresponding reality.Journal of Criminal Justice 1979;7:71-79.

Painter 1997{published data only}

*Painter KA,Farrington DP.The crime reducing effect of improved street lighting:The Dudley project.In:Clarke RV,editor.Situational Crime Prevention:Successful Case Studies. Second ed.Guilderland,NY:Harrow and Heston,1997:209-226.

Painter KA, Farrington DP. Evaluating situational crime prevention using a young people's survey.British Journal of Criminology 2001;41:266-284.

Painter 1999a{published data only}

*Painter KA,Farrington DP.Street lighting and crime: Diffusion of benefits in the

Stokeon-Trent project.In:Painter KA,Tilley N,editor(s).Surveillance of Public Space:CCTV,Street Lighting and Crime Prevention.Crime Prevention Studies,Vol.10.Monsey,NY:Criminal Justice Press,1999a:77-122.

Painter KA,Farrington DP.Improved street lighting:Crime reducing effects and cost-benefit analyses.Security Journal 1999b;12:17-32.

Poyner 1991{published data only}

*Poyner B.Situational crime prevention in two parking facilities.Security Journal 1991;2:96-101.

Poyner 1997{published data only}

*Poyner B,Webb B.Reducing theft from shopping bags in city center markets.In:Clarke RV,editor.Situational Crime Prevention:Successful Case Studies.Second ed.Guilderland,NY:Harrow and Heston,1997:83-89.

Quinet 1998{published data only}

*Quinet KD,Nunn S.Illuminating crime:The impact of street lighting on calls for police service.Evaluation Review 1998;22:751-779.

Shaftoe 1994{published data only}

*Shaftoe H.Easton/Ashley,Bristol:Lighting improvements.In:Osborn S,editor.Housing Safe Communities:An Evaluation of Recent Initiatives.London,UK:Safe Neighbourhoods Unit,1994:72-77.

Sternhell 1977{published data only}

*Sternhell R.The Limits of Lighting:The New Orleans Experiment in Crime Reduction.Final Impact Evaluation Report.New Orleans,LA:Mayor's Criminal Justice Coordinating Council,1977.

Wright 1974{published data only}

*Wright R,Heilweil M,Pelletier P,Dickinson K.The Impact of Street Lighting on Crime.Ann Arbor,MI:University of Michigan,1974

被排除的文献

Atkins 1991{published data only}

*Atkins S,Husain S,Storey A.The Influence of Street Lighting on Crime and Fear of Crime.Crime Prevention Unit Paper No.28.London,UK:Home Office,1991.

Bachner 1985{published data only}

* Bachner JP.Effective security lighting.Journal of Security Administration 1985;9:59-67.

Challinger 1992{published data only}

* Challinger D.Less telephone vandalism:How did it happen? In:Clarke RV,editor. Situational Crime Prevention:Successful Case Studies.Albany,N.Y.:Harrow and Heston,1992:75-88.

Davidson 1991{published data only}

* Davidson N,Goodey J.Final Report of the Hull Street Lighting and Crime Project. Hull,UK:School of Geography and Earth Sciences,University of Hull,1991.

Ditton 1994{published data only}

* Ditton J,Nair G.Throwing light on crime:A study of the relationship between street lighting and crime prevention.Security Journal 1994;5:125-132.

Griswold 1984{published and unpublished data}

* Kushmuk J,Whittemore SL.A Re-evaluation of Crime Prevention Through Environmental Design Program in Portland,Oregon.Executive Summary.Washington,DC:National Institute of Justice,U.S.Department of Justice,1981.

Griswold DB. Crime prevention and commercial burglary: A time series analysis. Journal of Criminal Justice 1984;12:493-501.

Lavrakas PJ, Kushmuk JW. Evaluating crime prevention through environmental design: The Portland commercial demonstration project. In: Rosenbaum DP, editor. Community Crime Prevention:Does It Work? Beverly Hills,CA:Sage,1986:202-227.

Hack 1974{published data only}

* Hack G.Improving City Streets for Use at Night:The Norfolk Experiment.Norfolk,VA:Norfolk Redevelopment and Housing Authority,1974.

Krause 1977{published data only}

* Krause PB. The impact of high intensity street lighting on nighttime business burglary.Human Factors 1977;19:235-239.

La Vigne 1994{published data only}

* La Vigne NG. Gasoline drive-offs: Designing a less convenient environment. In: Clarke RV,editor.Crime Prevention Studies, Vol.2.Monsey,NY:Criminal Justice Press,

1994:91-114.

Nair 1993{published data only}

*Nair G,Ditton J,Phillips S.Environmental improvements and the fear of crime:The sad case of the 'pond' area in Glasgow.British Journal of Criminology 1993;33:555-561.

Nair 1997{published data only}

*Nair G, McNair DG, Ditton J. Street lighting: Unexpected benefits to young pedestrians from improvement.International Journal of Lighting Research and Technology 1997;29:143-149.

Painter 1994{published data only}

*Painter KA.The impact of street lighting on crime,fear,and pedestrian street use.Security Journal 1994;5:116-124.

Ramsay 1991{published data only}

*Ramsay M,Newton R.The Effect of Better Street Lighting on Crime and Fear:A Review.Crime Prevention Unit Paper No.29.London,UK:Home Office,1991.

Siemon 1974{published data only}

*Siemon JM, Vardell L. A bright answer to the crime and energy question. Police Chief,1974;June:53-55.

Tilley 1993{published data only}

*Tilley N.The Prevention of Crime against Small Businesses:The Safer Cities Experience.Crime Prevention Unit Paper No.45.London,UK:Home Office,1993.

Tseng 2004{published data only}

*Tseng C-H,Duane J,Hadipriono F.Performance of campus parking garages in preventing crime.Journal of Performance of Constructed Facilities 2004;18(1):21-28.

Vamplew 1991{published data only}

*Vamplew C.Switching off the fears.Surveyor 1991;August 15:16-17.

Vrij 1991{published data only}

*Vrij A,Winkel FW.Characteristics of the built environment and fear of crime:Aresearch note on interventions in unsafe locations.Deviant Behavior 1991;12:203-215.

Willis 2005{published data only}

*Willis,KG,Powe NA,Garrod GD.Estimating the value of improved street lighting:A factor analytical discrete choice approach.Urban Studies 2005;42:2289-2303.

无法获得的研究

Denver Anti-Crime Council 1977

Denver Anti-Crime Council.Final Report:Street Lighting Project.(June).Unpublished draft.Denver,Colorado:Author,1977.

Department of Public Works 1976

Department of Public Works.A Brief Update on ‘Miami Relights’.(July).Miami, Florida:Author,1976.

Newark High Impact Evaluation Staff 1975

Newark High Impact Evaluation Staff. Street Lighting Project Interim Evaluation Report.(December).Newark,N.J.:Author,1975.

Tucson Department of Human and Community Development 1971

Tucson Department of Human and Community Development.First Action Year:August 1, 1970-July 31, 1971. Project Evaluation Report. (October). Tucson, Arizona: Author,1971.

其他参考文献

Angel 1968

Angel S.Discouraging Crime Through City Planning.Working Paper No.5.Berkeley, CA:University of California,1968.

Atkins 1991

Atkins S,Husain S,Storey A.The Influence of Street Lighting on Crime and Fear of Crime.Crime Prevention Unit Paper No.28.London,UK:Home Office,1991.

Barr 1990

Barr R,Pease K.Crime placement,displacement,and deflection.In:Tonry M,Morris N,editor(s).Crime and Justice:A Review of Research,Vol.12.Chicago,IL:University of Chicago Press,1990:277-318.

Beyer 2005

Beyer FR,Pond P,Ker K.Street Lighting for Preventing Road Traffic Injuries.Unpublished Cochrane Collaboration Review. Newcastle-upon-Tyne, UK: Centre for Health Services Research,University of Newcastle,2005.

Bottoms 1990

Bottoms AE.Crime prevention facing the 1990s.Policing and Society 1990;1:3–22.

Braga 2005

Braga AA.Hot spots policing and crime prevention:A systematic review of randomized controlled trials.Journal of Experimental Criminology 2005;1:317–342.

Clarke 1995

Clarke RV. Situational crime prevention. In: Tonry M, Farrington DP, editor(s). Building a Safer Society:Strategic Approaches to Crime Prevention.Crime and Justice:A Review of Research,Vol.19.Chicago,Illinois:University of Chicago Press,1995:91–150.

Clarke 1994

Clarke RV, Weisburd D. Diffusion of crime control benefits: Observations on the reverse of displacement. In: Clarke RV, editor. Crime Prevention Studies, Vol. 2. Monsey, New York:Criminal Justice Press,1994:165–183.

Cook 1979

Cook TD,Campbell DT.Quasi-Experimentation:Design and Analysis Issues for Field Settings.Chicago,Illinois:Rand McNally,1979.

Cozens 2003

Cozens PM,Neale RH,Whitaker J,Hillier D,Graham M.A critical review of street lighting,crime and the fear of crime in the British city.Crime Prevention and Community Safety 2003;5(2):7–24.

Eck 1997

Eck JE.Preventing crime at places.In:Sherman LW,Gottfredson DC,MacKenzie DL,

Eck JE,Reuter P,Bushway SD.Preventing Crime:What Works,What Doesn't,What's Promising.Washington,DC:National Institute of Justice,US Department of Justice,1997:chapter 7.

Eck 2002

Eck JE.Preventing crime at places.In:Sherman LW,Farrington DP,Welsh BC,MacKenzie DL, editor(s). Evidence-Based Crime Prevention. New York: Routledge, 2002:241–294.

Farrington 2002

Farrington DP,Welsh BC.Effects of Improved Street Lighting on Crime:A Systematic

Review.Home Office Research Study No.251.London,UK:Home Office,2002a.

Farrington 2005

Farrington DP,Welsh BC.How important is "regression to the mean" in area-based crime prevention research? Crime Prevention and Community Safety 2005;8(1):50-60.

Farrington 2006

Farrington DP,Welsh BC.A half century of randomized experiments on crime and justice.In:Tonry M,editor.Crime and Justice:A Review of Research,Vol.34.Chicago:University of Chicago Press,2006:55-132.

Farrington 2007a

Farrington DP,Gill M,Waples SJ,Argomaniz J.The effects of closed-circuit television on crime:Meta-analysis of an English national quasi-experimental multi-site evaluation. Journal of Experimental Criminology 2007;3:21-38.

Farrington 2007b

Farrington DP, Welsh BC. Improved Street Lighting and Crime Prevention: A Systematic Review.Stockholm,Sweden:National Council for Crime Prevention,2007.

Fleming 1986

Fleming R,Burrows JN.The case for lighting as a means of preventing crime.Home Office Research Bulletin 1986;22:14-17.

Jacobs 1961

Jacobs J. The Death and Life of Great American Cities. New York: Random House,1961.

Jeffery 1977

Jeffery CR.Crime Prevention Through Environmental Design.Second ed.Beverly Hills, CA:Sage,1977.

Jones 2005

Jones,HE.Measuring Effect Size in Area-Based Crime Prevention Research.Unpublished M.Phil.thesis.Cambridge,UK:Statistical Laboratory,Cambridge University,2005.

Kelling 1996

Kelling GL,Coles CM.Fixing Broken Windows:Restoring Order and Reducing Crime in Our Communities.New York:Simon and Schuster,1996.

Lipsey 2001

Lipsey MW, Wilson DB. Practical Meta-Analysis. Thousand Oaks, California: Sage, 2001.

Marchant 2004

Marchant PR. A demonstration that the claim that brighter lighting reduces crime is unfounded. British Journal of Criminology 2004;44:441-447.

Marchant 2005

Marchant PR. What works? A critical note on the evaluation of crime reduction initiatives. Crime Prevention and Community Safety 2005;7(2):7-13.

Painter 1994

Painter KA. The impact of street lighting on crime, fear, and pedestrian street use. Security Journal 1994;5:116-124.

Painter 1996

Painter KA. Street lighting, crime and fear of crime: A summary of research. In: Bennett TH, editor. Preventing Crime and Disorder: Targeting Strategies and Responsibilities. Cambridge, UK: Institute of Criminology, University of Cambridge, 1996.

Painter 2001

Painter KA, Farrington DP. The financial benefits of improved street lighting, based on crime reduction. Lighting Research and Technology 2001;33:3-12.

Pease 1999

Pease K. A review of street lighting evaluations: Crime reduction effects. In: Painter KA, Tilley N, editor(s). Surveillance of Public Space: CCTV, Street Lighting and Crime Prevention. Crime Prevention Studies, Vol. 10. Monsey, NY: Criminal Justice Press, 1999: 47-76.

Piquero 2003

Piquero AR, Farrington DP, Blumstein A. The criminal career paradigm. In: Tonry M, editor. Crime and Justice: A Review of Research, Vol. 30. Chicago, Illinois: University of Chicago Press, 2003: 359-506.

Poyner 1993

Poyner B. What works in crime prevention: An overview of evaluations. In: Clarke RV, editor. Crime Prevention Studies, Vol. 1. Monsey, New York: Criminal Justice Press, 1993: 7-34.

Ramsay 1991

Ramsay M, Newton R.The Effect of Better Street Lighting on Crime and Fear: A Review.Crime Prevention Unit Paper No.29.London, UK: Home Office, 1991.

Reppetto 1976

Reppetto TA. Crime prevention and the displacement phenomenon. Crime & Delinquency 1976;22:166-177.

Sampson 1997

Sampson RJ, Raudenbush SW, Earls F.Neighborhoods and violent crime: A multilevel study of collective efficacy.Science 1997;277:918-224.

Shadish 2002

Shadish WR, Cook TD, Campbell DT.Experimental and Quasi-Experimental Designs for Generalized Causal Inference.Boston, Massachusetts: Houghton Mifflin, 2002.

Skogan 1990

Skogan WG.Disorder and Decline: Crime and the Spiral of Decay in American Neighborhoods.New York: Free Press, 1990.

Taub 1994

Taub RP, Taylor DG, Dunham JD.Paths of Neighborhood Change: Race and Crime in Urban America.Chicago: University of Chicago Press, 1984.

Taylor 1986

Taylor RB, Gottfredson S.Environmental design, crime and prevention: An examination of community dynamics. In: Reiss AJ Jr, Tonry M, editors. Communities and Crime. Crime and Justice: A Review of Research, Vol. 8. Chicago: University of Chicago Press, 1986: 387-416.

Tien 1979

Tien JM, O'Donnell VF, Barnett A, Mirchandani PB.Street Lighting Projects: National Evaluation Program.Phase 1 Report.Washington, DC: National Institute of Law Enforcement and Criminal Justice, U.S.Department of Justice, 1979.

Welsh 1999

Welsh BC, Farrington DP.Value for money? A review of the costs and benefits of situational crime prevention.British Journal of Criminology 1999;39:345-368.

Welsh 2000

Welsh BC, Farrington DP. Monetary costs and benefits of crime prevention programs. In: Tonry M, editor. Crime and Justice: A Review of Research, Vol.27. Chicago, Illinois: University of Chicago Press, 2000:305-361.

Wilson 1982

Wilson JQ, Kelling GL. Broken windows: The police and neighborhood safety. Atlantic Monthly 1982; March: 29-38.

Wright 1974

Wright R, Heilweil M, Pelletier P, Dickinson K. The Impact of Street Lighting on Crime. Ann Arbor, MI: University of Michigan, 1974.

15. 注　释

发表期刊

Farrington DP, Welsh BC. Effects of Improved Street Lighting on Crime: A Systematic Review. Home Office Research Study No.251. London, UK: Home Office, 2002.

Farrington DP, Welsh BC. Improved street lighting and crime prevention. Justice Quarterly 2002; 19: 313-342.

Farrington DP, Welsh BC. Measuring the effects of improved street lighting on crime: A reply to Dr Marchant. British Journal of Criminology 2004; 44: 448-467.

Farrington DP, Welsh BC. Improved street lighting. In: Welsh BC, Farrington DP, editor(s). Preventing Crime: What Works for Children, Offenders, Victims, and Places. New York: Springer, 2006: 209-224.

Farrington DP, Welsh BC. Improved Street Lighting and Crime Prevention: A Systematic Review. Stockholm, Sweden: National Council for Crime Prevention, 2007.

Welsh BC, Farrington DP. CCTV and street lighting: Comparative effects on crime. In: Perry AE, McDougall C, Farrington DP, editor(s). Reducing Crime: The Effectiveness of Criminal Justice Interventions. Chicester, UK: Wiley, 2006: 95-113.

Welsh BC, Farrington DP. Crime prevention and hard technology: The case of CCTV and improved street lighting. In: Byrne JM, Rebovich D, editor(s). The New Technology of Crime, Law, and Social Control. Monsey, NY: Criminal Justice Press, 2007: 81-102.

Welsh BC, Farrington DP. Surveillance for crime prevention in public space: Results and policy choices in Britain and America. Criminology & Public Policy 2004;3:497-526.

合作者联系方式

Dr David P Farrington
Professor of Psychological Criminology
Institute of Criminology
Cambridge University
Sigwick Site
Cambridge CB3 9DT
United Kingdom
Telephone: +44(0)1223 335 360
Facsimile: +44(0)1223 335 356
E-mail: dpf1@cam.ac.uk

以性暴力和强奸案的成年受害者为对象的减轻压力项目

Interventions to Reduce Distress in Adult Victims of Sexual Violence and Rape

作者:Cheryl Regehr,Ramona Alaggia,Jane Dennis,Annabel Pitts,Michael Saini

译者:叶嘉茵　　核定:张金武　张彦

内容概要

自从 Burgess (1974)开创了对强奸创伤综合征的研究之后,受害人的性侵害创伤后遗症成为各种研究和实务工作的重点。文献中记载的和在实践中使用的针对性暴力受害人的社会心理治疗形式,主要是基于心理动力、认知行为或者女权主义的理论框架。有些干预项目是专门为性暴力的受害者设计的,而有些则改编自其他创伤群体所使用的治疗措施。虽然研究证据显示,有些治疗措施对于许多创伤类型的受害者而言，可以有效减轻创伤压力，但针对性侵害受害者的治疗措施或干预项目仍缺少系统的评估。与此同时，研究证据还显示，与强奸或者性侵害相关的创伤，与其他经历的创伤有所区别，这在某种程度上是源于自责、受害者的个体本质、社会支持和社会接受因素，以及并发抑郁症等相关因素。所以，对与性暴力和强奸受害者有关的干预项目或治疗措施的有效性进行检验，是非常重要的。

本文的目的是检验心理治疗干预措施在减少性侵害和强奸受害者的创伤和悲痛症状的有效性。

我们尽量搜索所有已发表的和未发表的相关文章。2009 年 6 月至 2011 年 4 月间在以下数据库进行了搜索：Cochrane Central Register of Controlled Trials (CENTRAL); Cochrane Database of Systematic Reviews (CDSR); MEDLINE; EMBASE; EMBASE Classic; All EBM Reviews; PsycINFO; ASSIA (Applied Social Sciences Indexes and Abstracts); ERIC; Social Sciences Abstracts; Social Services Abstracts; Social Sciences Citation Index; Criminal Justice Abstracts; Violence and Abuse Abstracts; Social Work Abstracts; Dissertation Abstracts International (DAI); CINAHL; GenderStudies Database; and Contemporary Women's Issues。所有相关文章的参考文献列表都经过检视并以此向作者和主要知情人征集更多的研究。为了补充电子搜索，与性侵害、强奸或性暴力有关的截至 2009 年 4 月的七本杂志都是由人工搜索：Journal of Traumatic Stress; Journal of Interpersonal Violence; Victims and Offenders; Trauma Abuse and Violence; Violence against Women; American Journal of Psychiatry; and British Journal of Psychiatry。

满足以下条件的研究符合本文资格：(a) 把研究参与者分配到实验组或控制组的安排是由随机分配或者准实验性的平行组设计决定的；(b) 参与者为在成人阶段曾遭遇性侵害或者强奸的成年人；以及 (c) 特别针对性侵害或者强奸受害者的干预措施。

两位审查作者检视了摘要并阅读了所有符合资格的研究的全文。所有相关结果的 95% 置信区间的标准化均数差都被计算出来。

共包含 405 名参与者的六篇研究符合标准，共有 356 名参与者的数据适用分析。两篇研究评估了认知处理疗法 (CPT，合计 80 名参与者)；三篇评估了长期暴露疗法 (PE，总数为 94 人)；两篇评估了压力免疫疗法 (SIT，总数为 26 人)；一篇评估了支持性心理治疗 (SP，总数为 12 人)；还有两篇检验了眼动脱敏和再加工治疗 (EMDR，总数为 34 人)。元分析比较了随机控制试验中所有与没有治疗相比的治疗组，发现了对于 PTSD 症状的显著结果，包括治疗后独立观察的 [SMD -1.81 (95% CI -2.90

至-0.72)，四篇研究]和自我报告的[SMD-1.90(95% CI-2.73 至-1.07)，三篇研究]。六篇纳入研究中有关结果的元分析显示，所有治疗在测试后与控制组比较时，对于 PTSD 和抑郁症状都有统计上显著的效果。包含了焦虑作为结果的四篇研究也显示出显著的进展。其他被证明有进展的结果包括愧疚(在 CPT 之后，且有些许扩展，PE)以及分离(在 EMDR 治疗之后)。

这篇系统回顾的结果提供了试验性的证据支撑认知和行为方面的干预措施，尤其是认知处理疗法、长期暴露疗法、压力免疫疗法以及眼动脱敏和再加工治疗，都能够降低强奸和性侵害受害者的 PTSD 症状、抑郁和焦虑。将来需要设计更完善的控制实验以区分性侵害和强奸的受害者与其他创伤性事件的受害者。

1. 背　景

1.1　现状描述

1.1.1　普遍性

对于强奸以及其他形式的性侵害案件的发生率和普遍性的估算各有差异，这取决于词语的定义、所包含性侵害案件的类型、数据收集的时间范围、使用的抽样方法、研究对象的年龄和性别以及样本的地点。常用的方法有：对个人进行访谈以查明他们的受害经历，对从警方、法庭和矫正机构收集回来的犯罪进行编辑，这些机构都从不同的角度分析这一问题(Burgess，2012)。再者，由于只有少数国家对全面地记录强奸和性侵害案件的普遍性进行研究，因此全球的发生率难以确定(英国文化委员会，2006)。

在英国，Painter 在 1991 年报道称，每四名女性中就有一位曾经被强奸或者性侵害。在瑞典的一个全国随机抽取 6926 位女性的样本里，每六名女性中就有一名，或者说 16%的被调查者曾受到前夫或者同居者的性暴力，每四名中就有一名，或者说 25%的被调查者曾经成为陌生男性的性暴力对象(Lundgren，2002)。一个加纳的类似研究里，Coker 等人(1999)随机抽选了 2069 名妇女和少女，研究发现每三名女性中就有一名，或者说 33%的被调查者有被猥亵的经历，每五名女性中就有一名，或者说 21%的被调查者曾经被强奸。世界卫生组织关于“暴力和健康”的世界报告指出，最近五年各国受性侵害女性的百分比各有差异，巴西 8%，阿尔巴尼亚 6%，博茨瓦纳 0.8%(Krug，2002)。

在美国,国家司法研究所(the National Institute of Justice,NIJ)对于强奸受害的程度、性质和结果的特别报道:全国侵犯女性暴力调查(the National Violence Against Women Survey,NVAWS)(Tjaden,2006)的研究结果显示 17.6%的受访女性和 3%的受访男性曾经被强奸。从数据推断,NVAWS 估计 17700000 名女性和 2800000 名男性曾被强迫进行性行为,超过 300000 名女性和超过 92000 名男性在研究进行的前一年被强奸。同样的,一份早期对洛杉矶家庭的研究显示,女性受性侵害的曾发生率为 16.7%,男性的为 9.4%(Burnham,1988)。一个对女性的全国随机抽样发现 12.7%的女性承认被强奸,还有 14.3%曾受到其他形式的性侵害(Resick,1993)。

美国国家受害人调查(the National Crime Victimization Survey)(2009)指出,年龄介于 16 岁到 19 岁之间的女性报告曾受到性侵害、强奸或者试图强奸的次数是普通人的四倍。这主要是因为女大学生受到性暴力的高比率造成的。1987 年,Koss 在他们对 32 所大学里 6000 名学生的研究发现,50%的被调查者表示在 14 岁之后曾受过某种形式的性暴力,27.5%曾经被强奸。在一项样本为 2700 名女大学生的后续调查中,15%表示曾被强奸,还有 12%表示从 14 岁起曾被试图强奸(Koss,1989)。Gross 和他的同事(2006)指出在样本为女大学生的研究中,27%的女性从进入大学后曾遭受某种形式非自愿的性接触(从接吻到爱抚的性交)。因此,尽管估算有所差异,性侵害确实影响许多人,这是发展、实施和评估针对这些受害者需求的干预措施的一个重要依据。

1.1.2 结果

遭受性侵害或者强奸无疑是一件痛苦的事,而且经常伴随着一系列负面影响。创伤后精神紧张性精神障碍(Post-Traumatic Stress Disorder,PTSD)、抑郁、焦虑、恐惧以及自责,同时还可能产生社交、工作适应的困难和性功能障碍,这些都在大量研究和回顾里被清楚地记录为与强奸相关的创伤(Campbell,2009;Campbell,2005;Elliot,2004;Resick,1983;Rothbaum,1992)。

创伤后精神紧张性精神障碍(PTSD):首先,性侵害和强奸受害者极有可能患有 PTSD(Campbell,2009)。几乎 50%遭受强奸的人都患有 PTSD(Feeny,2004),而且强奸受害者似乎成为个人经历 PTSD 的最大群体(Foa,1998)。PTSD 的症状主要分为三类:接触与事件有关的线索时重复经历侵入性思想、感受或者生理上的压力;思想逃避或者回想起事件的刺激;还有生理上、情感上或者认知刺激(APA,2000)。但是,对于大部分 PTSD 患者,这些症状并不持续,并且会随着时间而消逝。例如,Rothbaum 在 1992 年指出他们研究的 95 名强奸受害者里,94%的人在被强奸后的一个星期里达到 PTSD 的标准，这个比例在被强奸后的 94 天里降到 47%。尽管如此，也有人指出在强奸事件发生后的三个月里，PTSD 的症状会相对持续。鉴于部分创伤症状会在遭受侵害后的早期自然而然地减轻，考虑强奸事件发生时间消逝的对照研究在评估干预措施的效力时非常重要。

其他症状：强奸受害者在遭受侵害以后会表现出抑郁、恐惧和焦虑，社交和工作适应的困难，以及性功能障碍（Resick，1983）。在遭遇性侵害后的前四周里，抑郁率为 68%—74%，但是大多数受害者在几个月内逐渐减少到正常水平（Regehr，1998）。Nickerson（2012）最近测试 126 名女性在遭受性侵害后的前四周里 PTSD、抑郁和焦虑之间的伴发关系。这种延时调解分析揭示了 PTSD 充分地调解了时间和抑郁以及焦虑症状之间的关系，这强调了 PTSD 是遭遇强奸后的主要症状。

与其他创伤性事件有所区别的强奸后果：个人遭遇包括强奸、威胁生命的意外和灾害在内等各种创伤性事件的反应有所类似（Rothbaum，1996），与强奸相关的后果也许不同于其他形式的创伤，因为它包含了自责、社会谴责、耻辱和在刑事司法系统内的再度受害这些重要因素。这些原因造成了并发性抑郁的高发率，且增加了自杀的危险（Campbell，2009；Connor，1997；Kimerling，2002；Najdowski，2011）。Breslau（1991）指出遭受强奸后 PTSD 的发生率最高（49%，SE12.2），而且高于其他形式的性侵害（23%，SE10.8）。被枪击或者刺伤后 PTSD 的发生率为 15%（SE13.7），其他形式的严重意外为 16.8%（SE6.2），接着是自然灾害的 3.8%（SE3.0），以及严重的车祸 2.3%（SE1.3）。

1.1.3　现有证据

有一篇重要的文献是有关对于经历过创伤性事件的个人治疗的。尽管绝大多数这类的研究都不是基于经验的（Solomon，2002），但一些包含强奸和性侵害受害者的试验性研究曾经提及。

Stein 等人（2006）系统地回顾了 PTSD 的药物疗法，他们召集了遭受性暴力的成年受害者以及其他创伤的受害者。对这 35 个随机对照试验（RCTs）进行分析，接受不同药物治疗的患者（包括 SSRIs，TCAs 和 MOAIs）的症状与 13 个研究中使用安慰剂的患者相比有更明显的下降。Bisson（2007）完成了一份对于 PTSD 症状的心理治疗的循证医学回顾，并发现个人专注创伤的认知行为疗法（Trauma-Focused Cognitive Behavioural Therapy）/暴露疗法（Exposure Therapy，TFCBT）、眼动脱敏和再加工治疗（Eye Movement Desensitisation and Reprocessing，EMDR）、压力管理和集体专注创伤的认知行为疗法/暴露疗法都是有效的。TFCBT、EMDR 以及压力管理的效力都大于其他已验证的形式。

Sherman 在 1998 年完成了一项关于 PTSD 的心理治疗的控制和临床试验的元分析，其样本涵括了老兵、涉及犯罪的受害者、几位丧亲的人以及遭遇强奸的受害者。这篇回顾评估了个人和集体环境下的认知和心理动力治疗，结果显示 PTSD 心理疗法和精神病症状的总体效果在 95%的置信区间内是显著的（d = 0.52，r = 0.25），这意味着真实的效果处于 0.39 到 0.68 之间。

虽然之前的回顾文献为了解 PTSD 治疗的有效性做出了一定贡献，但是他们在当前的分析中具有局限的使用性，因为他们把遭受性侵害和强奸的成年受害者的效果和其他情况下患上 PTSD 的受害者的效果混为一谈。例如，Stein 在 2006 年时没有提供具体的数据综合或者对于遭遇强奸的受害者的分组分析。还有，Bisson 在 2007 年的回顾里对于创伤事件种类的基础没有划分界限，他的样本迥然不同，包括战争老兵、女性侵害幸存者、避难者、警察以及经历道路交通意外、袭击、丧亲和工业意外的混合群体。

对创伤受害者运用医源性影响的干预措施的潜在性也受到了关注。混合样本的研究证明了虽然有些干预措施对于某些创伤群体来说有帮助，但他们也可能导致其他创伤群体症状的恶化（Bisson，1997；Mayou，2000；Regehr，2001）。所以对于通过仔细地区分遭遇性侵害的成年受害者的效果和其他创伤受害者的效果以便检验针对这一具体群体医源性影响的可能性的系统评估报告具有重要的意义。

此外，上述的综述并非全部排除使用单组设计的研究，这会导致任何自动痊愈都得不到解释的后果（Falsetti，1997；Foa，1993；Taylor，2009；Vickerman，2009）。

1.2 干预措施的描述

帮助受害者从创伤中痊愈的疗法模型主要基于心理动力的、认知的和行为的框架。另一种定义相对模糊的模型被称为“支持性疗法”。由于性暴力的自然属性，当使用这一类型的创伤时，这些模型通常被意识到在关系中重新建立合适的界限的女权主义框架所获知，这可以促进自决权和赋权受害者由受害者变为幸存者。女权主义知情的方法把性受害视为反对自我和强调奉献社会的容忍暴力的犯罪（Bass，1992；Myers Avis，1992；Solomon，1992）。他们的目的是帮助受害者明白这样的暴力是一种社会问题，而非个人问题，由此减少自责和愧疚（Enns，1993；Koss，1991）。虽然女权主义理论可能支持不同的疗法模型，但是对于女权主义的疗法模型并没有明确的定义。所以女权主义治疗方法在这篇文章中并不作为一个单独的干预措施种类包含在内。

1.2.1 心理动力

心理动力的精神疗法作为治疗包括性侵害和强奸等各种形式创伤的方法拥有最长的历史。心理动力理论加强这种治疗方法的基础。这种心理动力的角度因其注重情绪的表达、避免悲伤情绪的探索、检验过去的经验、希望和幻想、防御机制的识别、解决人际间关系和通过治疗关系解决精神内层矛盾和人与人之间的斗争(Shedler, 2010)。心理动力精神疗法的一个重要前提是委托人的冲突和来自潜意识的精神紧张会导致更健康的功能(Robbins, Chatterjee & Canda, 2011)。因此治疗的目的在于通过谈论过去的经历、防御机制和重复模式/主题发现潜意识动机和冲突以便为改变创造机会。

创伤事件被看作是影响自我相对于他人的意识,并可能迫使一个幸存者重温早期对自主性、身份和亲密性的斗争。恢复需要重新建立自我意识和与他人的关系(Herman, 1992, 1997; van der Kolk, 1994; van der Kolk McFarlane, 1996)。重点在于内在防御、人际互动或者发展性的考虑,伴随着把这些部分紧密地联系在一起的目的。尽管历史悠久以及心理动力模型的广泛使用,他们只有少量的经验支持(Taylor, 2009; Vickerman, 2009)。研究强调理论(Bohleber, 2007; Evans, 1978; Rose, 1991; Straker, Watson, 2002)和个案研究报告(Barnett, 2001; Fosha, 2006; Friedberg, 1997; Pole, 2006; Wren, 2003),还有临床的反应(Schottenbauer, 2006),而非随机对照实验。

1.2.2 认知和行为

治疗的认知行为模式涉及了一些具体的方法,包括暴露疗法(ET)或长期暴露(Prolonged Exposure, PE),压力预防训练(Stress Inoculation Training, SIT),认知处理疗法(Cognitive Processing Therapy, CPT),以及眼动脱敏和再加工治疗法(EMDR)。认知行为治疗包含认知的、行为的和社会学习理论组成成分,从而解释个人变量和环境变量间相互影响后果的作用。行为的干预措施常常注重通过调节呼吸或者肌肉松弛来控制生理压力反应。认知治疗的目的在于帮助个人识别和改正与创伤相关的不良信念,这些不良信念会影响对于刺激以及后续生理和心理痛苦的反应。

长期暴露(PE)是由 Foa 和同事们研发的一种用于治疗 PTSD 的手动治疗(Foa, 1993)。这种疗法的特点在于以下四个因素:关于常见创伤反应的培训;放松呼吸的训练;重复现场暴露法以促发焦虑的刺激,这种焦虑是因其与创伤性事件的联系引起的;以及对创伤性记忆的重复想象暴露法(Foa, 2007)。"正如向客户解释治疗中的总体基本原理那样,现场暴露法和想象暴露法的目的是通过帮助他们面对创伤记忆和与之有关的情境来改善创伤性事件的情绪处理。"(Foa, 2007, p.3)

由 Michenbaum(1997)建立的应激预防训练涉及三个连锁交叠的阶段:第一,关于涵括非理性思考等压力来源的教育,以及减少心理和生理压力的方法;第二,包括放松训练和认知建构在内的应对能力;第三,应对真实或者模拟情境的新方法。这个模型后来被修改,特别地把隐匿示范、角色扮演以及引导性自我对话列入对于强奸受害者的治疗当中(Rothbaum,2000)。

针对性暴力受害者的自信训练(Assertiveness Training,AT),干预模型吸收了Lange 和 Jakubowski(1976)的技能建构训练和合理情绪疗法(Ellis,1977)的技巧。伴随性创伤产生的人际问题被认为在一定程度上是由否定性认知造成的。通过行为演练,能够帮助当事人在纠正谴责态度和寻求社会支持时主张向别人讲述自己受到的侵害(Rothbaum,2000)。

认知处理疗法(CPT)是由 Resick 和 Schnicke 发明的一种引起事件的记忆,然后直视矛盾和不适应想法的干预措施(Resick,1993a,p.17)。CPT 由两个完整的部分组成:1)让当事人暴露在创伤记忆中,一般通过书写和大声阅读事件中一个敏感的细节,以及 2)认知治疗(Resick,1993a;Resick,1993b)。干预措施的认知部分包括对于不适应认识的识别和对于情绪的思考的区别。有些研究者指出,暴露疗法结合 SIT 或者认识疗法产生最好的结果(Hembree,2003)。其他的学者提出接种并不必然地提高其他认知方法,这与它们单独使用时效果一样(Harvey,2003;Tarrier,1991b)。

眼动脱敏和再加工治疗法(EMDR)(Shapiro,1996)把治疗性暴露中的脱敏和重复改变注意力结合起来。EMDR 是一个手册化训练项目,它包含了几个元素:1)当事人被要求想象创伤经历中的一个方面,通过这样做去经历与事件有关的负面情绪;2)当事人凭视力从后往前追踪一个物体,通常是治疗师的手指;3)当事人用一个 10 分的量表评定自己的压力水平;4)重复第一和第三个步骤直到压力水平下降到 0 或 1;5)当事人在追踪治疗师的手指时想象一个喜爱的回忆或者情绪(Rothbaum,2005)。这样做的目的在于培养与创伤经历相关的认知和情绪的变化。EMDR 是仍存在争议的干预措施。有人说理论基础尚未完善(Rothbaum,2005),而且这并不比其他暴露技术更加有效。相对较少的对照实验对此进行研究,结果也是混合的(Devilly,1999;Ironson,2002;Lee,2002;Taylor,2003)。

认知行为的技巧已经被广泛的评估,并且被认为在减少 PTSD 的症状方面对广泛的群体是有效的(Bisson,2007;Foa,1991;Follette,1998;Harvey,2003;Resick,1993;Rothbaum,1996;Sherman,1998;Taylor,2009)。需要注意的是,暴露疗法与中止治疗的高频率有关("中途退出")。这种关联被认为是一个领域的担忧。具有严重症状特征的人更不能忍受治疗,从而更早中止。从一个治疗的角度而言,提供基于暴露疗法的治疗在筛选纳入时标准更加严格。有人建议这种模式的治疗应该只适用于可靠的治疗关系已经形成且完成了一个全面评估的时候(Calhoun,1991)。

1.2.3 支持性方法

支持性心理治疗(Supportive Psychotherapy,SP)和支持性辅导(Supportive Counseling,SC)均提供给个人和群体。受害者有机会去描述他们的创伤经历,他们所经历的创伤性事件导致的症状,和对他人的反应。这种治疗目的在于使经历平常化,提供一个安全的、支持性的环境,并提倡使用健康的方法去处理症状和情境(Resick,1988)。

1.3 干预措施如何发挥作用

延长暴露和压力免疫训练在学习理论里有它们的基础,那就是,"恐惧是通过经典性条件作用和操作性条件作用的维持习得的"(Meadow,1998,p.101)。所以,由于他们与创伤性之间的联系,刺激引起恐惧反应。逃避策略通过减少暴露从而减少恐惧反应,但是并非直接面对恐惧本身。暴露治疗打破了刺激和反应之间的联系,而是通过重复暴露破坏了这种关系。情感处理理论已经被应用到 PE 和 SIT 模式的治疗中。从这个角度看,恐惧反应的激活伴随有矫正信息的引入,这会改变对于恐惧引起刺激的认知(Meadows,1998)。

认知行为技巧如 CPT 和 EMDR,采取其他的认知因素,这些因素对于经历性侵害后的 PTSD 症状的发作、严重性和结果都十分重要(Foa,1997;Foa,1989;Koss,2004;Jaycox,2002)。Resick 在 1993 年提出一种引起事件的记忆和直接面对矛盾以及不适应想法的方法可能在缓解 PTSD 症状方面比单独的延长暴露更加有效。然而,延长暴露刺激了记忆结构,它并非提供可能纠正强奸受害者错觉的直接信息(Resick,1992)。与原来的 CPT 模型相反,Resick(1993)认为 PTSD 症状的产生是先前存在的模式和创伤经历之间矛盾的结果。进一步说,受害者通过逃避来处理这种差异。CPT 融合了一种需要当事人直视与创伤相关的认知,然后努力面对和改正不适应想法的暴露成分。

Shapiro(1996)描述了加强 EMDR 的适应性信息处理模型。在这个模型里,不适应反应阻止了适应性信息处理,随之妨碍了创伤性事件的愈合。如果这种阻碍被移除,那么创伤性事件就可以被处理以及功能性的整合。当注意力集中在外部提示时,信息处理就会被激活和提速。而且,这种方法依靠重复暴露在恐惧下以引起刺激,这可以减弱和压制恐惧(Rothbaum,1997)。有人建议重复改变注意力引起一个类似于快速眼动睡眠的神经生物学状态，而且这种状态支持创伤性记忆的皮层整合（Stickgold，2002）。

1.4 进行系统回顾的重要性

许多成年人都遭遇过性侵害。研究表明在英国每四名女性中就有一名曾经遭遇强奸或者企图强奸，另外在美国超过12%的女性表示有遭受强奸的经历。美国全国被害人调查（National Crime Victimization Survey）（2009）显示在报告曾遭遇性侵害、强奸或者企图强奸的女性中，年龄在16岁至19岁之间的女性是其他年龄段女性人数的四倍。

遭遇性侵害的经历与各种各样的症状有关，包括PTSD，抑郁、焦虑、恐惧、愧疚、社会适应的问题以及性功能的问题。另外，强奸受害者似乎比其他非受害者经历更多严重的、长期的生理健康问题。

只有少数的对于性侵害个人的治疗设置被严格地测试过，且当前并不清楚哪一种干预措施在解决PTSD症状和创伤后抑郁更有效。需要重点强调的是，先前的研究主要针对的是美国的中产阶级的盎格鲁撒克逊白人，但是尚未清楚这些治疗方法对于其他文化、社会阶级，或者性倾向的个人，或者具有不同水平的心理功能和能力/无能的个人是否有效。同样的，干预措施的有效性是否随性侵害的本质（如单次还是重复、熟人还是陌生人、是在平常的生活环境下受到侵害还是在其他如战争的创伤事件中发生的）而变化。回顾至今，这些治疗方法并非对所有类型的成年性侵害受害者有效。需要进一步的研究来理解哪种治疗方法以及对哪类人有效。

虽然这篇文章提到，一般而言，也许存在对于创伤和PTSD有效的治疗，但是在治疗强奸和其他性侵害形式的成年受害者中，各式形态的有效性相关的经验证据方面仍然存在很多空白。通过系统地回顾减少强奸后和/或性侵害后悲痛的干预措施的当前状态，这篇文章为针对悲痛的治疗发展基于证据的指引作出贡献。

2. 研究目的

这篇系统回顾的目的在于完成一个对性侵害和强奸的成年受害者的心理治疗方法的对照实验和临床实验的综合研究，以及综合这些评估悲痛和创伤相关结果的治疗效果的研究。具体来说，其目的就是评估下列绝对的和相对的效果：

- 性侵害和强奸的成年受害者中,提供对于悲痛和创伤症状的心理治疗的结合组。
- 性侵害的强奸的成年受害者中,对于悲痛和创伤症状治疗的个体模型。

3. 方 法

3.1 本文参考研究的标准

3.1.1 研究的类型

符合本文条件的研究包括针对减少性侵害和强奸成年受害者悲痛的心理干预措施项目的试验性的和准试验性的类似群组评估研究。如果研究符合以下条件将被视为符合标准:1)使用随机安排组成治疗组和对照组或控制组,或 2)使用类似群组设计,即组群在同一时间点被测评。单组设计和单案设计被排除在外。

对照条件包括“其他治疗”“无治疗”和“普通治疗”。因为各项研究在组成对照组的方法和为减少选择偏差的威胁而使用的统计控制方面都有所区别,只有使用类似群组设计组成一个对照/控制组的研究才符合本文条件。

3.1.2 参与者的类型

符合资格的参与者都是曾遭遇性侵害的男性或者女性受害者。成年被定义为从19 岁开始。性侵害被定义为包含强奸、试图强奸、强迫口交、肛交、用物品侵犯、触摸隐私部位,以及受害者和侵犯者之间企图发生或者发生非自愿性性交时其他形式的威胁或强迫。强奸指被一名男性或者女性,或者其他侵犯者,强迫或者试图进行性交。被单独认为是不间断的童年性虐待受害者不包含在内。

3.1.3 干预措施的类型

任何类型的心理的和/或社会心理的干预措施均可以纳入本文。这些干预措施可能包括:行为的技巧如暴露、系统脱敏法、眼动脱敏和再加工治疗法;认知行为疗法;认知疗法、松弛;心理动力学治疗。我们也列出“其他”这一类别的干预措施从而保证我们在检索过程中保持灵活性。

因为主要的目的是比较减少悲痛的社会心理学干预措施,所以完全基于药理学的干预措施被排除在外。比较药理学干预措施和社会心理学干预措施的研究,以及把两者结合在一起的研究均符合纳入标准。

3.1.4 结果的类型

3.1.4.1 主要结果

主要结果就是由单独的观察者或者自我评定测量的 PTSD 症状。有效的观察者评分量表包括临床 PTSD 管理量表（Clinician Administered PTSD Symptom Scale, CAPS; Blake, 1995）和 PTSD 症状会谈量表（PTSD Symptom Scale Interview, IES; Horowitz, 1979），强奸后症状测试（the Rape Aftermath Symptom Test, RAST; Kilpatrick, 1998）和 PTSD 症状自我评定量表（the PTSD Symptom Scale-Self-Report, PSS-SR; Foa, 1993）。

3.1.4.2 次要结果

次要结果有：

• 沮丧症状，利用如白式抑郁症量表（the Beck Depression Inventory, BDI; Beck, 1961）进行测量，一种自我评定的测量。

• 焦虑症状，利用如施皮尔伯格状态—特质焦虑量表（the Spielberger State Trait Anxiety Inventory, STAI; Spielberger, 1983），一种自我评定的测量。

• 愧疚，利用如创伤相关的愧疚量表（the Trauma-Related Gulit Inventory, TRGI; Kubany, 1996）进行测量，一种自我评定的测量。

• 恐惧，利用如修正的恐惧量表（the Modified Fear Scale, MFS; Veronin & Kilpatrick）进行测量，一种自我评定的测量。

从原来的协议出发，由于临床相关性，我们决定囊括另外一个次要结果：

• 分离症状，利用如分离性体验量表（the Dissociative Experiences Scale, DES; Bernstein, 1986）进行测量，一种自我评定的测量。

3.2 识别研究的搜索方法

3.2.1 电子检索

为了从不同的规则、地理位置和语言中达到一个广泛的包含范围，本文对于可能的研究的日期、地点或者语言都没有限制。在 2009 年和 2011 年 4 月对于 19 个电子数据库进行搜索。

书目数据库：

1. Cochrane 对照试验中心注册库（Cochrane Central Register of Controlled Trials, CENTRAL）

2. Cochrane 数据库（Cochrane Database of Systematic Reviews, CDSR）

3. 联机医学文献分析和检索系统（MEDLINE）

4. 荷兰医学文摘数据库(EMBASE)
5. 荷兰医学文摘数据库精选(EMBASE Classic)
6. 所有循证医学回顾(All EBM Reviews)
7. 心理学文摘库(PsycINFO)
8. 应用社会科学索引和文摘(ASSIA, Applied Social Science Index and Abstracts)
9. ERIC
10. 社会科学文摘(Social Sciences Abstracts)
11. 社会服务学文摘(Social Services Abstracts)
12. 社会科学引文数据库(Social Sciences Citation Index)
13. 犯罪学文摘(Criminal Justice Abstracts)
14. 暴力和虐待文摘(Violence and Abuse Abstracts)
15. 社会工作文摘(Social Work Abstracts)
16. 国际学位论文文摘(Dissertation Abstracts International, DAI)
17. 护理与联合卫生文献累积索引(CINAHL, Cumulative Index to Nursing and Allied Health Literature)
18. 性别研究数据库(Gender Studies Database)
19. 当代女性问题(Contemporary Women's Issues)

3.2.2 检索词

这种检索方法是经与康拜尔研究团队信息检索专家磋商后形成的。下列是MEDLINE 和 PsycINFO 的检索词:

MEDLINE

1. Rape/
2. Sex Offenses/
3. (sex $ adj2(abus $ or offens $ or attack $ or viol $ or assault $ or victim $ or surviv $ or unwantedor unlawful or forc $ or coerc $)).tw.
4. (rape or raped or rapist or raping).tw.
5. or/1-4
6. anxiety/
7. exp anxiety disorders/
8. anxi $ .tw.

9. ((post trauma $ or posttrauma $ or post-trauma $) adj(stress or neuros#s)) .tw.

10. ptsd.tw.

11. exp mood disorders/

12. Depression/

13. depress $ .tw.

14. traum $ .tw.

15. distress $ .tw.

16. or/6-15

17. exp Psychotherapy/

18. (psychotherap $ or psychoeducat $ or psychodynam $ or psychoanaly $ or psychosocial or psycho-social) .tw.

19. ((behavio $ or cognit $ or general or social or supporti $ or interpersonal or group or individualor brief or psycho $ or dialectic $ or mindful $ or exposure or hypno $ or wilderness oremotion-focus $ or emotion focus $ or solution-focus $ or solution focus $ or narrative $) adj2(counsel $ or support $ or intervention $ or program $ or treatment $)) .tw.

20.relaxation.tw.

21. (eye movement $ or emdr) .tw.

22. desensitiz $ .tw.

23.cbt $ .tw.

24. dbt $ .tw.

25. therap $ .tw

26. or/17-25

27. 26 and 16 and 5

PsycINFO

在此数据库使用的检索词包括：

1. ((DE = (Rape)) or (DE = (Sex Offenses)) or (TI = (sex * within 2 (abus * or offens * or attack * or viol * or assault * or victim * or surviv * or unwanted or unlawful or forc * or coerc *))) or(AB = (sex * within 2(abus * or offens * or attack * or viol * or assault * or victim * or surviv * or unwanted or unlawful or forced or coerc *))) or

(TI=(rape or raped or rapist or raping))or(AB=(rape or raped or rapist or raping)))

2.((DE=(Anxiety))or(DE=(Anxiety Disorders))or(TI=(anxi *))or(AB=(anxi *))or(TI=((post trauma * or posttrauma * or post-trauma *)within 1(stress or neuroses or neurosis)))or(AB=((post trauma * or posttrauma * or post-trauma *) within 1(stress or neuroses or neurosis)))or(TI=(ptsd))or(AB=(ptsd))or(DE=(Affective Disorders))or(DE=(Depression))or(TI=(depress *))or(AB=(depress *))or(TI=(traum *))or(AB=(traum *))or(TI=(distress *))or(AB=(distress *)))

3.((DE=(Psychotherapy))or(TI=(psychotherap * or psychoeducat * or psychodynam * or psychoanaly * or psychosocial or psycho-social))or(AB=(psychotherap * or psychoeducat * or psychodynam * or psychoanaly * or psychosocial or psycho-social))or(TI=(behavio * or cognit * or general or social or supporti * or interpersonal or group or individual or brief or psycho * or dialectic * or mindful * or exposure or hypno * or wilderness or emotion-focus * or emotion focus * or solution-focus * or solution focus * or narrative *)within 2(counsel * or support * or intervention * or program * or treatment *))or(AB=(behavio * or cognit * or general or social or supporti * or interpersonal or group or individual or brief or psycho * or dialectic * or mindful * or

exposure or hypno * or wilderness or emotion-focus * or emotion focus * or solution-focus * or solution focus * or narrative *)within 2(counsel * or support * or intervention * or program * or treatment *))or(TI=(relaxation))or(AB=(relaxation))or(TI=(eye movement * or emdr))or(AB=(eye movement * or emdr))or(TI=(desensitiz *))or(AB=(desensitiz *))or(TI=(cbt *))or(AB=(cbt *))or(TI=(dbt *))or(AB=(dbt *))or(TI=(therap *))or(AB=(therap *)))

4.(1 and 2 and 3)

3.2.3 检索其他资源

3.2.3.1 参考文献

我们检查得到的所有相关文章的参考文献,包括那些先前发表的回顾。描述潜在的相关研究的发表文章因可能被包含而被识别、收回和评估。

3.2.3.2 个人沟通

为了搜索出其他相关的研究,我们通过信件和邮件联系这个领域的专家。本文的纳入标准和相关文章的样本名单这些关键的信息,连同邀请一起发给他们,让他们识别出相关的研究。专家列表里包括符合资格的研究中主要的调查者、项目开发者,以及相关文献中先前回顾的作者（包括 Edna Foa, Barbara Rothbaum, Ann Burgess, Patricia Resick, Heidi Resnick, Enrique Echeburua, Dean Kilpatrick and Ronald Acierno）。

3.2.3.3　手动检索期刊

为了检索出在电子数据库中找不到的相关研究，我们手动检索有关的国际期刊。具体来说，我们搜索了 1988 年 1 月至 2009 年 6 月的《创伤应激反应杂志》（*the Journal of Traumatic Stress*）（发现了两篇文章），以及自 1986 年 3 月起的《人际暴力杂志》（*the Journal of Interpersonal Violence*）（发现了另外两篇文章）。还搜索了自 2006 年 1 月起的《受害者与罪犯》（*Victims and Offenders*）；2000 年 1 月至 2009 年 7 月的《创伤虐待和暴力》（*Trauma Abuse and Violence*）；1995 年 3 月至 2009 年 8 月的《针对妇女的暴力》（*Violence Against Women*）；1994 年 4 月至 2009 年 7 月的《美国精神病学杂志》（*American Journal of Psychiatry*）；和 1988 年 1 月至 2009 年 7 月的《英国精神病学杂志》（*British Journal of Psychiatry*）。在这五个杂志里没有发现其他文章。

灰色文献

我们还特别留意了从灰色文献中识别出相关研究，并对下列资源进行了搜索：1）会议论文；2）研究报告；3）政府报告；4）书目章节；5）论文；6）政策文件；7）个人网络；8）研究机构的网页；和 9）国际强奸危机保护伞组织（national rape crisis umbrella organizations）。我们搜索了两个灰色文献的网页：Grey. Net（http://www.greynet.org/index.html）和 GrayLit Network（http://graylit.osti.gov/），发现了一共 17 篇文章，其中 9 篇文章与先前使用的搜索方法检索出来的结果重复。

3.3　数据收集与分析

3.3.1　研究的筛选

两名审查作者通过独立浏览搜索产生的文章的题目和摘要，以确定是否符合纳入资格。为了方便这种筛选，我们使用一种旨在促进和加速系统评估执行的在线工具（3.0 版的 TrialStat's 系统评估系统，TrialStat's Systematic Review System（SRS）version 3.0）。筛选工作依据第 3.1 节里提及的纳入和排除标准包括了两个阶段的执行过程。

1）通过浏览题目和摘要的初步筛选（第一阶段）

这是完全基于文章的题目和摘要从而判断一篇研究是否适合本文的初步筛选。如果在题目和摘要里没有足够的信息以便作出这种判断，那么文章就会被移送到下一个筛选阶段（第二阶段）。两名筛选者存在歧义的任何文章也都被移送到下一个筛选阶段。两名筛选者考虑的问题如下：

- 总体是否由曾遭遇强奸或者性侵害的成年人组成？是/否
- 研究的总体是否包括被单独认为是童年性侵害幸存者的个人？是/否
- 研究中是否包括总体经历过的与强奸和/或性侵害相关的干预措施？是/否
- 是否有一个类似群组（比较组或者控制组）？是/否
- 是否存在有关悲痛的结果？是/否

2）通过浏览全文的筛选（第二阶段）

在第二阶段，两名作者独立地回顾文章全文并基于纳入和排除标准决定研究是否应该保留在本文中。为了确保数据提取和管理的一致性，两位编码者间的任何差异都被识别出来。在这一阶段排除每一篇研究的具体原因都会被记录下来。所有的分歧都由第三位审查作者解决。

3.3.2　数据提取和管理

研究细节都由两位审查作者通过一个数据提取表单独的提取出来。为了确保数据提取和管理的一致性和建立评定者间可信度，两位编码者间的任何差异都被识别出来，这些差异将通过参考主源来解决。所有的分歧都由第三位审查作者解决。

被提取的细节包括：

1）研究：有关作者的信息；发表年份；来源；国家；以及语言。

2）设置和参与者的特征：参与者的合格条件；招募程序的解释、设置（国家、位置、临床的/非临床的）；样本的人口学特征。

3）样本：治疗组和控制组的样本量；是否使用功效分析决定样本量；治疗组和控制组的分配；产生分配所使用方法的解释。

4）研究设计：研究设计的本质。

5）干预数据：干预措施的种类（对于治疗组和对照组/控制组）；干预措施的目的；干预措施的时间长度；是否使用手册；是否核对忠实性；报道的可能污染物的信息。

6）结果数据：主要的和次要的结果；使用的测量；测量的可靠性和有效性的信息。

7）结果：干预后和跟踪的损耗；从分析中排除的数量；跟踪的时间长度；统计的方法；基于何种类型的数据效应量；需要用于计算效应量的数据。

3.3.3　评估所纳入研究的偏差风险

两名审查作者独立地评估每一篇纳入研究的偏差风险。在一份已经更改的基于Cochrane 手册（Higgins，2005）早期版本的发表协议里，评估是根据最近的干预措施系统回顾的 Cochrane 手册（*Cochrane Handbook of Systematic Review of Interventions*）（Higgins

& Green,2011)中“偏差风险”的标准建立的。这些都着重于与分配次序的产生、分配隐藏的程度、评估者的盲区、结果数据的完成,以及选择性的数据报告有关的风险。

3.3.4 治疗效果的测量

连续数据

在分析里包含的6个研究中,有关纳入标准(PTSD、焦虑和沮丧)的结果数据以连续量表进行测量。对于这些连续量表数据,治疗组和比较组之间的标准均数差是基于每组报告的平均值和标准差来估算的。当量表使用不同方式测量同样的结果(如创伤后应激症状)时,标准均数差(Standard Mean Differences,SMD)允许不同研究间的比较。由于治疗组和比较组的样本量小,我们计算的 Hedges's g 数值与 Cohen's d 相似,但是包括了小样本偏差的校准。为了整合标准均数差,我们使用倒方差法(inverse variance methods)通过倒转它的方差得到总体估算从而把每一个效应量加权。95%的置信区间全部被记录(Hasselblad,1995)。

3.3.5 分析单元的问题

每一个所包含研究的分配都是在个人层面的,没有研究按照组或者群分配。

对于包含多次跟踪的研究,我们计划把它们分成以下间隔(不超过3个月,3—6个月,超过6个月),并对每一种间隔进行单独的元分析。

3.3.6 对于缺失数据和不完全数据的处理

当数据缺失的时候,我们联系这个研究的主要作者。如果可以的话,我们使用意向治疗数据。我们一直记录中途放弃跟踪分配的参与者的数据,既有原始数也有总体样本的百分比,我们关注是否给出了中途放弃的原因以及中途放弃的情况在治疗和控制条件之间是否呈均匀分布。

3.3.7 异质性的评估

我们的主要分析设计一个合格心理治疗有效性的评估,所谓的合格心理治疗是由我们的协议定义的(无论本质上是认知行为的或者心理动力的,也不管暴露的元素被纳入的程度)。我们使用一个公式组合平均数和标准差,对每个研究内所有符合条件的有效治疗组的数据和没有治疗控制的数据进行整合(Higgins,2011,第7.7.3.8节)。

如果每个类别里至少有两个研究,那么不同类型干预措施(认知处理疗法、长期暴露、压力预防训练、眼动脱敏和再加工治疗法)效果均进行亚组分析。

为了估计试验之间差异的程度,我们用三种方法评估了异质性:通过目测森林图;对非均匀性进行卡方检验(解释 p 的显著性水平 <0.01 作为异质性的证据);检验 Tau 和 I^2 数值(Higgins,2011,第9.5.2节)。

Tau 说明研究间的方差。I^2数值说明近似在点估计中的比例变化是由于异质性，而不是抽样误差：0%到 40%说明只有一小部分的观察到的变化是由于真实的异质性；30%到 60%可能表示中度的异质性；50%到 90%可能表示大量异质性；而 75%到 100%可以表示相当大的异质性（Higgins，2011）。

鉴于预测的异质性，我们使用一个随机效应模型。

异质性的三种来源被认定为一个先验：1）沮丧或者 PTSD 症状的基线严重程度；2）给予治疗的形式；和 3）用于测试结果的不同测量。评估这些异质性的潜在来源的影响并非不可能，是因为只有 6 个纳入的研究。

3.3.8　报告偏差的评估

我们没有画漏斗图检验治疗效果相对他们的标准的差异。

3.4　数据整合

在协议阶段，我们计划通过在每个研究中随机选择一个治疗整合具有多种合格治疗的控制研究中的数据，以确保每个研究都是独立的。为了应对后续的数据咨询（Valentine & Higgins，私人信件，2012 年 3 月至 8 月），在整合这类试验数据的时候，我们反而从控制组参与者的总数中区分治疗组的人数。我们也省略了正式元分析中的一个有利于描述性表达的旧式治疗（压力预防疗法）。

3.4.1　亚组分析、调节分析和异质性的调查

只有少数的研究如在协议阶段计划那样完成了调节分析。我们使用 Q 值和每个分析中相关的 p 值，以及 I^2值在结果测量中估计统计学异质性（Higgins，2002）。

3.4.2　敏感度分析

我们分析有别于其他设计的随机控制试验的结果。虽然在协议里我们计划根据试验质量的其他方面，如结果评估的盲目，进行敏感度分析，但是没有足够的纳入研究对此提供信息。

4. 结　果

4.1　检索结果

检索是在 2009 年 4 月 16 日和 2011 年 4 月 4 日由 AP，RW（Rachael Walisser）和 MS 进行的。下列是在 2009 年 4 月 16 日到 2009 年 7 月 15 日之间进行检索的电子数据库：All EBM reviews（165）；ASSIA（253）；CINAHL（868）；Criminal Justice Abstracts

(174); Digital Dissertations (361); EMBASE (1240); ERIC (187); Gender Studies (104); MEDLINE (1151); PsycInfo (2536); Social Science Abstracts (240); Social Sciences Citation Index(600); Social Work Abstracts(134); Violence and Abuse Abstracts (17) and Dissertations and Theses(819)。这些电子数据库在2011年4月4日再次进行检索,包括了2009年7月16日至2011年4月4日的期间,但是没有识别出其他符合纳入标准的研究。所有引用都保存在Refwork账号的单独文件夹。

灰色文献检索由AP和RW在2009年6月6日至2009年6月17日期间完成。对创伤应激反应杂志、人际暴力杂志、受害者与罪犯、创伤虐待和暴力、针对妇女的暴力、美国精神病学杂志以及英国精神病学杂志的手动检索由AP在2009年3月3日至2009年5月10日完成。MS使用同样的检索词但把时间限制在2010年至2011年内,在2011年2月15日至2011年4月4日期间完成了对灰色文献的其他检索。没有发现新的符合纳入标准的研究。

临床试验的元注册(the Metaregister of Clinical Trials, http://www.controlled-trials.com/mrct/)指引试验协议,并包含了在招募或者发布前评论的阶段中关于试验的细节。对此的检索在2002年4月(JD)进行,而且发现了一部分接近完成/报告的有关试验(见进行中的研究)。

对文献的检索得到7587条提示。删除重复后,共有5779篇文章进入了由两名独立的评定者(AP和RW)进行筛选的第一阶段(Kappa值=.82),分歧则由第三名审查员(MA)解决。54个题目通过这个筛选水平,且全文被检索出来进入第二阶段的筛选,44个题目被排除在外。10篇研究被保留并且进入数据提取的过程。最初被排除的两篇研究在后来经过复查排除研究列表和联系作者咨询更多信息后被纳入。经过在数据提取阶段更仔细的审查后,10篇研究中的6篇因为主要包含性侵害的儿童受害者(年龄在19岁以下)或者在童年时期遭受性侵害的成年受害者而被撤回。根据复查,两篇先前纳入的研究(Foa, 1991; Resick, 1988)在此分析中被排除在外。

最终,6个具有适合元分析的数据结果的研究被列入最后审查。

4.2 研究的描述

这些研究的细节描述在下面的"纳入研究特征的列表"可见。

4.2.1 设计

6篇纳入研究中的4篇是随机控制试验(Foa, 1991; Rothbaum, 1997; Resick, 2002; Rothbaum, 2005)。2篇研究(Resick, 1988; Resick, 1992)属于准试验设计,包括非随机的,"自然产生"的候补控制组,这个控制组是由一直在(同一个)中心的等待名单上的寻求治疗的妇女组成的，进行治疗的时间与接受积极干预的其他参与者的治疗的时间同样是几个星期。

所有 6 篇研究都是具有个人参与者层次分配的平行设计。没有任何研究是具有由研究者进行的匹配或者分层所有参与者特征的形式。在每种情况下，积极治疗都是与一个候补控制组（waitlist control group，WLC）进行对比；这是一个可以理解的许多伦理委员会的要求，但是这不可避免地限制了控制的跟踪数据的收集。2 篇研究把一个积极治疗与 WLC 进行比较（Resick，2002；Rothbaum，1997）；2 篇研究把两个积极治疗与 WLC 进行比较（Resick，2002；Rothbaum，2005）；还有 2 篇研究把三个积极治疗与 WLC 进行比较（Foa，1991；Resick，1988）。

4.2.2　样本量

6 篇纳入研究中分配给合格的治疗或者没有治疗（候补）的参与者人数为 405；完成的总数为 370。每个研究的平均参与者人数为 67. 5。在上述的 18 个积极干预中，每个干预措施或者比较组的平均参与者人数为 22. 5。

只有 2 篇研究提及了功效计算（Resick，1988；Resick，2002）；在这之前，作者计算出每个组需要招募 80 名参与者（虽然完成的总数为 37）；后来，作者指出一个主要的目的在于进行一个具有足够功效的研究（p.868）。

4.2.3　环境和招募

6 篇研究的招募方法相差不大。Rothbaum（然而她可以被推测在她以前的研究中使用过类似的方法）在 2005 年预期所有都指出使用“受害者援助机构”并大部分都接受当地专业人士的意见，在当地新闻报纸贴广告或者在一种情况下（Resick，1988），从那些先前涉及“应对强奸的研究”中招募。

所有 6 篇研究都在美国的大城市背景下进行。一个研究在宾夕法尼亚州的费城进行（Foa，1991）；三个在密苏里州圣路易斯市进行（Resick，1988；Resick，1992；Resick，2002）和两个在佐治亚州的亚特兰大进行（Rothbaum，1997；Rothbaum，2005）。治疗背景设置通常是在大学里针对创伤或者焦虑的专业中心，但是并不仅限于大学登记，因此可以很好地被描述为门诊。然而，至少一组研究者提出这些研究中的参与者（遭受性侵害同时被确诊为患有 PTSD 的女性）倾向于不认为自己是“病人”，这与被确诊为患有焦虑性障碍的人不同（Foa，1991，p.722）。

4.2.4　参与者

4.2.4.1　纳入和排除标准

6 篇纳入研究中的每一篇都需要参与者有一段遭遇性侵害（通常是一次“完成

的"强奸,但是(Foa,1991)包含曾经历"试图的"强奸的个人)的经历,而且最近的性侵害是发生在 PTSD 症状自然下降的至少三个月前(Kilpatrick & Calhoun,1988;Rothbaum et al.,1992;Rothbaum,1997)。2 篇研究更需要参与者对于 PTSD 符合 DSM-III-R 的标准(Foa,1991;Rothbaum,1997)或者由 CAPS 建立,Blake 等人 1988 年发展的正式标准(Resick,2002;Rothbaum,2005)。剩下的 2 篇研究仅需要参与者报告称具有"与强奸相关的恐惧和焦虑的问题"(Resick,1988)或者"严重的 PTSD 综合征"(Resick,1992)。

2 篇研究明确地排除任何公开乱伦历史的女性(Resick,1988;Resick,1992);有(Resick,2002)和(Rothbaum,2005)进行的更近期的试验违背了这个标准,并且允许一个更广泛的不基于创伤历史或者心理健康问题排除任何女性的样本(如在(Resick,2002)人格障碍或者(Rothbaum,2005)一般共患精神病学的诊断(精神分裂症除外)),这些可能被其他试验排除在外。大部分研究根据被称为"竞合"[创伤后应激障碍]的严重心理病理学排除。这包括严重的抑郁症、准自杀行为、目前的酒精或者药物滥用,或者家庭暴力。(Foa,1991)排除任何遭受伴侣或者其他家庭成员性侵害的参与者;Resick 只需要那些经历婚内暴力的女性"一定是脱离了关系至少 6 个月"。文盲(这会影响自我报告措施的完成,而且在像 CPT 和 PE 那样的干预措施里,家庭作业是治疗的一部分)在一些研究中也是排除标准。

因为许多参与者曾遭遇了不止一次的强奸,所以要建立一个最近遭遇强奸的年龄并不常常可行。本文的一个纳入标准是参与者并非仅仅在童年时期遭遇强奸(这个在如 Hebert 和 Bergeron(2006)的研究里是导致排除的标准)。与最有问题的研究中主要调查者沟通后(Resick,2002),我们感到满意的是在那篇研究中仅仅在 14 岁至 17 岁期间受伤的女性只占少数,且没有在那个年龄以前曾被强奸的女性被纳入作为参与者(Resick,2012,个人沟通)。最新的研究(Rothbaum,2005)把成年时期的强奸定义为 12 岁以后遭遇的强奸,而且允许在那个年龄以前有过强奸历史的女性作为参与者,这是有问题的。然而,我们被所提供的数据说服,数据显示这些情况只占少数。

4.2.4.2 年龄和种族

纳入本文的女性的平均年龄为 32.2;范围很大(详见纳入研究的特征)。5 个试验(总共 384 人)记录了种族,大约 75%人自称为"白人",大约 20%的自称为非洲裔美国人,其余的自称西班牙裔或者"其他"。一个试验(Rothbaum,1997)称没有同一作者(Rothbaum,2005)的种族和后续试验的数据,仅仅把数据分为"白人"和"其他"。

4.2.4.3 最近一次侵害至此的平均年限;其他侵害特征

对于自从“标准”或者最近遭遇的强奸的平均年限长度的所有参与者的数据都收集了,但是以不同的方式呈现。每个研究的平均值和标准差如下:Foa(1991)的为6.2年(标准差为6.7);Resick(1988)的为5.2年(标准差为7.7);Resick(1992)的为6.4年(标准差为6.9);Resick(2002)的为8.5年(标准差为8.5);还有Rothbaum(1997)中干预组的为5.2年(标准差为4.45)和控制组的为13年(标准差为8.9)。最近试验(Rothbaum,2005)中自侵害起的以月计算的平均时间在各治疗组中有所区别(EMDR:145.9,SD146.8;PE:120.9,SD94.1;WAIT:162.9,SD136.9)。少数研究收集平均强奸次数的数据,这是由重复的婚内强奸这一种情况下倾斜的数据。许多研究提出了侵害者是陌生人还是与受害者相熟的人的数据;大部分是遭遇陌生人的侵害,除了Rothbaum(2005)。虽然所有6篇研究都收集了基线访问内的有关侵害数据,3篇呈现了侵害性质的细节数据(Resick,1988;Foa,1991;Rothbaum,2005),这包括持续时间、环境、是否使用武器,以及在Foa(1991)中女性如何确信她的生命受到威胁的数据。Resick(1988)是唯一一个研究提供有关对侵害者的恐惧、逮捕、起诉和/或定罪的数据:在此,只有12%的案例记录了侵害者的定罪。

4.2.4.4 基线人口统计学

所有6篇研究都收集了平均教育年限、收入水平和参与者职业的数据;虽然这些因素都作为不同中途放弃的潜在原因,但是记录显示各组之间的基线没有区别(Foa,1991)。有关酒精和药物滥用的信息通常都在最初的评估中收集。一些研究排除了积极参与另类心理疗法的参与者(除了Rothbaum,1997的以外)。Resick(1992)呈现了先前对于有关强奸的悲痛的心理疗法的细节数据;Resick(2002)称31%的参与者在试验期间正在进行精神药物治疗。

4.2.4.5 干预措施

大多数治疗方案的本质和理论基础,包括对于暴露和认知治疗角色的至关重要的决定,都在背景(上述)里提及。本文纳入研究中使用的治疗方案的详细信息(如个人会话内容和总体的强度和持续时间)可以在下列“纳入研究的特征”中看到。这里只给出了简单的介绍。

在所有研究中,6篇纳入研究中的6个干预措施受到评估:压力预防训练(SIT);长期暴露(PE);援助式辅导或者支持性心理治疗(SC或SP);认知处理疗法(CPT);自信训练(AT);眼动脱敏和再加工治疗法(EMDR)。

SIT是一种在19世纪70年代发展起来的治疗(Vernonen,1978)。PE是由Foa

及其同事开发的。援助式辅导在 Foa(1991)里被定义为由一个女性小组定期提供治疗(反对强奸的女性组织的章节[费城])。支持性心理治疗作为一个非教范性质的治疗,在这个治疗中,参与者互动,治疗师大多数作为促进者和提供信息者在场。CPT 是由 Resick 和 Schnicke(1993)发明的。AT 既使用一个手册(Lange,1976)又运用合理情绪疗法的原则(Ellis,1977)。EMDR 是由 Shapiro(1996)倡导的。

只有一个干预措施(PE)在三个研究中都经过检验。没有其他干预措施在超过两个研究中经过检验。其中两个积极的干预措施在一个研究中被提供给分组会议,而在另一个中则单独提供,这使得亚组分析变得困难(SIT 在 Foa(1991)中是单独提供的,而在 Resick(1992)中是以小组为基础提供的;CPT 在 Resick(2002)中是单独提供的,但在 Resick(1992)中则以小组为基础提供)。需要被强调的是,对于本文中评估的大多数干预措施,参与者分配的人数或者完成治疗的人数都非常少,以至于无法作出坚定的结论。

• EMDR(单独提供)在两个小的 RCTs 中经过检验(Rothbaum,1997;在 EMDR 部分有 10 个完成者;Rothbaum,2005;在 EMDR 部分有 20 个完成者)

• 自信训练(小组形式)在一项研究中经受检验(Resick(1988)在 AT 组里有 13 名完成者)

• CPT 在两项研究中受到检验:Resick(1992)(小组形式,有 19 名完成者)和 Resick(2002)(单独提供,在 ITT 样本里有 62 人)

• PE 在三项研究中受到检验(Foa,1991;Resick,2002;Rothbaum,2005;单独提供,共 n=92)

• SIT 在两项研究中受到检验(Foa,1991(单独提供),n=14 以及 Resick,1988(小组形式),n=12)

• 支持性辅导/支持性心理治疗只提供在一项研究中(Resick(1988)(小组形式)和 Foa(1991)(单独提供))

各研究中治疗的时间长短和密度差别非常大。最短的治疗时间是 Rothbaum 所使用的 EMDR 治疗(每周一期,共四周);最长的是 Resick(2002)的,一个介绍性的项目就是长达 12 周的 12 期 90 分钟的治疗。本文并没有治疗后跟踪的数据,因为使用 WLC 意味着任何跟踪的数据都会根据定义被视为缺乏一个控制条件。然而,需要注意的是,每一项研究考虑的最小结果是三个月的(Foa,1991;Rothbaum,1997)。三项研究特别评估了六个月的结果(Resick,1988;Resick,1992;Rothbaum,

2005)。Resick(2002)跟踪了三个月和九个月,和随后的五年和十年之间的间隔(Resick,2011)。

因为相对少的研究在我们的搜索完成前(2011 年 4 月)发表过,而且目前的调查者团体比较小和重叠,包含的六项研究可以更有效地被视为这个领域更普遍的基础研究里“对话”的一部分。随着相继的研究,更多的努力被放在纠正先前的设计或者治疗内容的威胁性特征上。所以,最近的三篇研究都是 RCTs 的,且趋势是增加样本量。这篇回顾中最大的试验(Resick,2002)也使用了意向性分析,解决至少两个在先前研究中被认为是引起争论的主要问题。例如,Foa(1991)一文中的作者评论称 Resick(1988)一文中的一个缺点是治疗组之间重叠的暴露元素。调查者随后解决了这个问题,他们通过明确地尝试以确保主要干预措施(PE 和 CPT)之间的潜在污染被最小化,这是由于“在 PE 报告中努力地不去引入偶然的认知治疗或者在 CPT 报告中进行延长的暴露”(Resick,2002,p.868)。

六个所包含研究中的每一个都报告了严谨的尝试以确保治疗的完整和保真度。在两个案例(Foa,1991;Resick,1992)中,被调查的治疗在研究进行的时候都没有被手册化,而且需要注意的是,这些研究(实际上是所有,Rothbaum(1997)除外)中项目发展者的参与。一个结果就是这篇回顾缺乏 CPT 的证据,这并不是直接从项目发展者进行的研究中得来的,虽然这可能在近期正在进行的研究中被解决了(见正在进行的研究的表)。

4.2.4.6 结果

6 篇纳入研究中的三个主要结果被评估:创伤后压力心理障碍症状、抑郁症状以及焦虑症状。

4.2.4.7 创伤后压力心理障碍症状

在研究和临床实践中(Keene,Weathers & Foa,2000;Stamm,1996)常用于评估 PTSD 症状的测量方法可以分为临床医师评分和自我报告。

临床医师执行的 PTSD 测量方法

四项研究使用临床医师执行的 PTSD 测量方法。Foa(1991)使用 PTSD 症状会谈量表(PSS-I;Foa,Riggs,Dancu and Rothbaum,1993),这在他们进行研究的时候还在发展中。这个量表随后被 Rothbaum(1997)使用,并且具有良好的可靠性和有效性。Resick(2002)和 Rothbaum(2005)使用临床医师执行的 PTSD 量表(CAPS,Black et al.,1995)。由美国 PTSD 国家中心开发的这个测量方法是设计给有经验的临床医师使用的,且被描述为特别强有力的分类 PTSD 的测量方法(Keene,Weathers & Foa,

2000)。

自我报告的 PTSD 测量方法

所有六篇纳入研究都使用自我报告的 PTSD 测量方法去评估 PTSD 症状。Resick(1988),Resick(1992)和 Rothbaum(1997)使用事件影响量表(IES,Horowitz,Wilner and Alvarez,1979),而 Rothbaum(2005)使用的是修正版本(IES-R,Weiss & Marmar,1997)。原版的 IES 包含了诊断为 PTSD 所需的两种症状群集(侵入感和逃避),修改的版本则加入了第三种症状群集——过度反应。IES 的这两个版本已被用于数以百计关于创伤的研究,因此为不同人群间的比较提供了非常好的机会。三个研究(Foa,1991;Resick,2002;Rothbaum,2005)使用了 PTSD 症状的自我报告量表(PSS-SR),另外,Resick(1992)使用 SCL-90(Derogatis,1977),Foa(1991)使用强奸后症状测试(RAST,Kilpatrick,1988)。

4.2.4.8 抑郁症状

所有六篇研究都使用自我报告的测量方法评估了抑郁情况。五篇(Foa,1991;Resick,1992;2002;Rothbaum,1997;2005)使用了贝克抑郁量表(BDI,Beck et al.,1961),而剩下的一篇(Resick,1988)则使用了 SCL-90 的抑郁症状核对等级量表(Derogatis,1977)。贝克抑郁量表评估抑郁的情感、认知、动机、营养和心理运动成分的存在和严重性。

4.2.4.9 焦虑症状

自我报告的焦虑症状在三个研究中(Foa,1991;Rothbaum,1997;Rothbaum,2005)通过状态特质焦虑量表(STAI,Spielberger,1993)来评估。STAI 是一种被广泛使用的研究量表,它具有良好的信度和效度,并且对于变化较敏感(Spielberger,1993)。Resick(1998)使用的是修改版本的 SCL-90。

4.2.4.10 其他结果的测量

愧疚—Resick(2002)使用了创伤相关的愧疚量表(TRGI,Kubany et al.,1996,它包含了强调愧疚认知的分量表)。

分裂—Rothbaum(1997)和 Rothbaum(2005)使用了分离性体验量表(DES,Bernstein,1986)。

恐惧—Resick(1988)使用了修改版的恐惧量表(Veronin,1980)。

4.3 排除的研究

四十四个研究被排除在外。其中,六篇文章并非主要研究(文献回顾、概念性文章);八项研究包含了非性侵害受害者的创伤(包含了性侵害和强奸的成年受害者,但没有包含基于不同类型创伤的具体结果);七项研究纳入了 18 岁以下的未成年受害者或者是既有被强奸的成年受害者又有遭遇性虐待的未成年受害者的混合样本;十四项研究没有控制组(在小组设计中,单一系统设计或纵向的);两项研究没有包括针对创伤或者不幸的测量方法;两项研究使用了已提前 72 小时被纳入干预的遭受性侵害和强奸的受害者;一项研究是定性的;还有一项研究使用非等效的小组(完成者 vs 非完成者)。在数据提取阶段,四项研究因为参与者不符合纳入标准(共排除数量为 46)而被排除。在回顾了排除列表和联系了主要作者后,两项研究(Resick,1988;Rothbaum,2005)随后被重新纳入。

4.3.1 待分类研究

没有尚待分类的研究。

4.3.2 正在进行的研究

最近登记的共有四个 RCT,这将会对本文日后的更新有帮助。这些都已列。其中三个(Galovski,Galovski,Smith)正研究对于经历了肢体的或者性暴力的女性的 CPT 的有效性。如果可以选取出一群经历过强奸或者性侵害的女性,这对于将来本文的更新也会有贡献。最有希望的研究就是 Suris 的把 CPT 当作减少军队性创伤中受害者的 PTSD 的方法。

4.4 纳入研究的误差风险

我们根据 Cochrane 手册中建议的分类(Higgins,2008,2011)评估了六篇纳入研究的误差风险。具体的评断请见下面的误差风险表以及图表后的总结。

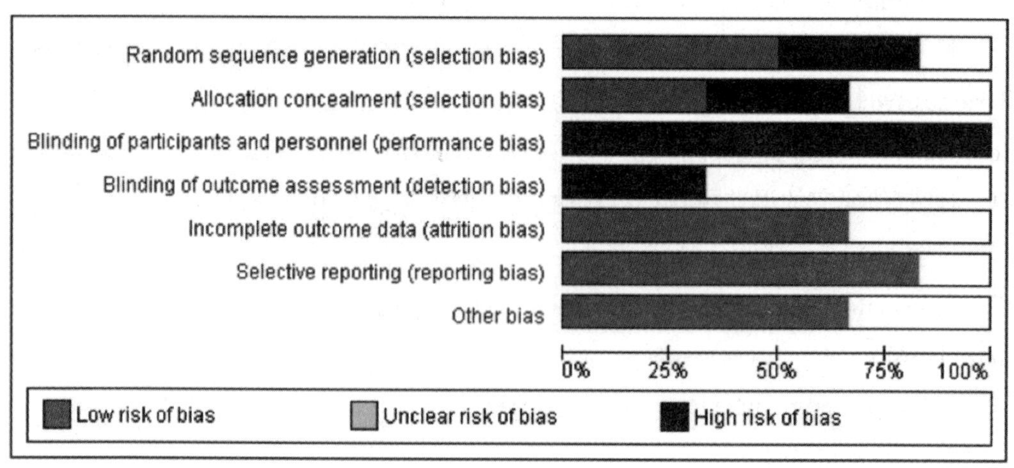

4.4.1 序列产生

两项研究(Resick,1988;Resick,1992)的误差风险被评断为高;前者对主动干预进行交替分配，并使用了一个"自然发生的"控制组，而后者中，控制组的形成是通过收集仍在中心等候名单中长达六周（这一过程中研究者本身是非常关键的）的女性的数据。

在四个自称随机分配的试验中（Foa，1991；Resick，2002；Rothbaum，1997；Rothbaum，2005），其方法并没有在发表的文章中提及。然而，亲身接触每个主要研究者后发现三项研究使用的是随机数字表，另一个用的是电脑化的随机数字生成器。后三项研究被评断为低风险，但是前者（Foa，1991）被评为"不确定"，这是因为分配过程中的异常——分去控制组的女性的上限为十名参与者。

4.4.2 分配序列隐藏

基于上述原因，Resick（1988）和 Resick（1992）的分配没有隐藏。所有 RCT 的分配隐藏方法都没有说明，但是在与研究者的私人信件中发现，Resick（2002）中因使用了封包编号可被评为低误差；Foa（1991）中由于分配者不知道随机化的时间表，也可被认为低误差；Rothbaum（1997）和 Rothbaum（2005）无法确定。

4.4.3 参与者、工作人员以及结果评估的盲选

根据定义，参与接受或者提供心理干预的参与者和治疗人员的盲选是不可能的，因此所有这些试验在这一标准上是高风险误差的。可以说，这增加了尽可能盲选结果评估者的重要性。

两项准试验研究（Resick，1988；Resick，1992）在这一标准上被评为高风险。旧一点的研究中所有结果都是自我报告的；后来的研究中大部分是自我报告的，在积极治疗组的 19 个案例中有 8 个是由独立评估者评估的；其他参与者是由他们自己的治疗人员评估的。

结果评估的盲测在所有纳入的 RCT（Foa，1991；Resick，2002；Rothbaum，1997；Rothbaum，2005）对于主要结果（PTSD 症状）来说是足够的，其他结果均是自我报告的，因此其他研究的误差风险都被评为"无法确定"。

4.4.4 未完成的结果数据

研究者在记录所有研究中的缺失时十分严谨，并且在一些情况下，会比较退出研究的人和留下的人的基本特征以便详细的评估。只有一个研究（Foa，1991）发现明显的区别（那些低收入的蓝领更容易退出治疗）。

退出率为 14%到 30%，我们评估本文的误差风险时考虑的因素包括退出者分布的均匀性和分析方法（如治疗意向分析）。

在一个研究中（Rothbaum，1997），21 名参与者中 3 名（14%）很早退出研究，但是

因为他们在干预措施实施前退出，所以被评为低风险。Resick(1988)和 Rothbaum(2005)的误差风险(整个试验期间的退出率分别为 14%和 18%，但在各组间均匀分布)同样被评为低风险，这是因为在之前的研究中被认为是退出者和在分析中排除的人都因错过了两个环节而被排除，但这在其他研究中可能被纳入分析。相反地，Resick(1992)的退出情况只出现在干预组(14%)，这些丢失的数据和候补的非同期分配之间的不确定关系导致误差风险不能确定。

具有最高密度和最长治疗时间的研究(Resick,2002，持续了三个月并且共有 13 个环节，其中 12 个是 90 分钟的个人治疗)中的退出率最高(30%)。但是这项研究被评为低风险，因为研究者使用了意向治疗分析的合适方法(末次观察推进法【LOCF】)，这使我们在主要分析时可以使用 ITT 样本数据。

4.4.5　选择性的结果汇报

虽然只有一个纳入研究的试验方案(Resick,2002)，但是基于所有记录的合理结果(包括那些在已发表文章中预先设定的)，我们认为五个纳入研究均为低风险。鉴于所使用的测量方法中只有两个的结果被记录了，Resick(1992)的误差风险被评为“无法确定”。研究者称“由于整套方法在过去 5 年里不断改变，所有比较对象和 CPT 对象共有的唯一测量方法就是 SCL-90-R”(5 年的数据更加掩盖了这个非随机的试验中参与者的可比性)。

4.4.6　其他关于效度的潜在威胁

我们发现进行这六篇纳入研究的研究者部分是相同的，他们使用的干预措施甚至结果测量都是由相同的研究者进行的(特别是在早期研究中，他们通常深入参与培训和监管提供治疗的人，同时他们自己也提供治疗)。这既是调查人员对这一群体及其健康的一个指标，也是任何证据的评估中都会面临的潜在偏差来源。总结的目前正在进行的研究或许解决了这一潜在的偏差来源。

4.5　干预措施的效果

结果按照方案中列的顺序记录。随机控制试验的元分析结果与准随机研究分开呈现。

本文的方案允许符合资格的治疗和非治疗或者候补控制之间的比较，还会设定计划去评估长期的跟踪；然而，因为所有符合纳入标准的研究都使用了候补控制组，所有结果都只限于那些“治疗结束”的。

我们主要的分析正如方案中说明的那样，关注的是所有心理治疗相对于没有治疗的效果。

这个数据集尚未足以保证真正的网络分析，但是我们提供一些最与临床相关的干预措施（PE，EMDR & CPT）的 RCT 亚组分析结果。我们谨慎地解释这些并且带有对多处理组试验中数据独立性的统计咨询利益（Valentine，2012；Higgins，2012a；Higgins，2012b）。当意识到我们的方法并非理想时，我们知道相对有效性对这个领域是有意义的，我们也相信这在某种程度上证明了我们的方法是合理的。我们希望在本文的更新版本里将会有足够的试验去进行一个可以同时直接和间接比较的网络元分析。

结果以比较的形式呈现，且按照以下的顺序归纳：

1. 所有治疗与候补控制的比较（仅限于 RCT）

正如方案中计划的那样，所有治疗的效果与控制合并得出对于预先设定的结果的效果的总体估计。四个 RCT（Foa et al.，1991；Resick，2002；Rothbaum，1997；Rothbaum，2005）显示数据适合这种比较的元分析。

2. 所有治疗与候补控制的比较（仅限于准随机试验）

同样的，所有治疗的效果与控制合并得出对于预先设定的结果的效果的总体估计。两个准随机研究为此比较提供了数据（Resick，1988；Resick，1992）。

3. 长期暴露（PE）与候补控制的比较（仅限于 RCT）

三个 RCT（Foa，1991；Resick，2002；Rothbaum，2005）为这个比较提供了数据。为了减少精度被夸大的风险，当研究中包含了超过一个与候补控制相对的有关积极治疗组（Resick，2002）时，控制组的个数除以此数，和随后的分组比较。在本文将来的更新中，我们希望网络分析可以取代这些分析。

4. 眼动再加工治疗（EMDR）与候补控制的比较（仅限于 RCT）

两个 RCT 为这个比较提供了数据（Rothbaum，1997；Rothbaum，2005）。为了减少精度被夸大的风险，当研究中包含了超过一个与候补控制相对的有关积极治疗组（Rothbaum，2005）时，控制组的个数除以此数，和随后的分组比较（见下表）。

5. 认知处理疗法（CPT）与候补控制的比较（仅限于 RCT）

一个 RCT（Resick，2002）为这个比较提供了数据。控制组的数量如上面描述的那样减少以便进行此分析。

4.5.1 结果

1. 所有治疗与候补控制的比较（仅限于 RCT）

1.1 PTSD 症状（临床医生评估的，总数）

分析 1.1

Study or Subgroup	Psychological treatment Mean	SD	Total	Waitlist control group Mean	SD	Total	Weight	Std. Mean Difference IV, Random, 95% CI
1.1.1 All Rx versus WLC data only								
Foa 1991	14.51	4.58	35	19.5	7.18	10	26.0%	-0.94 [-1.67, -0.21]
Resick 2002	42	32.4	124	69.26	18.6	47	28.6%	-0.93 [-1.28, -0.58]
Rothbaum 1997	14.3	8.4	9	35	5.9	8	19.8%	-2.68 [-4.08, -1.28]
Rothbaum 2005	27.08	5.48	40	64.55	19.87	20	25.6%	-3.02 [-3.80, -2.25]
Subtotal (95% CI)			**208**			**85**	**100.0%**	**-1.81 [-2.90, -0.72]**

Heterogeneity: Tau² = 1.05; Chi² = 28.02, df = 3 (P < 0.00001); I² = 89%

Test for overall effect: Z = 3.26 (P = 0.001)

Test for subgroup differences: Not applicable

-4 -2 0 2 4

Favours psych Rx Favours control

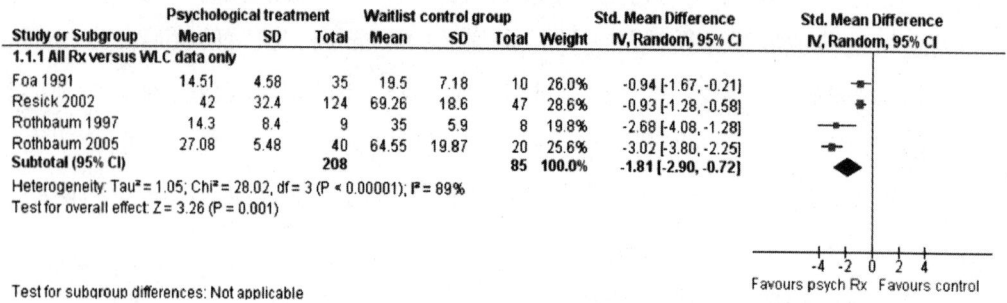

四篇研究(Foa,1991;Resick,2002;Rothbaum,1997;Rothbaum,2005)(合并总数为293)为由独立的评估者盲测的PTSD症状结果的合并分析提供了数据。与候补控制(WLC)比较,治疗的结果是显著的(SMD-1.81,95%CI-2.90至-0.72)。用I^2值测的异质性也是非常大的(89%)。

1.2 PTSD症状(自我报告测量,总数)

分析 1.2

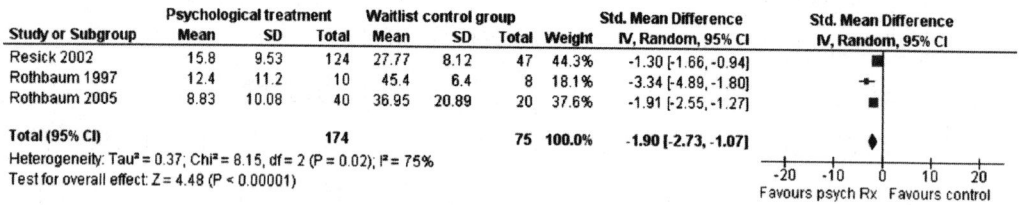

Study or Subgroup	Psychological treatment Mean	SD	Total	Waitlist control group Mean	SD	Total	Weight	Std. Mean Difference IV, Random, 95% CI
Resick 2002	15.8	9.53	124	27.77	8.12	47	44.3%	-1.30 [-1.66, -0.94]
Rothbaum 1997	12.4	11.2	10	45.4	6.4	8	18.1%	-3.34 [-4.89, -1.80]
Rothbaum 2005	8.83	10.08	40	36.95	20.89	20	37.6%	-1.91 [-2.55, -1.27]
Total (95% CI)			**174**			**75**	**100.0%**	**-1.90 [-2.73, -1.07]**

Heterogeneity: Tau² = 0.37; Chi² = 8.15, df = 2 (P = 0.02); I² = 75%

Test for overall effect: Z = 4.48 (P < 0.00001)

-20 -10 0 10 20

Favours psych Rx Favours control

三篇研究(Resick,2002;Rothbaum,1997;Rothbaum,2005)(合并总数为249)为由自我报告测量的PTSD症状结果的合并分析提供了数据。与WLC相比,治疗的结果是显著的(SMD-1.9,95%CI-2.73至-1.07)。用I^2值测的异质性也是很大的(75%)。

1.3 抑郁症状(BDI)

分析 1.3

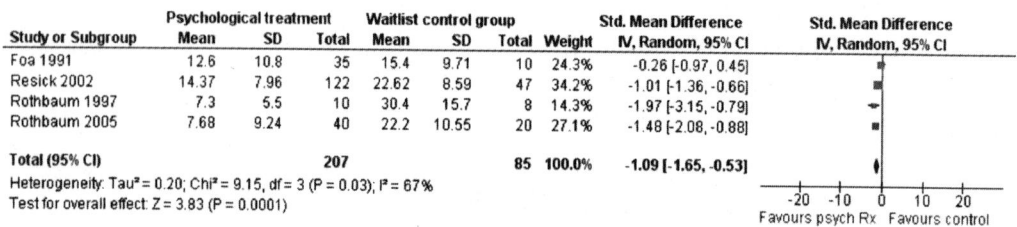

Study or Subgroup	Psychological treatment Mean	SD	Total	Waitlist control group Mean	SD	Total	Weight	Std. Mean Difference IV, Random, 95% CI
Foa 1991	12.6	10.8	35	15.4	9.71	10	24.3%	-0.26 [-0.97, 0.45]
Resick 2002	14.37	7.96	122	22.62	8.59	47	34.2%	-1.01 [-1.36, -0.66]
Rothbaum 1997	7.3	5.5	10	30.4	15.7	8	14.3%	-1.97 [-3.15, -0.79]
Rothbaum 2005	7.68	9.24	40	22.2	10.55	20	27.1%	-1.48 [-2.08, -0.88]
Total (95% CI)			**207**			**85**	**100.0%**	**-1.09 [-1.65, -0.53]**

Heterogeneity: Tau² = 0.20; Chi² = 9.15, df = 3 (P = 0.03); I² = 67%

Test for overall effect: Z = 3.83 (P = 0.0001)

-20 -10 0 10 20

Favours psych Rx Favours control

四篇研究(Foa,1991;Resick,2002;Rothbaum,1997;Rothbaum,2005)(合并总数为292)为抑郁症状结果(自我汇报的)的合并分析提供了数据。与WLC相比,治疗的结果是显著的(SMD-1.09,95%CI-1.65至-0.53)。用I^2值测的异质性也是很大的(67%)。

1.4 焦虑(状态)

分析1.4

Study or Subgroup	Psychological treatment Mean	SD	Total	Waitlist control group Mean	SD	Total	Weight	Std. Mean Difference IV, Random, 95% CI
Foa 1991	40.47	12.79	35	49.9	13.8	10	34.7%	-0.71 [-1.43, 0.01]
Rothbaum 1997	31.8	14.7	10	48.5	15.5	8	19.7%	-1.06 [-2.06, -0.05]
Rothbaum 2005	31.3	10.98	40	49	13.73	20	45.6%	-1.46 [-2.06, -0.86]
Total (95% CI)			**85**			**38**	**100.0%**	**-1.12 [-1.60, -0.64]**

Heterogeneity: Tau² = 0.04; Chi² = 2.49, df = 2 (P = 0.29); I² = 20%
Test for overall effect: Z = 4.61 (P < 0.00001)

Std. Mean Difference IV, Random, 95% CI: -10 -5 0 5 10; Favours psych Rx Favours control

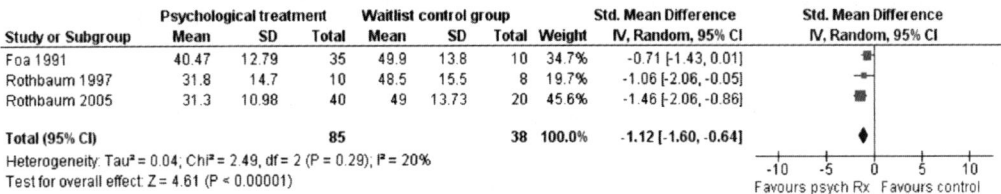

三篇研究(Resick,2002;Rothbaum,1997;Rothbaum,2005)(合并总数为123)为自我汇报的症状结果的合并分析提供了数据。与WLC相比,治疗的结果是显著的(SMD-1.12,95%CI-1.60至-0.64)。用I^2值测的异质性小(20%)。

1.5 焦虑(特性)

分析1.5

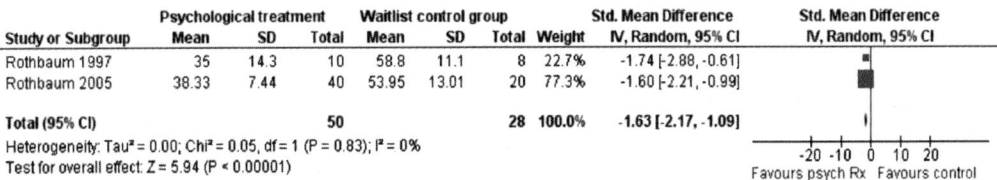

Study or Subgroup	Psychological treatment Mean	SD	Total	Waitlist control group Mean	SD	Total	Weight	Std. Mean Difference IV, Random, 95% CI
Rothbaum 1997	35	14.3	10	58.8	11.1	8	22.7%	-1.74 [-2.88, -0.61]
Rothbaum 2005	38.33	7.44	40	53.95	13.01	20	77.3%	-1.60 [-2.21, -0.99]
Total (95% CI)			**50**			**28**	**100.0%**	**-1.63 [-2.17, -1.09]**

Heterogeneity: Tau² = 0.00; Chi² = 0.05, df = 1 (P = 0.83); I² = 0%
Test for overall effect: Z = 5.94 (P < 0.00001)

Std. Mean Difference IV, Random, 95% CI: -20 -10 0 10 20; Favours psych Rx Favours control

只有两篇研究(Rothbaum,1997;Rothbaum,2005)(合并总数为78)把焦虑作为一种特性来测量。与WLC相比,合并分析中治疗的结果是显著的(SMD-1.63,95%CI-2.17至-1.09)。用I^2值测的异质性可以忽略(0%)。

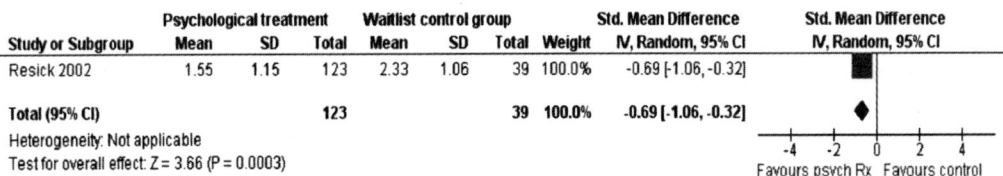

1.6 愧疚(TRGI:总数)

分析1.6

Study or Subgroup	Psychological treatment Mean	SD	Total	Waitlist control group Mean	SD	Total	Weight	Std. Mean Difference IV, Random, 95% CI
Resick 2002	1.55	1.15	123	2.33	1.06	39	100.0%	-0.69 [-1.06, -0.32]
Total (95% CI)			**123**			**39**	**100.0%**	**-0.69 [-1.06, -0.32]**

Heterogeneity: Not applicable
Test for overall effect: Z = 3.66 (P = 0.0003)

Std. Mean Difference IV, Random, 95% CI: -4 -2 0 2 4; Favours psych Rx Favours control

一篇研究(Resick,2002)记录了TRGI上以合计总数测量的愧疚的数据(样本量为164)。与WLC相比,结合积极治疗组的合并分析中,治疗的结果是显著的(SMD-0.69,95%CI-1.06至-0.32)。

1.7 愧疚(TRGI:后见之明偏误分量表)

分析1.7

Study or Subgroup	Psychological treatment Mean	SD	Total	Waitlist control group Mean	SD	Total	Weight	Std. Mean Difference IV, Random, 95% CI
Resick 2002	1.25	1.2	123	1.98	1.08	39	100.0%	-0.62 [-0.99, -0.25]
Total (95% CI)			**123**			**39**	**100.0%**	**-0.62 [-0.99, -0.25]**

Heterogeneity: Not applicable
Test for overall effect: Z = 3.31 (P = 0.0009)

Std. Mean Difference IV, Random, 95% CI: -4 -2 0 2 4; Favours psych Rx Favours control

一篇研究(Resick,2002)记录了TRGI上以后见之明偏误测量的愧疚的数据(样本量为164)。与WLC相比,结合积极治疗组的合并分析中,治疗的结果是显著的(SMD-0.62,95%CI-0.99至-0.25)。

1.8 愧疚(TRGI:不道德行为分量表)

分析1.8

Study or Subgroup	Psychological treatment Mean	SD	Total	Waitlist control group Mean	SD	Total	Weight	Std. Mean Difference IV, Random, 95% CI
Resick 2002	1.33	0.7	119	1.9	1.06	36	100.0%	-0.71 [-1.09, -0.33]
Total (95% CI)			**119**			**36**	**100.0%**	**-0.71 [-1.09, -0.33]**

Heterogeneity: Not applicable
Test for overall effect: Z = 3.66 (P = 0.0003)

Std. Mean Difference IV, Random, 95% CI: -4 -2 0 2 4; Favours psych Rx Favours control

一篇研究(Resick,2002)记录了TRGI上以不道德行为意识测量的愧疚的数据(样本量为164)。与WLC相比,结合积极治疗组的合并分析中,治疗的结果是显著的(SMD-0.71,95%CI-1.09至-0.33)。

1.9 愧疚(TRGI:缺乏理由分量表)

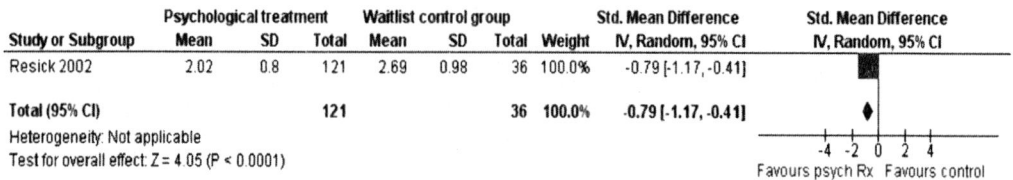

分析1.9

Study or Subgroup	Psychological treatment Mean	SD	Total	Waitlist control group Mean	SD	Total	Weight	Std. Mean Difference IV, Random, 95% CI
Resick 2002	2.02	0.8	121	2.69	0.98	36	100.0%	-0.79 [-1.17, -0.41]
Total (95% CI)			**121**			**36**	**100.0%**	**-0.79 [-1.17, -0.41]**

Heterogeneity: Not applicable
Test for overall effect: Z = 4.05 (P < 0.0001)

Std. Mean Difference IV, Random, 95% CI: -4 -2 0 2 4; Favours psych Rx Favours control

一篇研究(Resick,2002)记录了TRGI上以缺乏理由测量的愧疚的数据(样本量为164)。与WLC相比,结合积极治疗组的合并分析中,治疗的结果是显著的

(SMD-0.79,95%CI-1.17 至-0.41)。

1.10 分离症状(DES)

分析 1.10

Study or Subgroup	Psychological treatment Mean	SD	Total	Waitlist control group Mean	SD	Total	Weight	Std. Mean Difference IV, Random, 95% CI
Rothbaum 1997	11.7	14.1	10	22.9	15.7	8	25.7%	-0.72 [-1.69, 0.25]
Rothbaum 2005	6.48	3.65	40	12.36	8.51	20	74.3%	-1.02 [-1.58, -0.45]
Total (95% CI)			**50**			**28**	**100.0%**	**-0.94 [-1.43, -0.45]**

Heterogeneity: Tau² = 0.00; Chi² = 0.27, df = 1 (P = 0.61); I² = 0%
Test for overall effect: Z = 3.76 (P = 0.0002)

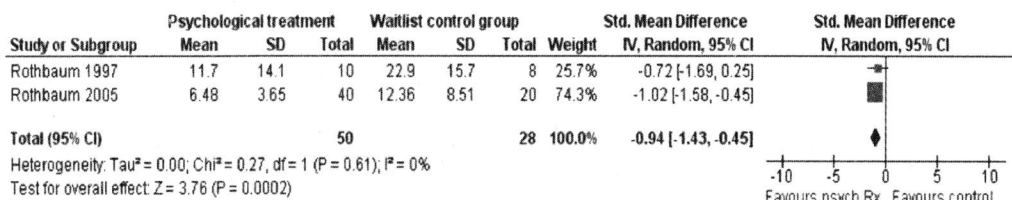

只有两篇研究(Rothbaum,1997;Rothbaum,2005)(合并样本量为 78)把焦虑作为一个特征来测量。与 WLC 相比,结合积极治疗组的合并分析中,治疗的结果是显著的(SMD-0.94,95%CI-1.43 至-0.45),且没有统计上的异质性(I^2=0%)。

2. 所有治疗与候补控制的比较(仅限于准 RCT)

2.1 PTSD 症状(仅限于自我报告的,IES 量表和 SCL-90 量表的结合)

分析 2.1

Study or Subgroup	Psychological treatment Mean	SD	Total	Waitlist control Mean	SD	Total	Weight	Std. Mean Difference IV, Random, 95% CI
Resick 1988	12.26	5.53	37	15.43	8.9	13	51.1%	-0.48 [-1.12, 0.16]
Resick 1992	0.93	0.51	18	1.35	0.78	20	48.9%	-0.62 [-1.27, 0.04]
Total (95% CI)			**55**			**33**	**100.0%**	**-0.55 [-1.00, -0.09]**

Heterogeneity: Tau² = 0.00; Chi² = 0.09, df = 1 (P = 0.76); I² = 0%
Test for overall effect: Z = 2.34 (P = 0.02)

两篇准随机设计的研究(Resick,1988;Resick,1992)(合并样本量为 88)提供的 PTSD 自我报告数据适合进行元分析。结果也是显著的。由 I^2值评估的异质性非常大(SMD-0.55,95%CI-1.00 至 0.09;I^2=76%)。

2.2 抑郁症状(以 PSS 测量的)

分析 2.2

Study or Subgroup	Psychological treatment Mean	SD	Total	Waitlist control Mean	SD	Total	Weight	Std. Mean Difference IV, Random, 95% CI
Resick 1988	42.55	9.46	37	46	10.34	13	51.4%	-0.35 [-0.99, 0.29]
Resick 1992	0.93	0.51	18	1.35	0.78	20	48.6%	-0.62 [-1.27, 0.04]
Total (95% CI)			**55**			**33**	**100.0%**	**-0.48 [-0.94, -0.02]**

Heterogeneity: Tau² = 0.00; Chi² = 0.33, df = 1 (P = 0.57); I² = 0%
Test for overall effect: Z = 2.07 (P = 0.04)

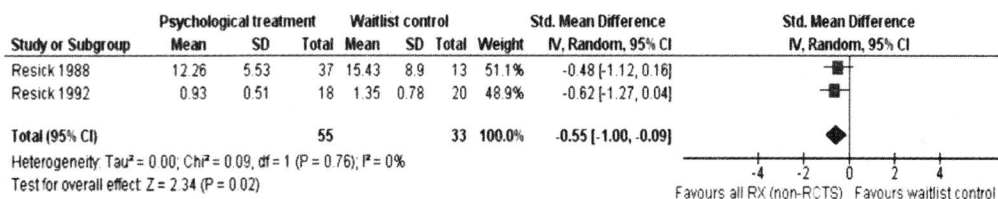

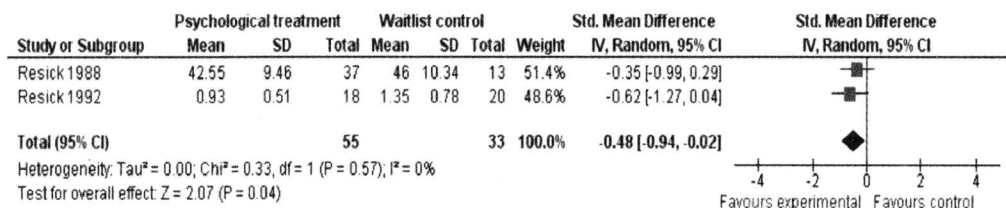

两篇准随机设计的研究(Resick,1988;Resick,1992)(合并样本量为 88)提供的

PTSD 自我报告的抑郁症状数据适合进行元分析。结果也是显著的，统计上的异质性可以忽略不计（SMD−0.48，95%CI−0.94 至−0.02，I^2 = 0%）。

3. 长期暴露（PE）与候补控制的比较（仅限于 RCT 数据）

3.1 PTSD 症状（临床医生评估的）

分析 3.1

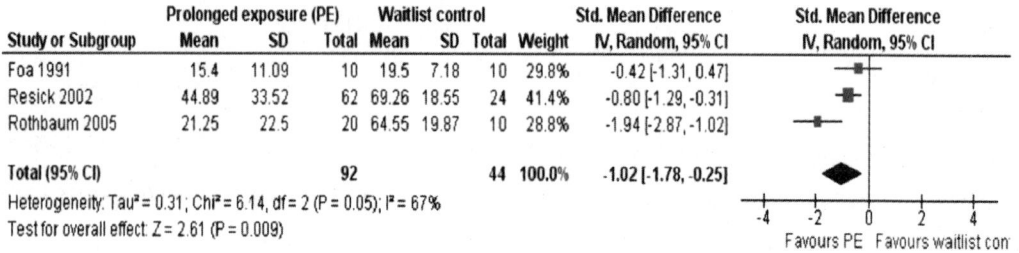

Study or Subgroup	Prolonged exposure (PE) Mean	SD	Total	Waitlist control Mean	SD	Total	Weight	Std. Mean Difference IV, Random, 95% CI
Foa 1991	15.4	11.09	10	19.5	7.18	10	29.8%	-0.42 [-1.31, 0.47]
Resick 2002	44.89	33.52	62	69.26	18.55	24	41.4%	-0.80 [-1.29, -0.31]
Rothbaum 2005	21.25	22.5	20	64.55	19.87	10	28.8%	-1.94 [-2.87, -1.02]
Total (95% CI)			**92**			**44**	**100.0%**	**-1.02 [-1.78, -0.25]**

Heterogeneity: Tau² = 0.31; Chi² = 6.14, df = 2 (P = 0.05); I² = 67%
Test for overall effect: Z = 2.61 (P = 0.009)

-4 -2 0 2 4
Favours PE Favours waitlist con

三篇研究为长期暴露的效果与控制 PTSD 客观指标的比较提供了数据。结果是显著的（SMD−1.02，95%CI−1.78 至−0.25）。用 I^2 值测的异质性也是很大的（67%）。

3.2 PTSD 症状（自我报告测量的）

分析 3.2

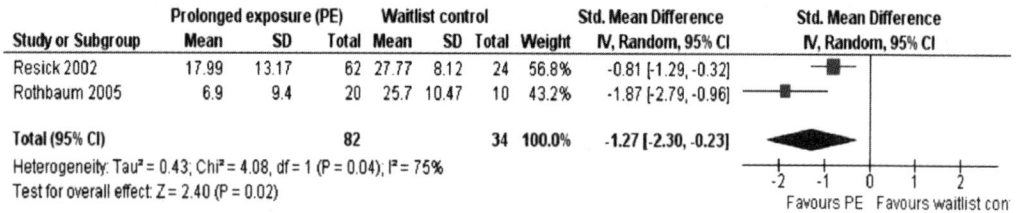

Study or Subgroup	Prolonged exposure (PE) Mean	SD	Total	Waitlist control Mean	SD	Total	Weight	Std. Mean Difference IV, Random, 95% CI
Resick 2002	17.99	13.17	62	27.77	8.12	24	56.8%	-0.81 [-1.29, -0.32]
Rothbaum 2005	6.9	9.4	20	25.7	10.47	10	43.2%	-1.87 [-2.79, -0.96]
Total (95% CI)			**82**			**34**	**100.0%**	**-1.27 [-2.30, -0.23]**

Heterogeneity: Tau² = 0.43; Chi² = 4.08, df = 1 (P = 0.04); I² = 75%
Test for overall effect: Z = 2.40 (P = 0.02)

-2 -1 0 1 2
Favours PE Favours waitlist con

两篇评估了 PE 效果的研究是由自我报告的 PTSD 测量的。合并结果显示效果是显著的。用 I^2 值测的异质性也是很大的（SMD−1.27，95%CI−2.30 至−0.23，I^2=75%）。

3.3 抑郁症状（BDI）

分析 3.3

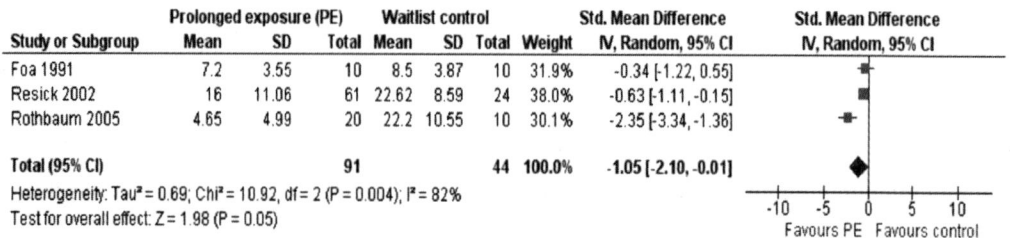

Study or Subgroup	Prolonged exposure (PE) Mean	SD	Total	Waitlist control Mean	SD	Total	Weight	Std. Mean Difference IV, Random, 95% CI
Foa 1991	7.2	3.55	10	8.5	3.87	10	31.9%	-0.34 [-1.22, 0.55]
Resick 2002	16	11.06	61	22.62	8.59	24	38.0%	-0.63 [-1.11, -0.15]
Rothbaum 2005	4.65	4.99	20	22.2	10.55	10	30.1%	-2.35 [-3.34, -1.36]
Total (95% CI)			**91**			**44**	**100.0%**	**-1.05 [-2.10, -0.01]**

Heterogeneity: Tau² = 0.69; Chi² = 10.92, df = 2 (P = 0.004); I² = 82%
Test for overall effect: Z = 1.98 (P = 0.05)

-10 -5 0 5 10
Favours PE Favours control

所有评估了 PE 效果的三篇研究都使用 BDI 测量抑郁症状。结果是显著的(SMD-1. 05,95%CI-2. 10 至-0. 01)。用 I^2 值测的异质性非常大($I^2=82\%$)。

3.4　焦虑(状态)症状

分析 3.4

Study or Subgroup	Prolonged exposure (PE) Mean	SD	Total	Waitlist control Mean	SD	Total	Weight	Std. Mean Difference IV, Random, 95% CI
Foa 1991	41.5	13.77	10	49.9	13.8	10	49.4%	-0.58 [-1.48, 0.32]
Rothbaum 2005	30	10.44	20	49	13.73	10	50.6%	-1.59 [-2.47, -0.72]
Total (95% CI)			**30**			**20**	**100.0%**	**-1.09 [-2.08, -0.10]**

Heterogeneity: Tau² = 0.31; Chi² = 2.49, df = 1 (P = 0.11); I² = 60%
Test for overall effect: Z = 2.17 (P = 0.03)

Std. Mean Difference IV, Random, 95% CI: -10 -5 0 5 10; Favours psych Rx　Favours control

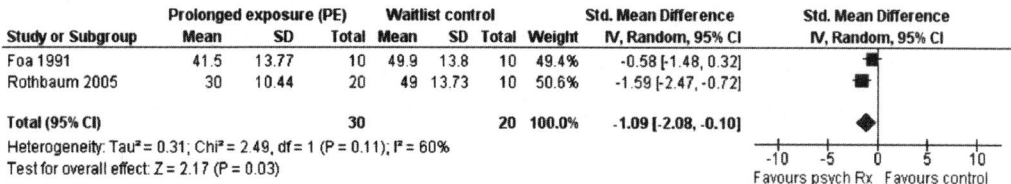

两篇评估 PE 效果的研究测量了焦虑(状态)。结果是显著的(SMD-1. 09,95% CI-2. 08 至 0. 10)。用 I^2 值测的异质性很大($I^2=60\%$)。

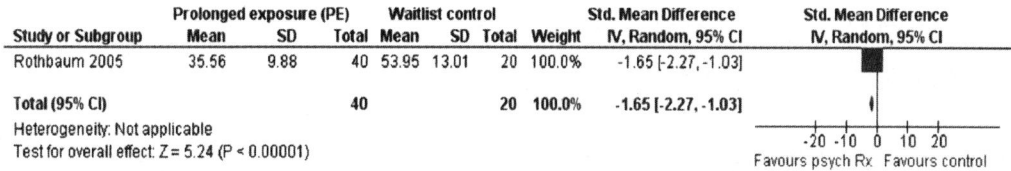

3.5　焦虑(特性)症状

分析 3.5(单一研究结果)

Study or Subgroup	Prolonged exposure (PE) Mean	SD	Total	Waitlist control Mean	SD	Total	Weight	Std. Mean Difference IV, Random, 95% CI
Rothbaum 2005	35.56	9.88	40	53.95	13.01	20	100.0%	-1.65 [-2.27, -1.03]
Total (95% CI)			**40**			**20**	**100.0%**	**-1.65 [-2.27, -1.03]**

Heterogeneity: Not applicable
Test for overall effect: Z = 5.24 (P < 0.00001)

Std. Mean Difference IV, Random, 95% CI: -20 -10 0 10 20; Favours psych Rx　Favours control

一个研究(样本量为 60)比较了 PE 和 WLC(Rothbaum,2005)中焦虑(特性)的结果。结果是显著的(SMD-1. 65,95%CI-2. 27 至-1. 03)。

3.6　愧疚(TRGI:总数)

分析 3.6(单一研究结果)

Study or Subgroup	Prolonged exposure (PE) Mean	SD	Total	Waitlist control Mean	SD	Total	Weight	Std. Mean Difference IV, Random, 95% CI
Resick 2002	1.73	1.2	61	2.33	1.06	20	100.0%	-0.51 [-1.02, 0.00]
Total (95% CI)			**61**			**20**	**100.0%**	**-0.51 [-1.02, 0.00]**

Heterogeneity: Not applicable
Test for overall effect: Z = 1.95 (P = 0.05)

Std. Mean Difference IV, Random, 95% CI: -2 -1 0 1 2; Favours PE　Favours waitlist con

一个研究(样本量为 81)比较了 PE 和 WLC(Resick,2002)中愧疚的结果(以 TRGI:总数测量的)。结果是显著的(SMD-0. 51,95%CI-1. 02 至-0. 00)。

3.7　愧疚(TRGI:后见之明偏误分量表)

分析 3.7(单一研究结果)

一个研究(样本量为 60)比较了 PE 和 WLC(Resick,2002)中愧疚/后见之明偏

Study or Subgroup	Prolonged exposure (PE) Mean	SD	Total	Waitlist control Mean	SD	Total	Weight	Std. Mean Difference IV, Random, 95% CI
Resick 2002	1.51	1.22	61	1.98	1.08	20	100.0%	-0.39 [-0.90, 0.12]
Total (95% CI)			**61**			**20**	**100.0%**	**-0.39 [-0.90, 0.12]**
Heterogeneity: Not applicable								
Test for overall effect: Z = 1.51 (P = 0.13)								

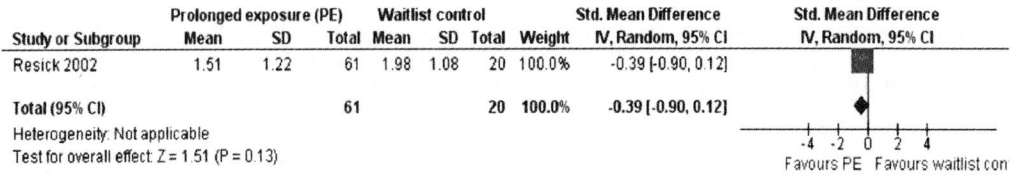

-4 -2 0 2 4
Favours PE Favours waitlist con

误的结果(TRGI:分量表)。结果并不显著(SMD-0.39,95%CI-0.09至-0.12)。

3.8 愧疚(TRGI:不道德行为分量表)

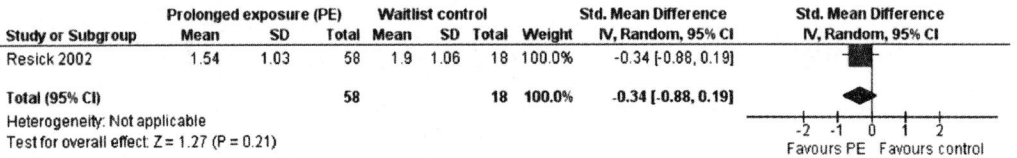

分析3.8(单一研究结果)

Study or Subgroup	Prolonged exposure (PE) Mean	SD	Total	Waitlist control Mean	SD	Total	Weight	Std. Mean Difference IV, Random, 95% CI
Resick 2002	1.54	1.03	58	1.9	1.06	18	100.0%	-0.34 [-0.88, 0.19]
Total (95% CI)			**58**			**18**	**100.0%**	**-0.34 [-0.88, 0.19]**
Heterogeneity: Not applicable								
Test for overall effect: Z = 1.27 (P = 0.21)								

-2 -1 0 1 2
Favours PE Favours control

一个研究(样本量为76)比较了PE和WLC(Resick,2002)中愧疚/不道德行为的结果(TRGI:分量表)。结果并不显著(SMD-0.34,95%CI-0.88至0.19)。

3.9 愧疚(TRGI:缺乏理由分量表)

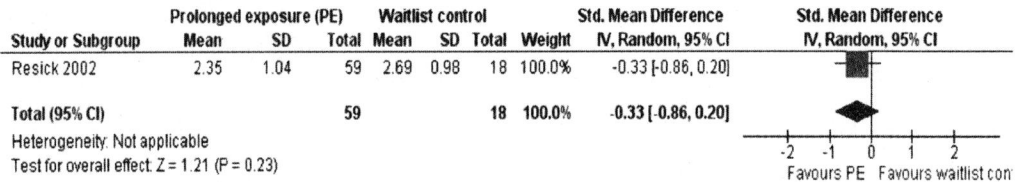

分析3.9(单一研究结果)

Study or Subgroup	Prolonged exposure (PE) Mean	SD	Total	Waitlist control Mean	SD	Total	Weight	Std. Mean Difference IV, Random, 95% CI
Resick 2002	2.35	1.04	59	2.69	0.98	18	100.0%	-0.33 [-0.86, 0.20]
Total (95% CI)			**59**			**18**	**100.0%**	**-0.33 [-0.86, 0.20]**
Heterogeneity: Not applicable								
Test for overall effect: Z = 1.21 (P = 0.23)								

-2 -1 0 1 2
Favours PE Favours waitlist con

一个研究(样本量为77)比较了PE和WLC(Resick,2002)中愧疚/缺乏理由的结果(TRGI:分量表)。结果并不显著(SMD-0.33,95%CI-0.86至0.20)。

3.10 分离症状(DES)

分析3.10(单一研究结果)

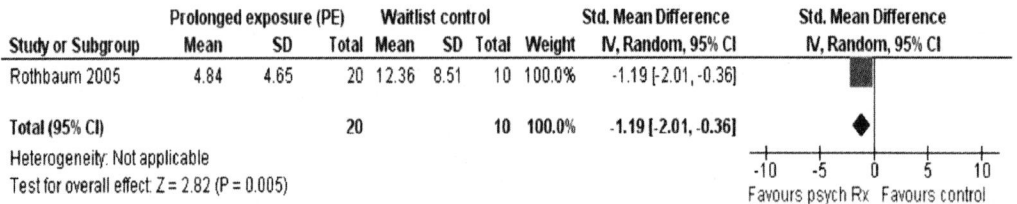

Study or Subgroup	Prolonged exposure (PE) Mean	SD	Total	Waitlist control Mean	SD	Total	Weight	Std. Mean Difference IV, Random, 95% CI
Rothbaum 2005	4.84	4.65	20	12.36	8.51	10	100.0%	-1.19 [-2.01, -0.36]
Total (95% CI)			**20**			**10**	**100.0%**	**-1.19 [-2.01, -0.36]**
Heterogeneity: Not applicable								
Test for overall effect: Z = 2.82 (P = 0.005)								

-10 -5 0 5 10
Favours psych Rx Favours control

一个研究(样本量为60)比较了PE和WLC(Rothbaum,2005)中焦虑(特性)的结果。结果是显著的(SMD-1. 19,95%CI-1. 19 至 0. 36)。

4. 眼动再加工治疗(EMDR)与候补控制的比较(仅限于 RCT 数据)

4.1　PTSD 症状(临床医生评估的)

分析 4.1

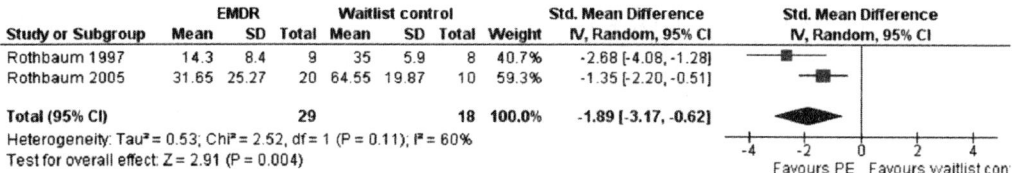

Study or Subgroup	EMDR Mean	EMDR SD	EMDR Total	Waitlist control Mean	Waitlist control SD	Waitlist control Total	Weight	Std. Mean Difference IV, Random, 95% CI
Rothbaum 1997	14.3	8.4	9	35	5.9	8	40.7%	-2.68 [-4.08, -1.28]
Rothbaum 2005	31.65	25.27	20	64.55	19.87	10	59.3%	-1.35 [-2.20, -0.51]
Total (95% CI)			**29**			**18**	**100.0%**	**-1.89 [-3.17, -0.62]**

Heterogeneity: Tau² = 0.53; Chi² = 2.52, df = 1 (P = 0.11); I² = 60%
Test for overall effect: Z = 2.91 (P = 0.004)

Std. Mean Difference IV, Random, 95% CI: -4 -2 0 2 4 Favours PE Favours waitlist con

两项由同一组研究人员进行的研究评估了与候补控制相对的 EMDR 效果。研究发现由临床医生测量的 EMDR 疗法的 PTSD 效果非常显著(SMD-1. 89,95% CI-3. 17 至-0. 62)。用 I^2值测的异质性很大(I^2=60%)。

4.2　PTSD 症状(自我报告测量的,总数)

分析 4.2

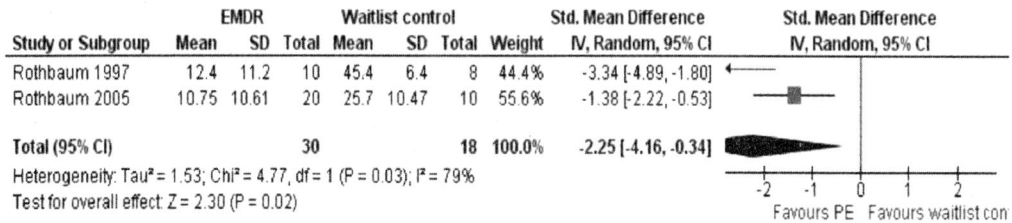

Study or Subgroup	EMDR Mean	EMDR SD	EMDR Total	Waitlist control Mean	Waitlist control SD	Waitlist control Total	Weight	Std. Mean Difference IV, Random, 95% CI
Rothbaum 1997	12.4	11.2	10	45.4	6.4	8	44.4%	-3.34 [-4.89, -1.80]
Rothbaum 2005	10.75	10.61	20	25.7	10.47	10	55.6%	-1.38 [-2.22, -0.53]
Total (95% CI)			**30**			**18**	**100.0%**	**-2.25 [-4.16, -0.34]**

Heterogeneity: Tau² = 1.53; Chi² = 4.77, df = 1 (P = 0.03); I² = 79%
Test for overall effect: Z = 2.30 (P = 0.02)

Std. Mean Difference IV, Random, 95% CI: -2 -1 0 1 2 Favours PE Favours waitlist con

如上,包含了 48 名参与者的两篇研究显示,由自我报告测量的 EMDR 疗法中 PTSD 效果非常显著(SMD-2. 25,95%CI-4. 16 至-0. 34)。用 I^2值测的异质性非常大(I^2=79%)。

4.3　抑郁症状(BDI)

分析 4.3

Study or Subgroup	EMDR Mean	EMDR SD	EMDR Total	Waitlist control Mean	Waitlist control SD	Waitlist control Total	Weight	Std. Mean Difference IV, Random, 95% CI
Rothbaum 1997	7.3	5.5	10	30.4	15.7	8	39.6%	-1.97 [-3.15, -0.79]
Rothbaum 2005	10.7	11.45	20	22.2	10.55	10	60.4%	-1.00 [-1.81, -0.20]
Total (95% CI)			**30**			**18**	**100.0%**	**-1.39 [-2.31, -0.46]**

Heterogeneity: Tau² = 0.20; Chi² = 1.76, df = 1 (P = 0.18); I² = 43%
Test for overall effect: Z = 2.93 (P = 0.003)

Std. Mean Difference IV, Random, 95% CI: -20 -10 0 10 20 Favours PE Favours control

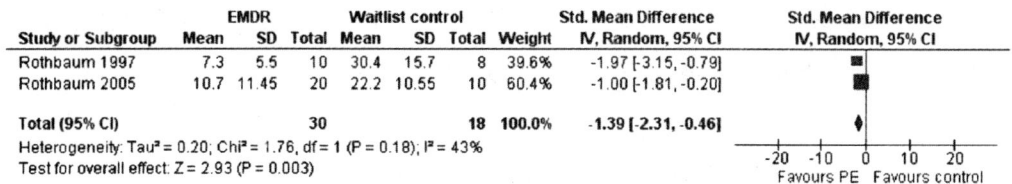

如上,包含了 48 名参与者的两篇研究显示,以 BDI 测量的 EMDR 疗法中 PTSD 效果显著(SMD-1. 39,95%CI-2. 31 至-0. 46)。用 I^2值测的异质性一般(I^2=43%)。

4.4 焦虑(状态)症状

分析 4.4

Study or Subgroup	EMDR Mean	EMDR SD	EMDR Total	Waitlist control Mean	Waitlist control SD	Waitlist control Total	Weight	Std. Mean Difference IV, Random, 95% CI
Rothbaum 2005	32.6	11.62	20	49	13.73	10	59.2%	-1.29 [-2.13, -0.46]
Rothbaum 1997	31.8	14.7	10	48.5	15.5	8	40.8%	-1.06 [-2.06, -0.05]
Total (95% CI)			**30**			**18**	**100.0%**	**-1.20 [-1.84, -0.55]**

Heterogeneity: Tau² = 0.00; Chi² = 0.13, df = 1 (P = 0.72); I² = 0%
Test for overall effect: Z = 3.64 (P = 0.0003)

-10 -5 0 5 10
Favours psych Rx Favours control

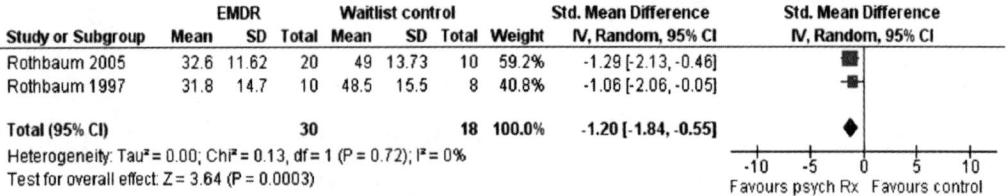

如上,包含了48名参与者的两篇研究显示EMDR疗法中焦虑(状态)效果显著(SMD-1.20,95%CI-1.84至-0.55)。用I^2值测的异质性可以忽略不计。

4.5 焦虑(特性)症状

分析 4.5

Study or Subgroup	EMDR Mean	EMDR SD	EMDR Total	Waitlist control Mean	Waitlist control SD	Waitlist control Total	Weight	Std. Mean Difference IV, Random, 95% CI
Rothbaum 1997	35	14.3	10	58.8	11.1	8	38.4%	-1.74 [-2.88, -0.61]
Rothbaum 2005	41.1	14.48	20	53.95	13.01	10	61.6%	-0.89 [-1.69, -0.09]
Total (95% CI)			**30**			**18**	**100.0%**	**-1.22 [-2.03, -0.41]**

Heterogeneity: Tau² = 0.11; Chi² = 1.46, df = 1 (P = 0.23); I² = 31%
Test for overall effect: Z = 2.94 (P = 0.003)

-20 -10 0 10 20
Favours psych Rx Favours control

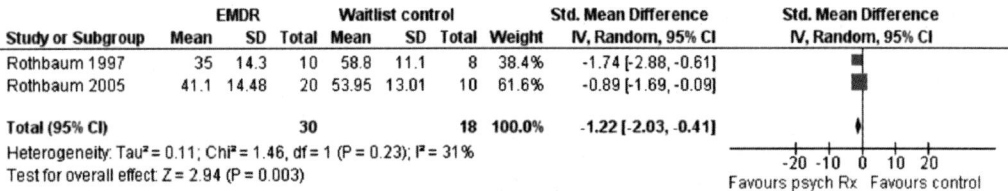

包含了48名参与者的两篇研究显示EMDR疗法中焦虑(特性)效果显著(SMD-1.22,95%CI-2.03至-0.42)。用I^2值测的异质性非常低(I^2=31%)。

4.6 分离症状(DES)

分析 4.6

Study or Subgroup	EMDR Mean	EMDR SD	EMDR Total	Waitlist control Mean	Waitlist control SD	Waitlist control Total	Weight	Std. Mean Difference IV, Random, 95% CI
Rothbaum 1997	11.7	14.1	10	22.9	15.7	8	38.9%	-0.72 [-1.69, 0.25]
Rothbaum 2005	8.12	7.98	20	12.36	8.51	10	61.1%	-0.51 [-1.28, 0.27]
Total (95% CI)			**30**			**18**	**100.0%**	**-0.59 [-1.19, 0.01]**

Heterogeneity: Tau² = 0.00; Chi² = 0.11, df = 1 (P = 0.73); I² = 0%
Test for overall effect: Z = 1.91 (P = 0.06)

-10 -5 0 5 10
Favours psych Rx Favours control

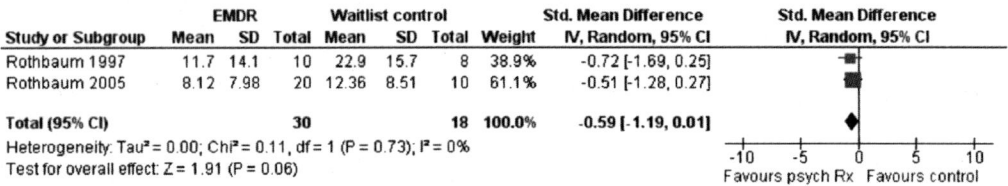

包含了48名参与者的两篇研究显示,用DES测量的EMDR疗法中分离效果显著(SMD-0.59,95%CI-1.19至-0.01),且没有明显的异质性(I^2=0%)。

5. 认知处理疗法(CPT)与候补控制的比较(仅限于RCT数据)

5.1 PTSD症状(临床医生评估的,PSS)(单一研究结果)

分析 5.1

Study or Subgroup	CPT Mean	CPT SD	CPT Total	Waitlist control Mean	Waitlist control SD	Waitlist control Total	Weight	Std. Mean Difference IV, Random, 95% CI
Resick 2002	39.08	31.12	62	69.26	18.24	24	100.0%	-1.06 [-1.56, -0.56]
Total (95% CI)			**62**			**24**	**100.0%**	**-1.06 [-1.56, -0.56]**
Heterogeneity: Not applicable								
Test for overall effect: Z = 4.17 (P < 0.0001)								

-4 -2 0 2 4
Favours CPT Favours control

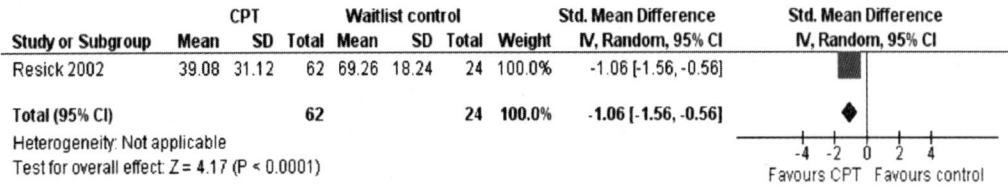

一篇研究(样本量为86)比较CPT和WLC(Resick,2002)中以PSS(临床医生的形式)测量的PTSD效果。结果是显著的(SMD-1.06,95%CI-1.56至0.56)。

5.2 PTSD症状(自我报告测量的,PSS)(单一研究结果)

分析 5.2

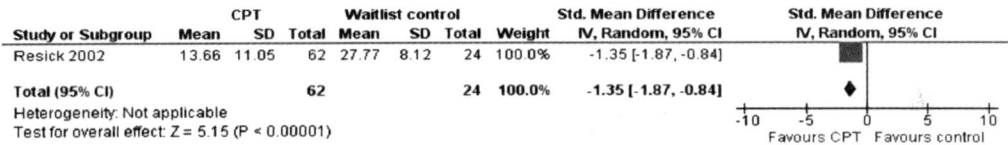

Study or Subgroup	CPT Mean	CPT SD	CPT Total	Waitlist control Mean	Waitlist control SD	Waitlist control Total	Weight	Std. Mean Difference IV, Random, 95% CI
Resick 2002	13.66	11.05	62	27.77	8.12	24	100.0%	-1.35 [-1.87, -0.84]
Total (95% CI)			**62**			**24**	**100.0%**	**-1.35 [-1.87, -0.84]**
Heterogeneity: Not applicable								
Test for overall effect: Z = 5.15 (P < 0.00001)								

-10 -5 0 5 10
Favours CPT Favours control

一篇研究(样本量为86)比较CPT和WLC(Resick,2002)中以PSS(自我报告)测量的PTSD效果。结果是显著的(SMD-1.35,95%CI-1.87至0.84)。

5.3 抑郁症状(BDI)(单一研究结果)

分析 5.3

Study or Subgroup	CPT Mean	CPT SD	CPT Total	Waitlist control Mean	Waitlist control SD	Waitlist control Total	Weight	Std. Mean Difference IV, Random, 95% CI
Resick 2002	12.73	11.17	61	22.62	8.59	24	100.0%	-0.93 [-1.43, -0.44]
Total (95% CI)			**61**			**24**	**100.0%**	**-0.93 [-1.43, -0.44]**
Heterogeneity: Not applicable								
Test for overall effect: Z = 3.70 (P = 0.0002)								

-4 -2 0 2 4
Favours CPT Favours waitlist conti

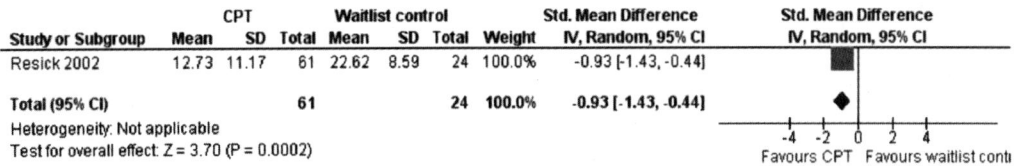

一篇研究(样本量为85)比较CPT和WLC(Resick,2002)中以BDI测量的抑郁效果。结果是显著的(SMD-0.93,95%CI-1.43至0.44)。

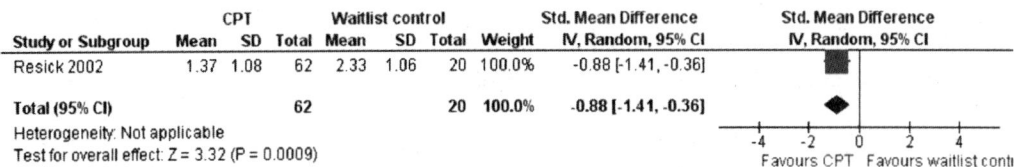

5.4 愧疚(TRGI:总数)(单一研究结果)

分析 5.4

Study or Subgroup	CPT Mean	CPT SD	CPT Total	Waitlist control Mean	Waitlist control SD	Waitlist control Total	Weight	Std. Mean Difference IV, Random, 95% CI
Resick 2002	1.37	1.08	62	2.33	1.06	20	100.0%	-0.88 [-1.41, -0.36]
Total (95% CI)			**62**			**20**	**100.0%**	**-0.88 [-1.41, -0.36]**
Heterogeneity: Not applicable								
Test for overall effect: Z = 3.32 (P = 0.0009)								

-4 -2 0 2 4
Favours CPT Favours waitlist conti

一篇研究(样本量为82)比较CPT和WLC(Resick,2002)中以TRGI(总数)测量的愧疚效果。结果是显著的(SMD-0.88,95%CI-1.41至0.36)。

5.5　愧疚(TRGI:后见之明偏误分量表)(单一研究结果)

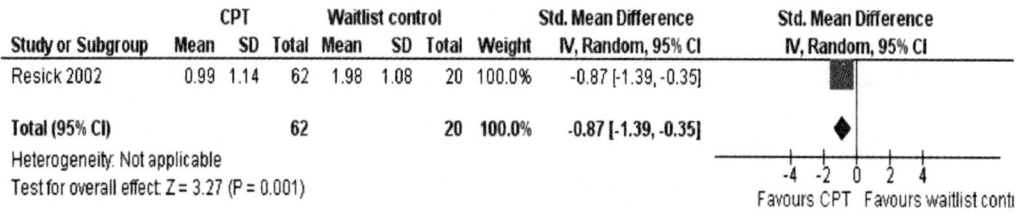

分析5.5

Study or Subgroup	CPT Mean	CPT SD	CPT Total	Waitlist control Mean	Waitlist control SD	Waitlist control Total	Weight	Std. Mean Difference IV, Random, 95% CI
Resick 2002	0.99	1.14	62	1.98	1.08	20	100.0%	-0.87 [-1.39, -0.35]
Total (95% CI)			**62**			**20**	**100.0%**	**-0.87 [-1.39, -0.35]**

Heterogeneity: Not applicable
Test for overall effect: Z = 3.27 (P = 0.001)

Std. Mean Difference IV, Random, 95% CI: -4 -2 0 2 4; Favours CPT　Favours waitlist contı

一篇研究(样本量为82)比较CPT和WLC(Resick,2002)中以TRGI(后见之明偏误)测量的愧疚效果。结果是显著的(SMD-0.87,95%CI-1.31至0.35)。

5.6　愧疚(TRGI:不道德行为分量表)

分析5.6(单一研究结果)

Study or Subgroup	CPT Mean	CPT SD	CPT Total	Waitlist control Mean	Waitlist control SD	Waitlist control Total	Weight	Std. Mean Difference IV, Random, 95% CI
Resick 2002	1.13	1.08	61	1.9	1.06	18	100.0%	-0.71 [-1.25, -0.17]
Total (95% CI)			**61**			**18**	**100.0%**	**-0.71 [-1.25, -0.17]**

Heterogeneity: Not applicable
Test for overall effect: Z = 2.58 (P = 0.010)

Std. Mean Difference IV, Random, 95% CI: -4 -2 0 2 4; Favours CPT　Favours control

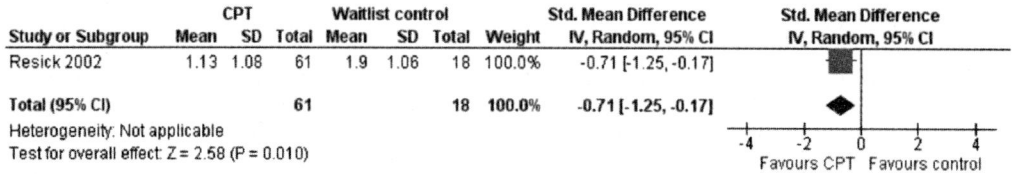

一篇研究(样本量为79)比较CPT和WLC(Resick,2002)中以TRGI(不道德行为分量表)测量的愧疚效果。结果是显著的(SMD-0.71,95%CI-1.25至0.17)。

5.7　愧疚(TRGI:缺乏理由分量表)

分析5.7(单一研究结果)

Study or Subgroup	CPT Mean	CPT SD	CPT Total	Waitlist control Mean	Waitlist control SD	Waitlist control Total	Weight	Std. Mean Difference IV, Random, 95% CI
Resick 2002	1.71	1.2	62	2.69	0.98	18	100.0%	-0.84 [-1.38, -0.30]
Total (95% CI)			**62**			**18**	**100.0%**	**-0.84 [-1.38, -0.30]**

Heterogeneity: Not applicable
Test for overall effect: Z = 3.04 (P = 0.002)

Std. Mean Difference IV, Random, 95% CI: -4 -2 0 2 4; Favours CPT　Favours waitlist contı

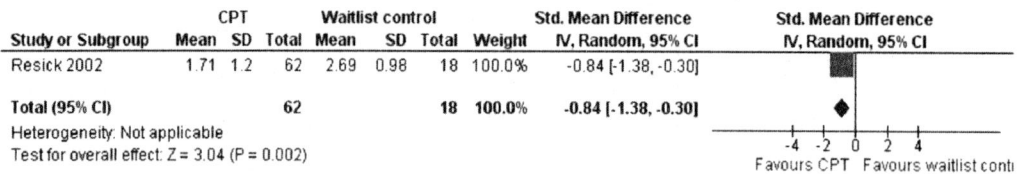

一篇研究(样本量为80)比较CPT和WLC(Resick,2002)中以TRGI(缺乏理由分量表)测量的愧疚效果。结果是显著的(SMD-0.84,95%CI-1.38至0.30)。

6. 压力免疫疗法(SIT)与候补控制的比较

鉴于不同的设计,把两项评估压力免疫疗法效果的小研究(Resick,1988;Foa,1991)中的数据整合起来并不可行。另外,较本文中审查的其他措施而言,这个干预措施目前并没有那么与临床相关。

Resick 等人记录接受 SIT 的参与者(人数为 12)获益非常大。SIT(与本文中其他积极治疗组一样)“在仅仅六个治疗环节中对于作出持续性的改善有效,尤其是针对恐惧和焦虑”,与之相反,候补控制下的参与者(人数为 13)并没有改善。在这个小的准随机研究中(样本量为 43),三个积极治疗小组都并不明显优于其他小组(Resick,1988,p.395)。

Foa(1991)发现 SIT(样本量为 9)优于其他治疗,特别是 PE(样本量为 9),候补控制也不例外,但是这种效果似乎只能持续一小段时间(直到后续治疗)。从长远的跟踪来看,接受 PE 治疗的参与者好像有更好的结果(Foa,1991,p.721)。

7. 最相关的临床心理治疗的相对有效性

意识到一个正式的网络分析尚不充足,我们(非常谨慎地)提出本文包含的研究中三个最相关的临床干预措施(PE,CPT & EMDR)的间接比较。为了计算间接比较,我们采用了合并的 SMD 的差异,并加大他们的方差。

结果显示(对于主要的结果,PTSD)CPT 和 PE 的效应量之间的差异总体来说是小的(SMD-0.04(-0.95 至 0.87),p=0.93)。EMDR 看似优于 CPT(SMD-0.83(-2.20 至 0.54),p=0.23)和 PE(SMD-0.87(-2.36 至 0.62),p=0.25)。这些对比都并不显著,而且将来正式网络分析会需要使用更近期、更大的研究。在试图这样的分析之前,需要予以考虑的重要因素是间接证据是否具有临床的可比性且在统计上与直接证据相似。

5. 讨 论

性暴力和强奸是全世界相当一部分女性经历的极度悲伤事件(Krug et al.,2002;Lundgren,2002;Painter,1991;Tjaden & Thoennes,2006)。个体女性遭遇性暴力的心理和社会后果包括普遍的和持久的影响,如抑郁、创伤后压力和焦虑;社交的和工作的适应问题;以及性功能障碍(Burgess and Holstrum,1974;Resick,1983;Feeny,Foa,Treadwell and March,2004)。专业文献和学术文献都充满了针对减少强奸的创伤后果的干预措施。然而,大多数这类文献都着重于案件回顾、描述性分析和非对照的研究。基于本文,显然只有很少的研究使用严谨的随机对照方法去评估治疗的功效。但是,鉴于一部分创伤症状在侵害后的早期阶段会自然地减轻(Rothbaum et al.,

1992),需要对照研究去确定干预措施的有效性。

5.1 主要结果的总结

六项研究符合本文的纳入标准,最近的一项是在 2005 年进行的。两个小的 RCT 检验了 EMDR(Rothbaum,1997;Rothbaum,2005);两项研究评估了 CPT(Resick,1992;Resick,2002);三项研究评估了 PE(Foa,1991;Resick,2002;Rothbaum,2005);两个研究评估了 SIT(Foa,1991;Resick,1988);还有支持性辅导、支持性心理疗法和自信心训练都分别在一项研究中得到检验(Resick,1988;Foa,1991)。虽然本文也试图探讨和比较其他形式的心理治疗,尤其是心理动力学疗法,但是没有任何发表的或者未发表的研究符合纳入标准。

在汇集了各种治疗结果的分析中(无论是 RCT 还是准随机试验),当与候补控制比较时发现,所有六项研究都证明 PTSD 有所改善;六项研究都证明抑郁症的改善;三项研究证明焦虑症的改善;一项证明愧疚的和一项证明分离的改善。针对 PE 的 RCT 汇集分析显示 PTSD、抑郁、焦虑、愧疚以及分离的改善;EMDR 改善 PTSD、抑郁、焦虑以及分离;CPT 改善 PTSD、抑郁和愧疚。

中途退出率是在解释结果时需要考虑的问题。Resick(1988)和 Rothbaum(2005)称退出率分别为 14%和 18%,但是不同条件下平均分布。而 Resick(1992)也记录了 14%的退出率,但是这只发生在干预组。最令人关注的是 Resick(2002)记录的针对 CPT 的 30%退出率,这个干预措施是本文纳入的研究中强度最大、持续时间最长的。

5.2 总体完整性和证据的适用性

这篇系统评估报告只得出了六项针对强奸或者性侵害成年受害者的干预措施。在某种程度上,研究的不足可能是性暴力本身的性质所致。在美国的全国性的大型研究显示,只有 19%到 39%的性侵害案件报告给警方(Tjaden & Thoennes,2006;U.S. Department of Justice,2002)。包括愧疚、害怕报复、羞愧、对于法律和医疗系统缺乏知识和信任等许多原因都导致少报和遭遇强奸和性侵害后不愿意寻求医疗和精神健康的治疗(Burgess,Fehder & Hartman,1995;Burgess,Regehr & Roberts,2012)。那些寻求治疗、服务的人通常是有限的,而且等待名单可能会影响许多需要及时帮助的人。在这一领域进行研究的进一步挑战是中途退出试验率往往很高,而且很多服务是通过基于社区的机构提供的,他们吸引不了研究资助基金。还有关于排除那些迫切需要合适干预措施的或者在等候名单里推迟了干预措施等伦理问题。

但是这一群体不同于其他形式的创伤性时间,鉴于其独特的原因和考虑,日后特别是包含了性侵害和强奸成年受害者的有效性研究是非常必要的。一旦有足够数量的合适研究,系统评估报告应包含研究之间异质性上方法的和临床的探索,以便发现与总体研究设计(试验的和准试验的设计)、参与者招募(如医疗诊所、收容所、咨询机构)、基线特征(如年龄、性别、文化、教育程度、社会经济地位)、性暴力本质、干预措施类型、干预措施持续时间、设置和后续跟踪的持续时间相关的差异。因为本文纳入的研究不足,所有没有进行任何这类测试。

5.3 证据的质量

只有六篇研究被识别出来并纳入此分析。有些研究中的治疗组和对照组的样本量也很小(如 Foa, Rothbaum, Riggs & Murdock(1991)中,每种情形只有 10 名至 14 名参与者)。其他降低证据质量的因素有高退出率(治疗组中从 14%到 30%不等),使用严格的排除标准以及治疗中参与者的高拒绝率。全部六篇研究的样本群体都在美国,这可能会限制了普遍性。最后四篇纳入分析的研究是由建立治疗模型的人员进行的。因此,即使这些研究都很严谨,直到此时理解积极的结果时都需要非常小心,因为他们都可以被独立地进行复制。

5.4 回顾过程中潜在的偏误

我们相信这个搜索策略是稳健的。试验人员和统计人员的专业意见进一步地改善。评估的作者没有获取既得利益从而在结论中偏向其中一个治疗方法。

考虑到这篇回顾的目的在于区分针对性侵害和强奸的成年受害者的干预措施,我们的搜索只识别出六篇研究,因为大部分主要研究都没有充分地把这个群体和受其他创伤事件影响的群体区分出来。

5.5 与其他研究或者回顾的相同点或者不同点

对于受害者创伤和悲痛事件的治疗方法已有几篇文献回顾和元分析。这些回顾纳入研究的范围比本文要更大,因为他们不仅限于运用对照组的研究,而且通常对于所服务群体的定义也更加广泛。例如,Vickerman 和 Margolin(2009)回顾了 32 篇记录了强奸受害者的治疗结果的文章。大多数研究都是组内设计或者同时包括性虐待的成年受害者和未成年受害者。那些作者得出的结论是认知处理疗法和长期暴露获得这个群体最多的支持,而压力预防训练和眼动脱敏和再加工治疗也显示初步的成效。同样的,由 Taylor 和 Harvey(2009)进行的针对性侵害(既包括童年时期的也包括成年时期的)的 25 种治疗情境下 15 个结果研究的元分析中指出,认知的和行为的方法与其他形式的咨询相比具有非常大的效应量。最后,一篇关于其他创伤幸存者的研究的 Cochrane 系统评估报告同样证明了 CBT 方法缓解症状的有效性。

6. 作者结论

这篇系统评估报告的结果提出了试验性的证据证明认知的和行为的干预措施，尤其是认知处理疗法、长期暴露疗法、压力预防疗法和眼动脱敏和再加工治疗与强奸和性侵害受害者的创伤后应激障碍(PTSD)、抑郁和焦虑症状的减少相关。

6.1 对实践的启示

有相当一部分女性在她们的成年时期曾遭遇强奸和/或者其他形式的性暴力。这种受害经历与严重的和长期的创伤压力、焦虑和抑郁相关。因此，产生了大量意在减少受害者经历的极度悲痛的治疗干预并不奇怪。对于其他群体创伤干预的研究已经证明虽然某些干预对于特定群体有效，但是他们实际上可能加重了某种受害者的症状(Bisson, Jenkins & Alexander, 1997; Mayou, Ehlers & Hobbs, 2000; Regehr, 2001)。例如，心理诉谈对于在工作场所遭遇创伤事件的人有效或者没有影响，但是 Bisson, Jenkins 和 Alexander(1997)证明这个模式实际上恶化了烧伤受害者的症状。所以，心理健康的研究者和实践者有责任确保提供的治疗干预有效且非医源性。

对于治疗方法的选择通常依赖于对象的独特性质。对于 PTSD 的暴露方法曾被尊重地提出一个告诫，即便是在一个控制的环境下，重新经历创伤刺激也可能会导致症状的恶化。所以国际社会创伤压力研究(International Society for Traumatic Stress Studies)的实践指南建议暴露方法应该只用于那些已被评估为具有容忍高度焦虑刺激能力的，没有自杀意念且最近没有生活危机的个人(Foy et al., 2000)。有人进一步建议道包含暴露的治疗模式应该只使用在一个可靠的治疗配合已经形成的时候(Calhoun & Atkeson, 1991)，而且开始这项治疗的时候，治疗对象应该完全地知情同意，治疗师也应在治疗期间小心地留意悲痛的程度。其他需要考虑的问题是时间和参与治疗所需的资源。鉴于本分析中短期的治疗方法得出积极的结果和较低的退出率，这应该成为治疗建议中的一个考虑因素。

6.2 对研究的启示

强奸创伤综合征在 1974 年由 Burgess 和 Holstrum 第一次识别为独特的存在。从关于性暴力(Brownmiller, 1975)，心理健康诊断(APA, 1980)和受害者的治疗的社会角度看，这篇开拓性的文章促成了后来性侵害法律的改变(Koss, 2000; Regehr et al., 2008)。记录在学术文献和专业文献中的治疗方法蓬勃发展。尽管对于性暴力及其后果的广泛认识超过了四十年,仍然令人惊奇和沮丧的是缺乏严谨的针对性侵害和强奸的成年受害者的心理治疗干预的评估。本文的结果表明需要更多更高质量的随机对照研究去评估那些旨在减轻成年受害者的 PTSD、抑郁和焦虑症状的干预措施。

应该注意到的是呈现的研究主要在美国进行,强调这点非常重要。缺乏这些治疗方法对于其他文化的个人的有效性的证据。性侵害类型的影响也尚未明确(如单次的 vs 重复的侵害,认识的 vs 不认识的侵害者,在正常生活环境下的侵害 vs 在如战争等其他创伤性事件期间发生的)。因此,在此回顾的治疗方法可能对于特定类型的成年性侵害幸存者并不那么有效。当探索这个群体的治疗效果时,研究者应该清楚了解从指标时间发生起已过去的时间、任何童年遭遇性虐待的历史和侵害的本质。意向治疗分析和不良事件的分析,如症状的恶化,都应该记录在内。

7. 参考文献

Foa, E., Rothbaum, B., Riggs, D., & Murdock, T.Treatment of posttraumatic stress disorder in rape victims: A comparison between cognitive-behavioral procedures and counseling.Journal of Consulting and Clinical Psychology, 1991; 59(5) 715-723.

Personal email correspondence between Edna Foa and J. Dennis, 15-16 April 2012; additional information on setting, design and nature of primary outcome measure

Resick 1988

Resick, P.A., Jordan, C.G, Girelli, S.A., Hutter, C.K., Marhoefer-Dvorak, S.A comparative outcome study of behavioural group therapy for sexual assault victims.Behavior Therapy, 1988; 19: 385-401.

Resick 1992

Resick, P.& Schnicke, M.Cognitive processing therapy for sexual assault victims.Journal of Consulting and Clinical Psychology, 1992; 60(5): 748-756.

Resick 2002

Resick, P., Nishith, P., Weaver, T., Astin, M.& Feuer, C.A comparison of cognitive-processing therapy with prolonged exposure and a waiting condition for the treatment of chronic posttraumatic stress disorder in female rape victims.Journal of Consulting and Clinical Psychology, 2002; 70(4): 867-879.

Personal email correspondence between Patricia Resick and J.Dennis, 16 April 2012; additional information on setting, design and participant characteristics.

Protocol available at: http://www.controlledtrials.com/mrct/trial/432473/Resick

Rothbaum 1997

Rothbaum, B.A controlled study of eye movement desensitization and reprocessing in the treatment of posttraumatic stress disordered sexual assault victims.Bulletin of the Menninger Clinic, 1997; 61(3): 317–334.

Personal email correspondence between Barbara Rothbaum and J. Dennis, 14June 2012; additional information on setting, design and participant characteristics.

Rothbaum 2005

Rothbaum, B., Astin, M &Marsteller, F.Prolonged exposure versus eye movement desensitization and reprocessing (EMDR) for PTSD rape victims. Journal of Traumatic Stress, 2005; 18(6): 607–616.

Allen 1994

Allen, S.& Bloom, S.Group and Family Treatment of Posttraumatic-Stress-Disorder. Psychiatric Clinics of North America, 1994; 17(2): 425–437.

ArntZ 2007

Arntz, A. Tiesema, M. &Kindt, M. Treatment of PTSD: a comparison of imaginal exposure with and without imagery rescripting.Journal of Behavior Therapy & Experimental Psychiatry, 2007; 38(4), 345–70.

Barker 1997

Barker, J.An examination of the long-term effects of sexual assault using linear structural equation modelling.Dissertation Abstracts International, 1997.

Barker-Collo 2000

Barker-Collo, S., Melnyk, W. A cognitive-behavioral model of post-traumatic stress for sexually abused females.Journal of Interpersonal Violence, 2000; 15(4): 375–392.

Barnette 2001

Barnette, V.Resolving PTSD through time limited dynamic psychotherapy.Journal of College Student Psychotherapy, 2001; 16(1–2): 27–41.

Bornstein 2003

Bornstein, H.A meta-analysis of group treatments for post-traumatic stress disorder:

How treatment modality affects symptoms.Dissertation Abstracts International,2003.

Cantarella 2005

Cantarella,G.Sexual Abuse in Families Today:Group Resonance as a Cure.Group Analysis,2005;38(2):281-292.

Carey 1996

Carey,L.Effects of group treatment on rape victims.Dissertation Abstracts International,1996.

Castillo 2004

Castillo,D.Systematic Outpatient Treatment of Sexual Trauma in Women:Application of Cognitive and Behavioral Protocols.Cognitive and Behavioral Practice,2004;11(4):352-365.

Clarke 2008

Clarke,S.Rizvi,S.& Resick,P. Borderline personality characteristics and treatment outcome in cognitive-behavioral treatments for PTSD in female rape victims.Behavior Therapy,2008;39(1):72-78.

Cryer,1980

Cryer,L.& Beutler,L.Group therapy:an alternative treatment approach for rape victims.Journal of Sex & Marital Therapy,1980;6(1):40-6.

Echeburúa 1997

Echeburúa,E.,de Corral,P.,Zubizarreta,I.,& Sarasua,B.Psychological treatment of chronic posttraumatic stress disorder in victims of sexual aggression.Behavior Modification,1997;21(4),433-433.doi:10.1177/01454455970214003

Echeburúa 1996

Echeburúa,E.,de Corral,P.,Sarasua,B.,& Zubizarreta,I.Treatment of acute posttraumatic stress disorder in rape victims:An experimental study.Journal of Anxiety Disorders,1996;10(3),185-185.doi:10.1016/0887-6185(96)89842-2

Field 1997

Field,T.,Hernandez-Reif,M.,Hart,S.et al.Effects of sexual abuse are lessened by massage therapy.Journal of Bodywork and Movement Therapies,1997;1(2):65-9.

Foa 1997

Foa,E.Trauma and women:course,predictors,and treatment.Journal of Clinical Psychiatry, 1997; 58 (Suppl 9): 25-8.

Foa 1999

Foa E B; Dancu C V; Hembree E A; Jaycox L H; Meadows E A; Street G P. A comparison of exposure therapy, stress inoculation training, and their combination for reducing posttraumatic stress disorder in female assault victims. Journal of Consulting and Clinical Psychology, 1999: 67(2), 194-200

Foa 1999

Foa E., Freund, B., Dancu, C., Franklin M., Perry, K., Riggs, D. &Molnar, C. A comparison of exposure therapy, stress inoculation training, and their combination for reducing posttraumatic stress disorder in female assault victims. Journal of Consulting & Clinical Psychology, 1999; 67(2): 194-200.

Foa 1995

Foa, E., Hearst-Ikeda, D. &Perry, K. Evaluation of a brief cognitive-behavioral program for the prevention of chronic PTSD in recent assault victims. Journal of Consulting and Clinical Psychology, 1995; 63: 948-963.

Foa 2005

Foa, E. & Hembree, A, Cahill, S. et al. Randomized trial of prolonged exposure for posttraumatic stress disorder with and without cognitive restructuring: outcome at academic and community clinics. Journal of Consulting & Clinical Psychology, 2005; 73(5): 953-64.

Foa 1995

Foa, E., Molnar, C. & Cashman, L. Change in rape narratives during exposure therapy for posttraumatic stress disorder. Journal of Traumatic Stress, 1995; 8(4): 675-90.

Foa 1993

Foa, E., Rothbaum, B. &Steketee, G. Treatment of rape victims. Journal of Interpersonal Violence, 1993; 8, 256-276.

Frank 1988

Frank, E., Anderson, B., Stewart, B., Dancu, C., Hughes C., & West, D. Efficacy of cognitive behavior therapy and systematic desensitization in the treatment of rape trauma. Behavior Therapy, 1988; 19: 403-420.

Gannon 2008

Gannon, T., Collie, R., Ward, T. &Thakker, J. Rape: Psychopathology, theory, and treatment.Clinical Psychology Review,2008;28(6):982-1008.

Hébert 2007

Hébert,M.,& Bergeron,M.(2007).Efficacy of a group intervention for adult women survivors of sexual abuse.Journal of Child Sexual Abuse,16(4),37-61.

Howard 2003

Howard, A., Riger, S., Campbell, R. &Wasco, S. Counseling Services for Battered Women:A Comparison of Outcomes for Physical and Sexual Assault Survivors.Journal of Interpersonal Violence,2003;18:717-734.

Ironson 2002

Ironson,G.,Freund,B.,Strauss,J.& Williams J.Comparison of two treatments for traumatic stress:a community-based study of EMDR and prolonged exposure.Journal of Clinical Psychology,2002;58(1):113-28.

Jehel 2003

Jehel,L.&Questel,F.[Methods in psychiatric care of victims of sexual aggression]. Soins-Psychiatrie,2003;228:40-4.

Koss 2005

Koss, M. & Figueredo, J. Cognitive mediation of rape' mental health impact: Constructive replication of a cross-sectional model in longitudinal data. Psychology of Women Quarterly.2004;28:273-286.

Krakow 2001

Krakow,B.,Hollifield,M.,Johnston,L.,Koss,M.,Schrader,R.,Warner,T.D.,et al. Imagery rehearsal therapy for chronic nightmares in sexual assault survivors with posttraumatic stress disorder:A randomized controlled trial.JAMA:Journal of the American Medical Association,2001:286(5),537-537.

Krakow 2000

Krakow,B.,Hollifield,M.,Schrader,R.,Koss,M.,Tandberg,D.,Lauriello,J.,et al.A controlled study of imagery rehearsal for chronic nightmares in sexual assault survivors with PTSD:A preliminary report.Journal of Traumatic Stress,2000:13(4),589-589.

Lindsay 1995

Lindsay, D. Psychotherapy and Memories of Childhood Sexual Abuse. Report: ED394091.31pp.Aug.1995.

Longo 2004

Longo, R. An integrated experimental approach to treating young people who sexually abuse. Journal of Child Sexual Abuse, 2004; 13(3-4): 193-213.

Lubin 1998

Lubin, H., Loris, M., Burt, J. &Johnson, D. Efficacy of Psychoeducational Group Therapy in Reducing Symptoms of Posttraumatic Stress Disorder Among Multiply Traumatized Women. American Journal of Psychiatry, 1998; 155, 1172-1177.

Macintosh 2006

Macintosh, H. Emotionally focused therapy for couples and childhood sexual abuse survivors. Dissertation Abstracts International: Section B: The Sciences and Engineering. Vol 66 (12-B): 6929, 2006.

Mezey 1988

Mezey, G. &Taylor, P. Psychological reactions of women who have been raped. A descriptive and comparative study. British Journal of Psychiatry, 1988; 152: 330-9.

McFarlane 2000

McFarlane, A. & Yehuda, R. Clinical treatment of posttraumatic stress disorder: conceptual challenges raised by recent research. Australian & New Zealand Journal of Psychiatry, 2000: 34(6): 940-53.

Moscarello 1991

Moscarello, R. Posttraumatic stress disorder after sexual assault: its psychodynamics and treatment. Journal of the American Academy of Psychoanalysis, 1991; 19(2): 235-53.

Nishith 2003

Nishith, P., Duntley, S. Domitrovitch, P., Uhles, M., Cook, B. & Stein, P. Effect of cognitive behavioral therapy on heart rate variability during REM sleep in female rape victims with PTSD. Journal of Traumatic Stress, 2003; 16(3): 247-50.

Nishith 2002

Nishith P, Resick PA, Griffin MG. Pattern of change in prolonged exposure and cognitive-processing therapy for female rape victims with posttraumatic stress disorder. Journal of Consulting & Clinical Psychology, 2002; 70(4), 880-6.

Obinna 2001

Obinna, J. Assessing the outcomes for adult rape victims receiving crisis intervention services. Dissertation Abstracts International, 2001.

Osterman 2001

Osterman, J., Barbiaz, J.&Johnson, P. Emergency interventions for rape victims. Psychiatric Services, 2001;52(6):733-740

Reed 2002

Reed, H. Claiming the future: The efficacy of a group therapy protocol for sexually abused women within the criminal justice system. Dissertation Abstracts International, 2002.

Resick 1999

Resnick, H., Acierno, R., Holmes, M., Kilpatrick, D.& Jager N. Prevention of post-rape psychopathology: preliminary findings of a controlled acute rape treatment study. Journal of Anxiety Disorders, 1999;13(4):359-70.

Resick 2007

Resnick, H., Acierno, R., Waldrop, A., King, L., King, D., Danielson, C., et al. Randomized controlled evaluation of an early intervention to prevent post-rape psychopathology. Behaviour Research and Therapy, 2007;45(10):2432-2447.

Resick 1990

Resick, P.& Schnicke, M. Treating Symptoms in Adult Victims of Sexual Assault. Journal of Interpersonal Violence, 1990;5(4):488-506.

Roth 1988

Roth, S., Dye, E., & Lebowitz, L. Group psychotherapy for sexual-assault victims. Psychotherapy: Theory, Research, Training, 1988;25, 82-93.

Rothbaum 2002

Rothbaum, B.&Schwartz, A. Exposure therapy for posttraumatic stress disorder. American Journal of Psychotherapy, 2002;56(1):59-75.

Scheck 1998

Scheck, M., Schaeffer, J. & Gillette, C. Brief psychological intervention with traumatized young women: The efficacy of eye movement desensitization and reprocessing. Journal of Traumatic Stress, 1998;11:25-44.

Taylor 2003

Taylor, S., Thordarson, D., Maxfield, L., Fedoroff, I., Lovelle, K.& Ogrodniczuk, J. Comparative efficacy, speed, and adverse effects of three PTSD treatments: Exposure therapy,EMDR,and relaxation training.Journal of Consulting and Clinical Psychology,2003;61:620-630.

Vaa 2002

Vaa,G.,Egner,R.& Sexton,H.Sexually abused women after multimodal group therapy:a long-term follow-up study.Nordic Journal of Psychiatry,2002;56(3):215-21.

Welch 2007

Welch,J.& Mason,F.Rape and sexual assault.British Medical Journal,2007;334:1154-8

Zeper 1997

Zeper,R.Eye movement desensitization and reprocessing:A multiple baseline study.Dissertation Abstracts International:Section B:The Sciences & Engineering,Vol 57(8-B),Feb 1997.

Zoellner 2003

Zoellner,L.Feeny,N.& Riggs,D.Treatment choice for PTSD.Behaviour Research & Therapy,2003;41(8):879-86.

Acierno 1997

Acierno,R.,Resnick,H.,& Kilpatrick,D.Health Impact of Interpersonal Violence.Section I:Prevalence rates,case identification,and risk factors for sexual assault,physical assault,and domestic violence in men and women.Behavioral Medicine,1997;23(2):53-64.

American Psychiatric Association 1980

American Psychiatric Association.Diagnostic and Statistical Manual of Mental Disorders (3rd ed.) Washington,DC:APA Press,1980.

American Psychiatric Association 2000

American Psychiatric Association.Diagnostic and Statistical Manual of Mental Disorders (4th ed.TR) Washington,DC:APA Press,2000.

Barnette 2001

Barnette,V.Resolving PTSD through time limited dynamic psychotherapy.Journal of College Student Psychotherapy,2001;16(1-2):27-41.

Bass 1992

Bass,E.,& Davis,L.The Courage to Heal:A Guide for Women Survivors of Child Sexual Abuse.New York:Harper & Row.1988.

Beck 1961

Beck,A.,Ward,C.,Mendelson,M.,Mock,J.& Erbaugh J.An inventory for measuring depression.Archives of General Psychiatry,1961;4:561-71.

Bernstein 1986

Bernstein,E.& Putnam,F. Development, reliability and validity of a dissociation scale. Journal of Nervous and Mental Disease,1986;174:727-735.

Blake 1995

Blake,D.,Weathers,F.,Nagy,L.,Kaloupek,D.,Gusman,F.,Charney,D.& Keane,T. The development of a clinician-administered PTSD scale. Journal of Traumatic Stress, 1995;8,75-90.

Bisson 1997

Bisson,J.,Jenkins,P.,Alexander,J.,& Bannister,C.Randomized Controlled Trial of Psychological Debriefing for Victims of Acute Burn Trauma.British Journal of Psychiatry, 1997;171:78-81.

Bisson 2007

Bisson,J.,& Andrew,M.Psychological treatment of post-traumatic stress disorder (PTSD).Cochrane Database of Systematic Reviews 2007;(3).

Bohleber 2007

Bohleber,W.Remembrance,and collective memory:the battle for memory in psychoanalysis.International Journal of Psychoanalysis,2007;88(2):329-52.

Bresbau 1991

Breslau,N.,Davis,G.,Andreski,P.& Peterson,E.Traumatic events and posttraumatic stress disorder in an urban population of young adults. Archives of General Psychiatry, 1991;48(3):216-222.

British Council 2006

British Council.Violence against women a briefing document on international issues and responses,2006.http://www.britishcouncil.org/waw.pdf.

Brownmiller 1975

Brownmiller,S.Against our will: Men,Women and Rape.New York:Simon and Schuster,1975.

Burgess 1974

Burgess, A., & Holstrum, L. Rape Trauma Syndrome. American Journal of Psychiatry, 1974; 131(9); 981-986.

Burgess 1995

Burgess, A. W., Fehder, W. P., & Hartman, C. R. (1995). Delayed reporting oftherape victim. Journal of Psychosocial Nursing and Mental Health Services, 33(9), 21-29.

Burgess, 2012

Burgess, A., Regehr, C. & Roberts, A. (2012) Victimology: Theories and Applications. (Second Edition) Boston: Jones and Bartlett.

Burnham 1988

Burnham, M., Stein, J., Golding, J. et al. Sexual assault and mental disorders in a community population. Journal of Consulting and Clinical Psychology, 1988; 56: 843-850.

Campbell 2005

Campbell R & Wasco SM (2005). Understanding rape and sexual assault: 20 years of progress and future directions. Journal of Interpersonal Violence, 20(1), 127-131.

Campbell, 2009

Campbell, R., Dworkin, E. & Cabral, G. (2009) An ecological model of the impact of sexual health on women.s mental health. Trauma, Abuse and Violence. 10(3) 225-246.

Calhoun 1991

Calhoun, K. & Atkeson, B. Treatment of Rape Victims: Facilitating Psychosocial Adjustment. Toronto: Pergamon Press. 1991.

Connor 1997

Connor, K. & Davidson, J. Familial Risk Factors in Posttraumatic Stress Disorder. Annals of the New York Academy of Sciences, 1997; 821(1): 35-51.

Coker-Appiah 1999

Coker-Appiah, D. & Cusack, K. Breaking the Silence and Challenging the Myths of Violence Against Women and Children in Ghana: Report of a National Study on Violence, Accra, Gender Studies and Human Rights Documentation Centre, 1999. In British Council (2006). Violence against women a briefing document on international issues and responses. Retrieved online on February 19, 2008 at http://www.britishcouncil.org/waw.pdf

Davidson 2001

Davidson, P.& Parker, K.Eye movement desensitization and reprocessing (EMDR): A meta-analysis.Journal of Counselling and Clinical Psychology; 69: 305–316.

Derogatis, 1977

Derogatis, L.SCL-90: Administration Scoring and Procedures Manual-II.Towson MD: Clinical Psychometric Research, 1977.

Devilly 1999

Devilly, G.& Spence, S.The relative efficacy and treatment distress of EMDR and cognitive behavioral treatment protocol in the amelioration of posttraumatic stress disorder. Journal of Anxiety Disorders, 1999; 13: 131–157.

Elliott 2004

Elliott, D.M., Mok, D.S., & Briere, J. (2004). Adult sexual assault: Prevalence, symptomatology, and sex differences in the general population.Journal of Traumatic Stress, 17, 203–211.

Ellis 1977

Ellis, A.The basic clinical theory and rational emotive therapy. In A.Ellis & R.Grieger (Eds) Handbook of Rational Emotive Therapy. (pp.3–34) New York: Springer, 1977.

Enns 1993

Enns, C.Twenty years of feminist counseling and psychotherapy: From naming biases to implementing multifaceted practice. The Counseling Psychologist, 1993; 21, 3–87.

Evans 1978

Evans, H. Psychotherapy for the rape victim: Some treatment models. Hospital and Community Psychiatry, 1978; 29: 309–312.

Falsetti, 1997

Falsetti, S.The decision-making process of choosing a treatment for patients with civilian trauma-related PTSD.Cognitive and Behavioral Practice, 1997; 4, 99–121.

Feeny 2004

Feeny, N., Foa, E., Treadwell, K.& March, J. (2004). Posttraumatic stress disorder in youth: A critical review of the cognitive and behavioral treatment outcome literature.Professional Psychology: Research and Practice, 35, 466–476.

Foa 1989

Foa, E., Steketee, G.& Rothbaum, B.Behavioral/cognitive conceptualizations of posttraumatic stress disorder.Behaviour Therapy,1989;20:155-176.

Foa,1993

Foa,E.,Riggs,D.,Dancu,C.& Rothbaum,B.Reliability and validity of a brief instrument for assessing post-traumatic stress disorder. Journal of Traumatic Stress. 1993; 6: 459-474.

Foa 1993

Foa,E.,Rothbaum,B.,& Steketee,G. Treatment of rape victims.Journal of Interpersonal Violence,1993;8,256-276.

Foa 1995

Foa,E.,Hearst-Ikeda,D.&Perry,K.Evaluation of a brief cognitive-behavioral program for the prevention of chronic PTSD in recent assault victims.Journal Consultation and Clinical Psychology,1995;63:948-963.

Foa 1997

Foa,E. & Meadows, E. Psychological treatments for posttraumatic stress disorder: A critical review.Annual Review of Psychology,1997;48:449-481.

Foa 1998

Foa,E.& Rothbaum, B.Treating the trauma of rape:Cognitive behavioral therapy for PTSD.New York:Guilford Press,1998.

Foa 1999

Foa,E.,Dancu,C.,Hembree,E.,Jaycox,L.,Meadows,E.& Street,G.A comparison of exposure therapy, stress inoculation training, and their combination for reducing posttraumatic stress disorder in female assault victims.Journal of Consulting and Clinical Psychology,1999;67:194-200.

Foa 2007

Foa,E.,Hembree,E.& Rothbaum,B. Prolonged Exposure for PTSD:Emotional Processing Therapy. New York:Oxford University Press,2007.

Follette 1998

Follette, V., Ruzek, J. & Abueg, F. Cognitive-behavioral therapies for trauma. New York:Guilford,1998.

Fosha 2006

Fosha,D. Quantum transformation in trauma and treatment: Traversing the crisis of healing change.Journal of Clinical Psychology/In Session,2006:62(5):569-583.

Foy 2000

Foy,D.,Glynn,S.,Schnurr,P.,Jankowski,M.,Wattenberg,M.&Weiss,D.Effective treatments for PTSD:Practice guidelines for the International Society for Traumatic Stress Studies In E.Foa,T.Keane,& M.Friedman (Eds) New York:Guilford Press,2000:155-175.

Friedberg 1997

Friedberg,J.On surviving rape:A clinical vignette. International Journal of Communicative Psychoanalysis & Psychotherapy,1997;12:56-59.

Gross,2006

Gross,A.Winslett,A.,Roberts.M.&Gohm,C. An examination of sexual violence against college women,Violence Against Women,2006;12(3):288-300.

Hasselblad 1995

Hasselblad V,Hedges L.Meta-analysis of screening and diagnostic tests.Psychological Bulletin,1995,117:167-178.

Harvey 2003

Harvey,A.,Bryant,R.& Tarrier,N.Cognitive behaviour therapy for posttraumatic stress disorder.Clinical Psychology Review,2003;23:501-522.

Hembree 2003

Hembree,E.& Foa,E.Interventions for trauma-related emotional disturbances in adult victims of crime.Journal of Traumatic Stress,2003;16:187-199.

Herman 1992

Herman,J.Complex PTSD:A syndrome in survivors of prolonged and repeated trauma. Journal of Traumatic Stress,1992;5:377-391.

Herman 1997

Herman,J.Trauma and Recovery:The Aftermath of Violence-From Domestic Abuse to Political Terror.New York:Basic Books,1997.

Higgins 2002

Higgins,J.& Thompson,S.Quantifying heterogeneity in a meta-analysis.Statistics in Medicine,2002;21:1539-1558.

Higgins 2011

Higgins JPT, Green S, Cochrane Handbook for Systematic Reviews of Interventions 5.1 [updated March 2011]. Available from http://www.cochrane-handbook.org: The Cochrane Collaboration, 2011.

Horowitz 1979

Horowitz, M., Wilner, N.& Alvarez, W. Impact of events scale: A measure of subjective stress. Psychosomatic Medicine, 1979; 41: 209-218.

Ironson 2002

Ironson, G., Freund, B., Strauss, J.& Williams, J. Comparison for two treatments for traumatic stress: A community-based study of EMDR and prolonged exposure. Journal of Clinical Psychology, 2002; 58: 113-128.

Jaycox 2002

Jaycox, L., Zoellner, L. & Foa, E. Cognitive-behavior therapy for PTSD in rape survivors. Journal of Clinical Psychology, 2002; 58(8): 891-906.

Keene 2000

Keene, T., Weathers, F.& Foa, E. Diagnosis and assessment. In E. Foa, T. Keene & M. Friedman, (eds) Effective Treatments of PTSD. New York: Guilford Press, 2000.

Kilpatrick 1988

Kilpatrick, D. Rape aftermath symptom test. In M. Herson & A. Bellack (eds) Dictionary of Behavioral Assessment Techniques. (pp 366-367) Oxford: Pergamon Press, 1988.

Kimerling 2002

Kimerling, R., Ouimette, P., & Wolfe, J. (Eds.). Gender and PTSD. New York: Guilford, 2002.

Koss 1987

Koss, M., Gidycz, C.& Wisniewski, N. Incidence and prevalence of sexual aggression and victimization in a national sample of higher education students. Journal of Consulting and Clinical Psychology, 1987; 55: 162-170.

Koss 1989

Koss, M.&Dinero, T., Discriminant analysis of risk factors for sexual victimization among a national sample of college women. Journal of Consulting and Clinical Psychology, 1989; 57: 242-250.

Koss 1991

Koss, M. & Harvey, M. The rape victim: Clinical and community interventions (2nd ed.). Newbury Park, CA: Sage, 1991.

Koss, 2000

Koss, M. Blame, shame and the community: Justice responses to violence against women. American Psychologist, 2000; 55 (1): 1332-1343.

Koss 2004

Koss, M. &Figuerdo, A. Change in cognitive mediators of rapeês impact on Psychological health across 2 years of recovery. Journal of Consulting and Clinical

Psychology, 2004; 72(6): 1063-1072.

Krug 2002

Krug, E.G., Dahlberg, L.L., Mercy, J.A., Zwi, A.B.& Lozano, R. World report on violence and health. 2002 http://whqlibdoc.who.int/hq/2002/9241545615.pdf

Kubany 1996

Kubany, E., Haynes, S., Abueg, F., Manke, F., Brennan, J.& Stahura, C. Development and validation of the trauma related guilt inventory (TRGI). Psychological Assessment, 1996; 8: 428-44.

Lange 1970

Lang, P., Melamed, B.& Hart, J. A psychophysiological analysis of fear modification using automated desensitization. Journal of Abnormal Psychology. 2004; 31: 220-234

Lee 2002

Lee, C., Gavriel, H., Drummond, P., Richards, J.& Greenwald, R. Treatment of posttraumatic stress disorder: A comparison of stress inoculation training with prolonged exposure and eye movement desensitization and reprocessing. Journal of Clinical Psychology, 2002; 58: 1071-1089.

Lubin 1998

Lubin, H., Loris, M., Burt, J., & Read Johnson, D. Efficacy of psychoeducational group therapy in reducing symptoms of posttraumatic stress disorder among multiply traumatized women. American Journal of Psychiatry, 1998; 155: 1172-1177.

Lundgren 2002

Lundgren, E., Heimer, G., Westerstrand, J.& Kalliokoski, A. Captured Queen: Menês Violence Against Women in Equalê Sweden: a Prevalence Study, Stockholm, Fritzes Offentliga Publikationer In British Council Equalê Sweden: a Prevalence Study, Stockholm, Fritzes Offentliga Publikationer. In British Council.Violence against women a briefing document on international issues and responses,2002.

Mayou 2000

Mayou,R.,Ehlers,A.,& Hobbs,M.Psychological debriefing for road traffic accident victims.British Journal of Psychiatry,2000:176:589-593.

McCann 1990

McCann,L.& Pearlman, L.Psychological Trauma and the Adult Survivor: Theory, Therapy and Transformation.New York:Brunner/Mazel,1990.

Meadows 1998

Meadows,E.& Foa,E.Intrusion,arousal and avoidance:Sexual trauma survivors. In V. Follette,J.Ruzek & F.Abueg (Eds) Cognitive-Behavioral Therapies for Trauma.New York: Guilford Press,1998,p.100- 123.

Michenbaum 1977

Meichenbaum,D.Cognitive behavior modification:An integrative approach.New York: Plenum Press,1977.

Myers Avis 1992

Myers Avis, J. Where are all the family therapists? Abuse and violence within families and family therapy.s response.Journal of Marital and Family Therapy,1992:(3): 225-232.

Najdowski 2011

Najdowski,C & Ullman,S.(2011) PTSD symptoms and self-rated recovery among adult sexual assault survivors: The effects of traumatic life events and psychological variables.33:43-53.

National Crime Victimization Survey,2009

National Crime Victim Survey (2009) Retrieved 12/17/11 from http://www.icpsr.umich.edu/icpsrweb/NACJD/NCVS/

Nickerson 2012

Nickerson A,Steenkamp M,Aerka IM,Salters-Pedneault K,Carper TL,Barnes JB & Litz BT (2012).Prospective investigation of mental health following sexual assault.Depress Anxiety, 2012 Nov 16.doi:10.1002/da.22023.[Epub ahead of print].

Painter 1991

Painter, K. Wife rape, marriage and law: Survey report, key findings and recommendation. [Violence against women a briefing document on international issues and responses.]. Manchester University, Department of Social Policy and Social Work in British Council. 1991.

Pole 2006

Pole, N. & Bloomberg-Fretter, P. Using control mastery therapy to treat major depression and posttraumatic stress disorder. Clinical Case Studies, 2006; 5(1): 53.

Regehr 2001

Regehr, C. Crisis Debriefing Groups for Emergency Responders: Reviewing the Evidence, Brief Treatment and Crisis Intervention, 2001; 1: 87–100.

Regehr 2008

Regehr, C., Alaggia, R., Lambert, L. & Saini, M. Victims of Sexual Violence in the Canada Criminal Courts. Victims and Offenders. 2008; 3(1): 1–15.

Regehr 1998

Regehr, C., Regehr, G. & Bradford, J. (1998) A model for predicting depression in victims of rape. Journal of the American Academy of Psychiatry and the Law. 26(4) 595–605.

Resick, 1983

Resick, P. The rape reaction: Research findings and implications for intervention. The Behavior Therapist, 1983: 6: 129–132.

Resick 1993a

Resick, P., Kilpatrick, D., Dansky, B., Saunders, B., Best, C. Prevalence of civilian trauma and posttraumatic stress disorder in a representative national sample of women. Journal of Consultation Clinical Psychology, 1993; 61: 984–981.

Resick 1993b

Resick, P., & Schnicke, M. Cognitive Processing Therapy for Rape Victims. Newbury Park: Sage Publications, 1993.

Resnick, 1999

Resnick, H., Acierno, R., Holmes, M., Kilpatrick, D. & Jager, N. Prevention of post rape psychopathology: Preliminary findings of a controlled acute rape treatment. Journal of

Anxiety Disorders,1999;13 (4):359-370.

Robbins,2012

Robbins,S.P.,Chatterjee,P.,& Canda,E.R.(2012).Contemporary human behavior theory:A critical perspective for social work (3rd ed.).Boston,MA:Allyn & Bacon.

Rose 1991

Rose,D.A model for psychodynamic psychotherapy with the rape victim.Psychotherapy,1991;28:85-95.

Rothbaum 1992

Rothbaum, B., Foa, E., Riggs, D., Murdock, T., & Walsh, W. A Prospective Examination of PosttraumaticStress Disorder in Rape Victims.Journal of Traumatic Stress, 1992;60:748-756.

Rothbaum 1996

Rothbaum,B.,Ninan,P.T.,& Thomas,L.Sertraline in the treatment of rape victims with posttraumatic stress disorder.Journal of Traumatic Stress,1996;9(4):865-871.

Rothbaum 2000

Rothbaum,B.,Meadows,E.,Resick,P.& Foy,D.Cognitive-behavioral therapy.In E.B. Foa, T. M. Keane, & M. J. Friedman (Eds.), Effective treatments forPTSD: Practice guidelines from the International Society for Traumatic Stress Studies.New York:Guilford, 2000,60-83.

Schottenbauer 2006

Schottenbauer, M., Arnkoff, D., Glass, D. & Gray, S. Psychotherapists in the community:Reported protypical psychodynamic treatments for trauma.Journal of the American Psychoanalytic Association,2006;54:1347-1353.

Shapiro 1996

Shapiro,F.Eye movement desensitization and reprocessing (EMDR):Evaluation of controlled PTSD research. Journal of Behavior Therapy and Experimental Psychiatry;27: 209-218.

Shedler,2010

Shedler,J.(2010).The efficacy of psychodynamic psychotherapy.American Psychologist,65,98-109.

Sherman 1998

Sherman, J. Effects of psychotherapeutic treatments for PTSD: a meta-analysis of controlled clinical trials. Journal of Traumatic Stress, 1998; 11: 413-435.

Solomon 1992

Solomon, J.C. Child sexual abuse by family members: A radical feminist perspective. Sex Roles, 1992; 21(9/10): 473-485.

Solomon 2002

Solomon, S. & Johnson, D. Psychosocial treatment of posttraumatic stress disorder: A practice friendly review of outcome research. Psychotherapy in Practice, 2002; 58: 947-959.

Spielberger 1983

Spielberger, C. Manual for the State-Trait Anxiety Inventory. Palo Alto, CA: Consulting Psychologists Press, 1983.

Stamm 1996

Stamm, H. Measurement of Stress, Trauma and Adaption. Lutherville MD: Sidran Press, 1996.

Stein 2006

Stein, D.J., Ipser, J.C. & Seedat, S. Pharmacotherapy for post-traumatic stress disorder (PTSD). Cochrane Database of Systematic Reviews, 2006; 1: CD002795.

Stickgold 2002

Stickgold, R. EMDR: A putative neurobiological mechanism of action. Journal of Clinical Psychology, 2002; 58: 61-75.

Straker 2002

Straker, G., Watson, D., & Robinson, T. Trauma and Disconnection: A Trans-theoretical Approach. International Journal of Psychotherapy, 2002; 7: 145-158.

Spermon 2010

Spermon D, Darlington Y, Gibney P (2010). Psychodynamic psychotherapy for complex trauma: targets, focus, applications, and outcomes. Psychol Res Behav Manag., 3: 119-127.

Sutton 2000

Sutton, A., Duval, S., Tweedie, R., Abrams, K. & Jones, D. Empirical assessment of effect of publication bias on meta-analyses. British Medical Journal, 2000;

320:1574–1577.

Tarrier 1999a

Tarrier, N., Sommerfield, C., Reynolds, M. & Pilgrim, H. Symptom self-monitoring in the treatment of Post traumatic stress disorder. Behaviour Therapy, 1999; 30: 597– 605.

Tarrier 1999b

Tarrier, N., Pilgrim, H., Sommerfield, C., Faragher, B., Reynolds, M., Graham, E. & Barrowclough, C. A randomized trial of cognitive therapy and imaginal exposure in the treatment of chronic posttraumatic stress disorder. Journal of Consulting and Clinical Psychology, 1999; 67: 13–18.

Taylor 2003

Taylor, S., Thordarson, D., Maxfield, L., Fedoroff, I., Lovelle, K. & Ogrodniczuk, J. Comparative efficacy, speed, and adverse effects of three PTSD treatments: Exposure therapy, EMDR, and relaxation training. Journal of Consulting and Clinical Psychology, 2003; 61: 620–630.

Taylor 2009

Taylor, J. & Harvey, S. Effects of psychotherapy with people who have been sexually assaulted: A meta-analysis. Aggression and Violent Behavior, 2009; 14: 273–285.

Tjaden 2006

Tjaden, P., & Thoennes, N. Special report on the extent, nature, and consequences of rape victimization: Findings from the National Violence Against Women Survey,

2006.

U.S. Department of Justice

U.S. Department of Justice. (2002). Rape and sexual assault: Reporting to policeand medical attention, 1992–2000. Washington, DC: Government PrintingOffice.

van der Kolk 1994

van der Kolk, B. The body keeps score: Memory and the evolving psycho-biology of post traumatic stress. Harvard Review of Psychiatry 1994; 1: 253–265.

van der Kolk 1996

van der Kolk, McFarlane, A. & Weisaeth, L. Traumatic Stress: The Effects of Overwhelming Experience on Mind, Body and Society. New York: Guilford Press, 1996.

Veronen 1980

Veronen, L.& Kilpatrick, D.Self-reported fears of rape victims: A preliminary investigation. Behavior Modification, 1980; 4: 383-396.

Veronen 1983

Veronen, L.& Kilpatrick, D.Stress management for rape victims. In D.Michenbaum & M.Jaremko (Eds), Stress Reduction and Prevention, pp. 341 - 374. New York: Plenum Press. 1983

Vickerman 2009

Vickerman, K. & Margolin, G. Rape treatment outcome research: Empirical findings and state of the literature. Clinical Psychology Review, 2009; 29: 431-448.

Weiss 1997

Weiss, D., & Marmar, C. The Impact of Event Scale-Revised. In J. Wilson & T. Keane (Eds), Assessing psychological trauma and PTSD. New York: Guildford, 1997.

Wren 2003

Wren, L. Trauma: Conscious and unconscious meaning. Clinical Social Work Journal, 2003; 31: 123-137.

减少校园霸凌的发生及受害的学校预防项目

School-based Programs to Reduce Bullying and Victimization

作者:David P.Farrington,Maria M.Ttofi

译者:王澍宜　　核定:张金武　张彦

内容概要

校园霸凌对儿童身心健康具有严重的短期和长期影响。各种反霸凌项目已在世界范围内实施以及被少量评估。但是对关于霸凌的叙述性综述,总结霸凌预防所做的工作,以及对反霸凌项目的早期分析是有限的。校园霸凌的定义包括几个关键元素:身体、语言、心理攻击或恐吓的目的是引起恐惧,或对受害者的伤害,权力的不平衡(心理或身体),更强大的孩子(或孩子们)压迫不强大的孩子;以及在相同孩子身上长期重复发生的事件。校园霸凌可能会在校内以及前往或离开学校的路上发生。

如果两个具有相同程度的力量(在心理、生理或口头方面)的人同时伤害对方,这并不叫霸凌。

本报告对减少校园霸凌和受害项目的有效性进行了系统回顾和元分析。作者指出以前的评论的缺陷,并详细讲解了本系统回顾和元分析如何填补了国内在预防霸凌方面现有的文献的空白。

在本报告中,我们超越以往的审查方式,做更广泛的搜寻评估,如手工检索 35 个从 1988 年到 2009 年 5 月底的期刊,在 18 个英语以外的语言的电子数据库寻找国际评估;只注重是专门设计以减少霸凌和过激的行为(即变量专门测量霸凌)的项目。主要研究人员在研究校园范围内的霸凌时通过 e-mail 彼此联系。

如下研究被列入本次审查:通过比较受到干预的实验组与没有受到干预的对照组来评估反霸凌方案的影响。“实验”这个词在这里指的是参加方案的学生,并不一定意味着随机。四种类型的研究设计被列入:a)随机实验,b)实验组与对照组针对先后受到霸凌的测试比较,c)其他实验对照比较,d)准实验年龄人群设计的实验控制的比较,即 X 岁的学生在接受采访后与同一学校同一年龄的 X 岁学生在接受采访前相比较。发表和未发表的(如博士论文)报告均被纳入。关于程序的评估报告必须清楚地表明,该报告将霸凌或受害列为观察指标。霸凌和受害可以用自我报告的问卷,同行评论,教师评论,或观测数据进行测量。

我们一共找到了 622 份报告关注霸凌预防的内容。对反霸凌项目和应对霸凌的必要性,报告的数量已随着时间大大增加。但是这些报告中只有 89 份(描述了 53 种不同的项目评估)会被包括在我们的文献回顾中。在这 53 种项目中,只有 44 种包含可以用来计算霸凌和受害的影响大小的数据。我们对这 44 种项目的元分析显示出,以学校为基础的旨在减少霸凌和受害的项目确实起到了很大作用。平均说来,霸凌事件发生的频率降低了 20%—23%,受害事件发生的频率降低了 17%—20%。该反应一般在的年龄序列的设计中最高,在随机实验中最低。但这并不能清楚地说明随机实验任何情况下在方法论上都是最优的,因为有时候只有极少数的学校(三至七个)被随机分配,也因为其他的方法上的问题,如差分减员等状况。各种设计元素和干预的成分均与霸凌和受害的发生频率的降低有关。受害的发生频率增加和与同龄人一起工作有关。研究人员在 44 份方案中的 40 份都收到了这样的反馈。偏差分析表明,所观察到的影响大小是基于一系列无偏差的研究才能获得。

到目前为止,对反霸凌项目评估所获得的结论令人鼓舞。根据我们的调查结果,目前时机成熟到足够对这些项目的有效性设立新的长期研究战略。我们回顾的主要学说意义是校本项目,在以减少霸凌和受害的新的反霸凌项目的设计和测试的基础上,检测我们已经发现的最有效的关键程序元素和评价内容所能造成的影响。我们建议评议反霸凌项目的系统应该得到发展,由一个国际机构,如国际校园暴力观察机构的监督。

1. 简　介

1.1　系统回顾的动力

鉴于霸凌对儿童的身体和心理健康造成的严重的短期和长期影响(Ttofi & Farrington,2008a),可以理解为什么校园霸凌已日益成为公共关注和研究的一个话题。针对校园霸凌的研究在世界范围内都有所扩大(Smith,Morita,Junger-Tas,Olweus,Catalano & Slee,1999),伴随着各种正在实施的干预项目(Smith,Pepler,& Rigby,2004a),并且一些国家的法律要求学校有一个反霸凌政策(Ananiadou & Smith,2002)。受害的学校所要消耗的费用是相当可观的(Hawker & Boulton,2000),并且设立旨在解决校园霸凌、促进更安全的学校社区的干预策略被看作是一种道义责任(Smith,Ananiadou,& Cowie,2003)。

尽管反霸凌的研究明显增加,如何设计和实施有效的干预方案仍然有许多方面需要被了解,尤其是考虑到干预研究的结果在不同的国家各不相同(Pepler,Smith,& Rigby,2004;Smith & Ananiadou,2003)。一种研究方案为什么、从哪些方面比另一种研究方案更有效? 什么干预的元素会降低校园霸凌项目的成功率? 这些问题大大拓展了我们的研究。

我们的文献回顾追踪了 26 年的干预研究(从 1983 年到 2009 年 5 月底),并且以大量的文献检索为基础。我们的元分析方法提供了反霸凌项目的效果大小的定量总结和规范各研究的评价结果,并且具有扎实的推论来引导人们在什么情况下制定什么样的有关预防霸凌工作的目标。

1.2　霸凌的定义

校园霸凌的定义包括如下关键元素:身体、语言、心理攻击或恐吓的目的是引起恐惧,或对受害者的伤害,力量的不平衡(心理或身体),更强大的孩子(或孩子们)压迫那么不强大的孩子;以及在相同孩子身上长期重复发生的事件(Farrington,1993;Olweus,1993;Roland,1989)。校园霸凌可能会在校内以及前往或离开学校的路上发生。如果两个具有相同程度的力量（在心理、生理或口头方面）的人同时伤害对方，这并不叫霸凌。霸凌基本上包括力量上的不均衡和重复的表现行为。

我们的回顾也关注到了受害（被霸凌）。绝大部分对预防霸凌项目的评估致力于观察该项目是否有效降低了霸凌和受害的发生率。我们分别报告结果，以及这些结果的措施（即霸凌和受害）。除了少数例外（e.g.Menesini et al.，2003），大多数的评价没有报告其他成果的措施，如霸凌的受害者（即霸凌别人的孩子和被别人霸凌的孩子）的患病率。因此，我们的审查仅限于减少霸凌和受害程序的有效性。

霸凌是攻击行为的一种（Andershed，Kerr，& Stattin，2001；Cowie，2000；Leary，Kowalski，Smith，& Philips，2003；Roland & Idsoe，2001；Salmivalli & Nieminen，2002）。但是它与攻击行为和暴力并不完全等同；不是所有的攻击行为和暴力都包含霸凌，霸凌也并不能完全概括攻击行为和暴力。比如，霸凌包括被叫绰号、被拒绝、被排斥或排除活动、传播谣言、拿走物品、挑逗和威胁（Baldry & Farrington，1999）。网络霸凌最近增长的很快（Smith et al.，2008），它可能是太新，所以学校项目下的针对这种形式的霸凌高品质的评估非常有限。我们作为目标审查的程序，专门针对防止或减少校园霸凌，而不是旨在防止或减少学校的攻击或暴力。不可能有一个项目能够设计成既能防止学校的霸凌又能防止学校的其他攻击行为，但是我们尽可能有针对性的关注霸凌行为。

校园霸凌现在在不同的国家都被认为是严重的社会问题。关于它的性质和程度以及具有针对性的研究，已经由 Smith 和他的同事在 21 个国家范围内进行回顾（1999）。因为要在不同的语言中解释“霸凌”，所以特殊的研究方法显得非常必要。Smith，Cowie，Olafsson 和 Liefooghe（2002），试图研究在全球范围内某些词（例如霸凌）的意义而回顾了 14 个不同国家霸凌的意义。Smith 和他的同事们（2002，p.1121）也给学校为基础的以减少霸凌和受害的方案在同一种语言（如霸凌、嘲弄、骚扰、虐待）内甚至类似的语种内如何有不同的内涵和背景一个很好的例子——可以通过回答问卷的人不同的理解。另一种使用在调查方面，如霸凌是要求有关的特定行为，如“打他/她的脸”或“排除了他/她参加游戏”（Smith et al.，2002，p.1131），而这正是研究人员经常做的（Kalliotis，2000，p.49；Pateraki & Houndoumadi，2001，p.174）。

1.3 背景

许多以学校为基础的干预方案已制定并实施以试图减少校园霸凌。这些方案的目标多为霸凌、受害者、学生、老师，或者通常的学校。许多程序基于实证，诸如为什么孩子霸凌别人，为什么孩子成为受害者，或者为什么霸凌事件会发生，霸凌的理论，而不是已经变成常识性的想法。

第一个大型的反霸凌方案于 1983 年在挪威全国性实施。更加强化的国家性项目在卑尔根由 Olweus 进行评估(1991)。Olweus(1991)进行的评估显示,在方案实施后受害(被霸凌)的发生率有戏剧性的降低。从那时起,至少 15 个大型的反霸凌项目先后开始在 10 个国家实施,一些由 Olweus 启发,另一些基于其他原则。Baldry 和 Farrington 于 2007 年回顾了在 11 个国家中实施的 16 个项目评估,其中 5 个涉及不受控制的方法设计。他们的结论是,其中 8 个产生理想的结果,2 个产生不同的结果,4 个产生非常小的影响可以忽略不计,以及 2 个产生不良的结果。本次回顾包括更多的评估(即共 53),并试图探讨程序组成部分的有效性。并且专家们特别努力,以避免在重复的出版物中出现的问题。例如,Flemish 反霸凌项目进行了一次评估,并将结果发布到四种出版物。然而,相较于以前的评估(Merrell,Gueldner,Ross and Isava,2008),我们仔细检查发现它属于一个评估。再举一个例子,在 Olweus 霸凌预防项目的有效性研究结果是在 22 个传播出版物中得出的。然而,该方案实际上只对 8 个不同的评估进行了测试。

美国研究一般是针对有关校园暴力或受霸凌,而不是霸凌。有许多现有的校园暴力课程和以学校为基础的干预方案对攻击行为的评论(Howard,Flora,& Griffin,1999;Mytton,DiGuiseppi,Gough,Taylor,& Logan,2006;Wilson,Lipsey & Derzon,2003;Wilson & Lipsey,2007)。我们已征询这些,但我们必须强调的是,我们的研究旨在探讨程序的设计,并提出以减少霸凌和明确衡量霸凌为目的方案。

关于反霸凌项目的报告,最翔实的来源是一本由 Smith 和他的同事(2004)主编的书,其中包含 13 个项目在 11 个不同国家实施的说明。也有一些含有主要的反霸凌项目的总结评论(Rigby,2002;Ruiz,2005;Smith,Ananiadou,& Cowie,2003)。最相关的现有评价是由 J.D.Smith,Schneider,Smith 和 Ananiadou(2004),总结了 14 个反霸凌项目的影响大小,并通过 Vreeman 和 Carroll(2007),审查了 26 个以学校为基础的方案。这两个以前的评论都是高质量的。然而,二者在全面的元分析方面都没有体现测量的研究特点和影响大小之间的平均影响大小和相关性。

Vreeman 和 Carroll(2007)审阅评估了 26 个直至 2004 年的方案,限于发表在英语语言出版物上的,其中只有 15 个与霸凌有关的具体方案。另一项元分析由 Ferguson,San Miguel,Kilburn 和 Sanchez 在 2007 年审查出版。然而,这一系列包括了 1995 年和 2006 年间发表的文章只能在一个数据库(PsycINFO)(p.406)搜索到。它包括结果变量的测量"霸凌行为或对同龄人的侵略元素,包括在学校环境中对儿童的直接攻击行为"(p.407)。最新的元分析是由 Merrell 等人在 2008 年完成的,但是此中包含的研究只能在两个数据库(PsycINFO and ERIC)中找到并且均为英文出版物,并且包括范围很宽的观察指标;当时只有 8 个研究中结果是自我报告的霸凌,只有 10 项研究其中的结果是自我报告的受害。

在本报告中,我们将在下面几个方面超越前人:

• 做更多的评估,如手工检索 35 个期刊内的所有内容(从 1983 年至 2009 年 5 月底);

• 在 18 个电子数据库和英语以外的语言中搜索国际评估;

• 开展更广泛的元分析(包括关联效应的大小与功能的研究、研究设计等);

• 重点设计以减少霸凌为针对性,而不是攻击行为(即结果变量专门测量霸凌)的项目。

1.4 回顾目的

我们的主要目的是评估以学校为基础的反霸凌项目在减少校园霸凌方面的有效性。我们的目标是找到并总结项目在发达国家施行的所有主要评价。霸凌研究已经在(至少)澳大利亚、奥地利、比利时、加拿大、塞浦路斯、丹麦、英国、威尔士、芬兰、法国、德国、希腊、冰岛、爱尔兰、以色列、意大利、卢森堡、日本、马耳他、新西兰、北爱尔兰、挪威、葡萄牙、苏格兰、西班牙、瑞典、瑞士、荷兰和美国等国家开展(Smith et al., 1999)。我们的目标是包括评估(如果有的话)在所有这些国家,在每个评估中衡量效果的大小,并探讨其特点(如项目和学生)与效果大小的联系。我们的目标是针对哪些程序组件是在何种情况下最有效的,并因此对未来反霸凌项目如何加以改进提出建议。我们亦详细描述已被评估的反霸凌项目使用的控制方法设计。我们的目标是使有关反霸凌项目的评估的设计和分析可能在未来改善措施的建议。然而,我们当然被在发表和未发表的报告中提供的信息所局限。

2. 方　法

2.1 程序效果测试

一项反霸凌的项目在霸凌行为和受害者身上要如何生效?最高品质的研究是那些最大限度的关于统计结论效度、内部效度、建构效度、外部效度和描述性效度(Farrington,2003)。

统计学结论的有效性是关心效果的大小(和其相关联的置信区间)测定干预对霸凌的效果。内部效度是关心它是否真的是对霸凌有效果的干预。建构效度是指干预项目是否真的是一个反霸凌项目以及其结果是否真的是对霸凌的一种度量。外部效度是指结果的普遍性,并且最好可以建立系统的审查。描述性效度是指评价的主要特点在一份研究报告中呈现的充足性。

内部效度最为重要。对内部效度最有威胁的因素是广为周知的(Campbell & Stanley,1966;Cook & Campbell,1979;Shadish,Cook & Campbell,2002):

1. 选择:效果反映实验组和对照条件之间预先存在的差异。

2. 老化/成熟:效果体现的延续,预先存在的趋势,正如正常的人类发展。

3. 历史:效果是由在同一时间段作为干预发生的某些事件造成的。

4. 测试:事先测试会对事后测试的衡量产生影响。

5. 仪器:效果是通过在测量结果的方法的变化引起的。

6. 对平均数的回归分析:凡干预实现对单位与异常高的分数(例如类具有高霸凌率)的自然波动,会导致在测试后可能会错误地解释为是干预的效果造成这些值的下降。

7. 差分磨损:该效果是从儿童与控制组相比在环境方面所遭受的缺失引起的。

8. 因果顺序:目前还不清楚是否干预之前的结果。

并且,也许对于这些威胁因素的产生还有一些互动因素。例如,如果试验组和对照条件下具有不同的预先存在的趋势,可能会出现一个选择老化效应,或者,如果实验组和测试组具有不同的历史性因素,那么历史因素的影响也会出现(比如他们生活在不同的环境)。此外,通过之前和之后的实验在一年的同一时间进行测量,以消除季节变化对霸凌的影响问题是很重要的。

在最大限度地提高内部效度,有必要进行干预的条件与某种控制条件(反事实)进行比较,以估计在没有干预的情况下会发生什么。如果仅仅对孩子之前和接收之后的干预进行测量,不可能解决方案中的老化、历史、测试、回归和磨耗等效果对结果的影响。尤其是,霸凌随着年龄的增长逐渐下降(Olweus,1991)。因此,如果对实验的儿童在干预前后一年进行测试,他们的霸凌数值很可能会因为老化效应下降。

据 Cook 和 Campbell(1979),取消选择、老化、历史、测试和回归效果最好的方法是随机分配。如果有足够多的孩子能够被随机分配,那些在实验条件下将类似于那些在控制条件(干预前、统计涨落范围内)的所有可控和不可控条件都将对霸凌的测量产生影响。

在对反霸凌项目的研究中，学校、班级，尤其是对孩子的选择通常都是随机抽样的。在一些评估中，只有少量学校（3—7 所）是被随机抽样的，这是对结果效度的威胁性因素。如果说所有随机的反霸凌项目的实验方法上都优于准实验评估与前后霸凌的实验和控制情况的措施，这是不正确的。很明确，这两种设计都是最好的方式。对内部效度的主要威胁，在实验组和对照组的减员。此外，如果该实验组少于对照组，开始时回归平均值可能是一个问题。

这个词“实验”在这里使用的等同于“治疗”，并不一定意味着随机化。它指代接受了这个项目的学生。针对霸凌的非随机选择的无事先措施实验组与对照组的比较显然不如有事先措施的。因为对霸凌没有事先措施，因此它对于设立一些预先测试测量、建立可能的实验和对照组儿童的可比性是重要的。否则，这样的设计是容易受到特殊的选择和回归的效果。

一个反映其中第 1 年干预前一定年龄的儿童在第 2 年的干预后与其同一所学校同年龄的（不同）孩子相比的年龄人群设计，是由 Olweus（1991）首创的。它在很大程度上消除了选择、老化、回归和差分磨损问题，但它很容易受到历史和检测效果的影响。总体而言，实验对照比较和年龄人群的设计可能会被一些研究人员视为方法论逊色于随机实验和实验控制/前后设计，但所有的设计都有优点和问题。这些都是已经被用来评估反欺霸凌项目的效果最好的四种设计，我们将为所有的人提供关于反霸凌项目的有效性信息。

2.2　纳入或排除研究的标准

我们将在我们的系统综述中使用下面的纳入研究标准。

（a）这项研究专为减少学校（幼儿园至高中）霸凌的项目进行评估。攻击或暴力问题的研究被排除在外。比如，在研究中由 Woods，Coyle，Hoglund 和 Leadbeater（2007）所作的研究结果就被排除在外，因为我们是在具体的研究霸凌但是他们对此所作的研究结果并不具体。另一些报告也被我们排除在外，因为他们的关注点在于具体的反霸凌项目对其他一些成果的措施，如教育程度的影响（Fonagy，Twemlow，Vernberg，Sacco，& Little，2005），对霸凌的认知和态度（Meraviglia，Becker，Rosenbluth，Sanchez，& Robertson，2003）以及如何辨识儿童在校园生活中将会面临的危险环境，包括被霸凌（Warden，Moran，Gillies，Mayes，& Macleod，1997）。

（b）校园霸凌的定义包括如下关键元素：身体、语言、心理攻击或恐吓的目的是引起恐惧，或对受害者的伤害，力量的不平衡（心理或身体），更强大的孩子（或孩子们）压迫那么不强大的孩子；以及在相同孩子身上长期重复发生的事件。但是我们对于最后一点并没有进行具体的研究，关于霸凌的许多报告和研究对于这个元素的定义。

（c）对霸凌的衡量（特别的）通常使用自我报告的问卷、个人汇报率、教师评级，或观测数据进行测量。

（d）对项目效果所造成影响的大小是通过对实验组和控制组相比较的方法进行衡量的。我们要求一定要有多余变量的一些控制的评价（设立条件的等价），以（i）随机选择，或（ii）事前霸凌的措施，或（iii）选择某种类似的控制条件。为了避免低的内部效度，我们排除了不受控制的研究和只有之前和之后的霸凌实验的学校或班级的措施。但是，我们涵盖了控制年龄的研究。比如，在 Olweus（1991）的研究中，所有的学生都接受了反霸凌项目，但是 Olweus 将接受反霸凌项目后的某年龄段学生（实验组）与同一年龄段同一学校的同一批学生（控制组）在接受反霸凌项目前的状况相比较。我们接受这种研究的理由是这样的研究其实验组和控制组具有可比性（至少同一年龄和是否接受该项目都具有可比性）。

（e）发表和未发表的研究报告从 1983 年到现在之间，在发达国家进行的研究也包括在内。我们相信，在 Olweus 于 1983 年进行的开创性研究之前进行的反霸凌项目不值得评价。

（f）影响效果的大小没法衡量。衡量效果大小的主要措施是在比值比的基础上，霸凌/非霸凌（或受害者/ 非受害者）数字和标准化平均差，基于平均分数。这些措施在数学上是相关的（见下文）。凡没有在报告中提出要求的信息，我们已经尝试过直接联系作者以获得它。涉及控制方法设计方案的一些评价包含系统的审查，但没有元分析，因为他们没有提供足够的资料让我们来计算效果的大小。其他一些对照研究都包括在内（Salmivalli，Karna，& Poskiparta，2009）①，尽管其最终结果尚未公布。在这种情况下，请注意我们使用的现有评估数据的最终评价结果有可能被改变。

在我们审查瑞典国家预防犯罪委员会（Ttofi，Farrington，& Baldry，2008）的出版物时，我们设置了最小规模为 200 的学生初始样本（在实验组和对照条件下），原因如下：第一，更多的研究代表更好的投资和更高质量的方法论。第二，我们都非常关心样本的大小和影响大小之间的经常发现的负相关（Farrington & Welsh，2003；Jolliffe & Farrington，2007）。我们认为，这些相关性可能反映研究发表的偏倚。较小的研究，产生显著结果可公布却没有机会发表。与此相反，更大规模的研究（经常被一些

① Personal communication with Christina Salmivalli via e-mail（June 18，2008）and with Antti Karna（May 22，2009）.

官方机构资助的)很可能会不顾他们的结果正确性而被发表。不包括更小的研究减少发表偏倚的问题,因此产生的真实效果大小的更准确的估计。第三,我们认为更大规模的研究可能有更高的外部有效性和普遍性。第四,在大规模研究的情况下,减员(如之间的前测和后测)是个小问题。研究 100 名孩子,遭受 30%的磨损,将最终只有 35 名男孩和 35 名女孩:这些都是用非常小的样本(有大的置信区间)估计霸凌和伤害的发生率。相反,研究 300 名儿童,遭受 30%的流失后会损失 105 名男孩和 105 名女孩:这是更充足的样本。在康拜尔回顾中,包括所有的研究样本,不论大小,我们在影响大小的表(表 8 和表 9)中区分了更小的研究区间(少于 200 名学生)。

在瑞典回顾中,为了最大限度地提高可比性的利益,我们只收集了霸凌的学生根据自我报告所作的措施。这些都是在反霸凌项目的评估中最常用的措施,我们相信,它们是最有用的措施(Solberg & Olweus,2003)。在康拜尔回顾中我们有霸凌行为基于同行和老师报告措施。在多个度量报告(Alsaker & Valkanover,2001),非常罕见的情况下,我们选择了先自我介绍,第二同行的报告,第三老师报告。

2.3 研究措施

(a)我们从寻求霸凌预防领域的人员姓名开始研究(Australia, Ken Rigby; Canada, Debra Pepler; England, Peter K. Smith; Finland, Christina Salmivalli; Spain, Rosario Ortega; Norway, Dan Olweus)。这种搜索策略被用于不同的数据库中,初步获得知名科研项目尽可能多的评价。

(b)然后,我们通过几个关键词在不同的数据库中搜索。总体上,我们在 18 个电子数据库中进行了相同的搜索策略。表 1 在所有的数据库,相同的关键字分别使用不同的组合。更具体地讲:

- 霸凌/一些霸凌/反霸凌/霸凌—受害者/被霸凌
- 以及:学校
- 以及:介入/程序/结果/评估/效果/预防/抢断/反霸凌

我们没有将暴力或攻击共同作为霸凌/一些霸凌/反霸凌/霸凌—受害者/被霸凌的关键词,因为我们知道这将导致许多与本次审查不相关的研究,其中特别着重于研究旨在减少校园霸凌。

(c)表 2(期刊列表搜寻从 1983 年至 2009 年 5 月)给出了我们手工检索、在网上或在打印的从 1983 年至 2009 年 5 月底的期刊名单中。总共搜索 35 份期刊。对于一些期刊,硬拷贝不可用。在这种情况下,我们试图获得该杂志的在线版本。对于另一些期刊,在线版本如果可用,则显示在表中。

(d)我们关于霸凌的主要研究人员和合作信息来自康拜尔国际组织。2008 年 3 月,我们在哥本哈根与信息重点教育用户的会议由北欧康拜尔中心举办。在这里我们发现了以英语之外的语言进行的报告(Ciucci & Smorti,1998;Gini,Benelli,& Casagrande,2003;Martin,Martinez & Tirado,2005;Sprober,Schlottke & Hautzinger,2006),我们要求同事提供我们需要的编码时间表和针对关键词语的简要翻译。我们相信,通过与康拜尔国际组织的合作,我们能够潜在地包括研究许多不同的发达国家霸凌的现状。

(e)我们规定每个文件的标题或摘要都必须包括搜索到的重要的关键词之一。然而,一些书籍章节——主要是预防霸凌的书籍——也都被包括在内,尽管它们的标题和/或摘要(如果有的话)不包括任何我们的关键词。

3. 研究结果

3.1 研究发现

在总数为 622 个的无论是在标题或摘要显示为被关注以防止校园霸凌的干预措施上,包括在我们的系统回顾的基础上,我们构建了一个规模相关的所有报告的归类(表 3:报告基于其关联到本次审查的分类)。

表 4(程序内的每个类别的报告与评估的百分比)显示了每个类别中研究的百分比。它还显示被纳入元分析评价的数量。绝大多数的报告(40. 7%)是有些相关(第 2 类),以就减少或霸凌或检讨反霸凌项目的一般建议。关于无法获得的报告,其中大部分是硕士或博士论文。获得的报告中,只有 89 份(14. 3%)有资格列入我们的康拜尔项目(分类 5 和 6)中。令人遗憾的是,反霸凌项目评估的相当数量被排除在我们的审查(第 4 类:11. 4%)之外,因为他们(不受控制)的方法设计。

随着时间的推移,关注反霸凌项目的报告数量明显增加(见图 1)。总的时间段分为 5 年,具体期间如下:1983—1987 年,1988—1992 年,1993—1997 年,1998—2002 年和 2003—2009 年。

针对实施和评估霸凌的预防方案的兴趣最明显的增加发生在最近一段时期。在过去的六年左右(截至 2009 年 5 月底),在每个类别的项目数目相比过去 5 年间增加了一倍。相当令人鼓舞的是大样本的大小和包括实验与控制条件的研究是最普遍的。

共89份报告(共53个评价)有资格列入我们的康拜尔综合审查,62份报告和32项评估涉及的样本量超过200,与此同时15份报告涉及的12个评估的项目与样品尺寸小于200。9个评价与12份报告并没有提供足够的数据对效果大小进行衡量,因此不包括在元分析内。

3.2 包括的评价

53份评价的89份报告分为四类研究设计:随机实验,前后准实验设计,其他的准实验设计和年龄人群设计。表5列出了包含在本系统评价的89份报告。对于每一个评价,所有的相关报道都使读者可以根据自己的兴趣跟进。在每个四类研究设计中,报告基于它们所代表的项目评估进行分组。这是完全有可能使一个特定的项目不同的报告根据报告的内容被放置在不同的类别。

例如,Whitney,Rivers,Smith和Sharp(1994)在谢菲尔德方案的报告被安排在第6类,因为信息提供了有关程序的使用年龄队列设计(与学校作为其评价的有效性分析单位)。然而,由Eslea和Smith(1998)在同一个项目以后的报告被安排在第4类,因为它只能显示之前和之后的信息有关霸凌的四所学校所收到的项目。再举一个例子,Stevens,Van Oost和De Bourdeaudhuij(2001)的报告,因为它包含一个特定的项目(Flemish程序)结果数据被放置在第6类,Stevens,De Bourdeaudhuij和Van Oost的报告(2001)置于第2类,因为它审查了若干反霸凌项目,作出在一个特定的程序中不存在的结果数据。表6总结了本报告中的53个不同评价的主要功能。

4. 针对所包含项目的说明

接下来我们提供了包含在过去的元分析方案的深入叙述检讨的评估。这些描述都是基于现有的最佳数据和报告中评估的干预(类别5和6),而不是在描述程序(3类)报告中提供的信息。这个决定的理论根据是指在其中一个程序被设计的方式与在学校实施的方式可以是两个不同的过程,不一定有一切共同之处这样的事实。对于所有的项目,我们都曾经试图进行评估。并且我们已经收到了积极的反馈(除了:Ciucci and Smorti,1998;Pagliocca et al.,2007;Raskauskas,2007;Rican et al.,1996)。

4.1 随机实验

4.1.1 Bulli和Pupe项目(意大利)

Bulli和Pupe项目是一个涵盖校园霸凌和家庭暴力的干预项目。这个由Baldry

(2001)发起的项目,是"针对个人和同侪团体,以及旨在提高人们对暴力及其负面效应的警觉"(Baldry & Farrington,2004,p.3)。干预方案包括三个视频和一本小册子,分为三个部分;每个视频被放在小册子中的一个组成部分。这本小册子的每一部分是一个互动的课程,其中对于学校和青少年事务经验丰富的专业人士会根据手册的结构讨论三个问题。

这本小册子的第一部分,题为"同侪霸凌",强调同业中的青少年暴力行为。这本小册子通过介绍保护自己和汇报霸凌的研究成果,以提高学生对这一问题的认识。相应的视频显示,青少年谈论和判断霸凌是基于自己的经验。这本小册子的第二部分,题为"儿童目睹家庭暴力",分析了家庭暴力对儿童自身和其学校成绩、同伴关系的影响。在之后的视频中,在庇护所为受虐待的妇女儿童也被提出,谈论他们的个人经历和情感。最后,该手册的第三部分,题为"周期的暴力",处理具有暴力行为的成年人在他们的童年时期所遭受暴力对其自身的长期影响。相应的视频对一个具有暴力父亲的 19 岁男生进行的采访。

该方案是由专家连同教师讨论校园霸凌行为。读这本小册子,并分析其组成。该方案被接管的教师设立成一个每周一次的协调小组,并允许孩子讨论他们与同龄人遇到的任何问题。因为它要求参与者具备良好的人际交往和认知能力,所以实践显示该方案对于中学生更加有效(Baldry & Farrington,2004,p.4)。

4.1.2 Ploughshares Puppets for Peace 项目(加拿大)

Ploughshares Puppets for Peace 项目是一项着眼于教育学校和学生如何识别及针对霸凌行为作出对抗解决措施的反霸凌项目(Beran & Shapiro,2005,p.703)。这个 P4 项目中使用到木偶和一个 30 分钟的脚本。采用三足的提线木偶,两个木偶制定一个故事,故事涉及的直接和间接的霸凌,以及作为一个成功的反例解决这一事件场景。这些行为发生在两个女木偶和一个男木偶之间。

看完戏后,学生们被邀请来识别霸凌行为。在讨论过程中,一个建议学生如何应对霸凌的"四步走"战略形成了:1)忽略,2)制止,3)走开,4)获得帮助。这个项目花了大约 45 分钟,旨在提高孩子们认识哪些行为可以被归类为校园霸凌,并展示了霸凌和/或谁目击被霸凌的孩子可以通过该策略来阻止它的各种策略。

4.1.3 表现干预的短视频(英格兰)

反霸凌策略,涉及单个观察的反霸凌视频,题为棍棒和石头,以及旨在研究其对中学生的意见。该项目旨在探讨学生对霸凌的各种实际行为和态度,因为"它不会是不合理的建议,这些态度都会影响实际行为"(Boulton & Flemington,1996,p.334)。

该方案只涉及一所没有预先的反霸凌政策的学校。

视频中小学生们(成群结队或单个的)讨论校园霸凌,基于他们对这种现象的观察以及对校园霸凌的个人经历。视频也包括一些施行霸凌的画面(Boulton & Flemington,1996,p.337)。

4.1.4 友好学校项目(澳大利亚)

"友好学校"是一项基于理论性的项目。它的教育技术(如角色造型、戏剧活动、技能培训等)是从社会认知理论、健康信念模式和问题行为理论的基础上(Cross,2004,p.191)得出的概念。这个方案的一个有趣的地方是,它基于系统评价(Cross,2004,p.187),其中提供了一组被包含在最终的干预战略的关键元素的结果。该方案针对霸凌的研究从三个层面展开:a)全校社区;b)该学生的家庭;c)该学校四五年级的学生和他们的老师。

关于全校干预的部分,是指在每所学校,一个友好学校委员会组织与关键人士(例如:家长代表、学校心理学家、学校护士、教学人员)能够协调并成功维持反霸凌的举措。各委员会提供了四个小时的训练,旨在建立各成员的能力以应对霸凌。每个会员提供了具体的策略手册。该手册为如何实施反霸凌行动提供了一步接一步的指南。它包括(其中包括)"共同关心"的方法和"无责备"的方法。

关于家庭干预的部分,这包括与每个课堂学习活动相关的家庭活动。家长们还提供了以 16 项技能为基础的通讯项目(每年 8 项),旨在提供有关霸凌的研究资料,以及建议家长在如果他们的孩子是个霸凌者或霸凌行为的受害者时应当如何行为。

四五年级的移动教室项目,在友好学校的课程中包括每年 9 个学习活动。该课程由受过培训的教师在三学期内分为三个部分提供每部分为三个 60 分钟的课程。学习活动的目的是促进了对霸凌行为的认识;帮助学生养成自信,与教师和家长谈论霸凌行为;避免同侪霸凌和成年之后的霸凌行为。

最后,友好学校项目提供手册给教师。教师手册被设计为完全独立的,以最大限度地提高教师实施的可能性。友好学校项目的工作人员也对参与干预项目的教师提供教师培训(六小时的课程)。

4.1.5 S.S.GRIN(S.S.微笑项目)(美国)

社会技能干预组(S.S.GRIN)是旨在帮助孩子提高他们的社交技巧的以学校为基础的方案。S.S.GRIN 被设计为对同侪拒绝、受害的和社交焦虑儿童的社会技能训练干预。它可以被应用到的领域是社会性的(如侵略、自卑、抑郁症、社交焦虑、社会退缩),不仅仅是霸凌(De Rosier & Marcus,2005,p.140)问题的简单排列。作者认为,该方案强调关系和情感的认知方面超越了最常见的社交技能训练(De Rosier & Marcus,2005,p.141)。也就是说,不仅教会孩子们社会技能,也提高孩子们的认知水平,识别并努力帮助孩子调节自己的情绪,以及提升他们应对消极观念和行为的技巧。

总体而言,该方案提供学习和认知社会行为的技术,用来帮助孩子建立社交技巧,并与同伴组成积极的合作关系。这是一个高度结构化的项目(De Rosier,2004,p.197)包含大量的脚本和活动。每个活动包括教学指导相结合的积极实践,如角色扮演、模拟和实践活动(De Rosier,2004,p.197)。孩子们连续八周参加小组活动。每次活动持续大约一个小时。各组分别由每所学校的辅导员和一名实习生进行培训,由程序教官监督(De Rosier & Marcus,2005,p.143)。

4.1.6 荷兰反霸凌项目

荷兰的反霸凌项目的灵感来自于 Olweus 的项目(Fekkes et al.,2006,p.639)。该方案是专门设计通过让教师、家长和学生解决霸凌行为。它提供教师进行为期两天的培训课程,向他们通报霸凌行为,并指导他们如何在学校处理霸凌事件。在干预期间,教师有机会获得培训人员额外的建议。干预学校由一个名为 KPC 的外部组织专门培训学校的工作人员,协助学校建立新的课程和指导方针的支持。核心干预方案包括:a)对教师反霸凌的培训;b)被霸凌调查;c)反霸凌的规则和书面反霸凌学校政策;d)加强监督的力度;f)家长介绍会。

该项目在学校设立了细致的反霸凌方案。此外,研究人员提供了关于干预和控制学校的数目,它已经用介入的上述元素的信息。最后,向干预学校供应内容为"霸凌"的小册子:如何处理它,和一个"霸凌测试",一个计算机化的问卷,由孩子们在课堂上匿名填写。

4.1.7 SPC 和 CAPSLE 项目(美国)

本次评测比较了两种干预包括的影响与治疗的通常条件(Fonagy et al.,2009)。九所学校被随机分配到两个实验组和一个控制组(常规治疗)的条件下分层分配,这是以低收入学生为基础的(由学生的自由支配收入和午餐费用进行判定)。在本实验条件下,完整的干预提供了两年干预(疗效阶段),第三年有限的干预(维护阶段)。

第一个实验条件包括"学校心理咨询"(SPC)协议,旨在解决有心理健康问题的儿童的破坏性行为问题、内化问题,或者学习成绩差问题。SPC 是学校层面专注于个别孩子的干预。三个儿童精神病学居民监督两周一次的资深儿童精神病学家,每周 4 个小时提供心理健康咨询程控手册。精神病居民参加每周会议,并且直接与老师进行学校资源咨询,父母和其他学校的人员,通过课堂观察和会议,在一年之内为

149 名学生中的 69 名、两年之内为 97 名学生中的 49 名提供了磋商项目。

第二个实验条件的实现涉及“创造一个和平的学校学习环境”(CAPSLE),一个心理动力学方法解决霸凌者、受害者和旁观者之间的互动关系。CAPSLE 代表全校范围内的干预方法。它旨在改变学校教育和纪律的氛围。CAPSLE 团队来自学校员工在领导的试点项目实施两年干预使用培训手册。第一年,CAPSLE 团队与学校员工一起,每月老师受到一天的集团培训,学生获得九天的自卫训练。二年级开始,全校半天进修自卫课程。3 年维护阶段,自卫训练持续 2 年。

CAPSLE 包括几个可以用作反霸凌的材料为教师设计的纪律手册(用于教师培训)、学生工作簿(作为一种理想的学生行为的强化)、父母警告(通知父母关于孩子的特定问题行为),以及用于反霸凌教育的物理行为课程视频(也可由父母适用)。CAPSLE 也包括温和的“战士项目”,专门为体育教师设立为期 12 周的课程。由教师自我测量报告各种 CAPSLE 程序的频率。

4.1.8 走向尊重(美国)

走向尊重程序,旨在通过 a)提高员工的环保意识,以一步步应对霸凌,b)促进对社会负责的信念,和 c)教导社会情感技能,促进健康的关系(Frey et al.,2005,p.481)。该方案包括为三到六年级设立的员工及家属培训手册,项目指南和教训为基础的课程(Hirschstein et al.,2007,p.7)。

全校级项目包括一个反霸凌政策和程序,员工培训和家长会议,所有旨在分享霸凌及其后果的认识和提高成人意识、监督和参与。在课堂上,建议的活动包括教学技能的培训,情绪调节能力,确定霸凌的类型,教学预防战略和同侪团体讨论。其目的是改善同伴关系,减少受害的风险,评估安全水平和认识,报告和拒绝霸凌。在个人层面上,在与参与霸凌的学生进行接触并执教的基础上,启动“4A 响应”项目:肯定的行为,提出问题,评估即时的安全状态和作出行动。

在 S 与 R 培训手册包括一个教学阶段的所有学校工作人员、辅导员、行政人员和教师的培训课程,也有附带的视频。关于工作人员的培训,有两个层次的培训:学校所有工作人员接受的方案目标和程序(项目指南)的主要方面的概述;教师、辅导员和行政人员接受额外的培训中包括如何指导参与霸凌的学生,基于行为的技能培训、合作学习和角色扮演。

学生的课程包括技能和文学基础课程,期间持续 12—14 周,由三到六年级的教师提供。干预包括 10 个技巧与主题,如参加团体的经验教训,从教授谈话技巧到作为一个负责任的懂得区分霸凌的旁观者的报告。

最后,关于家长的干预,管理员告知家长有关程序和学校的反霸凌政策和程序。家长也可以从中受益,例如向他们提供通讯,描述在学校开展全校性的反霸凌活动的信件以外的其他资源。

4.1.9 澳大利亚中学的反霸凌干预项目

这个反霸凌的干预包括,提高认识和识别霸凌,增进旁观者对霸凌目标的同情,并为学生提供策略以应对霸凌(Hunt,2007,p.22)的一些活动。反霸凌干预项目是基于教育的,没有专门的教师培训。霸凌信息在家长和教师会议中提供。教师会议与定期的员工会议同时举行,而家长会议在教师会议之后一段时间后举行。覆盖在家长会的信息的摘要也被刊登在学校的通讯系统上,让更广泛的受众可以看到。最后,该方案中以反霸凌的工作簿(由教师提供)作为两小时的课堂教学讨论的基础。

4.1.10 青年事务(美国)

青年事务程序使用的是课程和霸凌预防的系统性方法(Jenson & Dieterich,2007,p.287)。课程的目的是加强同行和学校对反社会行为的规范解决关键问题(问题模块),如遭受嘲笑和被霸凌的区别,建立同理心、风险和规制周围的攻击行为,等等。课程也旨在促进技能的提高(技能模块、结构化技能训练),学生在学校可以使用,以确保安全,应对霸凌,提高他们的社交技巧和改善他们的同伴关系。

课程包括十个模块。每个模块包括一个30—40页的故事,是直接联系的内容结构化技能训练。在查看程序的实现时,所有的课程材料语言都在三个使用西班牙语的课堂上进行翻译。青年课程模块是提供给四年级和五年级学生的。根据Jenson & Dieterich(2007,p.287),成绩选择4和5之间的是基于一个适当的适合发展能力和课程。

青年事务程序是基于一个理论基础课程。课程是基于理论构造的社会发展模式。后者集成视角从三个理论(即社会控制理论、社会学习理论和微分关联理论)和建议四个因素抑制反社会的儿童发展。这些是:a)依恋家庭、学校和积极的同龄人;b)对上述具有共同价值观的单位;c)外部约束或一致的标准对反社会行为;和d)社会、认知和情感技能,在社交场合可以被视为儿童保护措施来解决问题。青年事务的课程主要解决这四个核心领域。

4.1.11 KiVa(芬兰)

这个项目的名称是“Kiusaamista Vastaan”的缩写,意思是“反对霸凌”。“KiVa”这个词在芬兰意味着“好”,这就是为什么这个缩写在芬兰是选择特定的反霸凌项目。对于程序的整体角度,KiVa项目包括一个通用程序和一个干预项目。普遍干预指努力影响集团规范,同时干预指具体病例的方式——在学校通过老师和学生们之间的个人和小组讨论(Salmivalli et al.,2007,p.6)。

KiVa 程序包括各种各样的给学生、老师和家长使用的混合材料。它还利用互联网和虚拟学习环境(如电脑游戏反对霸凌),希望通过这种方式来提高学生反对霸凌的态度。同时,学生获得了个人用户 ID,可以使用密码完成每个网络霸凌行为的问卷调查。KiVa 包括 20 小时学生课程,由学生的老师提供。涉及课程讨论、小组活动,对霸凌的短片,角色扮演活动。每一堂课之后,都有规范的基于主题的教育活动。

KiVa 程序的一个独特的特性是使用反霸凌的电脑游戏。游戏涉及五个等级,老师总是在相关的课程完成后激活游戏的下一个等级。每个级别的电脑游戏包含三个组件,命名为“我知道”“我能”和“我做”。在第一个部分“我知道”层面,学生了解基本的霸凌行为。在第二部分,“我能”层面,学生在虚拟学校面临不同的霸凌事件挑战。最后,第三部分是用来鼓励学生利用他们的知识和技能面对现实生活的情况。

KiVa 的另一个重要因素是教师培训项目。老师也可以利用游戏期间,监督学校的各个部分。这个简单的技术旨在提高教师对校园内行为的能见度,在学校认真对待霸凌。此外,所有教师可以从一个基于网页的论坛咨询开展 KiVa 程序,在那里他们可以与其他同事分享关于霸凌的经验。

学校的框架内,程序也促进使用同行支持小组霸凌的受害者。课堂上老师将安排与具有社会亲和力和班上有很高地位的 2 到 4 个同学为一组,为受害学生提供支持,从而维持健康的对等关系。KiVa 程序中的一个有趣的元素,在处理霸凌问题时它包含惩罚性和非惩罚性的方法。一半的学校团队被要求使用更具惩罚性的方法(如:“你所做的是错的,现在必须停止”),而其他学校团队被要求在他们与孩子讨论时使用不惩罚的方法(例如:“你的同学也很难,这就是为什么他这样的表现,我们能做什么来帮助他吗?”)。也有合作组工作专家在处理儿童参与霸凌。

最后,KiVa 程序也涉及父母。父母指南提供的信息被送到了家里,教导父母们如何帮助减少霸凌问题。

4.1.12 霸凌男孩行为项目(南非)

这个项目针对从市区到郊区男性青少年的霸凌行为。项目是基于深入需求评估的结果,在三个学校和针对“被认为是严重威胁和谐运作的日常学校生活”的特定数量的 16 岁男学生(基于问卷调查的结果)(Meyer & Lesch,2000,p.59)。项目为学生提供十周的心理学课程,每周两次在上课期间在学校举行二十小时的会议。

4.1.13　对尊重的希望(美国)

对尊重的希望是一个以学校为基础的项目,旨在促进意识和有效应对霸凌以及性骚扰。这个项目的干预服务是由德克萨斯州奥斯汀提供的(Rosenbluth et al.,2004,p.211)。程序的目标是学校社区的所有成员参与识别和应对霸凌和性骚扰。整个项目的设计灵感来源于工作 Olweus(Rosenbluth et al.,2004,p.212)。对尊重的希望包括五个核心程序组件,即教室课程、员工培训、政策发展、父母教育和支持服务。

教室课程是基于持续 12 周的改编自被称为"Bullyproof"的特定会议(Whitaker et al.,2004,p.330)。该 Bullyproof 课程的设计与文学一起,通常由四五年级的小学生阅读。虽然反霸凌课程的目的是在期望尊重程序的框架内实现教师的作用,它是共同领导的安全的地方工作人员和教师或学校辅导员(Whitaker et al.,2004,p.331)。该课程旨在提高旁观者在霸凌的情况下进行干预的能力和意愿,从而减少霸凌和性骚扰的社会可接受性。该 Bullyproof 经验包括书面作业,角色扮演怎样的霸凌情况,课堂讨论等干预。

对员工的培训,项目人员提供六小时训练。培训使用特定的工作手册,旨在准备学校人员有效应对暴力事件。此外,三个小时的训练是为所有员工提供,每学期一次,包括司机、食堂工人和办公室工作人员。培训演示包括研究霸凌和性骚扰;提供策略来增进相互尊重;使用教训课程实践;以及方法的经验融入其他学科领域,包括语言艺术和健康。

希望尊重程序还包括家长培训。给父母一年两次教育演讲,提供关于项目的信息。通过这些会议给父母的信息(及通过通讯录送回家)旨在提高父母帮助孩子们参与对抗霸凌的策略。

进一步支持服务提供持续援助等安全的地方学校辅导员的工作人员。学校辅导员有专门的会议上如何处理学生多次参与霸凌罪犯或受害者。他们还提供了一个全面的资源手册——包含霸凌、性骚扰和家庭暴力的阅读和资源材料。

4.1.14　Pro-ACT + E 项目(德国)

Pro-ACT + E 是一个普遍的、多维的项目,旨在在中学防止霸凌(Sprober et al.,2006)。它涉及一个建立具有社会亲和力行为的反对霸凌和解决受害问题的程序。程序是通用的:它不涉及具体工作与罪犯或霸凌的受害者。然而,它包括教师与学生和家长培训和两个小时的关于暴力问题的课堂讨论。程序提供的课程材料,旨在提高认识与霸凌和强调的问题,具体问题如课堂管理和反对霸凌的规则。

4.2 事前事后、实验组与控制组的比较

4.2.1 Be-Prox 项目(瑞士)

Be-Prox 程序是专门设计用于解决幼儿园学生的霸凌和受害者。根据 Alsaker 和 Valkanover(2001,pp.177-178)“成人—儿童率稍高,利息社会化的幼儿教师,更大的灵活性,调度和教学,和许多学龄前儿童的敬佩老师的理想条件的实现预防程序对霸凌/受害者问题”。Be-Prox 的基本原理是提高幼儿园教师的能力来处理霸凌/受害者问题(Alsaker,2004,p.291)。程序参与教师参加一个大约四个月的集中培训。Be-Prox 的特点是强调小组讨论,相互支持,和老师之间、老师和家长的合作顾问(Alsaker,2004,pp.292-293)。

教师培训提供的六个步骤(Alsaker,2004,p.292)。最初,教师给予受害信息(步骤 1),对这些信息的含义进行讨论(步骤 2)。介绍了具体实现任务(步骤 3)教师在组织准备工作后的实际实现(步骤 4)。教师在一个特定时间内在教室里实现特殊预防的元素(步骤 5)。之后,老师开会并讨论他们实施预防措施的经验(步骤 6)。

在 4 个月的八个会议中,有关的问题是解决恃强凌弱的预防。第一次会议的主要目的是敏感的。教师被要求描述任何可能霸凌/受害者问题在他们的学校和被霸凌和其他类型的攻击行为的信息。他们也提供程序的主要原则。幼儿园教师之间联系的重要性,孩子的父母也强调,教师被建议考虑组织与父母的可能性。在第二次会议中,设置限制和规则对学龄前儿童的重要性进行了讨论。老师被邀请和孩子们一起设计一些行为准则,在第三次会议的准备期间。同时,作为第二作业任务,教师被要求组织了一次家长会。

第三次会议期间,教师实施课堂规则讨论他们的经验。这次会议的主要焦点是一致的教师行为的必要性,在教室里学习积极和消极制裁的区别和使用的基本原则。第四次会议的主要焦点是在孩子们作为旁观者的角色和责任。教师被要求描述某种性格的被动和激进的受害者和霸凌的集团。这个任务后,教师与研究成果提出了关于孩子们的特点。作为下次会议的作业任务,教师被要求系统地观察边缘儿童和开发一些涉及预防侵害的手段。

4.2.2 希腊反霸凌项目

希腊反霸凌项目是一个为期四周的干预项目,旨在减少霸凌和受害。希腊反霸凌项目的概念框架是基于 Salmivalli 在 1999 年提出的理论模型(Andreou et al.,2007,p.696),根据该改变一个人的行为(例如恶霸凌的行为),来激励不仅是特定的人,以及剩下的小组成员(参与者角色的方法)。

程序被嵌入到四五年级的更广泛的课程,有八个小时教学,每小时对应一个课程活动(Andreou et al.,2007,p.697)。

在第一个理论轴(宣传)中,在小组和全班的课堂讨论(超过三个教学小时)中进行,旨在提高学生的霸凌问题意识。相应的材料包括真正的这番话,一个故事题为“新朋友”和学生自己的图纸。第二个理论轴(自我)中,两个教学小时涉及课堂讨论。这些讨论强调参与者的角色,学生霸凌过程。相应的材料涉及每个学生完成的句子。通过这个活动学生是为了反映在关键问题原因、利益、感情和采用不同的角色的后果。最后一个理论轴(新行为的承诺),三个小时的教学小组和全班性的讨论进行了关于不同的方式接近或解决个人冲突形势和制定课堂规则。

4.2.3 Olweus的西雅图审判项目

Olweus霸凌预防项目(OBPP)在十个西雅图中学实施和评估非随机性对照试验(Bauer et al.,2007,p.267)。整个程序与Olweus项目存在绝对一致性,旨在改善同伴关系和促进一个安全的和积极的学校环境,解决和处理霸凌的问题。

4.2.4 Dare to Care(加拿大)

Dare to Care项目(Beran et al.,2004,p.103),强调临床支持霸凌的受害者和肇事者的个人及团体辅导形式。它也与社区服务合作。项目的本质是鼓励责任创建解决方案各方参与教育系统(Beran et al.,2004,p.104)。

该项目包括几个步骤。项目协调员针对研讨会提供给学校人事信息和培训相关的问题。这个研讨会旨在确保程序原则将反映在整个课程,随着时间的推移将会持续。信息也提供给父母。然后,学生、家长和学校员工合作学校发展的反霸凌政策。这一政策的目的是确定关怀和积极的行为和后果的行为,但重点是补偿而不是惩罚。反霸凌政策发布在整个学校。最后,所涉及的程序实现,代表老师的课堂课程教育孩子关于霸凌的性质和策略以避免受害。课程包括讨论、角色扮演、艺术品、书籍、视频和短剧的形式,呈现给学校员工、父母和其他的孩子。

4.2.5 Progetto Pontassieve(意大利)

该项目持续三年,包括两个主要部分。在头两年交付更多在学校层面,而第三年主要在类和个人层面(Ciucci & Smorti,1998)。在第一年培训课程为教师解决儿童心理社会风险和霸凌暴力的发生问题。在培训结束时,研究人员做了一份调查,来揭示霸凌的问题有多严重,其特点是什么。第二年的干预包括为每个受霸凌孩子提供咨询服务。

干预发生在第三年,是基于两种不同的使用方法:质量管理小组,学生必须配合在哪里找到实用的解决他们的问题。另一方法是在小群体进行的角色扮演与随后的课堂讨论,帮助学生检查可能的策略面对和霸凌问题。这两种方法的目的是使学生意识到他们可以通过有效途径干预和减少霸凌。

4.2.6 社交技能培训项目(SST)(英国)

社交技能培训是一个专门设计用于慢性受害者霸凌的项目(Fox and Boulton,2003,p.237)。一般项目的目的是帮助孩子们提高他们的社交技巧,因此减少孩子的个人牺牲的风险(Fox and Boulton,2003)。项目涉及一项为期8周的课程,孩子学会了如何使用解决问题和放松技巧,如何积极思考,如何修改他们的非语言行为等语言策略,以及如何使用"模糊"和"镜像"(Fox and Boulton,2003)。

项目期间,霸凌的受害者聚集在五到十组,程序的目标是每周一个小时。两个教练整个项目交付了一小时的会议。第一周先给孩子们介绍对方,倾听对方的问题。接下来的两周会话处理友谊的问题,旨在帮助孩子形成强烈的友谊(例如交谈、要求加入),而肢体语言是第四届会议处理的问题:教孩子如何修改他们的非语言行为,保护他们免于受害。在第五届儿童学会如何变得自信。而在接下来的两周,孩子被教导如何处理霸凌。

4.2.7 Stare bene a scuola:Progetto di prevenzione del bullismo(意大利)

这种干预是基于课程活动,全校参与的方法,因为它试图让所有人参与学校(Gini et al.,2003)。项目交付6个学校和包含几个活动。老师第一次训练三天在"合作学习",特别是在拼图技术。教师每隔15天之后有一个正在进行的监督。班上干预持续了4个月,每周两次会议。干预是针对以下方面:a)身体的意识和感觉;b)情感意识;c)被霸凌意识。这些地区在每个会话的处理,从第一个开始。为每个主题区域进行一些活动和一些方法。

4.2.8 ViSC培训项目(德国)①

维也纳社交能力培训项目旨在提供学生在冲突情况下系统理论性的指导,成为负责任的个体。这是专门为被认为是未来的风险问题15岁到19岁的青少年设立的(Atria & Spiel,2007,p.179)。程序把其主要思想的理论基础从社会信息加工理论和研究,接近欺霸凌的问题作为一个整体现象(Gollwitzer et al.,2006)。

基于程序的设计,学生的培训由培训老师负责。教练参与教学研讨会,也监督ViSC开发人员的团队培训(Gollwitzer et al.,2006)。根据程序的原则,教练避免接受

① 程序还在奥地利进行评估,但由于缺乏数据,所以元分析包括的具体评价对我们来说是不可能的。

教师所提供的个人学生的任何信息是不可少的;学生的评估应基于标准化的诊断措施(Atria & Spiel,2007,p.184)。此外,培训是在常规的课堂时间和老师建议参加的课程,这样的项目目的是认真对待学生。

4.2.9 格拉达纳反霸凌项目(西班牙)

程序设计师聚集的信息社会、教育和经济背景的学校、学生的家庭和社区。会议/研讨会期间为三个小时。家长、教师和教育团队的成员参加了会议。通过这些会议,成立的程序应以人际关系为目标的孩子。我们决定该项目将 curriculum based 作为学校的正常程序的一部分。决定项目将实现的研究人员之一,因为老师没有足够的资格去做,因为缺乏对教师培训的时间和资源。父母和老师都提供霸凌信息(档案/文件),他们可以用来与孩子讨论霸凌的问题。同时,教师可以参加干预程序,以便之后,他们将能够实现它。家长们都被邀请去参加一些霸凌的讨论,实现团队将获得的程序可以继续在学校施行。项目将在课堂层面实施五个月(30 次会话;3 次会议,每周有一个导师,即评价者之一)。

第一次 5 个会话期间,导师告诉孩子们关于同伴霸凌的问题。主题涉及霸凌等问题的概念,霸凌的类型,如何识别,个人和群体霸凌的差异,对霸凌和课堂规则。从 6 日到 21 日会议,项目重点是孩子们的情感和社会能力。几个主题都包含了,如:在被霸凌情况下识别和表达的情感;沟通能力;能够提出问题,儿童的给予和接受能力互补和抱怨,没有生活的能力,要求改变行为能力;解决人际关系问题和能力。从 17 个到 21 个会议,强调调解的程序。

22 个到 25 个会议,项目重点是人权。几个主题都包含了,如:自由与平等,尊重私人生活,尊重别人的财产和尊重别人的意见。同样,从 26 个到 30 个会议,重点是道德教育。在整个程序(会话 1—30),还有一个强调抑制冲动和自反性的增强。增强的自反性,程序设计者使用一个特定的程序称为"Programa de Intervencion para Aumentar la Attention y la Reflixividad"。PIAAR 由 Gargallo 设计(2000;Martin et al.,2005,p.378)。这侧重于认知技术,旨在抑制冲动,提高自控能力。该项目还包括角色扮演、同伴之间的中介、引导讨论。

4.2.10 南卡罗莱纳项目(美国)

这个项目涉及在南卡罗莱纳州 OBPP 学校的实现。这是一个综合校本反霸凌项目,本质上是受挪威模型影响的(Melton et al.,1998,p.72,p.74),旨在从学校个人和社区的水平层面防止霸凌。

在课堂层面,程序的核心元素包括制定明确的反霸凌的规则,使用一致的制裁违反规则,老师和同学在学校对霸凌问题进行讨论。

在个体层面,干预措施包括与霸凌少年和他们的父母的讨论和为慢性霸凌的受害者设立的安全项目的发展。对父母也提供信息通讯。

4.2.11 证明学校的霸凌(美国)

“证明学校的霸凌”(BPYS)是一个综合的以学校为基础的反霸凌干预程序,有三个主要组件:a)霸凌问题意识的提高,涉及问卷测量霸凌和建立课堂规则的程度与对霸凌的零容忍;b)教育学生处理霸凌的防护技能,抵抗受害,为潜在的受害者提供帮助的教学技能;和c)创建一个积极的学校环境,学生被鼓励积极参加支持性的工作(Menard et al.,2008,p.7)。BPYS的主要目标是小学和中学的学生。学校工作人员参与作为次要目标的干预(因为他们的行为变化是一个为学校环境建设要求正面因素)和代理提供学生的干预。老师给出的信息和策略,他们可以利用,同时提供干预。

课堂的干预课程持续七天,每天约30—40分钟的课程。每个会话是由老师或工作人员提出的。教室课程材料完成后,教师鼓励举行每周课堂会议期间,可以帮助学生反思他们的行为。父母通过时事通讯提供信息。个别参与霸凌罪犯或受害者的学生家长被给予咨询。完整的BPYS程序一般持续三年。第一年是致力于实现完整的课程,后两年是为了加强第一年的所有活动。

4.2.12 友善干预项目(意大利)

友善干预项目是一个反霸凌项目,主要依赖同侪支持模型。程序的总体目标是:a)通过发展一个认识自己的和其他人的霸凌行为来减少霸凌事件的发生;b)来增强孩子的能力,以为霸凌的受害者提供支持;c)增强旁观者责任感;d)来提高人际关系的质量(Menesini et al.,2003,p.1)。

提供的反霸凌干预分为五个步骤(Menesini et al.,2003,p.5)。在第一阶段,目标类级别(类干预),几个活动提供旨在增加儿童亲社会意识、帮助行为和促进积极的态度对待他人。通过在类级别工作,学校当局敏化和准备全校参与人口学校单位的新服务来实现。这样,另一个目标实现了,全校的人都以发展的价值观去支持这个活动。

在项目的第二阶段,“同侪支持者”被选中。基于技术,约三个至四个支持者被分配在每个教室,如自我和同行提名的组合被选中。这些孩子在上课时间(三期),然后接受特殊的全天会议或定期会议,让他们知道如何处理与其他孩子以及如何促进业内其他孩子交往。教师和其他专业人士(心理学家和社会工作者)参加这些会议。反霸凌项目的这一阶段的总体目标是帮助同伴的支持者,以提高他们的听力和沟通技巧,因为他们将是儿童之间相互作用的介质。

在该方案的第四个阶段,同行的支持者在他们班曾与老师的协助下,密切监测。每班教师举办期间,参与被霸凌(目标儿童)具体儿童的需要进行鉴定"圈子会议"。目标儿童进行了接触,并且经他们的同意和合作后,由同行的支持者提供帮助。同行的支持者们不仅分配给涉及目标儿童的具体任务,也是由老师监督,让他们了解正在进行的工作,在课堂上不断地反馈。

在益友干预的最后阶段,参与培训类中的其他孩子对支持者的领导小组,让更多的孩子可以参与项目(去训练如何扮演传递者的角色)。

4.2.13 多伦多反霸凌项目(加拿大)

多伦多反霸凌项目的灵感来自于OBPP(Pepler et al.,2004,p.125)。它是基于这样的理解:霸凌是远远超出了个别儿童的问题;它涉及的对等体组的老师,以及儿童的父母(Perler et al.,2004,p.127)。该方案包括在学校、家长和课堂层面实施了几项预防的元素,以及作为参与霸凌行为或受害的具体学生的额外工作。

项目实施的层面涵盖整个学校。然而,在所有的被干预学校都发现了三个关键元素:人员培训、行为守则和改善操场监督。在学校层面的重点放在了发展行为的积极学生中,从事教师和促进积极的操场相互作用。在父母层面,父母在他们的学校了解霸凌的问题。此外,关于该项目及其目标的信息被送回家。在课堂层面上,孩子们参与制定反对霸凌的课堂规则。进一步课堂活动的目的是改变学生的态度,促进同学之间的健康关系。在个人层面上,参与霸凌的实施者或受害者的儿童通过协商和参与,虽然他们的父母受过专门的干预。这些病例随访监测有助于校方证明霸凌事件的终止或中止。

4.2.14 生态反霸凌项目(加拿大)

生态反霸凌项目系统性的审查同学团体和学校环境进程的运用与评估(Rahey & Craig,2002,p.283)。该项目的总体目标是建立在对霸凌的限制,建立一个富有支持性和安全性的学校环境。该项目的具体目标包括提高对霸凌问题的认识,提高同情意识,鼓励同龄人发言反对霸凌和制定明确的打击霸凌规则。

12周的辅导旨在增加对霸凌的认识,减少霸凌(Rahey & Craig,2002,p.285)的发生率。方案的主要内容包括每个教室、同学小组和专业团体中的参与霸凌儿童实施心理教育的组成部分。

在全校层面,心理教育课程是由接受了培训课程和之前的干预手册心理学的学生实施。在此之前的项目，在学校集会的项目被介绍给学生。装配标志着干预的正式开始。课堂参与项目互动教学方法，如角色扮演和木偶技巧。所讨论的专题包括霸凌和伤害，解决冲突，同情，倾听技巧和个体差异（Rahey & Craig，2002，p.286）。

对参与霸凌的孩子个别对策也是干预的一部分。相关课程包括社交技巧、倾听、同情培训和支持辅导。每周的会议持续 45 分钟。该项目还包括干预老师的水平。教师项目包括教师会议、讨论霸凌、干预方法，并为那些直接参与霸凌的学生提供干预支持。在介入时，程序协调员会见了校长和教师，来提供支持。

4.3 其他实验—控制组的比较

4.3.1 挪威反霸凌项目

这个反霸凌项目是基于在挪威南部的一个小镇上的小学进行的试验研究。基于该方案的理论角度来看，教师的专业发展是影响学校生活质量的关键因素。教师不断打电话来处理儿童问题行为。因此，有人认为，在教师专业发展"投资"，帮助教师提高应对技能和战术，可以非常高效地减少儿童的反社会行为，包括霸凌。至于 Galloway 和 Roland（2004，p.45），把他上面提出的论点的含义是可以试图减少霸凌，而且应该形成更广泛范围的尝试，以提高教学和学习质量的一个组成部分。教师应认为反霸凌行动为协助他们在核心工作，从其中引出工作满意度和其被正确地追究责任。

4.3.2 B.E.S.T—将霸凌从学校一起淘汰（美国）

B.E.S.T 是在一个 K—12 佛罗里达州北部实施的开发研究学校。它是基于起亚安卡哈反霸凌项目（见下文），虽然它们在许多方面是不同的。该方案的评价是基于从 7 年级学生的数据。最好的是 KiaKaha 的安卡哈一个复杂的改动，其社会认知理论和社会能力理论（Kaiser-Ulrey，2003，pp.18－19）中的基础。该方案是由四个学校教师实施（相对于 KiaKaha 项目，主要是由警务人员执行）。12 周的项目包括每周既定的课程和持续不超过每节 45 分钟活动会话。

具体分为四个模块，每个模块三个活动板块。该项目将重点放在解决社会问题的技巧、提高认识、反对霸凌的规则，其中包括教师培训和学生评价表、教师手册。该项目还包括伴随着母体的信息家长评价表，派人上门通知家长，并伴有联系信息研究员事件，他们应该有任何问题（Kaiser-Ulrey，2003，p.84）。给有霸凌行为的学生召开研讨会（Kaiser-Ulrey，2003，p.93）。在最初的起亚安卡哈程序，研究人员可以利用反霸凌的影片。这些影片被作出改动，以使它们与美国文化的兼容，但是是不成功的。相反，教师可以在反霸凌研讨会上利用情景故事。

4.3.3 SAVE(西班牙)

在塞维利亚的SAVE反霸凌项目是在此基础上把霸凌放在生态的方法来分析一般(Ortega et al.,2004,p.169)的霸凌和暴力的一种教育模式。该模型提出了有关基于convivencia(共存)的维和活动和维持良好人际关系的教育项目的设计。convivencia的理论概念,标志着团结、友爱、合作、和谐和相互了解的愿望的精神,如何很好地与他人的欲望和冲突相处,通过对话和其他非暴力的方式(Ortega et al.,2004,p.169)。

SAVE项目设计了三个相关的步骤:在孩子互动方式的社会环境以及1)管理;2)有启发作用的具体方法;和3)面向教育(Ortega et al.,2004,p.170)的感情和价值的活动。

该方案是基于人际关系中的教师运用民主管理的原则,既不失自己的权威,又让学生有机会在决策中积极参与作用。合作小组的工作是介入的另一个元素。该方案包括与边缘学生或参与霸凌的学生的直接干预工作。这些孩子提供各种额外的预防措施,诸如矛盾调处、同学支持、自信和同情培训(Ortega et al.,2004,p.172)。最后,该项目还包括为教师和家庭设置培训课程(Ortega et al.,2004,p.176)。

4.3.4 Kia Kaha(新西兰)

Kia Kaha被设计成一个反霸凌项目,但它也满足两个基本领域的课程框架内的要求:社会科学和身心健康(Raskauskas,2007,p.10)。该方案涉及全校参与模式,以解决霸凌和迫害。毛利语单词"Kia Kaha",就是站在强者的角度,用这个名字来表示需要对整个学校社区树立站在强者的角度的态度,以防止霸凌(Raskauskas,2007,p.9)。该方案涉及的问题,如对等关系,识别和处理霸凌,使得个人选择,发展自我价值的感受,尊重差异和工作合作无间,以建立一个安全的课堂环境。

Kia Kaha课程使用多种资源,包括教师指导与程序的概述,如何规划和实施的经验教训,视频和信息,被遣送回家向父母进行说明。该视频包含对所发生事件的讨论,以及什么样的情况可以被视为霸凌。学生们被教导要采取措施化解霸凌情况:停下脚步,进行思考,考虑对策,作出反应,以及跟随前进。

4.4 年龄组群的设计

4.4.1 尊重项目(挪威)

尊重,之前以连接的名义运行,目的是要解决不同类型的孩子的问题行为,如不服从行为,拒绝任务的行为,霸凌和侵略的行为。该方案在小学和中学推行。通过在试图"改善学校在个人素质,在班级和学校的水平"(Ertesvag & Vaaland,2007)。该方案是基于四个基本原则(Ertesvag & Vaaland,2007,p.716):a)成人预计将作为权威的来源,这包括旨在营造一个温馨和关爱环境的权威方法;b)方案涉及学校所有的人(个人、班级和学校层面);c)成年人应确保他们行为的一贯性以对学生的行为产生影响;及d)该程序是基于连续性的概念,这意味着一个长期的承诺,之前的三个原则。

在该方案框架下,教师和学校管理人员参加了一系列研讨会。员工培训课程引入了程序和实践方法,以防止对儿童问题行为以及一些说明性的例子的基本原则。为期两天的研讨会,学校管理等重点学校人员被提前执行期运行。在每一个学校举行一个为期一天的研讨会,目的是确保学校工作人员了解自己学校的实施过程中的主要目标。其他的短期培训班在干预期间(Ertesvag & Vaaland,2007,p.718)举行。在每所学校,一个项目组共同实施该项目的一天又一天的责任。在不同的学校实现干预,网络成立,讨论的知识,经验和相关项目的实施挑战的目标。

最后,实施四大战略,a)具有一个全校参与的解决霸凌的问题的模式;b)利用一个权威的方法来实现对班级的管理;c)选择干预的适当时机;d)完成项目的承诺。

4.4.2 Olweus 反霸凌项目,OBPP(挪威)

OBPP 项目是一个多层面的目标为个人、学校、班级和社区层面的项目。除了显著的大众媒体宣传,项目开始的时候,学校工作人员、学生和家长之间召开解决霸凌问题的为期一天的学校会议。这标志着干预的正式开始。两种不同类型的材料制作:一本手册、教师(有权反对霸凌和反社会行为 Olweus 核心课程),并以父母和家庭信息为内容的一个文件夹。该程序还包括:a)所使用的评估和分析在预测试期间所获得的数据,以使学校的具体措施可以实现 CD—程序;b)霸凌的视频;c)有关修订 Olweus 霸凌/受害人问卷;以及 d)《校园内的霸凌:我们知道什么,我们能做什么》一书。

项目的反霸凌措施主要以不同的层面为目标:个人层面、班级层面、学校层面和社区层面。在学校层面,干预措施包括如下内容:

- 教师之间召开会议,讨论改善同事关系的方法;员工讨论组。
- 家长/教师讨论霸凌相关问题。
- 休息和午餐时间加大监管力度。
- 游乐场设施的改善,让孩子们在课间休息时间有更好的地方玩。
- 问卷调查。
- 形成一个协调小组。

在班级层面的干预包括：

• 学生被给予有关霸凌问题的信息，并积极参与制定打击霸凌的班规。

• 包括角色扮演在内的课堂活动，以帮助学生如何应对霸凌。

• 反霸凌班规。

• 学生们的班会。

• 家长会。

个人层面的干预包括：

• 与实施霸凌的学生及其家长进行对话。

• 与受害者对话，提供支持，并提供自信的技能培训，帮助他们学习如何成功应对霸凌；同时，与受害者家长进行对话。

• 与无关学生对话，并帮助他们学习如何变成有效的协助者。

4.4.3 多尼戈尔反霸凌项目(爱尔兰)

在爱尔兰的多尼戈尔反霸凌项目是在多尼戈尔郡实施的。在县立的100所小学中，有42所参与，但是22所学校的数据被纳入项目的评估。多尼戈尔项目的灵感来自于挪威的反霸凌项目(O'Moore & Minton，2004，p.277)，并基于以下四个元素：

1. 训练专业人士组成的网络：十一个老师们通过讲习班方案训练，提供进一步的培训和工作人员，学生和家长在干预学校的支援。

2. 教师资源包：包含有关霸凌的信息，提供给训练网络中的每个成员。该资源包提供的材料包括如何进行全面的注重课堂管理，在课堂和学校创造积极的气氛，工作人员领导，家长教师合作的发展。

3. 家长资源包：专门用于干预目的的手册，给家长对霸凌的类型、原因和影响，以及对如何处理霸凌的意见提供信息。

4. 学生工作：涉及一般提高认识的元素。有关如何提高对霸凌行为认知的手册被提供给学生，学生们也将学习如何在同学的活动中和老师及教授的领导下提高对于霸凌行为的认知。

4.4.4 Chula Vista Olweus 反霸凌项目(美国)

这是基于加州教育部门和加州总检察长办公室的资助，在 Chula Vista 的三所小学推行的 OBPP(Pagliocca et al.，2007)。该 OBPP 上面描述和说明在此不重复详细说明。

在规划 OBPP 的早期阶段，每所学校任命了一个霸凌预防协调委员会，有几个成员，如校长、教师、父母、学生、学校辅导员、心理学家或社会工作者、其他非教学学校工作人员(如图书管理员)、家庭资源协调员和警察部门的人。每个 BPCCs 得到一个为期两天的 OBPP 认证的教练。还提供了培训的 Olweus 模型对教师和其他学校工作人员。家长们也以英语或西班牙语(如适用)提供了书面材料。所有的三所学校也作了安排,提供面对面的演示的 OBPP 信息给家长。学校的反霸凌规则张贴在封闭的学校的场地在家长和学生经常光顾当地的商店,被公布在社区层面。

评价依赖于许多的相关的 OBPP 在 Chula Vista 学校等操作的信息来源:

关键知情人调查和访谈

一共有九个关键知情人参与该项目的这个组成部分。四名是学区的代表,三名分别来自家庭资源中心下属的参与学校,以及两个来自丘拉维斯塔警察局(CVPD)。在 OBPP 他们被要求回答关键的信息,由学校工作人员,项目使用的材料,以及 OBPP 的核心部件执行情况的培训作用的问题。

先—后干预问卷调查

这些问卷通过英文或西班牙文(如适用)进行,由一名外部顾问进行协助,不仅针对直译,也考虑到具体的名词和术语在西班牙语版本的诠释。除了 Olweus 霸凌/受害者问卷,在丘拉维斯塔的 OBPP 还包括家长问卷、教师问卷和一个游乐场主管问卷。

工作簿的霸凌预防协调委员会

由于他们的初期训练的一个标准部分,每个霸凌预防协调委员会开始制定"工作簿"来记录这个部分,并记录其学校项目实施 OBPP 的情况。除了他们在规划和发展项目的早期阶段使用,工作簿也被设计为"工作文件",将引导项目,反映与该项目开始实施的保真度。关键知情人在项目的早期规划阶段利用了工作簿,与第一年后持续使用。在丘拉维斯塔 OBPP 评价还依赖于"季刊自我评价报告"。

4.4.5 终结霸凌项目

在赫尔辛基和图尔库芬兰通过参与者的角色实施的反霸凌项目(Salmivalli et al.,2005,p.467)。在使用这种方法来订立反霸凌协议,以课程为基础预防工作的三个步骤涉及:a)提高对霸凌问题的认识;b)鼓励学生对自己的行为的自我反思;c)反霸凌行为的承诺(Salmivalli et al.,2007,pp.467-468)。

干预的核心元素是参加为期一年的师资培训。此次培训是在整个学年中进行了四次会议/会议提供。在培训教师分别给予有关情况在他们自己的分类中(根据干预前数据的结果)和有关干预,以防止霸凌的个人、班级和学校层面的替代方法的信息反馈。此外,通过老师们的汇报,他们能够发现很难对付的个别情况。在培训期间，教师们提供了他们可以使用与正式课程活动或反霸凌材料。这些材料涉及，例如，投影胶片和建议进行讨论和角色扮演“教育剧场”。对于干预在个人层面上，他们可以单独参与与霸凌有关的特定儿童，如“共同关注”中，“无责备”的方法和法斯塔斯方法（Salmivalli 等的方法，使用多种方法，2007 年，第 471 页）。无论使用哪种方法，进行系统的后续初始化工作后对其所起的作用非常重视。在学校层面，教师被鼓励提供反霸凌信息给他们的学校，促进发展全校反霸凌政策的过程。

4.4.6 谢菲尔德反霸凌项目（英格兰）

谢菲尔德反霸凌项目提供了各种各样的材料，教师可以用它来解决霸凌问题。这些材料是根据现有的知识和思想，而不是正确的项目影响，不同的干预（Smith，1997，p.194）的相对成功的一个系统的评价。核心干预措施是基于对霸凌的（Smith，1997，p.195）全校政策。学校给予额外的干预措施一个选择：一）课程的工作（例如视频、戏剧、文学、质量圈）；二）操场干预（如监视、在午间活动中监督和认识霸凌、改善操场环境）；三）工作与个人和小团体（如朋辈辅导、自信训练的受害者）。

以课程为基础的战略包括各种材料和活动，旨在提高儿童对霸凌问题的意识。题为“棍棒和石头”的视频可以由教师使用。电影从一个学生的角度（Smith et al.，2004，p.102）描绘霸凌的情节。视频附带包含有关的讨论话题，用话剧和学生参与创作活动的想法编辑成手册。为了处理种族问题的另一个视频是可用的，题为“白色谎言”，它专门针对种族霸凌问题。一本题为“赫尔斯通·奥德赛”的书，给了教师有机会通过文学来解决霸凌问题。这是一个讲述小学生攻克了种族骚扰和霸凌的问题的故事。采用质量圈也是基于课程的反霸凌策略的一部分。他们包括一组谁碰到一起识别和解决与霸凌的问题，发现他们然后提交给班主任或高级管理团队（Smith et al.，2004，p.103）来设计有效的解决方案。

从事个体工作，直接参与霸凌，朋辈辅导，增加操场监控孩子的谢菲尔德反霸凌项目的其他组成部分。朋辈辅导涉及“倾听线”的其他学生（Smith et al.，2004，p.104）：学生形成包含两个或三个辅导员和一个接待员小团队。每个小组由一个指导教师指导；学生从来没有在有干预存在的前提下发生霸凌行为。直接的工作针对参与霸凌的肇事者进行，由阿纳托尔开发出一种题为“共同关注”的方法，这是基于结构化脚本，可以指导教师和参与霸凌的学生进行讨论。

该干预方案没有说明这些方法中的哪一些和在多大程度上必须使用，以使项目获得成功。有兴趣的读者可以在几个地方发现本方案在每个学校内实施的程度（Eslea & Smith，1998，p.208；Smith et al.，2004，p.101）。

5. 所包括的评估分析

5.1 关键性结论

表7(共44个项目评估)总结了呈现效果大小数据的44个项目评估的主要结果。我们的目的是找出各种评价效果大小最好的措施。只要有可能,此表显示是(a)患者(霸凌或受害者)和其上这是基于,或(b)平均分(霸凌或受害尺度)和相关的标准偏差和数量。凡没有报告所需的信息,我们向研究人员请求过相关信息,但他们有时没有回答。我们已经收到了44个项目评估的回应。

在流行率和手段都提供的极少的情况下,我们选择展示流行率。例如,Alsaker和Valkanover(2001)提供的平均分数霸凌和伤害的基础上由教师完成,但霸凌和伤害的发生率根据同行的报告。同行报告是整体上霸凌和伤害目前的数据,而老师报告是根据不同类型的霸凌和伤害(如隔离、有财物被盗等)。我们选择了目前基于流行率评估数据(和同伴报告,而不是老师的报告)。Raskauskas(2007)提供的患病率只为受害,但平均分数为霸凌和迫害。

在大多数情况下,我们对流行率的数字报告别无选择。很少有研究人员发现几类霸凌或受害(如从来没有,有几次,大约每两周一次,每周一次差不多,Raskauskas,2007,p.20)。如果他们有,我们已经使用面积ROC曲线作为我们的规模效应测度(Farrington,Jolliffe & Johnstone,2008)。

在那里我们可以选择使用哪些流行的数字报告,我们选择了霸凌的发生率(或受害)超过一次或两次,因为霸凌的定义被指定为该行为屡禁不止。Olweus(1991)的标准是“一个月2—3倍”,该灵感来自Olweus的其他研究人员。然而,我们并没有设定高标准,因为如果由此产生一个低流行率,它的影响会变得很难察觉。

例如,Cross等(2004,p.202)显示为“几乎每天”“连用2—3周”“一次或两次”和“完全没有”。对于受害者,我们的标准是“连续发生2—3周或更频繁”。对于霸凌,我们使用了“一直进行霸凌行为”,因为“连续发生2—3周或更频繁”的标准产生的发生率不大于5%。然而,我们没有表现出欺霸凌的第二次后续(EA2,CA2表6)的发生率,因为公布的数字似乎显然是不正确。O'Moore和Minton(2004)提供的流行率数据为“根本没有”“一次或两次”“有时”“每周一次”和“一周几次”。我们用流行数据“有时”“每周一次”和“一周几次”(组合)。对于由Pagliocca等人的评价数据

(2007),我们提出了基于流行率的"一个月两三次""每周一次"和"一周几次"(组合)。

我们紧随研究人员的步伐对他们的结果进行分析。Baldry 和 Farrington(2004)提出的结果分别为较年幼的(11—12 岁)和较年长的(13—14 岁)的儿童;Frey 等(2007)提出了以直接和间接的霸凌为指标的结论;Evers 等(2007)和 Menard 等(2008)提出的结果分别为不同类别的学校;Menard 等(2008)也提出了分为生理上的霸凌和关系上的霸凌的结果;Ertesvag 和 Vaaland(2007)和 Salmivalli 等(2005)提出的结果分别为不同档次的霸凌;Salmivalli 等(2005)提出分别进行不同的实现条件的霸凌;Sprober 等(2006)提出的结果分别为不同类型的霸凌(平均分为言语和肢体霸凌)和两种不同的实验条件;与 Meyer 和 Lesch(2000)中将不同的学校数据单独列示,用于在技术附录中制定组合研究一个单一的影响大小或者两个及两个以上的效果大小的方法。

在几个测试中,我们将展示在所有这些获得的、除非有不这样做的具体原因的结果。例如,Meyer 和 Lesch(2000)提出了针对霸凌的完整数据,包括预测试和两个试验后测量的同行提名,但有很多缺失数据的霸凌行为是基于自我报告的第二次测试后测量得到的。此外,也不清楚在样本大小对提名基础的均等有没有影响。因为和其他报告相比,我们更加偏爱自我报告,我们选择显示结果为自我报告的基线首先跟进。此外,在他们有一个实验条件、两个控制条件的前提下(即与一个"实验—控制组"中,孩子们的监督和表现与成年导师"没有干预")进行比较。我们关注的结果变量的活动可能造成的影响,所以我们选择了目前实验用"不干预"对照组比较数据。Jenson 和 Dieterich (2007)未报告发生率或手段,但报道了线性回归模型的系数(胜算比对数)。Menard 等(2008)报道的实验/控制和霸凌/非霸凌(或被害人/非受害者)之间的相关性。凡是在有问号标注的数字之后,我们均对此进行过估量。

最有问题的数字表 7 是为 Pepler 等(2004)的评估。这是一个复杂的设计。第 1 年(1992—1993),学校 1 所接收的反霸凌项目和学校 2 作为对照。在第 2 年(1993—1994),学校 1 继续接收项目,学校 2 也获得了项目,和学校 3 作为对照。在第 3 年(1994—1995),所有三所学校均收到项目。自我报告的措施是于每年秋季和春季的霸凌和迫害(在前面的 2 个月)中获得的。

在分析数据时,我们希望能够采取两个实验对照比较,并在之前和之后测量的优点,因为这些设计的组合比任一单独设计强大。我们可以通过比较学校和评估时期的方法来实现。例如,对于学校 2,第一年秋季是干预前,第二年春季是干预后。合适的比较应当是着眼于学校 3 的第二年秋季和第二年春季,两者都是处在干预前。因此,学校 3 可以被看作是一个控制组,同时,学校 2 可以被看作是实验组。在表 6 中,在实验学校(干预前和干预后)春季与秋季总是与(不干预)春季与秋季进行比较。但是我们应当正如 Pepler 等(2004,pp.129-130)指出的:

"尽管没有官方的干预措施付诸实施,改变的过程会出现在评估已经开始的学校 B[2]和学校 C。因此,我们的数据分析都在学校内部,而不是在干预和控制学校之间进行的。"

鉴于此,我们对这一项目的规模效应估计可能是保守的。

针对 Rosenbluth 等的研究,我们只显示一个随访期间(在学期结束时,该程序后立即执行),因为六所学校中只有三个提供了后续数据。对于 Hunt 的研究(2007),我们的数字是根据与 Caroline Hunt 电子邮件通信获得的,她表示,她发表的受害数字(p.24)中取得了相反的方向。我们已在表 7 中颠倒了计算的方向。对于 Salmivalli 等(2009),我们只列出了第二次后续,因为这在今年同时作为先前措施执行。因为我们的关注点在于减少季节性对霸凌和受害的影响,我们的目的是选择执行在同期时间评估。

我们非常感谢 Christina Salmivalli 和 Antti Karna 给我们的这次评估的初步结果,单就在之前和之后都对学生进行了测试而言。对于 Fonagy 的研究(2009),我们只显示基线数据与第一次的随访数据,都是在每年的同一个月收集的(10 月)。从已公布的报告显示,随机试验后的 EM 多重插补方法被用来估计丢失的数据。我们非常感谢 Peter Fonagy 提供的(非推算)意思是分数以及相关的 NS CAPSLE 干预。该报告包括了学校的精神科求诊(SPC)的干预效果,但我们并没有针对这种干预的数据。这是因为学生只有一小部分接受这种干预(Fonagy et al.,2009,p.4),但评估数据被列为所有学生。

对于 Rahey 和 Craig(2002)的研究,我们使用的数据是通过与 Rahey 的电子邮件通信中获得的前一周发生的霸凌事件。在佛兰芒反霸凌项目取得的成果(Stevens et al.,2000)被排除在外。霸凌和伤害是用八个项目、每一个五点量表来测量(从"它并没有发生"到"一周几次")。结果是可以预期的,因此,可能的分数范围从 8 到 40,然而,平均得分在关键的表(Stevens et al.,2004,8.1)均在 0. 99 和 1. 16 之间,在 1. 00 和 1. 10 之间占了绝大多数,这是因为只有对分数进行了报道。我们向 Veerle Stevens 请求过原始数据,但她告诉我们(电子邮件 2008 年 10 月 3 日),她不再有对数据的访问。由于所有的手段是如此接近 1.0(制作的效果方案非常不敏感的测试),并因为我们不知道每个结果平均是否是基于学生人数,所以我们决定从我们的分析中排除这一项目。

由 Kim(2006)提交的评估也被排除在了元分析之外。研究者提出之前和之后的受害情况数据,但他们显然不合情理,得到 248.1 的比值比。对于 Atria 和 Spiel 的(2007)研究,我们只有数据的两个后续期,但由于很多缺失值没有基线数据。与 Moira Atria 和 Dagmar Strohmeier 进一步的电子邮件通讯表明,我们的研究不宜包括 VISC 程序(电子邮件 2008 年 6 月 7 日)。Evers 等(2007)是一个先—后的实验对照设计,但他们其发表的文章中只报道了那些在预测时是霸凌实施者(或受害者)的人在试验后是否仍然是霸凌实施者(受害者)的数据。不过,这在前后/实验对照比较中我们已经相当能够区分,因为 Kerry Evers 通过 e-mail4 提供了必要的数据(电子邮件 2009 年 5 月 28 日)。

我们非常感谢几位研究人员,因为他们通过电子邮件通信给我们提供信息,使我们能够计算效果大小。例如,通过 O'Moore 和 Minton(2004)公布的报告是基于实验学校前测和后测测量周期的评估数据,但学校这个变量无法控制。这个最初被列为第 4 类为不受控制的前后设计。这种评价可以包括在元分析中,但是,如果它是分析一个年龄段的设计,这就是我们所做的。Mona O'Moore 和 Stephen Minton 友情提供评估数据比较了在未接受项目之前的四年级学生("控制组"的学生)和与此不同的接受了一年的反霸凌项目的("实验组"的学生)四年级学生。

在另一个例子中,在 Sheffield 项目中(Whitney et al.,1994),是基于一个前后实验的对照设计,但是我们无法获得必要的控制数据以分析它以这种模式。因为 Peter K.Smith 和 Mike Eslea 善意地为我们提供了从实验组的学校中获得的原始数据,基于年龄人群设计,我们能够分析这种评价。最好的设计是由 Kaiser-Ulrey(2003)基于一个前后/实验对照比较所作的。然而,数据仅显示随访期。因为 Kaiser-Ulrey 提供的数据支持个人的等效实验和控制条件,在预测试测量周期,我们决定评测本次分类下的其他实验控制的比较。最后,其他研究者(Helen Cowie,Reiner Hanewinkel,Maila Koivisto)试图向我们提供我们所要求的数据,但都未能如愿,因为他们不能取回由于时间延伸而流逝的数据。这项由 Twemlow 等(2005)所做的研究不包括在元分析之内,因为这项研究中的数据被 Fonagy 等人(2009)在其之后的研究中所使用。尽管我们通过电子邮件不断尝试,但我们从来没有设法通过 Wiefferink 等人(2006)得到的评价任何结果 。

5.2 影响大小的分析

表 8 显示霸凌的效果大小分析。效果大小的措施是与它相关联的 95%置信区间(CI)的比值比(OR)。其中 CI 包括 1.0 的几率值时,在统计上并不显著。Z 值用于(基于一个单元正态分布)测量统计学显著性;比 1.96 或小于-1.96 更大的 Z 值在统计上表现为显著。OR 和其相关联的 CI 的计算在技术附录中会进行说明。更小的研究(学生数量 N<200)都用星号表示。在所有情况下,其效果的大小为更小的研究是非显著的。随机效应模型被用来计算加权平均值的影响大小。Q(从固定效应模型)的初始值如表 8 所示,图 4 通过树状图显示了霸凌影响的大小。在此图中,作用大小的量度是 OR(LOR)的对数。

在合并效应量所采用的方法是在技术附录中指定的。合并后也许会呈现 Bauer 等(2007),Frey(2005),Hunt(2007),Sprober 等(2006)和 Menard 等(2008)的研究情况。针对不同学校获得的结果(Evers et al.,2007;Menard et al.,2008;Meyer,2000 年)和为不同年龄(例如 Evers et al.,2007;Menard et al.,2008;Meyer & Lesch,2000)也被合并。此外,对于较短的随访期间得到的结果,不再能得到以产生 OR 和 CI 的结果。然而,在 Olweus/ Oslo 2,其中有四个后续被评估为等级 4—7,但只有两个后续评估为等级 8—10 的情况下,OR 仅仅基于两种常见的随访评估。

在年龄的增长队列的设计中,前评估被视为控制条件,后评估被视为在实验条件之后。一般情况下,只对一短一长的两个随访评估进行分析。对于 Ertesvag 和 Vaaland(2007),最短的(A1)和最长的(A3)随访评估进行了分析,并在所有六个等级所获得的结果相结合。对于 Pepler 等(2004)的研究,前四个实验的比较(如 E2S1—E2F2),分别与第一控制的比较(C3F2—C3S2)相比,他认为这些是最有效的比较。在所有其他情况下,所有四个 OR 值合并成一个单一的 OR。

14 个随机试验中只有一个(Fonagy et al.,2009)发现霸凌方案的显著作用,但另外一个评估(Hunt,2007)报道了显著作用。总体而言,14 个随机试验产生的加权平均值为 1.10,表明这些项目对霸凌的一个非常小、不显著的效果。相比之下,我们在前后/实验控制设计中找到了显著的效果,并且在另外一个(Olweus/Bergen 2)设计中报告了近显著成绩。总的来说,这些研究产生了 1.60($p<0.0001$)较大的加权平均 OR 值。

四个其他实验中的其中之一在对照比较中发现了对霸凌行为的显著作用(Ortega et al.,2004),其加权平均 OR 值在所有四个研究为 1.20($p=.010$)。九个年龄人群设计中有七个取得显著效果,取得了 1.51($p<0.0001$)的总体加权平均值 OR。

在所有 41 个研究中，加权平均值 OR 为 1.36($p<0.0001$)，表明这些项目对霸凌造成重大影响。举一个具体的例子，如果有 20 个霸凌者和 80 个非霸凌者在实验条件，26 个霸凌者和 74 个非霸凌者在控制条件下，OR 将是 1.41。如果有 25 个霸凌者和 75 个非霸凌者在控制条件下，OR =1.33。因此，OR =1.36 可以对应于在控制条件（在实验条件下 20%—23% 或更少的霸凌者）25%—30% 以上的霸凌者。

表 9 显示对于受害者的效果大小的分析。11 个随机实验中只有三个发现该方案对受害者的效果大小 OR 值为 1.17，但加权平均值或显著作用只是显著(p= .050)。五年的 17 项研究在前后/实验—控制设计中取得显著成果，加权平均为 1.22 的 OR 值，且统计学上的显著性为(p=.007)。

四个其他实验控制设计研究中的三个被发现具有显著成效，产生了显著的加权平均值为 1.43($p<0.006$)的 OR。九个年龄人群设计中的七个取得显著成果，和另一个（O'Moore & Melton，2004）是近显著。加权平均值为 1.44OR，并具有统计学显著性($p<.0001$)。在所有 41 项研究中，加权平均值 OR 为 1.29($p<0.0001$)，表明这些方案对受害显著作用。举一个具体的例子，在实验条件下，如果有 20 个受害者和 80 个非受害者，在控制条件下，有 25 个受害者和 75 个非受害者，则 OR =1.33。如果有 24 个受害者和 76 个非受害者在控制条件下，则 OR =1.26。因此，OR 的这个值在控制条件下可对应于 20%—25%的受害者（或者相反，在实验条件下，对应于 17%—20% 或更少的受害者）。图 5 用森林图显示了对受害者的影响大小。在此图中，作用大小的量度是 OR(LOR)的对数。

基于 OR 的显著性，我们认为以下 19 个反霸凌项目似乎能够有效地减少霸凌和/或迫害：Alsaker 和 Valkanover(2001)，Andreou et al.(2007)，Ertesvag & Vaaland (2007)，Evers et al.(2007)，Fonagy et al.(2009)，Galloway & Roland(2004)，Melton et al.(1998)，Menard et al.(2008)，Olweus/Bergen 1，Olweus/Bergen 2，Olweus/Oslo 1，Olweus/Oslo 2，Olweus/New National，Ortega et al.(2004)，Pepler et al.(2004)，Raskauskas(2007)，Salmivalli et al.(2005)，Salmivalli et al.(2009)，and Whitney et al. (1994)。

基于非显著和小的 OR 值[即小于 1.4]，我们认为以下 17 个反霸凌项目似乎能够有效地减少霸凌和/或受害：Bauer et al.(2007)，Beran & Shapiro(2005)，Beran et al. (2004)，Boulton & Flemington(1996)，Ciucci & Smorti(1998)，Cross et al.(2004)，De Rosier(2004)，Fekkes et al.(2006)，Fox & Boulton(2003)，Frey et al.(2005)，Gini et al.

(2003),Gollwitzer et al.(2006),Kaiser-Ulrey(2003),Meyer & Lesch (2000),Pagliocca et al.(2007),Rahey & Craig(2002),和 Sprober et al.(2006)。然而,应该指出的是,17 个项目中的 9 个,评估涉及的样本数量 N 较小(即小于 200)。此外,在三种情况下(Fekkes et al.,2006;Gollwitzer et al.,2006;Pagliocca et al.,2007),根据研究人员建议,该方案的分析情况是有效的。

根据显著的小于 1 的 OR 值,一个项目似乎是有负面影响的:Rosenbluth 等(2004)。但是,也许会有机会在大量的统计检验结果中找到结论。

在其余七例,OR 值分别为较大(大于 1.4),但不显著:Baldry 和 Farrington(2004),OR =1.69(受害者)(NS);Hunt(2007),OR =1.46(霸凌)(p=.097);Jenson 和 Dieterich(2007),OR =1.63(受害者)(NS);Martin 等(2005),OR =2.56(霸凌)(NS)和 OR=1.97(受害)(NS);Menesini 等(2003),OR =1.60(霸凌)(NS)和 OR=1.42(受害)(NS);O'Moore 和 Minton(2004),OR =2.12(霸凌)(NS)和 OR=1.99(受害)(p=.059);Rican 等(1996),OR =2.52(霸凌)(NS)和 OR=2.46(受害)(NS)。这些程序可能是有效的,但我们不能得出关于他们确切的结论。为何有些程序有效、其他无效?我们将在第 6 节讨论这个问题。

5.3 效果影响大小与研究设计

表 8 和表 9 表明,用加权平均值来比较效应量的措施在四个类型的研究设计是有所不同的。为了测试这种变化是否在统计学上具有显著性,有必要计算群体或 QB(Lipsey & Wilson,2001,pp.135-138)之间的异质性。对于霸凌,QB=31.88(3 DF,$p<0.0001$)。对于受害,QB=19.85(3 DF,$p=0.0002$)。因此,我们可以得出结论:整个研究设计显著影响着效果的大小。Weisburd,Lum 和 Petrosino(2001)也发现随机实验比其他项目的效果影响要低。

正如前面提到的,随机试验和前一后/实验一控制设计可能被一些研究者作为方法论上优于其他实验控制和年龄人群的设计而有所推崇。然而,所有的设计都具有优点和问题。例如,随机实验可以(如果用于随机分配的样本数量足够多)减少许多威胁到内部效度的因素。然而,在霸凌实验往往随机分配只有少数的学校(见表 10),从而降低统计结论效度,并容易受到差分减员。例如,有差别的磨损。在 Salmivalli 等(2009)的评估重,在控制条件下失去了(27%)比在实验条件下(13%)更多的学生。这种差别减员生成具有较高效果影响的(如本报告)分析时,只根据学生之前和之后的行为进行判定。

而年龄人群的设计,从另一方面来说,在很大程度上能够消除差分磨损(以及选择、老化、回归效果)的问题,但可能会遭受历史和检测效果的影响。然而,Olweus (2005)令人信服地指出这些是不可能的,特别是因为项目的影响已经在许多不同的时间段进行了研究。总体而言,我们认为这些是已经被用来评估反霸凌项目的效果最好的四种设计,我们能够相信所有这些设计所获得的结果。

6. 研究特性的编码

6.1 评估的主要特性

我们已经讨论了评估的一个特性,即研究设计。为了探讨在类似的方式下评估的功能和作用的大小之间的关系,所有的功能都用二分法(以尽可能的产生大致相等群体)来看待。例如,研究设计,二分为(1)随机化实验加前—后/实验—控制设计(31 项研究)与(2)其他实验控制设计加上年龄人群设计(13 项研究)。该评估的其他特点如下:

(a)样品的大小(实验加控制的条件下),二分为 900 名儿童或更多(22)和相对于 899 儿童或以下(22)。几个元分析(Farrington & Welsh,2003)发现影响大小和样本量之间的负相关关系。

(b)出版日期,二分为 2004 或更高版本(27)与 2003 或更早(17)。

(c)儿童的平均年龄,二分为 10 个或更少(19),相对于 11 个或更多(25)。平均年龄的计算是有问题的。例如,学生在 4 年级(10—11 岁)的范围可以从 10.000 到 11.999,因此,我们估计他们的平均年龄为 11。在这种情况下计算的研究人员基于以下几个小数位整数值(而不是精确值)可能已报道的包括 10.5 的平均年龄。

(d)在美国和加拿大(15)与其他地域(29)。

(e)在其他地域(37)与挪威(7)。

(f)地点在其他地域(19)与欧洲(25)。

(g)成果的措施,二分为其他(34)与每月两次或更多次(10)。后一种措施具有较大影响的大小比平均分或更加简单的平均值。相关联的图 2 为每个研究给出了评价的主要特点。

6.2 项目的关键元素

每个反霸凌项目包括了各种干预因素。表 11 总结了干预不同的程序元素和它们出现的频率。在构建的这个列表中,我们咨询了各种方案的评估,并向他们提供我们项目中干预元素的编码。在44例中我们收到了40例在我们给予编码的情况下进行的项目的修改意见以及其他方面的反馈意见。举例来说，尽管"OBPP 的对照试验"(Bauer et al.,2007)，包括一个反霸凌视频，在七个学校中只有两个介入这个反霸凌项目，这个项目并没有纳入我们的元素编写项目中。出于类似的原因，对于"青年问题"(Jenson & Dieterich,2007)，我们没有使用这个项目中反霸凌视频的编码，即使该项目形式化的描述中包含了此方法。在其他情况下，我们还是使用了介入反霸凌项目的其他项目的元素。例如，益友干预项目(Menesini et al.,2003)既包括家长培训/会议和师资培训，即便这些干预元素在发布的报告中没有给出。我们与项目领先的评估进行沟通后，我们决定将这些元素罗列出来①。同样，Fonagy 等人发表的论文(2009)并没有明确规定"与同龄人的工作""学校会议"和"非惩罚性的方法"(特别是"无责备"的方法)，但我们与该程序的主要研究者沟通后，还是将这些元素罗列出来②。

元素1(全校反霸凌政策)涉及代表学校的正式反欺霸凌政策的存在。在许多学校，由研究人员表示，这样的政策已经生效。但是我们不可能知道在同一个项目中同样的反霸凌政策是不是在被干预学校也会生效。

元素2(课堂纪律)是指学生应该遵守用以对付霸凌的规则。在许多项目中，这些规则是为教师和学生、通常在学生接触到的反霸凌项目的理念或消息的一定程度之间的协调合作的结果。在许多情况下，这些规则是写在教室里一个独特地点的公告中。

元素3(学校会议)是指学校集会期间，让孩子们了解霸凌的组织。在许多项目中，这些会议在通过对所采集数据的测试后举办，旨在告知学生在他们的学校有关的霸凌行为的程度。这被认为是对学生提供接触霸凌的一个初始方式和公布在学校的干预项目正式开始的一种手段。

元素4(课程教材)是指在课堂上用于学习"霸凌"相关资料的教材。有些程序是基于课程的，而在成立反霸凌项目后正式被用于反霸凌干预项目来提供给教师。

元素5(课堂管理)是指侧重于课堂管理技术，检测和处理霸凌行为。

元素6(协作组的工作)是指不同专业之间的合作(通常是教师和其他一些专业团体)与霸凌者和霸凌的受害者进行的工作。

元素7和8(霸凌者和受害者的工作)与参与霸凌的受害者或肇事者的孩子进行

---

① 来自 Ersilia Menesini(2009年6月1日)通过电子邮件的个人通信。

② 来自 Peter Fonagy(2009年6月29日)通过电子邮件的个人通信。

个性化的工作(在课堂的水平上并不提供)。在大多数项目中,这项服务是由专业人士,如与教师有所合作的实习生或心理学家提供的。

元素9(与同龄人的协作)是指同龄人对于应对霸凌行为的正式参与。这可能涉及使用多种策略,例如同龄人的调解(将学生工作作为参与霸凌的学生之间的互动介质)和同龄人的辅导,这通常是由年龄较大的学生提供的。许多反霸凌项目的理念也将重点放在旁观者这样一种方式,在此种方式下,学生对于霸凌行为的不满能够得到充分表达,同时也为参与项目的霸凌行为的受害者提供支持。

元素10和11(为教师和家长提供的信息):许多项目为教师和家长提供的信息,但我们无法评估提供的信息的质量。例如,许多项目报告肢体霸凌行为的存在,教师因此对于干预的实施可以协商,但本手册的结构安排旨在讨论在何种程度上能被评定为肢体霸凌行为,这是我们难以评估的。也可以这样说,大体上来说,很显然为家长提供的信息,我们的项目与这个信息实际的质量存在着很大差距。在某些项目中的父母被提供有关在学校的反霸凌行动的即时信息,而另一些父母被提供了关于如何帮助孩子应对霸凌以及有关在学校实施的反霸凌行动信息指南。但是,我们并没有对有关于干预元素的整体信息在不同层次的跨越项目实施中对此进行区分。

元素12(提高操场监督):有些反霸凌项目的目的是确定"热点"或霸凌(大部分是在游戏时间或午餐时间)的"火爆时段"和改善对儿童游乐场所的监管。

元素13(惩戒方法):有些程序强调在处理霸凌情况下使用惩罚性的方法。其中一个程序(KIVA,Salmivalli et al.,2009)同时使用惩罚性和非惩罚性的方法。在78所学校中,一半数量的学校鼓励教师使用强有力的惩罚性的干预政策,而其余学校的教师被鼓励使用的非惩罚性的方式处理有关霸凌的情况。

元素14和15(非惩罚性的方法):有些程序包括在处理儿童霸凌问题时使用恢复性方案和其他非惩罚性的方法,如"鼠兔法"和"无责备"的方法(现在称为"支援组方法")。

元素16(学校法院和霸凌法庭)目前研究中没有任何一个将之付诸实践。霸凌法院被作为谢菲尔德程序中的可选元素提供,但没有学校实际使用。

元素17(师资培训):这个元素编码被视为也许存在也许不存在。我们既要保证编码的持续时间(专家和教师之间的会议次数)以及本次培训的强度(时数)(见下文)。同样,我们也要发送电子邮件给不同方案的评估,并询问他们的意见。一些研究人员反应很迅速,为我们提供了关于双方的时间和教师培训的力度的足够的信息,使我们对于规划这些元素的精确程度时是很有信心。但是对于其他项目,我们不能为同一个教师培训编辑这所有的或者二者兼有的培训项目。

元素 18(家长培训/会议):对于所有的项目,这是指为家长和/或"教师家长会"提供的"信息之夜/教育简报"。在此期间,向家长提供有关霸凌预防信息的主动权归学校所有。

元素 19 和 20(视频和虚拟电脑游戏):某些项目在他们的反霸凌材料中使用高科技,如采用反霸凌的视频或虚拟电脑游戏,以提高学生的有关霸凌的意识。

我们也对干预方案的其他特性进行了编码:

(a)在包含元素的数量中,从总共 20 个元素中,二分为包含 10 个或更少(25 个项目)和相对于 11 个或更多(19 个项目)。Olweus(2005)和 Smith(1997,p.198)中报告了一所学校实现元素数量和反霸凌效果之间的"剂量—响应"的关系。

(b)在何种程度上项目是(27)或者是(17)的灵感来自 Dan Olweus 的工作。

(c)该项目适用于儿童的时间,被二分为 240 天或以下(23)与 270 天以上(20)。

(d)该项目对儿童的力度,被二分为 19 个小时或更少(21)与 20 小时以上(14)。

(e)该项目针对教师的持续时间,被二分为 3 天或更少(21)与 4 天或以上(20)。其中包括哪些项目没有包括教师培训,那么这些项目中针对教师持续时间的编码为零。

(f)该项目针对教师的力度,被二分为 9 小时或更少(18)与 10 小时以上(21)。其中如果哪些项目中没有包括教师培训,那么这些项目中针对教师的培训力度编码为零。

图 3 显示了每个评估所利用的干预成分。图 2 和图 3 显示出了编码系统的细节。

6.3 效果影响大小与特性研究

已经有一些其他的尝试显示出对效果大小有所影响的项目元素(Kaminski, Valle, Filene & Boyle, 2008)。表 12 显示了程序元素和设计功能,与霸凌的规模的影响(或在两种情况下接近显著)是显著的。因为在一组较小的数字中,20 个项目中有 4 个无法被调查(给教师的资料,恢复性司法方案,学校法院/霸凌法庭,以及虚拟电脑游戏)。正如前面所解释的,显著性检验是基于群体 QB 之间的异质性。加权平均值的比值比的影响大小和异质性(Q)也给出了不同的类别。

和反霸凌项目有紧密联系的最重要的程序部分包括家长培训/会议,提高了操场监督,惩戒方法,课堂管理,教师培训,课堂规则,全校反霸凌政策,学校会议,给父母的信息,同龄人合作小组的工作。此外,元素和持续时间,程序,提供给教师和儿童的强度在总体上显示为显著与霸凌的下降有关。此外，灵感来自 Dan Olweus 的工作方案效果最好。关于设计功能，挪威的项目显示，与年龄较大的儿童能更好地工作，这一点在较大规模的研究中，特别是在欧洲更普遍。

表 13 显示了项目元素和以霸凌的规模有显著相关的设计特点。霸凌行为和造成伤害的关系显示为加权效应大小的显著相关（r=0.51，p<0.0001）。在受害的降低相关的元素中，最重要的程序元素为家长培训/会议，视频和同龄人协作组的工作。此外，该方案针对儿童和教师的持续时间和强度均显著与受害下降有关。与同龄人的协作与增加受害有关（Dishion et al.，1999；Dodge et al.，2006）。与同龄人协作也与增加霸凌有关，但不显著（OR =1.42 与同龄人没有协作，OR =1.35 与同龄人有协作）。关于设计功能，项目显示在挪威，拥有较年长孩子的家庭能够更好的工作，特别是在欧洲更普遍，但是在美国和加拿大不太有效。较旧的程序中，测量结果是每一个月或更长时间有两次实行实验控制方案和年龄人群方案的设计具有更好的效果。

我们发现，反霸凌项目的工作能够更好地与年龄较大的儿童（11 岁以上）进行合作这一点，与 Peter Smith（即将出版）的参数有冲突。因此，我们将更详细地研究这一发现，我们将平均年龄分为四类：6—9（12 个项目），10（7 个项目），11—12（14 个项目），和 13—14（11 个项目）。霸凌的加权平均值 OR 随着年龄的增长而稳步增长：1.21（6—9），1.23（10），1.44（11—12）和 1.53（13—14）；QB=15.65，自由度 3，p=0.001。类似的，加权平均值 OR 对受害者也随着年龄的增加而稳步增加：1.17（6—9），1.25（10），1.26（11—12）和 1.37（13—14）；QB=7.24，自由度 3，p=.065。这些结果证实了我们的结论的有效性：项目在年纪较大的儿童人群中能够更好的实行。

那些可能有助于解释在元分析中出现不同治疗效果的变量（干预如元素）不能被认为在统计上是独立的。研究人员应尽量解开它们之间的关系，找出那些真正有效果的具有显著独立的关系的变量（Lipsey，2003，p.78）。多元技术可用于解决这个问题的元分析（Hedges，1982）。加权回归分析（Lipsey & Wilson，2001，pp.138-140）对哪些项目元素与霸凌和受害的影响大小独立相关进行了调查（LOR）。

这些分析严重受到少数研究的限制。然而，他们发现，与平均水平上霸凌的减少有关的在该方案中的最重要的因素是家长培训/会议和学科方法（见表 14）。当添加了所有从表 12 提取的强度和持续时间的元素后，最重要的项目元素是儿童和家长培训/会议的强度。

在与受害的降低有关联的元素中，项目中最重要的因素是视频和纪律的方法。与同龄人的协作与增加受害有关。当添加了所有从表 13 提取的强度和持续时间的元素后，最重要的元素是与同龄人的协作(负相关)，项目的持续时间和相关的录像。

6.4 发表上的偏差分析

图6表明，对于霸凌，通过观察研究，对称分布在垂直线(表示LOR点估计)，这划分了一半的漏斗图。这种对称性表明不存在发表上的偏差。这是通过Trim和Fill分析。没有添加估算值，OR的置信区间也没有改变。

对受害者，我们采用相同的方法进行分析。漏斗图的结果(图7)显示，发表上的偏差不应该是一个问题，因为我们的结果再一次显示，该研究是对称分布在平均值的影响大小上的。然而，一个估算研究加入到该组数据中。使用Trim和Fill的估算OR为1.28(CI为1.17—1.40)，与原来的估算OR=1.29(CI为1.18—1.42)相比。关键的一点是，调整后的计算值非常接近原著，表明无发表上的偏差能够影响我们的结果。

7. 结　论

7.1 主要发现的总结

本系统评价表明，基于学校的反霸凌项目往往是有效的，并且特别的项目元素和霸凌以及伤害的减少有关。只有一个项目元素(与同龄人的协作)与受害的增加显著相关。

我们的结论是，平均而言，霸凌下降了20%—23%，并且受害下降了17%—20%。该结论一般在最高的年龄队列的设计和最低的随机实验中呈现。但是目前还不清楚随机实验是否是因为其他方法上的问题，如差分减员方法，在某些情况下参与随机实验的学校数量非常少。

在与降低霸凌和伤害相关的元素上，最重要的项目元素是家长培训/会议，惩戒方法中，项目针对儿童和教师的持续时间和项目对儿童和教师的力度。关于设计功能，挪威的项目显示项目在年龄较大的儿童人群中能够得到更好的实行。

7.2 政策影响

为了制定新的政策和做法以减少霸凌，政策制定者和从业者应利用已被证明是有效的高质量的项目为基础。新的反霸凌项目应该由现有的成功的项目中得到启发，但应该根据我们已经发现的最有效(或无效)的关键程序元素进行修改。例如，与同龄人进行协作似乎具有不应当使用的效果。然而，应当牢记的是，我们已经发现,最高度相关的有效性的项目元素并不证明他们的有效性,但是这是我们现在拥有的最好的证据。

我们建议评审有效的反霸凌项目的系统应该得到发展。如同1996年在英格兰和威尔士,有关监狱和缓刑有效性评审程序的制度被建立起来(McGuire,2001)。对于一个项目是否能得到认可,它必须满足基于相关工作的知识,以明确减少针对标准的违规。只有认证程序可以在英格兰和威尔士被使用,并且类似的系统已经在其他国家开发,如苏格兰和加拿大。一个类似的系统应为评审反霸凌项目的学校而设定,以确保某项目包含已被证明是有效的优质评价要素来进行开发。该认证制度也许可以由一个国际机构来组织,如国际校园暴力观察机构。

新的反霸凌项目的建立应当使用高品质的标准,并以能够确保该项目更有可能产生影响的方式进行传播。项目的质量无疑是重要的,但是它的实现方式更为关键。执行程序应该是透明的,以便使研究人员能够知道效果是否与评估的干预或关键特征的重要功能有所联系。有些情况下,这些项目就会造成可悲的结果,例如,在我们的元分析中,44个项目里只有两个(Fekkes et al.,2006;Smith et al.,2004)提供了关于干预和控制学校所实施的每一个百分比的关键信息和干预的组成部分。

我们的结果表明,项目的强度和持续时间直接关系到它的有效性,并且其他研究人员(Olweus,2005;Smith,1997)还发现在实施了该项目的组成的数量及其之间的关系影响了学校及其对霸凌的效果。例如,无论是持续时间(天数)和强度师资培训(小时数)均和霸凌与迫害的减少有显著相关。同样,儿童项目的时间(天数)和强度(小时数)和霸凌与迫害的减少有显著相关。这些发现表明的是,项目想要达到这样的影响需要紧密和持久的实施。在这种可能下,为了以建立一个适当能够有效铲除霸凌行为的校园环境,一个相当长的实施时间是必要的。

新的反霸凌项目也应注意加强操场监督。对于霸凌,操场监督是与项目有效性最密切相关的要素之一。可以肯定的是,因为很多霸凌是在课间时间发生的。改善学校的操场环境(例如,通过重组和/或识别"热点"),也可能是一种很有前途的,低成本的干预成分。

KiVa项目的结果承诺会在未来提供关于有关的纪律的有效性的有用结论[①]。在KiVa程序的一个有趣的元素是,它结合惩罚性和非惩罚性的方法来处理霸凌的肇事者。随机选择的一半学校团队,被指示使用更具惩罚性的方法(如"你做的是错的,

① 来自Christina Salmivalli的个人通信(2009年1月31日)。

它必须立刻停止”),而学校团队的另一半被指示使用非惩罚性的方法来接近那些实施了霸凌行为的儿童(如“你的同学也不好受,我们能做什么来帮助他”)。从目前的未发表的数据很初步的观察结果是:学科方法(惩罚性的做法)似乎更好地为年幼的孩子所接受(4年级),同时非惩罚性的方法似乎更好地为年纪较大的儿童(6年级)所接受,以及5年级的儿童对此二者似乎有一点差别。目前的结果是非常重要的,研究人员也建议开发面向更多年龄层面的具体方案。

相反,Peter Smith 的观点(即将出版)根据我们的审查结果表明,方案对参与霸凌的年龄较大的儿童(11岁或以上)影响更大。在这个年龄段,被霸凌的可能性反而下降。Peter Smith 认为,由于不良的朋辈影响是更为重要的,因而在年纪较大儿童人群中花大量时间推测老师行为能有多少影响是不合理的。我们推测,项目可能更有效地减少年龄较大的儿童的霸凌问题,因为其优越的认知能力,冲动的下降,并且具有更高的作出理性决策的可能性。许多项目都是基于鼓励社会学习的思路和有益的亲近社会行为来阻止和惩罚霸凌行为。这些项目在下列方面可能会更好地工作,例如,针对高年级学生开展的建设同情心和提高是非选择能力的活动。

目前大多数的项目,也有一些例外(DeRosier, 2004; Fox & Boulton, 2003; Gollwitzer et al., 2006)。

新的反霸凌项目应该超越学校的范围和针对更广泛的目标,如家人。研究表明,被霸凌的孩子往往不与任何人沟通这种问题,而家长和老师往往对这类问题也不甚关注(Fekkes, Pijpers, Verloove-Vanhorick, 2005)。在我们的系统回顾中,家长培训/会议,是和霸凌和伤害的减少显著相关的两个元素。这些结果表明,应努力通过教育和教师/家长会,以提高家长对学校霸凌问题的认识。未来的反霸凌项目也应汇集各学科的专家,充分利用他们的专业知识。在我们的审阅下,专家之间的协作工作与霸凌和伤害的减少显著相关。

反霸凌项目未来评估的设计应根据我们的结果进行。应注意不仅对项目的质量,而且它的实现方式都应进行评估。本次评估表明,评价的不同功能对霸凌和伤害的减少有显著相关。尤其是,霸凌测量的方式和孩子们的年龄是重要的。如果反霸凌项目的一些评估没有建立,只是对结果变量和方案的有效性进行测量,这将是令人遗憾的。方案的目标应该是在11岁或以上的儿童,而不是年幼的儿童。霸凌或受害的结果指标应为每个月两次以上。在挪威实施的项目似乎效果最好,这可能与霸凌研究在斯堪的纳维亚国家的悠久传统有关。其他因素包括斯堪的纳维亚学校是高质量的,与小班和训练有素的教师,并有国家干预的社会福利(JD Smith et al., 2004, p.

557）等事项都是与斯堪的纳维亚的传统息息相关。

重要的是，对反霸凌项目成本效益的分析应当进行，这关系到支出的金额数目（Welsh，Farrington，& Sherman，2001）。省钱是一个有力的论据，用以说服政策制定者和从业者实施干预项目（Farrington，2009，p.59）。从未有过反霸凌项目的成本效益分析。

在我们看来，反霸凌项目应在霸凌和迫害的理论依据上。过去大多数程序都是基于一般的社会学习的想法。未来的项目，应根据较新的理论，如蔑视理论与恢复性司法方案（Ttofi & Farrington，2008a，2008b）。

7.3　对未来研究的启示

有趣的是，先前的评论（Ferguson et al.，2007；Merrell et al.，2008）认为，反霸凌项目对校园霸凌影响不大。我们认为他们的结果做了比较有限的搜索，同时也纳入了以前的研究人员已经设置（见第 1.3 节）的标准（如没有明确的重点；包括不受控制的评价）。在更广泛的审查后，我们认为他们的结论是不正确的。本系统评价表明，基于学校的反霸凌项目是有效的。我们评估出针对未来研究的几个问题，其中下列几个问题已经被提出，应该加以解决。例如：

针对霸凌和伤害，为什么有项目元素和设计特点上的不同影响？

为什么不同的国家结果多种多样？

为什么结果随着设计的不同而不同？

为什么项目在较大年龄的儿童人群中实行的更好？

为什么是更大和更近期的研究比规模较小的和较旧的研究有效？

为什么结果随霸凌或迫害的措施改变而多种多样？

今后的评估工作应该有关于霸凌和迫害的前后/实验—控制组的学校对比。霸凌和伤害应该被仔细界定和衡量。既然大量的学校难以随机分配，它可能在最好的学校配对中随机分配每对中的一个成员的实验条件和另一个成员的控制条件。为了考察不同的项目元素的影响，孩子们被随机分配来接受或不接受该项目。这种随机指定似乎不尽如人意，因为这样控制组的孩子有可能在具有危险性的学校上课。只有对之前和之后的干预进行测试，对试验和控制组的儿童进行分析，以尽量减少差分消耗问题。

对质量标准进行评价的研究，可用于通过系统评价学者、政策制定者、大众媒体，以及霸凌行为的减少（Farrington，2003，p.66），关于干预措施的有效性结论的有效性对一般公众是很重要的。这样的质量标准可能包括指引，以评估程序方面的元素的干预都包括在公布的报告之内，也许在康拜尔协作犯罪和司法组的主持下（Farrington & Petrosino，2001；Farrington & Weisburd，2007）。如果这些准则一直存在，他们会非常有帮助。

介于我们进行了编码的 44 个反霸凌项目内的 40 个项目中的研究人员的积极响应，我们已经相当成功。然而由于时间限制和信息缺乏，我们无法根据学生的分组来研究干预方案的不同结果——按性别、种族、参与者霸凌的角色、发展需要和/或定义，例如将孩子们的能力进行分组。其他研究者也指出了缺乏根据上述因素（Smith & Ananiadou，2003；Pepler，Smith，& Rigby，2004）的具体的干预工作。上述大部分功能都没有在报告中提到，因此难以让我们对它们进行编码。为此，我们进行了编码的 20 个项目的组成元素中，只有两个研究（Fekkes et al.，2006；Smith et al.，2004）提供了干预和控制学校的实际实施这些元素的百分比。因此，为了深入讨论这个问题，我们需要实施更多的研究。

未来的系统评价可以尝试以检测学生的不同亚组对反霸凌项目的影响。今后的报告应提供有关评估的关键信息，应该制定一个清单（由医学研究的 CONSORT 声明或许能提供一些启发：Altman et al.，2001；Moher，Schulz，& Altman，2001）。关于方案的关键要素，以及有关方案执行情况的资料都应提供。凡霸凌和伤害都在表格内测量，使这一片区根据 ROC 曲线（AUC）可作为衡量成效（Farrington，Jolliffe，& Johnstone，2008）。这将避免根据所选择的特定的截止点不同而导致不同的问题的结果。

需要进行研究的开发和测试霸凌和迫害的更好的理论，例如，使用保护措施带着孩子来询问哪些因素能够促进或阻止霸凌。优缺点和不同的结局指标（如自我报告、同龄人评价、教师评价、系统观察）的有效性进行研究。反霸凌项目的短期和长期影响应该在未来的纵向研究上进行调查。对不同类型的霸凌的影响，并对不同类型的儿童、教师、学校的影响，都应进行调查。

理想情况下，干预措施应根据霸凌和迫害的理论来制定（Ttofi & Farrington，2008a，2008b）。这些理论应指导项目的开发。其他研究人员也强调使用理论基础的干预措施以及重要性。正如 Eck（2006，p.353）所说的那样："……如果我们要提高我们能够给予的有效的刑事政策咨询的能力，我们必须开始更认真地对待犯罪理论。对于犯罪干预的理论支持，将让我们能够获得比目前依赖于天真感应更加概括性的健全理论基础。"

总之，对于反霸凌项目的评估，到目前为止得到的结果令人鼓舞。等到时机成熟，对这些方案的有效性研究将会为我们开发出一个新的项目提供支持。

8. 其他议题

8.1　致谢

对于其提供的非常有用的信息,我们想对以下作者提出感谢:Francoise Alsaker,Eleni Andreou,Celia Arriaga,Moira Attria,Nerissa Bauer,George Belliveau,Tanya Beran,Sara Black,Catherine Blaya,Michael Boulton,Helen Cowie,Wendy Craig,Melissa DeRosier,Sigrun Ertesvag,Mike Eslea,Kerry Evers,Peter Fonagy,Claire Fox,David Galloway,Vicente Garrido,Gianluca Gini,Mario Gollwitzer,Reiner Hanewinkel,Robin Heydenberk,Warren Heydenberk,Caroline Hunt,Jeffrey Jenson,Antti Karna,Cheryl Kaiser-Ulrey,Maila Koivisto,Elmien Lesch,Sue Limber,Francisco Martin,Ersilia Menesini,Stephen James Minton,Christof Nagele,Dan Olweus,Mona O'Moore,Rosario Ortega,Debra Pepler,Yolanda Pintabona,Leila Rahey,Ken Rigby,Elizabeth Rock,Erling Roland,Barri Rosenbluth,Christina Salmivalli,Philip Slee,J.David Smith,Peter K.Smith,Nina Sprober,Veerle Stevens,Dagmar Strohmeier,Sue Swearer,Stuart Twemlow,and Scott Watson。对于统计的建议,我们非常感谢:Patricia Altham,Mark Lipsey,David Murray and David Wilson。对于资金支持,我们非常感谢美国司法部研究所,北欧康拜尔中心和瑞典国家预防犯罪委员会。

8.2　权益冲突

无论是作者还是任何现有或项目中的反霸凌项目都没有任何财务利益。

8.3　更新文献回顾的项目

我们项目每3年按照康拜尔协作的审查指引来更新这个系统的文献回顾。

8.4　关于最后一次更新文献回顾的要点

下面所列的变更审查在其首次出版后作出。页码指所公布的修改于2009年12月15日,这些更正日期不影响任何的结论。

p.58 para 3 line 1:change "nine" to "14"

line 3:change "nine" to "14" line 4:change "1. 12" to "1. 10"

line 5:delete(p=. 084)

p.58 para 4 line 5:change "1. 37" to "1. 36"

line 9:change "1. 37" to "1. 36"

p.59 line 2:insert "11" before "randomized"

line 3:change to "on victimization but the weighted mean OR of 1. 17 was just significant(p=. 050)."

line 5:change "1. 20" to "1. 22" and ".012" to ".007"

p.59 para 2 line 2:change "1. 41(p <.0001)" to "1. 43(p=. 006)"

p.134 Table 8 last line of "Randomized Experiments":

change "1. 12 0. 98-1. 28 1. 73.084" to "1. 10 0. 97-1. 26 1. 44 ns"

p.135 last line of data:

change "1. 37 1. 27-1. 48 8. 04.0001" to "1. 36 1. 26-1. 47 7. 86.0001"

p.136 Table 9 last line of "Randomized Experiments":

change "1. 14 0. 97-1. 33 1. 59 ns" to "1. 17 1. 00-1. 37 1. 96.050"

last line of "Before-After, Exerimental-Control":

change "1. 20 1. 04-1. 38 2. 50.012" to "1. 22 1. 06-1. 40 2. 72.007"

p.136 last line:

change "1. 41 1. 23-1. 62 4. 90.0001" to "1. 43 1. 11-1. 85 2. 73.006"

9. 技术附录:影响大小和元分析

为了开展一项元分析,每一个评价必须有相当的规模效应。最常用的效应大小的干预研究是标准化均数差 d 和 OR 的比值比(Lipsey & Wilson,2001)。研究人员报道霸凌(或伤害)的发生率,我们计算 OR。研究人员报告平均分数,我们计算 d。这是很容易的(见下文),而这正是我们所做的。我们进行了元分析,使用 OR(LOR)的自然对数,并在个案解释中转换成结果。我们的解释本来用于霸凌的影响,但相同的方法也被用于解释迫害的影响。

9.1 Odds Ratio(或然率)

OR 是从下列表格计算出来的:

	无霸凌	霸凌
实验组	a	b
控制组	c	d

abcd 是学生的数量：

OR =(a * d)/(b * c)

*是乘号

一个 OR 大于 1 表示反霸凌项目达到了期望的效果，而一个 OR 小于 1 表示产生不良效果的 OR 的几率值是 1，这表明没有任何影响。

例如，Fekkes 等(2007)的研究中第一次事后测试的数据可以表述如下：

	无霸凌	霸凌	霸凌的百分比
实验组	1011	87	7.9
控制组	1009	99	8.9

这里，OR=(1101 * 99)/(1009 * 87)= 1.14

通过计算 LOR 来对一个 OR 的统计显著性进行评估：

LOR=Ln(OR)

这里，LOR=Ln(1.14)= 0.131

VLOR 和 LOR 的关系如下：

VLOR =(1/a)+(1/b)+(1/c)+(1/d)

这里，VLOR=0.0236

一旦 SELOR 是已知的，就很容易计算 OR 的置信区间，OR 的 95%置信区间(CI) LOR 约是+或-1.96 * SELOR

因此，较低的 CI=0.131-1.96 * 0.1535 =-0.170

相应的 OR 的较低的 CI 应当为：

ORLOCI=Exp(-0.170)= 0.84

Exp 表示指数。

同样的，较高的 CI=0.131 + 1.96 * 0.1535=0.432

相应的 OR 的较高的 CI 应当为：

ORHICI=Exp(0.432)= 1.54

LOR 的置信区间是对称的(0.131+或-0.301)，但不是 OR 的置信区间并不对称(1.14，CI 为 0.84—1.54)。

LOR 的显著性测试如下：

Z = LOR / SELOR

其中 Z 是从一个单元内从均值= 0 和标准差= 1 的观察

在这里,Z = 0.85

由于这是下面对应 P = 0.05 的值(1.96),我们认为 1.14 的 OR 是没有统计学显著性的,因此,反霸凌项目并没有引起霸凌的显著下降。

9.2 标准化的平均差值 d

d 是这样计算的:

d =(MC-ME)/ SP

这里,MC = 控制条件下的平均数值

ME = 实验条件下的平均数值

SP = 汇集标准差(SD)

该合并方差,VP,如下所示:

VP = [(NC-1) * VC +(NE-1) * VE] /(NC + NE-2)

这里,NC = 控制条件下的样本数量

VC = 控制数值方差

NE = 实验条件下的样本数量

VE = 实验数值方差

以 Baldry 和 Farrington(2004)的针对年长儿童的干预项目为例:

MC = 3.39

VC = 15.92(SD = 3.99, squared)

NC = 36

ME = 2.31

VE = 9.425(SD = 3.07, squared)

NE = 99

VP = [(35 * 15.92)+(98 * 9.425)] / 133 = 11.134

这里,SP = 3.337

d =(3.39-2.31)/ 3.337 = 0.324

为了得到更接近的 d 的方差,Vd,如下所示:

Vd =(NC + NE)/(NC * NE)

这里,Vd =(36 + 99)/(36 * 99)= 0.03788

因此,d 的标准偏差如下:

SEd = 0. 195

d 的显著性可以测试如下：

Z = d / SEd

这里，Z = 0. 324 / 0. 195 = 1. 66

由于这是 1. 96，d 的该值在统计上并不显著。

d 可以用下面的等式被转换成 LOR（Lipsey & Wilson，2001，p.202）：

LOR = d / 0. 5513

因此，LOR = d / 0. 5513

同样的，LOR 的 SE 如下：

SELOR = SEd / 0. 5513

这里 SELOR = 0. 354

Z = LOR / SELOR = 1. 66

在一种情况下用 phi 的相关性来报道影响大小（Menard et al.，2008），我们用下面的公式对 r 转换为 d（Lipsey & Wilson，2001，p.63）：

d = r / sqrt [（1-r * r）* p *（1-p）]

其中 p 是样本在实验条件下相对于控制条件的比例。

为了取得一个较好的近似值，

SEd = 2 * Ser

r 的 SE 用下面的等式来计算：

Zr = 0. 5 * Ln [（1 + r）/（1-r）]

and VAR（Zr）= 1 /（N-3）

然后，如上述进行分析。

9.3　之前和之后措施

当出现之前和之后的反霸凌项目措施时，对措施效果大小的合适衡量方法应该是：

LOR = LORA-LORB

当 LORA = LOR（之后）

LORB = LOR（之前）

Fekkes 等（2007）有一个对霸凌的之前措施，通过 ORB = 1. 01 且 LORB = 0. 010

因此，对于 Fekkes 而言，

LOR = 0. 131-0. 010 = 0. 121

LOR 的方差如下:

VLOR=VLORA + VLORB-2 * COV

此处 COV=Covariance

因为 LORA 和 LORB 是正相关的,VLOR 将小于(VLORA+ VLORB)。然而,通常不报道协方差。在一般情况下,VLOR 将在(VLORA+ VLORB)/ 2 和(VLORA+ VLORB)之间。因此,我们将估算这些值的中间值:

VLOR=0.75 *(VLORA + VLORB)

对于 Fekkes et al.(2007):

VLOR=0.75 *(0.0373 + 0.0236)= 0.0457

结论是,SELOR=0.214

OR=Exp(LOR)=Exp(0.121)= 1.13

置信区间是 0.74-1.72

Z=0.121 / 0.214=0.57

有一次,这个值小于 1.96,因此 LOR 不具有统计学上的显著性。

9.4 将 LOR 与研究相结合

产生一个以上的 LOR 的研究是常见的。在这种情况下,LOR 被计算加权平均值。例如,对于 Baldry 和 Farrington(2004)的研究:

对较年长的孩子而言,LOR after=0.587,LOR before =-0.247;

LOR(older)= LORO=0.587-(-0.247)= 0.834

SELORO 可被计算为 0.432

对较年幼的孩子而言,LOR after =-0.801,LOR before =-0.125:

LOR(younger)= LORY =-0.801-(-0.125)=-0.676

SELORY 可被计算为 0.464

每一个 LOR 都用它的逆差来衡量(1 / VLOR)

WO=1 /(SELORO * SELORO)= 1 /(0.432 * 0.432)= 5.358

WY=1 /(SELORY * SELORY)= 1 /(0.464 * 0.464)= 4.651

此处 WO=LORO 的值

WY =LORY 的值

LOR(结合起来)= LORC=[(LORO * WO)+(LORY * WY)] /(WO + WY)

= [(0.834 * 5.358)+(-0.676 * 4.651)] /(5.358 + 4.651)= 0.133

LORC,VLORC 的方差是:

VLORC = 1 /(WO + WY) = 1 /(5.358 + 4.651) = 0.0998

因此,SELORC = 0.316

ORC = Exp(LORC) = Exp(0.133) = 1.14

置信区间为 0.62—2.12

Z = LORC / SELORC = 0.133 / 0.316 = 0.42

这不具有显著性。

9.5 对群集的修正

标准技术假设个体被分配到实验组或控制组的条件下时,使每个个体都是相互独立的个体。然而,在反霸凌项目的评估中,通常的情况是无法实现这个条件的。在这种情况下,有必要修正群集对标准误差的影响大小(Hedges,2007)。

修正依赖于组内相关(rho)的估计值。这不是通常报道。然而,Murray 和 Blitstein(2003)报道了文章内相关的系统评价,结果发现,对青年行为的研究结果上,ρ 约为 0.025。此外,Olweus(2008)告诉我们:"我已经成为被霸凌者和我用霸凌行为对待了别人等,在我的大规模样本里有许多这样的估计……在教室的水平内相关性一般在 0.01 到 0.04 范围内"。因此,我们估计,rho = 0.025。假设所有的计算群集(学校班级)的大小相等。

我们不会改正的影响大小,因为校正群集对他们影响甚微。对 d 的修正(并且,通过对 LOR 进行修正)如下:

修正后的 d = d * sqrt [1-[2 *(n-1) * rho] /(N-2)]

此处,N = 群集大小(学校班级),N = 总样本量

对于 N 的典型值 = 30 和 N = 500,

修正后的 d = D * SQRT[1-(2 * 29 * 0.025)/498] = D * 0.998

因为非常接近 d,所以我们不校正的群集的效果大小。

我们需要纠正的效果大小的标准误差。在能够取得一个较好的近似值时,修正后的 VD = VD * [1+(N-1) * rho]

此处,VD = d 的方差

假设 n = 30,rho = 0.025,修正后的 Vd = Vd * 1.725

例如,让我们回到 Baldry and Farrington(2004),LORC = 0.133 且

SELORC = 0.316.我们用 SELORC 乘以 1.313,能够得到:

修正后的 SELORC = 0.415

修正后的 z = 0.133 / 0.415 = 0.32

9.6 元分析

我们根据 Lipsey 和 Wilson(2001),采用元分析的标准方法。在最简单的固定效应模型中,加权平均效应大小如下:

WMES=sum(Wi * ESi)/ sum(Wi)

此处 WMES=weighted mean effect size(加权平均效果大小)

ESi=effect size in the ith study(研究中的效果大小)

Wi=weighting in the ith study(研究中的比重大小)= 1 / Vi

此处,Vi=variance of effect size in the study(研究中效果大小的变化)

SE(WMES)= sqrt [1 / sum(Wi)]

Z=WMES / SE(WMES)

为了测试是否所有影响的大小是在加权平均值的左右随机分布的,统计量 Q 的计算方法如下:

Q=sum [Wi *(ESi-WMES) *(ESi-WMES)]

Q 值分布为卡方与(K-1)个自由度,其中 K 是效果大小的数量。我们总是用随机效应模型,其中一个恒定的 Vx 的被添加到每个方差 Vi 中。

corrected Vi=Vi + Vx

Vx=[Q-k + 1] / [sum(Wi)-sum(Wi * Wi)/ sum(Wi)]

加权平均值 ES 和它的方差向之前一样通过修正过的 Vi 进行计算。如前所述,我们用 OR 和 LOR 作为衡量报告中效果影响大小的主要措施。

10. 附录与图表

表 1:检索的数据库

❖Australian Criminology Database(CINCH)

❖Australian Education Index

❖British Education Index

❖Cochrane Controlled Trials Register

❖C2-SPECTR

❖Criminal Justice Abstracts

❖Database of Abstracts of Reviews of Effectiveness(DARE)

❖ Dissertation Abstracts

❖ Educational Resources Information Clearinghouse(ERIC)

❖ EMBASE

❖ Google Scholar

❖ Index to Theses Database

❖ MEDLINE

❖ National Criminal Justice Reference Service(NCJRS)

❖ PsychInfo/Psychlit

❖ Sociological Abstracts

❖ Social Sciences Citation Index(SSCI)

❖ Web of Knowledge

表 2:从 1983 年到 2009 年 5 月检索的学报列表

❖ Archives of Pediatrics and Adolescent Medicine, 1983 [vol.137;1] until May 2009 [vol.163;5]

❖ Aggression and Violent Behavior, 1996 [vol.1] until 2009 [vol.14;3]

❖ Aggressive Behavior, 1983 [vol.9;1] until 2009 [vol.35;3]

❖ Australian Journal of Education, 2000 [vol.44] until 2007 [vol.51] until 2009 [vol.53;1]

❖ Australian Journal of Educational and Developmental Psychology, 2001 [vol.1] until 2008 [vol.8]

❖ British Journal of Educational Psychology, 1983 [vol.53] until 2009 [vol.79;2]

❖ Canadian Journal of School Psychology, 1985 [vol.9] and the following volumes: 12 [1 +2]; 13 [1 +2]; 14 [2]; 15 [1]; 16 [1 +2]; 17 [1 +2]; 18 [1 +2]; 19 [1 +2]; 20 [1 +2]; 21 [1 +2]; 22 [1 +2] until 2009 [vol.24;1]

❖ Child Development, 1983 [vol.34;1] until 2009 [vol.80;2]

❖ Criminal Justice and Behavior, 1983 [vol.10;1] until 2009 [vol.36;6]

❖ Crisis-The journal of Crisis Intervention and Suicide Prevention, 2001 [vol.22] until 2009 [vol.30;1]

❖ Developmental Psychology, 1983 [vol.19;1] until 2009 [vol.45;3]

❖ Educational Psychology, 1983 [vol.3;1] until 2009 [vol.29;2]

❖Educational Psychology in Practice, 1985 [vol.1] until 2009 [vol.25;1]

❖Educational Psychology Review, 1989 [vol.1] until 2009 [vol.21;1]

❖Educational Research, 1983 [vol.25] until 2009 [vol.51;1]

❖International Journal on Violence and Schools, January 2006 until 2008 [vol.5-7]

❖Intervention in School and Clinic, 1983 [vol.18;3] until 2009 [vol.44;5]

❖Journal of Educational Psychology, 1983 [vol.75;1] until 2009 [vol.101;2]

❖Journal of Emotional Abuse, 1997 [vol.1;1] until 2008 [vol.8;4]

❖Journal of Experimental Criminology, 2005 [vol.1] until 2009 [vol.5;2]

❖Journal of Interpersonal Violence, 1986 [vol.1] until 2009 [vol.24;6]

❖Journal of School Health, 2005 [75;1] until 2009 [vol.79;6]

❖Journal of School Violence, 2001 [vol.1;1] until 2009 [vol.8;2]

❖Journal of Youth and Adolescence, 1983 [vol.12;1] until 2009 [vol.38;5]

❖Justice Quarterly, 1986 [vol.1] until 2009 [vol.26;2]

❖Pastoral Care in Education, 1983 [vol.1] until 2009 [vol.27;1]

❖Psychology, Crime and Law, 1994 [vol.1] until 2009 [vol.15;3]

❖Psychology in the Schools, 1983 [vol.20] until 2009 [vol.46;5]

❖Scandinavian Journal of Psychology, 1983 [vol.24;1] until 2009 [vol.50;2]

❖School Psychology International, 1983 [vol.4] until 2008 [vol.29;1] until 2009 [vol.30;2]

❖School Psychology Review, 1983 [vol.12;1] until 2008 [vol.37;1]

❖Studies in Educational Evaluation, 1983 [vol.9] until 2009 [vol.35;1]

❖Swiss Journal of Psychology, 1999 [vol.58;1] until 2009 [vol.68;1]

❖Victims and Offenders, 2006 [vol.1] until 2009 [vol.4;2]

❖Violence and Victims, 1986 [vol.1;1] until 2009 [vol.24;2]

表 3:与本次审查相关的范畴化报告

1. 轻微的相关性;将整合调查结果纳入反霸凌政策的建议;和/或通常谈论的必要性霸凌干预措施。

2. 弱相关性;更具体地谈到反霸凌项目[多于一个反霸凌项目的说明];和/或评论反霸凌项目;和/或把重点放在减少霸凌的意见/建议。

3. 中等相关性;具体的反霸凌项目的描述。

4. 强相关性;反霸凌项目的评估,但没有结果的数据不包括在内,因为它在霸凌方面没有通过实验与对照组相比。

5. 包括在康拜尔审查中的;在一个实验组和对照组条件下的反霸凌项目的评估[N 可以是<200;老师和同龄人的提名也可以作为观察指标]。

6. 也包括在瑞典审查中;评价一个反霸凌项目,有一个实验组和对照组条件[N>200,自我报告的霸凌成果的措施]。

表 4:在每个分组中的项目评估[a] 百分比报告

Category	Reports	[N] Evaluations	[N] Percentage
Not Obtained	16	—	2.6 %
Category 1	100	—	16.1 %
Category 2	253	—	40.7 %
Category 3	93	—	15.0 %
Category 4	71	—	11.4 %
Category 5	18	15[3 excluded][b]	2.9 %
Category 6	71	38[6 excluded][c]	11.4 %

a. When applicable

b. 3 evaluations presented in 3 reports were excluded from the meta-analysis(see table 5 for relevant references)

c. 6 evaluations presented in 9 reports were excluded from the meta-analysis(see table 5 for relevant references)

表 5:53 个不同评估中的 89 个报告*

随机实验:

(1)ViSC Training Program [Atria & Spiel,2007];category 5 => excluded due to many missing values

(2)Bulli & Pupe [Baldry,2001;Baldry & Farrington,2004];category 6

(3)Project Ploughshares Puppets for Peace [Beran & Shapiro,2005];category 5

(4)Short Video Intervention [Boulton & Flemington,1996];category 5

(5)Friendly Schools [Cross et al.,2004;Pintabona,2006];category 6

(6)S.S.GRIN [De Rosier,2004;De Rosier & Marcus,2005];category 6

(7)Dutch Anti-bullying Program [Fekkes et al.,2006];category 6

(8)SPC and CAPSLE Program [Fonagy et al.,2009];category 6

(9)Steps to Respect [Frey,Edstrom & Hirschstein,2005;Frey et al.,2005;

Hirschstein et al.,2007];category 6

(10)Anti-bullying Intervention in Australian Secondary Schools [Hunt,2007];category 6

(11)Youth Matters [Jenson & Dieterich,2007;Jenson et al.,2005a;2005b;2006a;2006b];category 6

(12)Kiva [Karna et al.,2009;Salmivalli et al.,2009];category 6

(13)Korean Anti-Bullying Program [Kim,2006];category 5 => excluded;data produced implausible effect size

(14)Behavioral Program for Bullying Boys [Meyer & Lesch,2000];category 5

(15)Expect Respect [Rosenbluth et al.,2004;Whitaker et al.,2004];category 6

(16)Pro-ACT+E [Sprober,2006;Sprober et al.,2006];category 5

(17)The Peaceful Schools Experiment [Twemlow et al.,2005];category 6 =>excluded;part of a larger evaluation by Fonagy et al.,2009

事前—事后/实验—控制组比较:

(1)Be-Prox [Alsaker & Valkanover,2001;Alsaker,2004];category 5

(2)Greek Anti-bullying program [Andreou et al.,2007];category 6

(3)Seattle Trial of the Olweus Program [Bauer et al.,2007];category 6

(4) Dare to Care: Bully Proofing your School Program [Beran et al., 2004]; category 5

(5)Progetto Pontassieve [Ciucci & Smorti,1998];category 6

(6)Cooperative Group Work Intervention [Cowie et al.,1994];category 5 =>excluded due to lack of data

(7)Transtheoretical-based tailored Anti-bullying program [Evers et al.,2007];category 6

(8)Social Skills Training(SST)Program [Fox & Boulton,2003];category 5

(9)Stare bene a scuola:Progetto di prevenzione del bullismo [Gini et al.,2003];category 5

(10) Viennese Social Competence (ViSC) Training [Gollwitzer et al., 2006]; category 5

(11) Conflict Resolution Program [Heydenberk et al., 2006]; category 6 => excluded due to lack of data

(12) Granada Anti-bullying Program [Martin et al., 2005]; category 5

(13) South Carolina Program; implementation of OBPP [Melton et al., 1998; Limber et al., 2004]; category 6

(14) "Bullyproofing your School" Program [Menard et al., 2008]; category 6

(15) Befriending Intervention Program [Menesini & Benelli, 1999; Menesini et al., 2003]; category 5

(16) New Bergen Project against Bullying; "Bergen 2" [1997–1998]; category 6

(17) Toronto Anti-bullying program [Pepler et al., 2004]; category 6

(18) Ecological Anti-bullying program [Rahey & Craig, 2002]; category 6

(19) Short intensive intervention in Czechoslovakia [Rican et al., 1996]; category 6

(20) Flemish Anti-bullying program [Stevens, De Bourdeaudhuij & Van Oost, 2000; Stevens, Van Oost & De Bourdeaudhuij, 2000; Stevens et al., 2001; Stevens et al., 2004]; category 6 => excluded due to nature of data

(21) Anti-bullying Intervention in the Netherlands [Wiefferink et al., 2006]

其他实验—控制组比较:

(1) Norwegian Anti-bullying program [Galloway & Roland, 2004]; category 6

(2) BEST [Kaiser-Ulrey, 2003]; category 5

(3) SAVE [Ortega & Del Rey, 1999; Ortega et al., 2004]; category 6

(4) Kia Kaha [Raskauskas, 2007]; category 6

年龄人群设计:

(1) Respect [Ertesvag & Vaaland, 2007]; category 6

(2) Anti-bullying Intervention in Schleswig-Holstein, Germany [Hanewinkel, 2004]; category 6 => excluded due to lack of data

(3) Anti-bullying Intervention in Kempele schools [Koivisto, 2004]; category 6 => excluded due to lack of data Olweus Bullying Prevention Program [OBPP]; category 6

(4) First Bergen Project against Bullying; "Bergen 1" [1983–1985]; category 6

(5) First Oslo Project against Bullying; "Oslo 1" [November 1999-November 2000]; category 6

(6) New National Initiative Against Bullying in Norway; "New National" [2001–2007]; category 6

(7) Five-year Follow-up in Oslo; "Oslo 2" [2001–2006]; category 6

[Olweus, 1991; 1992; 1993b; 1994a; 1994b; 1994c; 1995; 1996a; 1996b; 1996c; 1997a;1997b;1997c;Olweus,2004a;2004b;2005a;2005b;Olweus & Alsaker,1991]

(8) Donegal Anti-Bullying Program [O'Moore & Minton,2004;O'Moore,2005];category 6

(9) Chula Vista OBPP [Pagliocca et al.,2007];category 6

(10) Finnish Anti-bullying program [Salmivalli et al.,2004;2005];category 6

(11) Sheffield Anti-bullying program [Whitney et al.,1994;Smith,P.K.,1997;Smith et al.,2004b];category 6

*9 个评估(现在在 12 个报告内)并不包括在此次荟萃评估中。

表 6:53 个评估中的关键特性[①]

随机实验

项目	项目组成	参与者	研究设计
Atria & Spiel (2007);category 5; not included In the meta analysis [Austria]	为 15 岁至 19 岁的弱质青少年设置[研究中年龄的中位数为 17 岁]	112 名学生(男生 57 女生 55,9 年级和 10 年级不等) 55 名儿童在治疗组,57 名儿童在控制组,所有的学生都来自一所中学	实验前测后测控制组设计;来自同一所学校的两个班随机分配(数据收集采用双盲研究;p.187);2 前测和 2 后测
Baldry & Farrington (2004);category 6 [Italy]	3 视频和一本小册子四部分组成;采用较为活跃的方法,如角色扮演和小组讨论	来自 13 所学校的 13—16 岁的 239 名学生。实验组 131 名,控制组 106 名。实验组和控制组都来自相同的学校但是随机抽取的 10 个不同班级内	干预组和对照组,随机分配,前测和后测的措施
Beran & Shapiro (2005);category 5 (2006)[Canada]	通过 45 分钟的木偶戏提高参与者对霸凌行为的认识	129 名学生(69 名 3—4 年级的来自两所不同学校的男生) 实验组 66 名学生,控制组 63 名学生	实验—控制组比较设计,并且附加三个月的跟踪调查
Boulton & Flemington (1996); category 5 [England]	"棍棒与石头"视频的展示,并在教室组织学生和老师对此进行讨论	只有来自同一所学校的两个班的 7、8、9、10 年级的 82 名女生和 88 名男生	实验前测后测控制组设计;从 4 个年级组[7、8、9 和 10]中随机分配至实验组和控制组

① 在表中的所有日期都是报告的发表之年[不是当年实施的项目]唯一的例外是 Olweus 的评估;对于这些,评估指出了项目施行的时间。针对一个特定的程序,并不是所有发表的报告都在此表中,只有最相关的那些。

续表

项目	项目组成	参与者	研究设计
Cross et al. (2004); category 6 [Australia]	针对3个级别:A)全校社区("全校规划和战略手册");B)学生的家庭(家庭活动链接到每个课堂学习活动、通讯项目);C)伴随着4—5年级学生和他们的老师(教室课程)	2068名学生(年龄为9—10岁,来自29所学校) 干预组1046名学生 控制组922名学生 干预学校15所,控制学校14所	事前测试和事后测试的数据分别来自干预学校和控制学校,并且在三年之内保持随机抽样
De Rosier(2004);De Rosier & Marcus(2005); category 6 [USA]	高度结构化的与干预相结合的针对儿童的社会认知和行为技巧教育	1079名学生 50.8%为男生 49.2%为女生 平均年级8.6	事前测试,事后测试,实验组和对照组;18名儿童在每所学校(11所公立国民小学,北卡罗莱纳州)被随机分为治疗组和对照组
Fekkes et al. (2006); category 6 [Netherlands]	反霸凌学校项目,包括为教师设定的课程,全校反霸凌政策和反霸凌培训	9—12岁的3816名学生(50%是女生)	两年的随机抽查,干预组和控制组设计,学校的选择也是随机的
Fonagy et al. (2009); category 6 [USA]	实施—与比较—两个方案:SPC和CAPSLE;两年积极干预和一年的最小投入的修复性干预	来自九个小学(3至5年级)的孩子,3所学校随机分配到CAPSLE组(每校188名儿童)3所学校随机分配到SPC组(每校131名儿童)3所学校随机分配到的TAU/控制条件,(每校120名儿童)	群集级别的随机对照试验,分层限制分配;随机分配的学校
Frey et al. (2005); category 6 [USA]	工作人员的培训手册(员工培训),包括一个核心教学活动,参与者为所有学校工作人员和两名深入的辅导员,行政人员和教师的培训课程;教室课程;家长参与(带回家的信件等)	纵向研究(N=1023)的随机子样本(N=544)	事前测试,事后测试,实验组和控制组,学校也是随机抽样的
Hunt(2007); category 6 [Australia]	研究霸凌在学校的性质,家长和教师会议提供的信息;学校工作人员进行2小时的课堂教学讨论	444名学生在T1(干预组155人,控制组289人),318名在T2	事前测试,事后测试,实验组和控制组,学校也是随机抽样的
Jenson & Dieterich (2007); category 6 [USA]	青年事务预防课程;一系列的教学模块;四个学期的学制	四个年级的28所学校。控制组456人,实验组670人	组内随机试验;从28所学校随机分配

续表

项目	项目组成	参与者	研究设计
Karna et al. (2009); category 6 [Finland]	通用/全校干预;与个别学生进行表明介入/工作;有教师手册、资料让家长全面了解的方案;加大监管力度;网络虚拟学习环境;基于网络的讨论论坛,为教师、为霸凌受害者提供支持	在所有的芬兰综合学校邀请志愿者;在 300 所学校中选取愿意参加的人,78 所学校的代表性样本被选中;程序仍在运行/尚未得出最终结果	在同一个项目中将年龄人群设计和随机试验“嵌套”;仅导致后者可用
Kim, J.U. (2006); category 5; not included in the metaanalysis [Korea]	每周 2 节,连续 5 周;暑期辅导项目——为霸凌受害者和霸凌实施者设计	16 名儿童(10 名男生 6 名女生)被随机分配到实验组和控制组	实验组和控制组,儿童是随机抽取的
Meyer & Lesch (2000); category 5 [South Africa]	项目为霸凌儿童设计;与心理学家的工作相结合;项目的实现连续 10 周,每周举行两次长达一小时的会议	54 名男孩,总共 3 所小学=>在每所学校 18 个。男孩子们根据霸凌的水平相匹配,并随机分配在 3 个条件下。如下:6 个男孩在实验组,6 个男孩在对照组,6 个男孩在没有监督对照组	事前事后实验设计,儿童是随机抽取的
Rosenbluth et al. (2004); category 6 [USA]	5 个程序组件,包括课堂课程;员工培训;政策制定;家长教育;支援服务,个别学生教育	5 个年级(929 名学生在干预组,834 名在比较组)	事前事后测试,实验—控制测试,并且接受测试的学校均为随机抽样的
Sprober et al. (2006); category 5 [Germany]	通用,二年级学生多维项目;认知行为导向项目	145 名中学的学生;65 名女生和 80 名男生。学校将学生随机分配到 3 个条件:PROACT:班级和教师课程;PROACT+ E 课程;老师和家长的课程。对照组:未指定的干预	实验前后测试,学校是随机抽取的
Twemlow et al. (2005); category 6; not included in the metaanalysis [USA]	和平学校实验;心理教育为基础的方法:温和的勇士体育课程;反射时间;课堂管理/学科项目;积极气氛的运动	随机对照试验在中西部地区的 9 所小学,约 3600 学生接触到该项目(3 至 5 年级学生)2 年的积极干预和 1 年的最小投入的修复性干预	随机对照试验

事前—事后,实验—控制比较

项目	项目组成	参与者	研究设计
Alsaker & Valkanover (2001);Alsaker(2004);category 5 [Switzerland]	具体方案为幼儿园的小朋友设计,旨在提升教师应对霸凌的能力;4个月内为教师提供密集的集中监督(共8次会议)	孩子们被分为8个实验组和8个控制组;幼儿园的孩子: 干预组152人(50%为女孩) 控制组167人(50%为女孩)	实验的前—后测试设计
Andreou et al. (2007);category 6 [Greece]	一套课外活动创造:a)提高认识课堂的机会,b)自我反思和c)有关霸凌问题的解决情况	454名小学生: 控制组206人,123名男生,83名女生; 实验组248人,126名男生,122名女生。 145人四年级 162人五年级 147人六年级	实验检测前测—后测设计与对照组 班级分配到实验组和对照组的教师在愿意参与干预的基础上协助工作
Bauer et al. (2007);category 6 [USA]	Olweus霸凌预防项目;针对学校、班级、个人和社区一级的干预成分	4959名学生参与了干预: —2522人为女生 —1672人六年级 —1629人七年级 —1588人八年级 1559人在控制组 —782人为女生 —570人六年级 —515人七年级 —449人八年级	非随机对照试验,10所公立中学(7所进行干预,3所进行控制,以实施Olweus霸凌预防项目)
Beran et al. (2004);category 5 [Canada]	项目的重点在于支持受害者和被霸凌的个人以及团体辅导的形式,并会同社区服务相结合	初步筛选样本:197名儿童, (120名女生)来自两所学校 实验组25名儿童(三个月的跟踪研究) 控制组77名儿童,来自4—6年级	事前测试和三个月的实验后追踪测试
Ciucci & Smorti (1998);category 6 [Italy]	三个层次:学校(前两年),以促进一个反霸凌政策;阶级和个人层面(第三年)角色扮演,以促进合作和解决问题的能力	实验组167名学生,控制组140名学生 所有的学生都来自同一所学校	事前—事后,实验—控制测试设计

续表

项目	项目组成	参与者	研究设计
Cowie et al. (1994); category 5; not included in the metaanalysis [England]	持续两年的项目(1990年夏天至1992年夏天)实施协作组工作培训(CGW类)以实现一个正常的课程项目(NC类) CGW培训内容包括建立信任的练习,解决问题的任务,角色扮演活动和小组讨论	149名中学生最后的样本:CGW=103 NC =46 年龄:7—12岁;56%为男性。 在2所学校,实验班与控制班进行匹配(两校实施1年方案中的一个,但其他学校加大对实验班制衡)第三个学校只有2年的实验班	事前—事后、实验—控制比较(有四个衡量措施上的要点)
Evers et al. (2007);category 6 [USA]	营造尊重,停止霸凌的TM项目被提供了多分组的干预包	美国的12所初中和13所高中(1237名初中生以及1215名高中生):483名初中生和309名高中生在控制组,488名初中生和375名高中生在Treatment 1 266名初中生和531名高中生在Treatment 2	3X2实验设计,跨越3个实验组和2个治疗组 事前测试和事后测试的措施 学校对关键变量的匹配(社区、国家和学生有免费午餐资格的区域)
Fox & Boulton (2003);category 5 [England]	专为霸凌的受害者提供(每套餐1小时)的包括两个教练的8周社交技巧训练项目	样本总量为505名儿童,15人在实验组[12名女孩]13人在控制组中[9名女孩] 4所学校参与了项目 每个学校都有实验组和控制组,共4组	前测和后测实验组和对照[等待列表]条件;[前—T1,后T2和"后续"—T3实验组;之前和之后,其中T2数据收集之后被定义为项目的对照组]
Gini et al. (2003);category 5 [Italy]	每周两次,从实验组的4个月期间抽取班上的学生接受治疗 它涉及三方面的教育:自己的身体的物理部分的确认,在自己的情感上的认同 该方案还涉及教师的为时2天的培训课程	来自同一学校六个班的104名学生被看作实验组 来自另外六个学校的76名学生被看作控制组	实验前测试和为时五个月的试验后追踪测试
Gollwitzer et al.(2006); category 5 [Germany]	ViSC包括被分为三部分的13个课程:强制课程[1—6单元] 反应课程[第7单元] 表现课程[8—13单元] 课程的教授将持续13周	来自两所德国公立学校的184名学生: 4个实验班[N=109] 3个控制班[N=89] 只有149名学生的情况得到了分析	在实验结束后立即实行的事前—事后/实验前—后比较和持续四个月的跟踪调查[在课程活动结束之后]

续表

项目	项目组成	参与者	研究设计
Heydenberk et al.(2006); category 6; not included in the metaanalysis [USA]	冲突解决方案包括七个1小时的会议;旨在提高情感的认知,情感意识和同情,自律和解决冲突的技巧	费城的两所学校参与了该项目 治疗组包括3年级和4年级学生 控制组包括3年级和5年级学生 第一年:437名学生初步研究[仅后测学生评价] 第二年:前测/后测对照组设计,236名治疗组的学生和41名对照组学生	实验前—实验后测试
Martin et al. (2005); category 5 [Spain]	由作者设计的5个月的项目,并给予认可的教师执行;包括30节角色扮演和自我控制的社交能力/增强加固;认知的治疗方法的课程	来自一所学校的六年级学生 实验组:25人(男生13人) 控制组:24人(男生13人) 年龄区间:10—12 10 years:8.16% 11 years:85.71% 12 years:6.13%	事前—事后/实验—控制比较以及持续五个月的干预
Melton et al. (1998); Limber et al. (2004); category 6 [USA]	从OBPP项目获得的灵感。其中在学校、班级、个人和社会层面的干预措施都来自于OBPP项目	四到八年级的学生来自六个非都市学区 A组学校:组织成配对区实施该项目; B组学校:担任对照组为项目的第一年,接受介入的第二年 基线:6389名学生(4—6年级)时间1:6263名学生(5—7年级)时间2:4928名学生(6—8年级)	前—后,用3次测量实验对照比较:基线[1995年3月],T1[1996年3月]和T3[1997年5月]
Menard et al. (2008); category 6 [USA]	全面的,以学校为基础的干预;班级内课程(7个核心课程和2个可选课程)	7所小学的所有学生在每个三到五年级的学生(3497名学生)和在3所中学(所有在六至八年级的学生1627名)	多元不等对照组前测后测设计,事前选择治疗组和对照组;符合治疗组和对照组的基线
Menesini et al.(2003); category 5 [Italy]	结交干预项目;5个阶段的项目实施;强调"同龄人的支持"	孩子们来自两所公立学校: 9个实验班(94个男生和84个女生) 5个控制班(63个男生和54个女生) 年龄区间:11—14岁	事前—事后/实验—控制比较

续表

项目	项目组成	参与者	研究设计
Olweus: Bergen 2 [1997—1998]; category 6 [Norway]	学校层面[如工作人员讨论小组;霸凌预防协调委员会];班级层面[例如课堂规则];个人层面[如监督学生];和社区层面	大致包括5、6、7年级的2400名学生(OBPP项目在其中占据了六个月的时间)	针对控制组的事前事后测试,和十一所干预学校和十一所控制学校的比较
Pepler et al. (2004); category 6 [Canada]	全面的校本课程;在3个学校有3个相似的干预要素:人员培训;行为守则;改善操场秩序	从3所学校抽取的(5岁至11岁)学生;从每所学校每1—6年级(12班全部)的2个班随机抽取参加。第一年从学校A抽取319个孩子,从学校B抽取300个孩子;第二年分别从学校A、B和C抽取325、240和303个孩子,第三年从学校A、B和C分别抽取306、163和289个孩子	准实验有两个候补名单作为对照组。第一年,学校A启动的项目,B校作为控制组担任候补。在第二年,学校A持续进行的项目,B校正式启动该项目,同时学校C作为控制组担任候补。在第三年,学校A和B继续该项目,而学校C开始正式参与反霸凌项目
Rahey & Craig (2002); category 6 [Canada]	基于霸凌,学校开展为期12周的课程;在课堂进行心理教育项目;同时进行调解程序	学生们分别来自一所干预学校(114男,126女)和一所控制学校(123男,128女),并且从1—8年级不等	实验性的事前—事后设计[一所实验组学校,一所控制组学校]
Rican et al. (1996);category 6 [Czechoslovakia]	项目灵感来自OBPP;项目组成也来自OBPP	8所学校的四年级学生(每种条件各占一半) 实验组100人 控制组98人	事前—事后/实验—控制比较
Stevens et al. (2000); category 6; not included in the metaanalysis [Belgium]	教师的培训课程,手动与视频相结合,三个模块同时进行	来自18所学校的10—16岁不等的1104名学生; 151名小学生和184名中学生在被提供技术支持的分组中;149名小学生和277名中学生在不被提供技术支持的分组中;92名小学生和151名中学生在控制组	包括两个控制组的事前—事后/实验—控制组比较(一组有技术支持,一组没有技术支持)
Wiefferink et al.(2006); category 6; not included in the metaanalysis [Netherlands]	这个为期一年的干预项目没有提供此项信息	荷兰的50所小学中大约4000名学生参加了该项目[9—12岁]; 25所实验学校; 事前测试开始于2005年6月那一学年,事后测试在那一学年结束时进行	事前—事后/实验—控制设计

其他试验—控制比较

项目	项目组成	参与者	研究设计
Galloway & Roland (2004); category 6 [Norway]	教师专业发展项目;4个在职天数超过9个月的期间;152小时的同级监督会议	9所干预学校和6个控制组:比较样本1;实验样本1;实验样本2;比较样本2; 每个样本中有300至350个学生。	在两年时间内纵向进行的比较
Kaiser-Ulrey (2003); category 5 [USA]	基于起亚—安卡哈反霸凌项目。最好的是对起亚—安卡哈一个复杂的改动,其社会认知理论和社会能力理论中的基础。为期12周的干预,包括各45分钟,24节的课程。注重解决社会问题的技巧;提高对社会问题的认识;教师手册和教师培训;反霸凌课堂规则	来自北佛罗里达州的K-12学校的七年级学生参与了该项目。 58个学生在干预组; 67个学生在控制组	拟前后/实验对照比较,但没有在预测试给出的数据;只有结果的分析表明了实验组和对照组的存在,因此,评价将之视为"其他实验控制设计"
Ortega et al. (2004); category 6 [Spain]	教育干预模式;人际关系的民主管理;协作组的工作;情感和价值观教育;对高风险学生的直接干预	在5所干预学校中:731个被干预学生被进行了事前测试,901个被干预学生被进行了事后测试;在4所控制学校中,控制组共有440名学生	5所干预学校[三所小学和两所中学];事前—事后测试;4年之后的跟踪调查测试
Raskauskas (2007); category 6 [New Zealand]	整所学校的参与	49所学校,但不包括4所学校打算实施方案(31所干预学校实施为期三年的起亚—安卡哈项目,与22所控制学校都在一起)	干预组学校与匹配的对照组相比

年龄群组设计

项目	项目组成	参与者	研究设计
Ertesvag & Vaaland (2007); category 6 [Norway]	教师和学校管理人员参与一系列研讨会;为期2天的研讨会为学校管理人员及学校代表也被提前执行	来自3所小学和1所中学的学生; 小学生年龄段为11—13岁,多为5—6年级;中学生年龄段为14—16岁,多为8—9年级;从T1到T4的学生数量分别为745, 769, 798和792	年龄的纵向设计与相邻的四个测量点

续表

项目	项目组成	参与者	研究设计
Hanewinkel (2004); category 6; not included in the metaanalysis [Germany]	根据 OBPP 的思路设计的项目:2 年干预。学校级别:问卷调查,操场监督,工作人员会议,教师家长会;课堂级别:课堂反霸凌规则;个人层面:会谈,霸凌者和受害者,涉及与相关儿童的父母进行认真的磋商	1994 年 4 月,有 47 所学校参加了该项目,学生总量为 14788;在学校表示他们不会跟进调查之后,有 10 所学校退出了项目;37 所学校仍然坚持该项目,其中包括 6 所小学,14 所 Hauptschule,8 所 Mittelschule,6 所 Gymnasia 和 3 所 Gesamtschule	年龄人群的设计 研究被设计为一个准实验—控制的比较
Koivisto (2004); category 6; not included in the metaanalysis [Finland]	干预的成分变化从学校到学校多年来进行介入。 包括家长教师会议,反霸凌的规则,反霸凌的教材,课间时间监控和学生福利小组,成员包括校长,教职工代表,学校心理学家,学校的医生和护士	来自 4、6 和 7 年级的总共 2729 名学生参与了该项目,个人调查在之后的两年内开始进行,并且持续 8 年	年龄人群设计和每两年进行的跟踪评估
Olweus: Bergen 1 [1983—1985]; category 6 [Norway]	学校层面(如工作人员讨论小组;霸凌预防协调委员会);班级层面(例如课堂规则);个人层面(如监督学生);和社区层面	包括了 42 所小学和初中的 112 个年级的 4—7 个班的学生 每 4 个年龄组中包括了 600—700 人,男孩和女孩大致平均分配	扩展选择群组设计,3 次测量值; 1983 年 5 月;1984 年 5 月和 1985 年 5 月
Olweus: Oslo 1 [1999—2000]; category 6 [Norway]	学校层面(如工作人员讨论小组;霸凌预防协调委员会);班级层面(例如课堂规则);个人层面(如监督学生);和社区层面	包括 5—7 年级的大约 900 名学生	扩展选择群组设计,2 次测量值; 1999,2000
Olweus: New National [2001—2007]; category 6 [Norway]	学校层面(如工作人员讨论小组;霸凌预防协调委员会);班级层面(例如课堂规则);个人层面(如监督学生);和社区层面	提供了不同学校的群组	扩展群组的设计;提供 3 次测量数据: 2001 年 10 月 2002 年 10 月 2003 年 10 月
Olweus: Oslo 2 [2001—2006]; category 6 [Norway]	学校层面(如工作人员讨论小组;霸凌预防协调委员会);班级层面(例如课堂规则);个人层面(如监督学生);和社区层面	第一批数据中提供了 19 所 Oslo 学校中的 14 所的数据 4—7 年级的学生从 2001—2005 年开始加入;8—10 年级的学生从 2001—2003 年开始加入	扩展群组的设计,为 4—7 年级学生提供 5 次测量数据,为 5—8 年级学生提供 3 次测量数据

续表

项目	项目组成	参与者	研究设计
O'Moore and Minton (2004); category 6 [Ireland]	全校范围内的反霸凌项目。包括教师培训,给家长提供的信息,教师的资源包,所涉及的孩子,与年龄相关的反霸凌个人工作	全国100所小学中的42所参与了该项目 对该项目的评估基于22所学校提供的数据 学生的年龄区间为6—11岁	年龄群组设计
Pagliocca et al. (2007); category 6 [USA]	是在Chula-Vista区推行的OBPP项目 学校层面(如工作人员讨论小组;霸凌预防协调委员会);班级层面(例如课堂规则);个人层面(如监督学生);和社区层面	3所学校由于高于全国平均水平的犯罪率而参加了该项目 在两年的时间内(2003—2005), 共有3378名学生参与了该项目,男女生的比例大致平均	年龄群组设计 三个时间点:基线(2003年春季,T1);T2后一年(干预后一年的春季);和T3,干预后第二年的春季
Salmivalli et al.(2004); Salmivalli et al. (2005); category 6 [Finland]	对教师的干预训练;班级层面的干预;学校层面的干预(全校性的反霸凌政策);个人层面的干预	8所赫尔辛基的学校和4所靠近图尔库镇的学校参与了该项目,共1220名学生,来自16所学校。其中女生大致为600人	纵向与相邻的年龄群组设计
Whitney et al. (1994); category 6 [England]	全校参与模式;课程课堂教学策略;同龄人辅导;霸凌法院;更改操场和午休时间	共27所学校参与了该项目,学生分别来自16所小学和7所中学,平均年龄8—16岁,共8309人 4所控制学校,其中包括1所小学(99名学生)和3所中学(1742名学生)	年龄群组设计

表7:44个项目评估的主要结果

随机实验

项目信息	霸凌	受害
Baldry & Farrington (2004)[category 6]	Younger EB:M 1.69(2.15)58 EA:M 2.69(3.31)26 CB:M 1.54(2.20)57 CA:M 1.57(2.20)72 Older EB:M 2.54(3.59)63 EA:M 2.31(3.07)99 CB:M 2.11(2.44)46 CA:M 3.39(3.99)36	Younger EB:M 3.66(4.36)59 EA:M 2.24(3.50)29 CB:M 3.25(3.50)56 CA:M 1.85(2.62)71 Older EB:M 3.64(4.89)64 EA:M 2.31(3.89)99 CB:M 1.84(2.35)44 CA:M 2.79(2.48)38

续表

项目信息	霸凌	受害
Beran & Shapiro (2005)[category 5]	EB M 10.41(4.27)66 EA M 9.68(3.68)66? CB M 8.91(3.49)63 CA M 8.61(3.21)63?	NA
Boulton & Flemington(1996) [category 5]	EB M 9.0(2.1)84 EA M 9.3(2.2)84 CB M 14.8(5.3)80 CA M 14.8(5.1)80	NA
Cross et al.(2004) [category 6]	EB:13.0%(1038) EA1:16.4%(992) CB:15.1%(919) CA1:15.2%(875)	EB:16.2%(982) EA1:13.2%(990) EA2:14.7%(869) CB:15.7%(860) CA1:13.9%(880) CA2:14.6%(792)
De Rosier(2004); De Rosier & Marcus(2005) [category 6]	EB:M.09(1.08)187 EA1:M.15(1.22)187 EA2:M.15(1.32)134 CB:M.13(1.18)194 CA1:M.07(1.13)194 CA2:M.14(1.05)140	EB:M.31(1.10)187 EA1:M.38(1.16)187 EA2:M.31(1.12)134 CB:M.27(1.06)194 CA1:M.26(1.12)194 CA2:M.42(1.22)140
Fekkes et al. (2006) [category 6]	EB:5.1%(1101) EA1:7.9%(1098) EA2:6.6%(686) CB:5.1%(1110) CA1:8.9%(1108) CA2:7.3%(895)	EB:17.7%(1106) EA1:15.5%(1104) EA2:14.0%(688) CB:14.6%(1115) CA1:17.3%(1112) CA2:11.9%(897)
Fonagy et al. (2007) [category 6]	(CAPSLE) EB M 100.4(9.72)563 EA M 98.9(9.02)457 (TAU) CB M 98.2(8.99)360 CA M 99.3(8.18)274	(CAPSLE) EB M 100.64(9.49)563 EA M 99.0(9.63)457 (TAU) CB M 99.7(9.77)360 CA M 99.8(9.20)274
Frey et al.(2005) [category 6]	Direct EB:M.46(.59)563 EA:M.48(.62)457? CB:M.56(.66)563 CA:M.62(.71)457? Indirect EB:M.88(.72)563 EA:M.90(.74)457? CB:M.94(.73)563 CA:M.96(.83)457?	EB:M 1.01(.79)563 EA:M.90(.82)457? CB:M 1.07(.82)563 CA:M 1.01(.83)457?

续表

项目信息	霸凌	受害
Hunt(2007) [category 6]	Bullying Alone EB:M 1. 30(0. 60)152 EA:M 1. 17(0. 46)111 CB:M 1. 30(0. 66)248 CA:M 1. 31(0. 64)207 Bullying in Group EB:M 1. 47(0. 70)152 EA:M 1. 39(0. 72)111 CB:M 1. 36(0. 75)248 CA:M 1. 41(0. 76)207	EB:M 1. 86(1. 21)152 EA:M 1. 53(1. 12)111 CB:M 1. 71(1. 05)248 CA:M 1. 52(1. 08)207
Jenson & Dieterich (2007) [category 6]	LOR=. 161,SE=. 280 (N=667)	LOR=. 491,SE=. 286 (N=668)
Karna et al.(2009) [category 6]	EB:5. 19%(3336) EA:3. 42 %(3336) CB:5. 60 %(2305) CA:5. 03 %(2305)	EB:15. 07 %(3345) EA:9. 03 %(3345) CB:16. 09 %(2306) CA:14. 27 %(2306)
Meyer & Lesch (2000) [category 5]	School 1 E1B M 104. 16(26. 24)6 E1A M 119. 5(16. 57)6 C1B M 75. 2(34. 09)6 C1A M 74. 0(41. 07)6 School 2 E2B M 82. 0(28. 50)6 E2A M 62. 8(20. 91)6 C2B M 86. 4(49. 03)6 C2A M 54. 2(13. 92)6 School 3 E3B M 86. 0(17. 81)6 E3A M 75. 5(21. 52)6 C3B M 93. 6(21. 83)6 C3A M 109. 4(53. 26)6	NA
Rosenbluth et al. (2004) [category 6]	EB:10. 6%(929) EA:17. 0%(741?) CB:11. 2%(834) CA:17. 8%(665?)	EB:40. 8%(929) EA:36. 7%(741?) CB:47. 5%(834) CA:34. 7%(665?)

续表

项目信息	霸凌	受害
Sprober et al. (2006) [category 5]	Verbal Bullying E1B M 22.95(5.64)48? E1A1 M 23.46(6.79)48? E1A2 M 21.73(4.70)42? E2B M 22.94(6.27)48? E2A1 M 21.39(3.98)48? E2A2 M 21.38(3.57)42? CB M 26.79(6.80)48? CA1 M 25.50(5.56)48? CA2 M 26.85(7.79)42? Physical Bullying E1B M 26.78(2.37)48? E1A1 M 26.27(3.51)48? E1A2 M 26.67(3.53)42? E2B M 26.72(4.05)48? E2A1 M 25.26(2.43)48? E2A2 M 25.68(2.17)42? CB M 29.08(4.50)48? CA1 M 26.89(3.79)48? CA2 M 28.89(6.85)42?	E1B M 20.02(5.75)48? E1A1 M 18.39(5.20)48? E1A2 M 17.71(4.70)42? E2B M 19.76(4.26)48? E2A1 M 18.06(3.29)48? E2A2 M 17.84(3.46)42? CB M 20.38(5.79)48? CA1 M 18.82(8.45)48? CA2 M 19.32(7.42)42?

事前—事后、实验—控制比较

项目信息	霸凌	受害
Alsaker & Valkanover(2001); Alsaker(2004) [category 5]	EB PR 41.4%(150) EA PR 40.1%(152) CB PR 31.7%(161) CA PR 33.5%(165)	EB PR 57.9%(150) EA PR 49.3%(152) CB PR 32.9%(161) CA PR 52.1%(164)
Andreou et al. (2007) [category 6]	EB:M 10.43(3.40)248 EA1:M 10.06(3.80)246 EA2:M 10.45(4.09)234 CB:M 9.87(3.65)206 CA1:M 10.85(3.72)207 CA2:M 10.81(3.94)203	EB:M 10.74(3.61)248 EA1:M 10.63(3.90)248 EA2:M 10.21(3.49)235 CB:M 10.62(3.78)206 CA1:M 11.17(3.68)206 CA2:M 11.03(3.89)201
Bauer et al.(2007) [category 6]	NA	Physical EB:13.8%(4531) EA:14.6%(4419) CB:16.3%(1373) CA:17.5%(1448) Relational EB:24.8%(4607) EA:24.7%(4480) CB:30.4%(1408) CA:30.2%(1456)

续表

项目信息	霸凌	受害
Beran et al.(2004) [category 5]	NA	EB M 5.77(6.1)25 EA M 5.36(5.5)25 CB M 3.60(3.5)77 CA M 3.41(3.4)77
Ciucci & Smorti (1998) [category 6]	EB 46.7%(167) EA 49.7%(169) CB 43.9%(140) CA 51.4%(141)	EB 44.9%(167) EA 50.3%(169) CB 37.4%(140) CA 47.4%(141)
Evers et al.(2007) [category 6]	Middle School EB 75.9%(266) EA 61.7%(266) CB 78.1%(483) CA 73.7%(483) High School EB 67.6%(531) EA 49.2(531) CB 71.5 %(309) CA 67.0 %(309)	Middle School EB 82.0%(266) EA 60.2%(266) CB 80.3 %(483) CA 75.4%(483) High School EB 68.4%(531) EA 50.7%(531) CB 75.4%(309) CA 68.6%(309)
Fox & Boulton (2003) [category 5]	NA	EB PR M 29.47(8.16)15 EA PR M 34.29(16.01)15 CB PR M 31.54(18.93)13 CA PR M 33.56(20.15)13
Gini et al.(2003) [category 5]	EB:11.1%(63) EA:17.5%(63?) CB:19.1%(47) CA:23.4%(47?)	EB:36.5%(63) EA:41.3%(63?) CB:51.1%(47) CA:34.0%(47?)
Gollwitzer et al. (2006) [category 5]	EB M 1.56(0.51)89 EA1 M 1.58(0.63)89? EA2 M 1.46(0.45)89? CB M 1.54(0.53)60 CA1 M 1.55(0.53)60? CA2 M 1.57(0.65)60?	EB M 1.64(0.65)89 EA1 M 1.51(0.60)89? EA2 M 1.48(0.55)89? CB M 1.63(0.49)60 CA1 M 1.62(0.60)60? CA2 M 1.56(0.60)60?
Martin et al. (2005) [category 5]	EB 44%(25) EA 28%(25?) CB 20.83%(24) CA 25%(24?)	EB 28%(25) EA 20%(25?) CB 20.83%(24) CA 25%(24?)
Melton et al.(1998) [category 6]	EB 24%(3904) EA 20%(3827) CB 19%(2485) CA 22%(2436)	EB 25%(3904) EA 19%(3827) CB 24%(2485) CA 19%(2436)

续表

项目信息	霸凌	受害
Menard et al. (2008) [category 6]	Elementary School Physical B:r =-.063(708) A1 r=.044(636) A2:r=.102(708) A3:r=.116(735) A4:r=.047(710) Relational B:r =-.103(708) A1:r =-.066(636) A2:r=.080(708) A3:r=.134(735) A4:r=.052(710) Middle School Physical B:r=.040(280) A1:r =-.128(306) A2:r=.009(339) A3:r=.080(354) A4:r=.049(348) Relational B:r=.019(280) A1:r =-.009(306) A2:r=.092(339) A3:r=.094(354) A4:r=.092(348)	Elementary School Physical B:r=.005(708) A1:r =-.009(636) A2:r=.052(708) A3:r=.109(735) A4:r=.101(710) Relational B:r =-.027(708) A1:r =-.028(636) A2:r=.109(708) A3:r=.051(735) A4:r=.067(710) Middle School Physical B:r=.060(280) A1:r=.032(306) A2:r =-.022(339) A3:r =-.031(354) A4:r=.040(348) Relational B:r=.014(280) A1:r=.036(306) A2:r =-.053(339) A3:r =-.027(354) A4:r =-.003(348)
Menesini et al. (2003) [category 5]	EB PR M 2.24(4.89)178 EA PR M 2.06(4.31)178? CB PR M 2.04(3.72)115 CA PR M 3.02(4.78)115?	EB PR M 3.53(6.19)178 EA PR M 3.68(6.68)178? CB PR M 3.06(5.54)115 CA PR M 4.45(6.90)115?
Olweus / Bergen 2 [category 6]	EB 5.6%(1278) EA 4.4%(1296) CB 4.1%(1111) CA 5.6%(1168)	EB 12.7%(1297) EA 9.7%(1320) CB 10.6%(1117) CA 11.1%(1179)
Pepler et al.(2004) [category 6]	E2S1:32%(300) E2F2:27%(240) E2F1:26%(300) E2S2:20%(240) E2S1:32%(300) E2F3:16%(163) E2F1:26%(300) E2S3:14%(163) C3F2:23%(303) C3S2:23%(303) E3F2:23%(303) E3S3:14%(289) E3S2:23%(303) E3F3:13%(289) C2F1:26%(300) C2S1:32%(300)	E2S1:42%(300) E2F2:57%(240) E2F1:52%(300) E2S2:48%(240) E2S1:42%(300) E2F3:41%(163) E2F1:52%(300) E2S3:38%(163) C3F2:41%(303) C3S2:39%(303) E3F2:41%(303) E3S3:28%(289) E3S2:39%(303) E3F3:28%(289) C2F1:52%(300) C2S1:42%(300)

续表

项目信息	霸凌	受害
Rahey & Craig (2002) [category 6]	Junior Children EB:M.206(.570)125 EA:M.254(.779)125 CB:M.105(.526)67 CA:M.224(.487)67 Senior Children EB:M.425(.895)138 EA:M.521(.916)138 CB:M.264(.503)176 CA:M.391(.714)176	Junior Children EB:M 1.22(1.34)125 EA:M.783(1.19)125 CB:M 1.09(1.29)67 CA:M.881(1.33)67 Senior Children EB:M.440(.863)138 EA:M.890(1.29)138 CB:M.563(1.03)176 CA:M.685(1.11)176
Rican et al.(1996) [category 6]	EB:19.0%(100) EA:7.1%(98) CB:13.3%(98) CA:11.2%(98)	EB:18.0%(100) EA:7.1%(98) CB:16.3%(98) CA:14.3%(98)

其他实验—控制比较

项目信息	霸凌	受害
Galloway & Roland (2004) [category 6]	E:M.34(.60?)672 C:M.40(.60?)475	E:M.87(.78?)675 C:M 1.07(.78?)475
Kaiser-Ulrey (2003) [category 5]	E:M 1.51(1.17)58 C:M 1.36(.83)67	E:M 1.79(1.31)58 C:M 1.50(1.12)67
Ortega et al. (2004) [category 6]	E:4.1%(910) C:6.5%(440)	E:4.2%(910) C:8.5%(440)
Raskauskas(2007) [category 6]	E:M.45(.75)1539? C:M.53(.85)1542?	E:M.84(1.10)1554 C:M 1.03(1.18)1557

年龄群组设计

项目信息	霸凌	受害
Ertesvag & Vaaland (2007) [category 6]	Grade 5 B:M.29(.32)118 A1:M.31(.43)126 A2:M.21(.33)151 A3:M.17(.38)143 Grade 6 B:M.36(.38)152 A1:M.28(.43)129 A2:M.17(.25)130 A3:M.21(.30)140 Grade 7 B:M.31(.32)147 A1:M.32(.39)160 A2:M.30(.40)134 A3:M.15(.28)140 Grade 8 B:M.32(.49)123 A1:M.25(.33)128 A2:M.41(.60)112 A3:M.25(.49)123 Grade 9 B:M.34(.55)95 A1:M.32(.48)128 A2:M.35(.59)112 A3:M.33(.49)122 Grade 10 B:M.35(.49)112 A1:M.41(.55)99 A2:M.38(.60)149 A3:M.31(.56)124	Grade 5 B:M.54(.49)118 A1:M.53(.53)126 A2:M.43(.48)151 A3:M.44(.54)143 Grade 6 B:M.46(.46)152 A1:M.50(.57)129 A2:M.38(.47)130 A3:M.39(.46)140 Grade 7 B:M.44(.51)147 A1:M.39(.52)160 A2:M.44(.52)134 A3:M.24(.46)140 Grade 8 B:M.30(.57)123 A1:M.21(.34)128 A2:M.57(.74)112 A3:M.32(.40)123 Grade 9 B:M.26(.39)95 A1:M.26(.46)128 A2:M.36(.55)112 A3:M.44(.55)122 Grade 10 B:M.35(.60)112 A1:M.27(.34)99 A2:M.24(.40)149 A3:M.24(.34)124
Olweus / Bergen 1 [category 6]	Grades 5-7 B 7. 28%(1689) A1 5. 02%(1663) Grades 6-7 B 7. 35%(1294) A2 3. 60%(1103)	Grades 5-7 B 9. 98%(1874) A1 3. 78%(1691) Grades 6-7 B 9. 92%(1297) A2 3. 55%(1115)
Olweus/ Oslo 1 [category 6]	Grades 5-7 B 6. 4%(874) A 3. 1%(983)	Grades 5-7 B 14. 4%(882) A 8. 5%(986)
Olweus / New National [category 6]	Grades 5-7 B 5. 7%(8370) A1 3. 6%(8295) Grades 6-7 B 5. 1%(8222) A2 2. 6%(8473)	Grades 5-7 B 15. 2%(8387) A1 10. 2%(8299) Grades 6-7 B 13. 2%(8238) A2 8. 7%(8483)

续表

项目信息	霸凌	受害
Olweus/ Oslo 2 [category 6]	Grades 4-7 B 5. 5%(2682) A1 2. 8%(3077) A2 2. 3%(3022) A3 2. 8%(2535) A4 2. 7%(2834) Grades 8-10 B 6. 2%(1445) A1 5. 7%(1449) A2 4. 1%(1526)	Grades 4-7 B 14%(2695) A1 9. 8%(3077) A2 8. 8%(3026) A3 8%(2538) A4 8. 4%(2967) Grades 8-10 B 7. 1%(1452) A1 6. 8%(1462) A2 5. 2%(1532)
O'Moore and Minton(2004) [category] 6	Grade 4 B 10. 49 %(181) A 5. 24 %(248)	Grade 4 B 19. 23 %(182) A 10. 67 %(253)
Pagliocca et al. (2007) [category 6]	Grades 3-6 B 27. 86 %(1177) A1:22. 88 %(1088) A2:24. 33 %(1126)	Grades 3-6 B 12. 91 %(1177) A1:10. 84 %(1088) A2:10. 39 %(1126)
Salmivalli et al. (2005) [category 6]	Grade 4 B:M.15(.36)389 L:M.08(.26)247 H:M.03(.18)125 Grade 5 B:M.11(.32)417 L:M.12(.32)258 H:M.07(.25)131	Grade 4 B:M.14(.34)389 L:M.10(.29)247 H:M.06(.24)125 Grade 5 B:M.13(.33)417 L:M.11(.32)258 H:M.07(.26)131
Whitney et al. (1994) [category 6]	Primary B:10. 0%(2519) A:8. 4%(2370) Secondary B:6. 2%(4103) A:4. 3%(4612)	Primary B:26. 0%(2523) A:23. 1%(2380) Secondary B:10. 0%(4116) A:9. 2%(4620)

Notes: E = Experimental(实验的), C = Control(控制的), B = Before(事前), A = After (事后)(A1, A2, A3, A4 = post tests 1,2,3,4). M = Mean(平均数)(SD in parentheses, followed by N). LOR = Logarithm of odds ratio, SE = Standard error (标准差). E1, E2, E3, C1, C2, C3 = 3 schools in experimental or control conditions(3 个学校在实验组或控制组). F1, F2, F3 = Fall in 3 years(三年的秋季). S1, S2, S3 = Spring in 3 years(三年的春季). L, H = Low, high implementation(低/高履行度). NA = Not available(不适用). ET = Treatment with support(有支持的治疗). EW = Treatment without support (没有支持的治疗) Category 6 = Evaluations with a sample size above 200 and with self-reports as outcome measures of bullying(评估的样本个数大于 200) Category 5 = Evaluations with a sample size less than 200 and/or with other outcome measures of bullying(评估的样本个数小于 200 或有其他衡量方式); ? = estimate by the authors(作者估计).

表8:霸凌的影响大小

项目	OR	CI	Z	P
随机实验				
Baldry & Farrington(2004)	1.14	0.51—2.58	0.32	ns
Beran & Shapiro(2005)*	1.14	0.53—2.46	0.34	ns
Boulton & Flemington(1996)*	0.93	0.38—2.27	-0.16	ns
Cross et al.(2004)	0.77	0.51—1.15	-1.28	ns
De Rosier(2004)	0.87	0.63—1.21	-0.82	ns
Fekkes et al.(2006)	1.12	0.74—1.69	0.53	ns
Fonagy et al.(2009)	1.66	1.10—2.50	2.41	.016
Frey et al.(2005)	1.04	0.81—1.34	0.31	ns
Hunt(2007)	1.46	0.93—2.28	1.66	.097
Jenson & Dieterich(2007)	1.17	0.57—2.41	0.44	ns
Karna et al.(2009)	1.38	0.92—2.06	1.58	ns
Meyer & Lesch(2000)*	0.68	0.16—2.90	-0.52	ns
Rosenbluth et al.(2004)	0.99	0.63—1.58	-0.03	ns
Sprober et al.(2006)*	0.95	0.63—1.45	-0.23	ns
Weighted mean(Q=15.83,ns)	**1.10**	**0.97—1.26**	**1.44**	**ns**
事前—事后、实验—控制				
Alsaker & Valkanover(2001)	1.15	0.55—2.40	0.36	ns
Andreou et al.(2007)	1.75	1.20—2.57	2.87	.004
Ciucci & Smorti(1998)	1.20	0.58—2.47	0.49	ns
Evers et al.(2007)	1.65	1.15—2.36	2.72	.007
Gini et al.(2003)*	0.76	0.15—3.84	-0.32	ns
Gollwitzer et al.(2006)*	1.23	0.63—2.42	0.61	ns
Martin et al.(2005)*	2.56	0.33—19.63	0.90	ns
Melton et al.(1998)	1.52	1.24—1.85	4.10	.0001
Menard et al.(2008)	1.74	1.45—2.09	5.98	.0001
Olweus/Bergen 2	1.79	0.98—3.26	1.90	.057
Menesini et al.(2003)	1.60	0.81—3.16	1.34	ns
Pepler et al.(2004)	1.69	1.22—2.35	3.12	.002
Rahey & Craig(2002)	1.19	0.70—1.99	0.64	ns
Rican et al.(1996)	2.52	0.60—10.52	1.27	ns
Weighted mean(Q=6.24,ns)	**1.60**	**1.45—1.77**	**9.07**	**.0001**
其他实验—控制组				
Galloway & Roland(2004)	1.2	0.91—1.59	1.27	ns

续表

项目	OR	CI	Z	P
Kaiser-Ulrey(2003)*	0.76	0.33—1.76	-0.64	ns
Ortega et al.(2004)	1.63	0.84—3.14	1.45	ns
Raskauskas(2007)	1.2	1.01—1.42	2.11	0.035
Weighted mean(Q=1.95,ns)	**1.2**	**1.04—1.38**	**2.57**	**0.01**
年龄群组设计				
Ertesvag & Vaaland(2004)	1.34	1.13—1.58	3.35	0.0008
Olweus/Bergen 1	1.69	1.25—2.28	3.43	0.0006
Olweus/Oslo1	2.14	1.18—3.87	2.51	0.012
Olweus/New National	1.78	1.54—2.06	7.81	0.0001
Olweus/Oslo2	1.75	1.35—2.26	4.27	0.0001
O'Moore & Minton(2004)	2.12	0.81—5.55	1.53	ns
Pagliocca et al.(2007)	1.3	0.93—1.83	1.54	ns
Salmivalli et al.(2005)	1.31	1.07—1.61	2.56	0.01
Whitney et al.(1994)	1.33	1.12—1.60	3.17	0.002
Weighted mean(Q=14.99,p=.059)	**1.51**	**1.35—1.70**	**7.1**	**0.0001**
Weighted mean(Q=70.89,p=0001)	**1.36**	**1.26—1.47**	**7.86**	**.0001**

Note:OR=Odds Ratio;CI=Confidence Interval;* Initial N < 200

表9:受害的影响大小

项目	OR	CI	Z	P
随机实验				
Baldry & Farrington(2004)	1.69	0.76—3.78	1.29	ns
Cross et al.(2004)	1.07	0.79—1.43	0.42	ns
De Rosier(2004)	1.04	0.75—1.45	0.24	ns
Fekkes et al.(2006)	1.25	0.95—1.65	1.61	ns
Fonagy et al.(2009)	1.39	1.02—1.91	2.07	0.038
Frey et al.(2005)	1.09	0.76—1.56	0.44	ns
Hunt(2007)	1.26	0.67—2.36	0.71	ns
Jenson & Dieterich(2007)	1.63	0.78—3.41	1.31	ns
Karna et al.(2009)	1.55	1.28—1.88	4.49	0.0001
Rosenbluth et al.(2004)	0.7	0.50—0.97	-2.14	0.032
Sprober et al.(2006)*	1.15	0.64—2.09	0.47	ns
Weighted mean(Q=17.94,p=.056)	**1.17**	**1.00—1.37**	**1.96**	**0.05**
事前—事后/实验—控制组				
Alsaker & Valkanover(2001)	3.14	1.52—6.49	3.09	0.002

续表

项目	OR	CI	Z	P
Andreou et al.(2007)	1. 48	1. 01—2. 16	1. 99	0. 047
Bauer et al.(2007)	1. 01	0. 85—1. 18	0. 06	ns
Beran et al.(2004) *	1. 04	0. 28—3. 88	0. 06	ns
Ciucci & Smorti(1998)	1. 21	0. 70—2. 12	0. 69	ns
Evers et al.(2007)	1. 79	1. 23—2. 60	3. 06	0. 002
Fox & Boulton(2003) *	0. 71	0. 14—3. 71	-0. 4	ns
Gini et al.(2003) *	0. 4	0. 12—1. 40	-1. 43	ns
Gollwitzer et al.(2006) *	1. 38	0. 70—2. 72	0. 94	ns
Martin et al.(2005) *	1. 97	0. 23—16. 78	0. 62	ns
Melton et al.(1998)	1. 06	0. 91—1. 23	0. 7	ns
Menard et al.(2008)	1. 26	1. 05—1. 51	2. 48	0. 013
Menesini et al.(2003)	1. 42	0. 84—2. 39	1. 32	ns
Olweus/Bergen 2	1. 43	1. 04—1. 95	2. 23	0. 026
Pepler et al.(2004)	0. 94	0. 71—1. 24	-0. 42	ns
Rahey & Craig(2002)	0. 79	0. 47—1. 33	-0. 87	ns
Rican et al.(1996)	2. 46	0. 62—9. 73	1. 28	ns
Weighted mean(Q=29. 02, p=. 024)	**1. 22**	**1. 06—1. 37**	**2. 72**	**0. 007**
其他实验—控制组				
Galloway & Roland(2004)	1. 59	1. 20—2. 11	3. 26	0. 001
Kaiser-Ulrey(2003) *	0. 65	0. 28—1. 50	-1. 02	ns
Ortega et al.(2004)	2. 12	1. 15—3. 91	2. 4	0. 016
Raskauskas(2007)	1. 35	1. 14—1. 60	3. 54	0. 0004
Weighted mean(Q=5. 98, ns)	**1. 43**	**1. 11—1. 85**	**2. 73**	**0. 006**
年龄群组设计				
Ertesvag & Vaaland(2004)	1. 18	0. 99—1. 39	1. 88	0. 06
Olweus/Bergen 1	2. 89	2. 14—3. 90	6. 93	0. 0001
Olweus/Oslo 1	1. 81	1. 23—2. 66	3. 03	0. 002
Olweus/New National	1. 59	1. 45—1. 73	10. 18	0. 0001
Olweus/Oslo 2	1. 48	1. 25—1. 77	4. 44	0. 0001
O'Moore & Minton(2004)	1. 99	0. 98—4. 07	1. 89	0. 059
Pagliocca et al.(2007)	0. 92	0. 71—1. 21	-0. 57	ns
Salmivalli et al.(2005)	1. 3	1. 06—1. 60	2. 47	0. 014
Whitney et al.(1994)	1. 14	1. 00—1. 29	2. 01	0. 044
Weighted mean(Q=57. 04, p <.0001)	**1. 44**	**1. 21—1. 72**	**4. 15**	**0. 0001**
Weighted mean(Q=129. 82, p <	**1. 29**	**1. 18—1. 42**	**5. 61**	**0. 0001**

Note: OR=Odds Ratio; CI=Confidence Interval; * Initial N < 200

表 10:随机配置的单位

儿童:

De Rosier(2004)= > 18 experimental students from each of 11 schools(N=381)

Beran & Shapiro(2005)= > 66 experimental students from 2 schools(N=129)

Boulton & Flemington(1996)= > 84 experimental students from 1 school(N=164)

Meyer & Lesch(2000)= > 18 experimental students from 3 schools(N=36)

班级:

Baldry & Farrington(2004)= > 10 classes(N=224)

学校:

Cross et al.(2004)= > 29 schools(N=1957)

Fekkes et al.(2006)= > 50 schools(N=2221)

Fonagy et al.(2009)= > 3 schools in experimental 1 condition;3 schools in the experimental 2 condition(N=923 in experimental 1 condition and control condition)

Frey et al.(2005)= > 6 schools(N=1126)

Hunt(2007)= > 7 schools(N=400)

Jenson & Dieterich(2007)= > 28 schools(N=668)

Karna et al.(2009)= > 78 schools(N =5641)

Rosenbluth et al.(2004)= > 12 schools(N=1763)

Sprober et al.(2006)= > 3 schools(N=144)

表 11:项目元素及其出现频率

	元素	频率*
1	全校反霸凌政策	26
2	班规	31
3	为霸凌提供信息的学校会议	21
4	课程教材	34
5	班级管理	29
6	专家之间的协作工作(例如教师、辅导员和实习生)	24
7	与霸凌者进行工作	25
8	与受害者进行工作	25
9	与同龄人进行工作	16

续表

	元素	频率*
10	提供给教师的信息	39
11	提供给家长的信息	30
12	加强操场监控	12
13	惩罚性方法	13
14	非惩罚性方法	11
15	恢复性司法方案	0
16	学校法院;霸凌法庭	0
17	教师培训	30
18	家长培训/会议	17
19	视频	21
20	虚拟电脑游戏	3

* 从 44 个评估中提取。

表 12:与霸凌显著相关的元素

	Cat(N)OR(Q)	Cat(N)OR(Q)	QB	P
项目元素				
家长培训/会议	No(24)1.25(ns)	Yes(17)1.57(ns)	19.61	0.0001
操场监督	No(30)1.29(.038)	Yes(11)1.53(ns)	18.65	0.0001
对儿童的强度	19-(19)1.25(ns)	20+(13)1.62(.0002)	18.19	0.0001
对教师的强度	9-(16)1.19(ns)	10+(20)1.52(.015)	17.68	0.0001
对儿童的持续时间	240-(20)1.17(ns)	270+(20)1.49(.017)	16.59	0.0001
惩罚性方法	No(28)1.31(.058)	Yes(13)1.59(ns)	13.18	0.0003
对教师的持续时间	3-(19)1.22(ns)	4+(19)1.50(ns)	12.73	0.0004
班级管理	No(13)1.15(ns)	Yes(28)1.44(.001)	7.91	0.005
教师培训	No(13)1.24(ns)	Yes(28)1.46(.002)	7.43	0.006
班规	No(11)1.15(ns)	Yes(30)1.44(.003)	7.41	0.006
全校政策	No(17)1.19(ns)	Yes(24)1.44(.002)	7.12	0.008
学校会议	No(21)1.30(.044)	Yes(20)1.49(.032)	6.98	0.008
全部元素	10-(23)1.30(ns)	11+(18)1.48(.016)	6.79	0.009
基于 Olweus	No(25)1.31(.037)	Yes(16)1.50(.031)	6.45	0.011
给家长的信息	No(13)1.21(ns)	Yes(28)1.44(.001)	6.2	0.013
小组合作	No(19)1.31(ns)	Yes(22)1.48(.0004)	5.54	0.019
设计特性				
儿童年龄	10-(18)1.22(ns)	11+(23)1.50(ns)	14.95	0.0001

续表

	Cat(N)OR(Q)	Cat(N)OR(Q)	QB	P
结果测量	Other(31)1.32(.036)	2+ M(10)1.64(ns)	13.92	0.0002
出版日期	04+(25)1.31(.015)	03-(16)1.56(ns)	11.07	0.0009
在挪威	Rest(34)1.33(.039)	Nor(7)1.58(.058)	10.15	0.001
在欧洲	Rest(17)1.33(.001)	EU(24)1.46(ns)	3.41	0.065
样本大小	899-(21)1.26(.0004)	900+(20)1.43(ns)	3.29	0.07

Notes: Cat = Category of variable; OR = Weighted mean odds ratio; QB = heterogeneity between groups; Duration in days; Intensity in hours; Outcome Measure 2+M: two times per month or more (versus other measures); (Q) shows significance of Q statistic for each category; ns = not significant.

表13:与受害显著相关的元素

	Cat(N)OR(Q)	Cat(N)OR(Q)	QB	P
项目元素				
与同龄人协作	No(25)1.39(.0001)	Yes(16)1.13(.016)	19.34	0.0001
惩罚性方法	No(28)1.21(.005)	Yes(13)1.44(.0001)	18.41	0.0001
家长培训/会议	No(24)1.20(ns)	Yes(17)1.41(.0001)	14.75	0.0001
对教师的持续时间	3-(18)1.18(ns)	4+(20)1.41(.0001)	12.84	0.0003
视频录像	No(22)1.17(.002)	Yes(19)1.38(.0001)	12.36	0.0004
小组合作	No(18)1.20(.028)	Yes(23)1.38(.0001)	10.82	0.001
对儿童的持续时间	240-(20)1.15(.007)	270+(20)1.35(.0001)	10.81	0.001
对儿童的强度	19-(18)1.21(ns)	20+(14)1.42(.0008)	9.4	0.002
对教师的强度	9-(15)1.22(ns)	10+(21)1.37(.0001)	4.83	0.028
设计特性				
结果测量	Other(31)1.18(.008)	2+ M(10)1.57(.0001)	43.58	0.0001
在挪威	Rest(34)1.18(.002)	Nor(7)1.55(.0001)	40.97	0.0001
不在美国或加拿大	US/Can(14)1.06(.024)	Rest(27)1.42(.0001)	39.21	0.0001
在欧洲	Rest(17)1.11(.011)	EU(24)1.44(.0001)	36.83	0.0001
设计	12(28)1.16(.010)	34(13)1.41(.0001)	19.8	0.0001
出版日期	04+(26)1.21(.005)	03-(15)1.42(.0001)	15.07	0.0001
儿童年龄	10—(18)1.22(.016)	11+(23)1.34(.0001)	3.93	0.047

Notes: Cat = Category of variable; OR = Weighted mean odds ratio; QB = heterogeneity between groups; Duration in days; Intensity in hours; Outcome Measure 2+M: two times per month or more (versus other measures); (Q) shows significance of Q statistic for each category; ns = not significant

表 14:加权回归分析的结果

	B	SE(B)	Z	P
霸凌影响大小				
(a)只有 20 个元素				
家长培训/会议	0. 1808	0. 0557	3. 25	0. 001
惩罚性方法	0. 1178	0. 0582	2. 02	0. 043
(b)所有元素				
对儿童的强度	0. 1726	0. 0675	2. 56	0. 01
家长培训/会议	0. 1594	0. 0635	2. 51	0. 012
受害影响大小				
(a)只有 20 个元素				
与同龄人协作	-0. 2017	0. 0478	4. 22	0. 0001
视频录像	0. 1285	0. 0505	2. 55	0. 011
惩罚性方法	0. 1102	0. 0469	2. 35	0. 019
(b)所有元素				
与同龄人协作	-0. 2362	0. 048	4. 93	0. 0001
对儿童的持续时间	0. 1498	0. 0536	2. 79	0. 005
视频录像	0. 1338	0. 0491	2. 73	0. 006

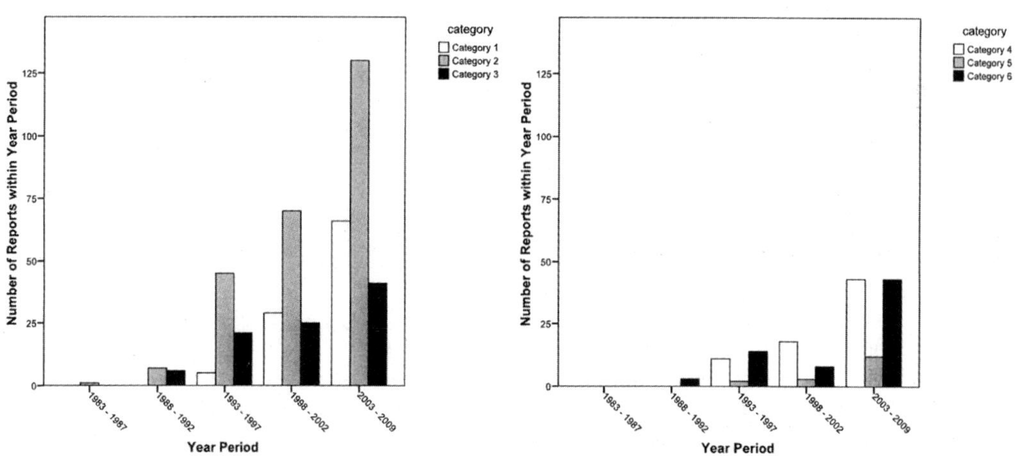

图 1 各项目年报的数量

STUDY: ↓ ELEMENTS: →	N.C.	T.O.	D.C.	I.C.	D.T.	I.T.	O.M.	S.S.	P.D.	A.A.	I.L.	M.D.
Randomized Experiments												
Baldry & Farrington, 2004	A	D	E	G	✖	✖	M	O	R	T	V	Y
Beran & Shapiro, 2005	A	D	E	G	✖	✖	M	O	R	S	W2	Y
Boulton & Flemington, 1996	A	D	E	G	✖	✖	M	O	Q	T	V	Y
Cross et al., 2004	B	D	F	G	I	K	M	P	R	S	W2	Y
De Rosier, 2004	A	D	E	G	✖	✖	M	O	R	S	W1	Y
Fekkes et al., 2006	A	C	F	H	I	■	M	P	R	S	V	Y
Fonagy et al, 2009	B	D	F	■	I	■	M	P	R	S	W1	Y
Frey et al., 2005	A	D	E	G	■	K	M	P	R	S	W1	Y
Hunt, 2007	A	D	E	G	✖	✖	M	O	R	T	W2	Y
Jenson & Dieterich, 2007	A	D	F	H	✖	✖	M	O	R	S	W1	Y
Meyer & Lesch, 2000	A	D	E	H	✖	✖	M	O	Q	T	W2	Y
Rosenbluth et al., 2004	B	C	E	G	I	L	M	P	R	T	W1	Y
Salmivalli et al. 2009	B	D	F	H	J	L	N	P	R	T	V	Y
Sprober et al., 2006	B	C	E	G	J	K	N	O	R	T	V	Y
Before-After Experimental-Control Comparisons												
Alsaker & Valkanover, 2001	A	D	E	G	J	L	M	O	Q	S	V	Y
Andreou et al., 2007	A	D	E	G	J	L	M	O	R	S	V	Y
Bauer et al., 2007	B	C	E	G	J	K	M	P	R	T	W1	Y
Beran et al., 2004	A	D	E	G	I	K	M	O	R	T	W2	Y
Ciucci & Smorti, 1998	A	D	F	■	I	■	M	O	Q	S	V	Y
Evers et al., 2007	A	D	■	G	✖	✖	M	P	R	T	W1	Y
Fox & Boulton, 2003	A	D	E	G	✖	✖	M	O	Q	S	V	Y
Gini et al., 2003	A	C	E	G	J	L	M	O	Q	S	V	Y
Gollwitzer et al., 2006	A	D	F	G	✖	✖	M	O	R	T	V	Y
Martin et al., 2005	A	D	E	H	✖	✖	M	O	R	T	V	Y
Melton et al., 1998	B	C	F	H	■	■	M	P	Q	T	W1	Y
Menard et al., 2008	A	D	F	G	■	L	M	P	R	T	W1	Y
Menesini et al., 2003	B	D	E	H	J	L	M	O	Q	T	V	Y
Bergen 2 [1997-1998]	B	C	E	H	J	L	N	P	Q	T	U	Y
Pepler et al., 2004	B	C	F	■	J	K	M	O	R	S	W2	Y
Rahey & Craig, 2002	B	D	E	G	I	■	M	O	Q	S	W2	Y
Rican et al, 1996	A	C	E	■	✖	✖	M	O	Q	S	V	Y
Other Experimental-Control Comparisons												
Galloway & Roland, 2004	A	D	F	■	J	L	M	P	R	S	U	Z
Kaiser-Ulrey, 2003	B	C	E	H	J	K	M	O	Q	T	W1	Z
Ortega et al., 2004	B	D	F	H	J	L	N	P	R	T	V	Z
Raskauskas, 2007	A	D	E	G	✖	✖	M	P	R	S	W2	Z
Age-Cohort Designs												
Ertesvag & Vaaland, 2007	B	D	F	■	J	L	M	P	R	T	U	Z
Bergen 1 [1983-1985]	B	C	F	H	J	L	N	P	Q	T	U	Z
Oslo 1 [1999-2000]	B	C	F	H	J	L	N	P	Q	T	U	Z
National Norway [2001-2007]	B	C	F	H	J	L	N	P	Q	T	U	Z
Oslo 2 [2001-2006]	B	C	F	H	J	L	N	P	Q	T	U	Z
O' Moore & Minton, 2004	A	D	E	■	J	L	N	O	R	S	V	Z
Paglioca et al, 2007	B	C	F	H	J	L	N	P	R	S	W1	Z
Salmivalli et al., 2004	A	C	F	■	J	L	M	P	R	T	V	Z
Whitney et al., 1994	B	C	F	■	✖	✖	M	P	Q	T	V	Z

图 2　评估的关键特性

Note: N.C. = Number of Intervention Components [A = 10 or less; B = 11 or more]; T. O. = Theoretical Orientation [C = based/ inspired by Olweus; D = different from Olweus]; D.C. = Duration of Intervention for Children [E = 240 days or less; F = 270 days or more]; I.C. = Intensity of Intervention for Children [G = 19 hours or less; H = 20 hours or more]; D. T. = Duration of Intervention for Teachers [I = 3 day meetings or less; J = 4 day meetings or more]; I.T. = Intensity of Intervention for Teachers [K = 9 hours or less; L = 10 hours or more]; O.M. = Outcome Measure [M = means, prevalence, other measures; N = 2 or more times per month]; S.S. = Sample Size [O = 899 or less; P = 900 or more]; P.D. = Publication Date [Q = 2003 or before; R = 2004 or later]; A.A. = Average Age [S = 10 or less; T = 11 or more]; I.L. = Location of Intervention [U = in Norway; V = elsewhere in Europe; W1 = in the USA; W2 = other than Europe and the USA]; M.D. = Methodological Design [Y = randomized experiment or before-after experimental-control comparison; Z = other experimentalcontrol comparison or an age-cohort design]; ✖ = not an intervention element; ■ = missing value.

STUDY: ↓ ELEMENTS: →	1	2	3	4	5	6	7	8	9	10	11	12	13	14	15	16	17	18	19	20
Randomized Experiments																				
Baldry & Farrington, 2004	✖	✖	✔	✔	✖	✖	✖	✖	✖	✔	✖	✖	✖	✖	✖	✖	✖	✖	✔	✖
Beran & Shapiro, 2005	✖	✖	✖	✖	✖	✖	✖	✖	✖	✖	✖	✖	✖	✖	✖	✖	✖	✖	✔	✖
Boulton & Flemington, 1996	✖	✖	✖	✖	✖	✖	✖	✖	✖	✖	✖	✖	✖	✖	✖	✖	✖	✖	✔	✖
Cross et al., 2004	✔	✔	✔	✔	✔	✔	✔	✔	✔	✔	✔	✖	✖	✔	✖	✖	✔	✖	✔	✖
De Rosier, 2004	✖	✖	✖	✔	✖	✔	✔	✔	✖	✖	✖	✖	✖	✖	✖	✖	✖	✖	✖	✖
Fekkes et al., 2006	✔	✔	✔	✔	✖	✖	✖	✖	✖	✔	✔	✔	✔	✖	✖	✖	✔	✖	✖	✔
Fonagy et al., 2009	✔	✔	✔	✔	✔	✔	✔	✔	✔	✔	✔	✖	✖	✔	✖	✖	✔	✔	✔	✖
Frey et al., 2005	✔	✔	✖	✔	✔	✖	✔	✔	✖	✔	✔	✖	✖	✖	✖	✖	✔	✖	✔	✖
Hunt, 2007	✔	✔	✔	✔	✔	✖	✖	✖	✖	✔	✔	✖	✖	✖	✖	✖	✖	✖	✖	✖
Jenson & Dieterich, 2007	✖	✖	✔	✔	✖	✖	✖	✖	✖	✔	✖	✖	✖	✖	✖	✖	✖	✖	✖	✖
Meyer & Lesch, 2000	✖	✖	✖	✖	✖	✔	✔	✖	✖	✖	✖	✖	✖	✔	✖	✖	✖	✖	✖	✖
Rosenbluth et al., 2004	✔	✖	✔	✔	✔	✔	✖	✔	✔	✔	✔	✖	✖	✖	✖	✖	✔	✔	✖	✖
Salmivalli et al. 2009	✔	✔	✖	✔	✔	✔	✔	✔	✔	✔	✔	✖	✔	✔	✖	✖	✔	✔	✔	✔
Sprober et al., 2006	✖	✔	✖	✔	✔	✖	✔	✔	✔	✔	✔	✖	✔	✔	✖	✖	✔	✔	✔	✖
Before-After Experimental-Control Comparisons																				
Alsaker & Valkanover, 2001	✖	✔	✖	✖	✔	✖	✖	✖	✖	✔	✔	✖	✖	✔	✖	✖	✔	✔	✖	✖
Andreou et al., 2007	✖	✔	✖	✔	✔	✖	✖	✖	✖	✔	✖	✖	✖	✖	✖	✖	✔	✖	✖	✖
Bauer et al., 2007	✔	✔	✔	✔	✔	✖	✔	✔	✖	✔	✔	✔	✖	✖	✖	✖	✔	✖	✖	✖
Beran et al., 2004	✔	✖	✖	✔	✖	✔	✔	✔	✖	✔	✔	✖	✖	✔	✖	✖	✔	✖	✔	✖
Ciucci & Smorti, 1998	✖	✖	✔	✖	✖	✔	✖	✖	✔	✔	✖	✖	✖	✖	✖	✖	✔	✖	✖	✖
Evers et al., 2007	✖	✖	✖	✖	✖	✖	✖	✖	✖	✔	✔	✖	✖	✖	✖	✖	✖	✖	✔	✔
Fox & Boulton, 2003	✖	✖	✖	✖	✖	✔	✖	✔	✖	✖	✖	✖	✖	✖	✖	✖	✖	✖	✖	✖
Gini et al., 2003	✖	✔	✔	✔	✖	✔	✖	✖	✖	✔	✖	✖	✖	✖	✖	✖	✔	✖	✖	✖
Gollwitzer et al., 2006	✖	✔	✖	✔	✖	✖	✖	✖	✔	✔	✔	✖	✖	✖	✖	✖	✖	✖	✖	✖
Martin et al., 2005	✖	✔	✖	✔	✖	✔	✔	✔	✔	✔	✔	✖	✖	✖	✖	✖	✖	✖	✖	✖
Melton et al., 1998	✔	✔	✔	✔	✔	✔	✔	✔	✔	✔	✔	✔	✔	✖	✖	✖	✔	✖	✔	✖
Menard et al., 2008	✔	✔	✖	✔	✔	✔	✖	✖	✖	✔	✔	✖	✖	✖	✖	✖	✔	✔	✖	✖
Menesini et al., 2003	✔	✔	✖	✖	✔	✔	✔	✔	✔	✔	✔	✖	✖	✖	✖	✖	✔	✔	✖	✖
Bergen 2 [1997-1998]	✔	✔	✔	✔	✔	✔	✔	✔	✖	✔	✔	✔	✔	✖	✖	✖	✔	✔	✔	✖
Pepler et al., 2004	✔	✔	✔	✔	✔	✖	✔	✔	✔	✔	✔	✔	✔	✖	✖	✖	✔	✔	✖	✖
Rahey & Craig, 2002	✔	✔	✖	✔	✔	✔	✔	✔	✔	✔	✖	✖	✖	✖	✖	✖	✔	✔	✖	✖
Rican et al, 1996	✖	✔	✖	✔	✔	✖	✖	✖	✖	✔	✖	✖	✔	✖	✖	✖	✖	✖	✔	✖
Other Experimental-Control Comparisons																				
Galloway & Roland, 2004	✖	✖	✖	✖	✖	✖	✖	✖	✖	✔	✖	✖	✖	✖	✖	✖	✔	✖	✖	✖
Kaiser-Ulrey, 2003	✖	✔	✖	✔	✔	✔	✔	✖	✔	✔	✔	✖	✔	✖	✖	✖	✔	✖	✖	✖
Ortega et al., 2004	✔	✔	✖	✔	✔	✔	✔	✔	✔	✔	✔	✖	✖	✔	✖	✖	✔	✖	✖	✖
Raskauskas, 2007	✔	✔	✖	✔	✔	✔	✖	✖	✖	✔	✔	✖	✖	✖	✖	✖	✖	✖	✔	✖
Age-Cohort Designs																				
Ertesvag & Vaaland, 2007	✔	✔	✔	✖	✔	✖	✔	✔	✖	✔	✔	✔	✖	✖	✖	✖	✔	✔	✔	✖
Bergen 1 [1983-1985]	✔	✔	✔	✔	✔	✔	✔	✔	✖	✔	✔	✔	✔	✖	✖	✖	✔	✔	✔	✖
Oslo 1 [1999-2000]	✔	✔	✔	✔	✔	✔	✔	✔	✖	✔	✔	✔	✔	✖	✖	✖	✔	✔	✔	✖
National Norway [2001-2007]	✔	✔	✔	✔	✔	✔	✔	✔	✖	✔	✔	✔	✔	✖	✖	✖	✔	✔	✔	✖
Oslo 2 [2001-2006]	✔	✔	✔	✔	✔	✔	✔	✔	✖	✔	✔	✔	✔	✖	✖	✖	✔	✔	✔	✖
O' Moore & Minton, 2004	✔	✖	✔	✔	✔	✖	✖	✖	✔	✔	✔	✖	✖	✔	✖	✖	✔	✔	✖	✖
Pagliocca et al., 2007	✔	✔	✔	✔	✔	✔	✔	✔	✖	✔	✔	✔	✔	✖	✖	✖	✔	✔	✔	✖
Salmivalli et al., 2004	✔	✔	✖	✔	✔	✖	✔	✔	✖	✔	✖	✖	✖	✔	✖	✖	✔	✖	✖	✖
Whitney et al., 1994	✔	✔	✔	✔	✔	✖	✔	✔	✔	✔	✔	✔	✖	✔	✖	✖	✖	✖	✔	✖

图 3　干预的组成部分

Note：1 = whole-school anti-bullying policy；2 = classroom rules；3 = school conferences providing information about bullying to pupils；4 = curriculum materials；5 = classroom management；6 = cooperative group work among experts [e.g. among teachers, counselors and interns]；7 = work with bullies；8 = work with victims；9 = work with peers [e.g. peer mediation；peer mentoring；peer group pressure as bystanders]；10 = information for teachers；11 = information for parents；12 = increased playground supervision；13 = disciplinary methods；14 = non-punitive methods [e.g. "Pikas" or "No Blame Approach"]；15 = restorative justice approaches；16 = school tribunals/ school bully courts；17 = teacher training；18 = parent training；19 = videos；20 = virtual reality environments/ computer games.

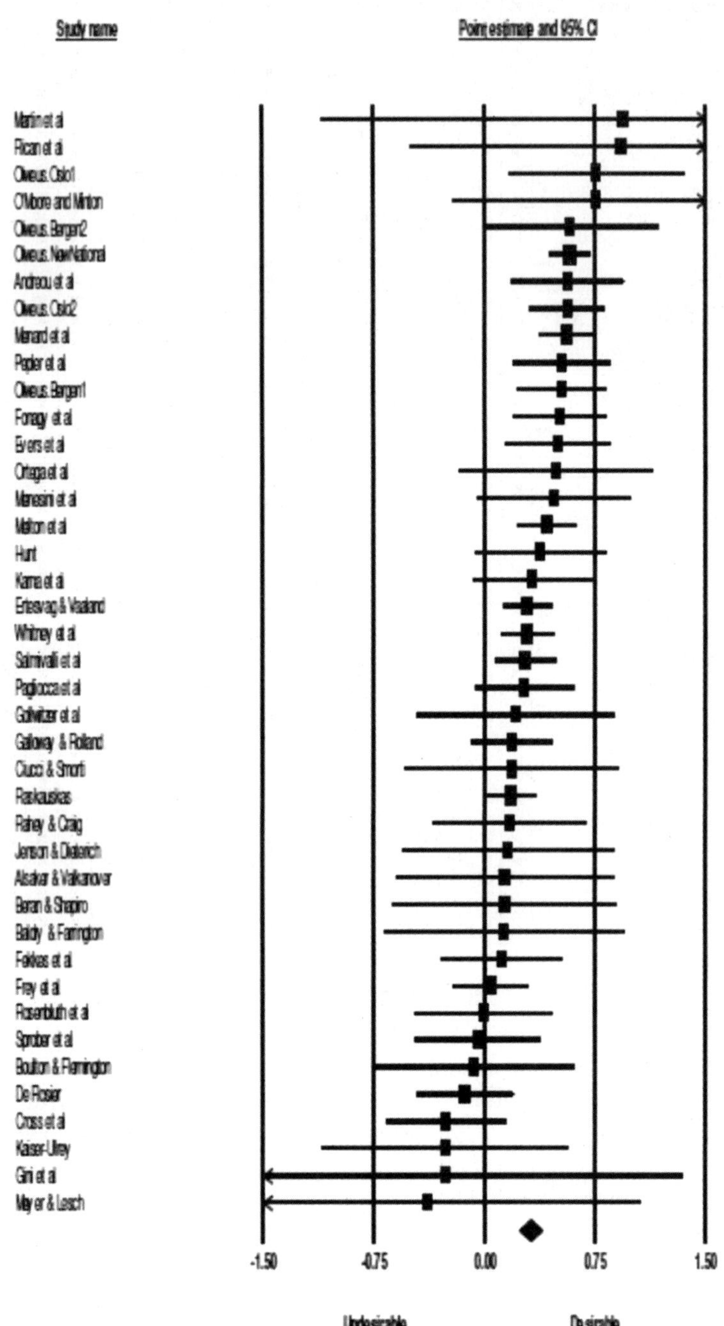
Effect Size for Bullying (LOR)
Study name
Point estimate and 95% CI
-1.50
-0.75
0.00
0.75
1.50
Undesirable
Desirable

图 4　有关霸凌的树状图

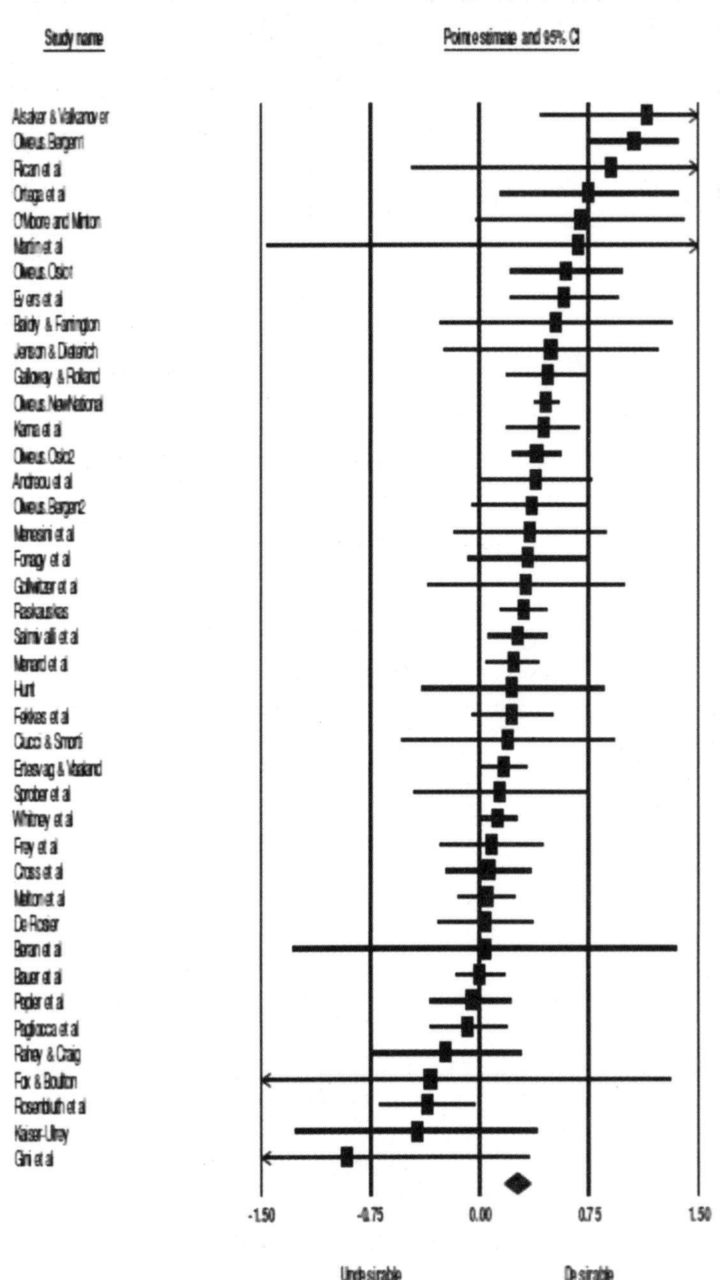
Effect Size for Victimization (LOR)
Study name
Point estimate and 95% CI
Alsaker & Valkanover
Olweus Bergen1
Rican et al
Ortega et al
O'Moore and Minton
Martin et al
Olweus Oslo1
Evers et al
Baldry & Farrington
Jenson & Dieterich
Galloway & Roland
Olweus NewNational
Karna et al
Olweus Oslo2
Andreou et al
Olweus Bergen2
Menesini et al
Fonagy et al
Gollwitzer et al
Raskauskas
Salmivalli et al
Menard et al
Hunt
Fekkes et al
Ciucci & Smorti
Ertesvag & Vaaland
Sprober et al
Whitney et al
Frey et al
Cross et al
Melton et al
De Rosier
Beran et al
Bauer et al
Pepler et al
Pagliocca et al
Rahey & Craig
Fox & Boulton
Rosenbluth et al
Kaiser-Ulrey
Gini et al
-1.50
-0.75
0.00
0.75
1.50
Undesirable
Desirable

图 5　有关受害的树状图

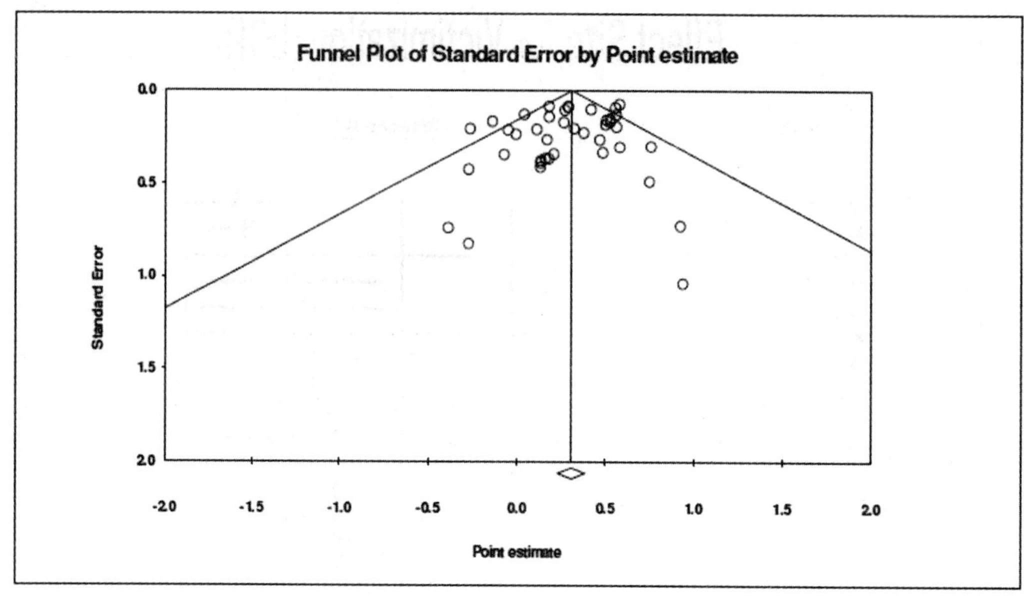

图 6　有关霸凌的漏斗状图

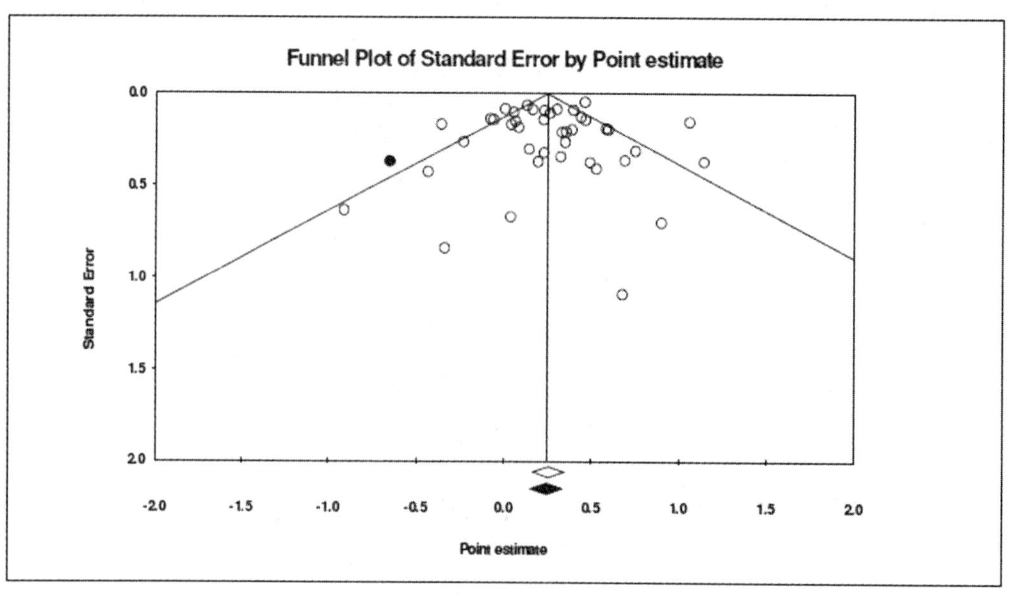

图 7　有关受害的漏斗状图

11. 参考文献[①]

* Alsaker, F.D.(2004).Bernese program against victimization in kindergarten and elementary schools.In P.K.Smith, D.Pepler & K.Rigby(Eds.), Bullying in schools: How successful can interventions be? (pp.289-306).Cambridge: Cambridge University Press.

* Alsaker, F.D., & Valkanover, S.(2001).Early diagnosis and prevention of victimization in kindergarten. In J. Juvonen & S. Graham (Eds.), Peer harassment in school (pp. 175-195).New York: Guilford.

Altman, D.G., Schulz, K.F., Moher, D., Egger, M., Davidoff, F., Elbourne, D.,

Gotzsche, P.C., & Lang, T.(2001).The revised CONSORT Statement for reporting randomized trials: explanation and elaboration.Annals of Internal Medicine, 8, 663-694.

Ananiadou, K.& Smith, P.K.(2002).Legal requirements and nationally circulated materials against school bullying in European countries.Criminal Justice, 2, 471-491.

Andershed, H., Kerr, M., & Stattin, H.(2001).Bullying in schools and violence on the streets: are the same people involved? Journal of Scandinavian Studies in Criminology and Crime Prevention, 2, 31-49.

* Andreou, E., Didaskalou, E., & Vlachou, A.(2007).Evaluating the effectiveness of a curriculum-based anti-bullying intervention program in Greek primary schools.Educational Psychology, 27, 693-711.

Atria, M. & Spiel, C. (2007). Viennese Social Competence (ViSC) Training for students: Program and evaluation. In J.E.Zins, M.J.Elias, & C.A.Maher(Eds.), Bullying, victimization and peer harassment: A handbook of prevention andintervention(pp.179-197).New York: The Haworth Press, Inc.

* Baldry, A.C.(2001).Bullying in schools: Correlates and intervention strategies.PhD Thesis, Cambridge University.Index to Theses Database, 51-8145.

Baldry, A.C.& Farrington, D.P.(1999).Types of bullying among Italian school children.Journal of Adolescence, 22, 423-426.

---

① 带星号的标号表示已经包含在元分析评价的报告。

* Baldry, A.C., & Farrington, D.P. (2004). Evaluation of an intervention program for the reduction of bullying and victimization in schools. Aggressive Behavior, 30, 1–15.

Baldry, A.C. & Farrington, D.P. (2007). Effectiveness of programs to prevent school bullying. Victims and Offenders, 2, 183–204.

* Bauer, N.S., Lozano, P., & Rivara, F.P. (2007). The effectiveness of the Olweus bullying prevention program in public middle schools: A controlled trial. Journal of Adolescent Health, 40, 266–274.

* Beran, T., & Shapiro, B. (2005). Evaluation of an Anti-Bullying program: Student reports of knowledge and confidence to manage bullying. Canadian Journal of Education, 28 (4), 700–717.

* Beran, T., Tutty, L., & Steinrath, G. (2004). An Evaluation of a Bullying Prevention Program for Elementary Schools. Canadian Journal of School Psychology, 19 (1/2), 99–116.

Borenstein, M., Hedges, L.V., Higgins, J.P.T., & Rothstein, H.R. (2009). Introduction to meta-analysis. Chichester, UK: Wiley.

* Boulton, M.J., & Flemington, I. (1996). The effects of a short video intervention on secondary school pupils' involvement in definitions of and attitudes towards bullying. School Psychology International, 17, 331–345.

Campbell, D.T. & Stanley, J.C. (1966). Experimental and quasi-experimental designs for research. Chicago: Rand McNally.

* Ciucci, E. & Smorti, A. (1998). Il fenomeno delle pretonenze nella scuola: problemi e prospettive di intervento [The phenomenon of bullying in school: problems and prospects for intervention]. Psichiatria dell'infanzia e dell'adolescenza, 65, 147–157.

Cook, T. D. & Campbell, D. T. (1979). Quasi-experimentation: Design and analysis issues for field settings. Chicago: Rand McNally.

Cowie, H. (2000). Aggressive and bullying behavior in children and adolescents. In G. Boswell (Ed.), Violent children and adolescents: Asking the question why (pp.138–150). London: Whurr.

Cowie, H. Smith, P. K., Boulton, M., & Laver, R. (1994). Cooperation in the multiethnic classroom: The impact of cooperative group work on social relationships in middle schools. London: David Fulton.

* Cross, D., Hall, M., Hamilton, G., Pintabona, Y., & Erceg, E. (2004). Australia: The Friendly Schools project. In P. K. Smith, D. Pepler, K. Rigby (Eds.), Bullying in schools: How successful can interventions be? (pp. 187-210). Cambridge: Cambridge University Press.

* DeRosier, M.E. (2004). Building relationships and combating bullying:

Effectiveness of a school-based social skills group intervention. Journal of Clinical Child and Adolescent Psychology, 33, 196-201.

* DeRosier, M. E. & Marcus, S. R. (2005). Building friendships and combating bullying: effectiveness of S.S.GRIN at one-year follow-up. Journal of Clinical Child and Adolescent Psychology, 34, 140-150.

Dishion, T.J., McCord, J., & Poulin, F. (1999). When interventions harm: Peer groups and problem behavior. American Psychologist, 54, 755-764.

Dodge, K.A., Dishion, T.J., & Lansford, J.E. (2006) (Eds.). Deviant Peer Influences in Programs for Youth. New York: Guildford.

Eck, J.E. (2006). When is a bologna sandwich better than sex? A defense of small-n case study evaluations. Journal of Experimental Criminology, 2, 345-362.

Egger, M., Smith, D.G., & O'Rourke, K. (2001). Rationale, potentials and promise of systematic reviews. In M, Egger, D.G. Smith & D.G. Altman (Eds.), Systematic reviews in health care: Meta-analysis in context (pp.23-42). London: BMJ Books.

* Ertesvag, S. K. & Vaaland, G. S. (2007). Prevention and reduction of behavioural problems in school: An evaluation of the Respect program. Educational Psychology, 27, 713-736.

Eslea, M., & Smith, P.K. (1998). The long-term effectiveness of anti-bullying work in primary schools. Educational Research, 40, 203-218.

* Evers, K.E., Prochaska, J.O., Van Marter, D.F., Johnson, J.L., & Prochaska, J.M. (2007). Transtheoretical-based bullying prevention effectiveness trials in middleschools and high schools. Educational Research, 49, 397-414.

Farrington, D.P. (1993). Understanding and preventing bullying. In M. Tonry (Ed.), Crime and Justice, vol.17 (pp.381-458). Chicago: University of Chicago Press.

Farrington, D.P. (2003). Methodological quality standards for evaluation research. Annals of the American Academy of Political and Social Sciences, 587, 49-68.

Farrington, D.P. (2009). Conduct disorder, aggression and delinquency. In R.M. Lerner & L.Steinberg (Eds.), Handbook of Adolescent Psychology (3rd ed.). Hoboken, NJ: Wiley (in press).

Farrington, D. P., Jolliffe, D., & Johnstone, L. (2008). Assessing violence risk: A framework for practice. Edinburgh: Risk Management Authority Scotland.

Farrington, D. P. & Petrosino, A. (2001). The Campbell Collaboration Crime and Justice Group. Annals of the American Academy of Political and Social Science, 578, 35-49.

Farrington, D. P. & Weisburd, D. (2007). The Campbell Collaboration Crime and Justice Group. The Criminologist, 32(1), 1-5.

Farrington, D.P. & Welsh, B.C. (2003). Family-based prevention of offending: A meta-analysis. Australian and New Zealand Journal of Criminology, 36, 127-151.

Fekkes, M., Pijpers, F.I.M., & Verloove-Vanhorick, P.S. (2005). Bullying: Who does what, when and where? Involvement of children, teachers and parents in bullying behavior". Health Education Research, 20, 81-91.

* Fekkes, M., Pijpers, F.I.M., & Verloove-Vanhorick, S.P. (2006). Effects of antibullying school program on bullying and health complaints. Archives of Pediatrics and Adolescent Medicine, 160, 638-644.

Ferguson, C.J., Miguel, C.S., Kilburn, J.C., & Sanchez, P. (2007). The effectiveness of school-based anti-bullying programs: A meta-analytic review. Criminal Justice Review, 32, 401-414.

* Fonagy, P., Twemlow, S.W., Vernberg, E.M., Nelson, J.M., Dill, E.J., Little, T.D., & Sargent, J.A. (2009). A cluster randomized controlled trial of child-focused psychiatric consultation and a school systems-focused intervention to reduce aggression. Child Psychology and Psychiatry, online first.

Fonagy, P., Twemlow, S.W., Vernberg, E., Sacco, F.C., & Little, T.D. (2005). Creating a peaceful school learning environment: The impact of an anti-bullying program on educational attainment in elementary schools. Medical Science Monitor, 11 (7), 317-325.

* Fox, C. & Boulton, M. (2003). Evaluating the effectiveness of a social skills training (SST) programme for victims of bullying. Educational Research, 45, 231-247.

* Frey, K.S., Edstrom, L.V.S., & Hirschstein, M.K. (2005). The Steps to Respect program uses a multi-level approach to reduce playground bullying and destructive playground behaviours. In D. L. White, M. K. Faber, & B. C. Glenn (Eds.), Proceedings of Persistently Safe Schools 2005, (pp.47–55). Washington, DC: Hamilton Fish Institute, George Washington University.

* Frey, K., Hirschstein, M. K., Snell, J. L., van Schoiack Edstrom, L., MacKenzie, E. P., & Broderick, C.J. (2005). Reducing playground bullying and supporting beliefs: An experimental trial of the Steps to Respect program. Developmental Psychology, 41, 479–491.

* Galloway, D. & Roland, E. (2004). Is the direct approach to reducing bullying always the best? In P.K.Smith, D.Pepler, & K.Rigby (Eds.), Bullying in schools: How successful can interventions be? (pp.37–53). Cambridge: Cambridge University Press.

* Gini, G., Belli, B., Casagrande, M. (2003). Le prepotenze a scuola: una esperienza di ricerca-intervento antibullismo [Bullying at school: an experience of researchintervention against bullying], Eta Evolutiva, 76, 33–45.

* Gollwitzer, M., Eisenbach, K., Atria, M., Strohmeier, D., & Banse, R. (2006). Evaluation of aggression-reducing effects of the 'Viennese Social Competence

Training'. Swiss Journal of Psychology, 65, 125–135.

Hanewinkel, R. (2004). Prevention of bullying in German schools: An evaluation of an anti-bullying approach. In P. K. Smith, D. Pepler, & K. Rigby (Eds.), Bullying in schools: How successful can interventions be? (pp. 81 – 97). Cambridge: Cambridge University Press.

Hawker, D.S.J. & Boulton, M.J. (2000). Twenty years research on peer victimisation and psychosocial maladjustment: A meta-analytic review of cross-sectional studies. Journal of Child Psychology and Psychiatry, 41, 441–455.

Hedges, L.V. (1982). Fitting continuous models to effect size data. Journal of

Educational Statistics, 7, 245–270.

Hedges, L.V. (2007). Effect sizes in cluster-randomized designs. Journal of

Educational and Behavioral Statistics, 32, 341–370.

Heydenberk, R.A., Heydenberk, W.R., & Tzenova, V. (2006). Conflict resolution and bully prevention: skills for school success. Conflict Resolution Quarterly, 24, 55–69.

* Hirschstein, M.K., Van Schoiack Edstrom, L. Frey, K. S. Snell, J. L. Mackenzie, E. P.

(2007). Walking the talk in bullying prevention: Teacher implementation variables related to initial impact of Steps to Respect Program. School Psychology Review, 36, 3-21.

Howard, K. A., Flora, J., & Griffin, M. (1999). Violence-prevention programs in schools: State of science and implications for future research. Applied and

Preventive Psychology, 8, 197-215.

* Hunt, C. (2007). The effect of an education program on attitudes and beliefs about bullying and bullying behaviour in junior secondary school students. Child and Adolescent Mental Health, 12(1), 21-26.

* Jenson, J.M.& Dieterich, W.A. (2007). Effects of a skills-based prevention

program on bullying and bully victimization among elementary school children. Prevention Science, 8, 285-296.

* Jenson, J. M., & Dieterich, W. A. & Rinner, J. R. (2005a). Effects of a skills-based prevention program on bullying and bully victimization among elementary school children. Paper given at the Annual Meeting of the American Society of Criminology. Toronto, Canada (November).

* Jenson, J.M., Dieterich, W.A., & Rinner, J.R. (2005b). The prevention of bullying and other aggressive behaviors in elementary school students: Effects of the Youth Matters curriculum. Paper given at the Annual Meeting of the Society for Prevention Research, Washington, DC (May).

* Jenson, J.M., Dieterich, W.A., Powell, A., & Stoker, S. (2006a). Effects of a skills-based intervention on aggression and bully victimization among elementary school children. Paper given at the Annual Meeting of the Society for Prevention Research, San Antonio, Texas (June).

* Jenson, J.M., Dieterich, W.A., Powell, A., & Stoker, S. (2006b). Effects of the Youth Matters prevention curriculum on bullying and other aggressive behaviors in elementary school students. Paper given at the Annual Meeting of the Society for Social Work and Research, San Antonio, Texas (January).

Jolliffe, D.& Farrington, D.P. (2007). A rapid evidence assessment of the impact of mentoring on reoffending. London: Home Office Online Report 11/07. (homeoffice. gov. uk/rds/pdfs07/ rdsolr1107.pdf).

* Kaiser-Ulrey, C. (2003). Bullying in middle schools: A study of B.E.S.T.—Bullying

Eliminated from Schools Together—an anti-bullying programme forseventh grade students. PhD Thesis.Tallahassee:Florida State University,College of Education.

Kalliotis,P.(2000).Bullying as a special case of aggression:Procedures for crosscultural assessment.School Psychology International,21,47-64.

Kaminski,J.W., Valle, L.A., Filene, J.H., & Boyle, C.Y.(2008).A meta-analytic review of components associated with parent training program effectiveness.Journal of Abnormal Child Psychology,36,567-589.

*Karna,A., Voeten, M., Little, T.D., Poskiparta, E., Kaljonen, A., & Salmivalli, C. (2009).A large-scale evaluation of the KiVa anti-bullying program.Child

Development,in press.Kim,J.U.(2006).The effect of a bullying prevention program on responsibility and victimization of bullied children in Korea.International Journal of Reality Therapy,26(1),4-8.

Koivisto,M.(2004).A follow-up survey of anti-bullying interventions in the

comprehensive schools of Kempele in 1990-1998.In P.K.Smith, D.Peppler, & K. Rigby(Eds.),Bullying in schools:how successful can interventions be? (pp.235-251). Cambridge:Cambridge University Press.

Leary,M.R.,Kowalski,R.M.,Smith,L.,& Phillips,S.(2003).Teasing,rejection and violence:Case studies of the school shootings.Aggressive Behavior,29,202-214.

*Limber,S.P.,Nation,M.,Tracy,A.J.,Melton,G.B.,& Flerx,V.(2004).

Implementation of the Olweus Bullying Prevention Program in the Southeastern United States.In P.K.Smith,D.Pepler,& K Rigby(Eds.),Bullying in schools.How successful can interventions be? (pp.55-80).Cambridge:Cambridge University Press.

Lipsey,M.W.(2003).Those confounded moderators in meta-analysis:Good,bad,and ugly.The Annals of the American Academy of Political and Social Sciences,587,69-81.

Lipsey,M.W.(2008).Personal communication(January 30).

Lipsey,M.W.& Wilson,D.B.(2001).Practical meta-analysis.Thousand Oaks,CA: Sage.

Littell,J.H.,Corcoran,J.,& Pillai,V.(2008).Systematic reviews and metaanalysis. Oxford:Oxford University Press.

Losel,F.& Beelman,A.(2003).Effects of child skills training in preventing

antisocial behavior:A systematic review of randomized evaluations.Annals of the American Academy of Political and Social Science,587,84-109.

* Martin,F.D.F.,Martinez,M.del.C.P.,& Tirado,J.L.A.(2005).Design,

implementation and evaluation of a bullying prevention pilot program [Spanish:Diseno,aplicacion y evaluacion de un Programa Piloto para la Prevencion del Maltrato entre companeros].Revista Mexicana de Psicologia,22,375-384.

McGuire,J.(2001).What works in correctional intervention? Evidence and

practical implications.In G.A.Bernfeld,D.P.Farrington,& A.W.Leschield(Eds.),Offender Rehabilitation in Practice:Implementing and Evaluating Effective Programs(pp. 3-19).Chichester,UK:Wiley.

* Melton,G.B.,Limber,S.P.,Flerx,V.,Nation,M.,Osgood,W.,Chambers,J.,

Henggeler,S.,Cunningham,P.,& Olweus,D.(1998).Violence among rural youth. Final report to the Office of Juvenile Justice and Delinquency Prevention,Washington DC.

* Menard,S.,Grotpeter,J.,Gianola,D.,& O'Neal,M.(2008).Evaluation of

Bullyproofing your School:final report.Downloaded from NCJRS:

http://www.ncjrs.gov/pdffiles1/ nij/grants/221078.pdf

* Menesini,E.,& Benelli,B.(1999).]Enhancing children's responsibility against bullying:Evaluation of a befriending intervention in Middle School Children,Paper presented at the IXth European Conference on Developmental Psychology, Spetses, Greece, September,1999.

* Menesini,E.,Codecasa,E.,Benelli,B.,& Cowie,H.(2003).Enhancing children's responsibility to take action against bullying:evaluation of a befriending intervention in Italian Middle schools.Aggressive Behavior,29,1-14.

Meraviglia,M.G.,Becker,H.,Rosenbluth,B.,Sanchez,E.,& Robertson,T.(2003). The Expect Respect Project:Creating a positive elementary school climate.Journal of Interpersonal Violence,18,1347-1360.

Merrell,K.W.,Gueldner,B.A.,Ross,S.W.,& Isava,D.M.(2008).How effective are school bullying intervention programs? A meta-analysis of intervention research. School Psychology Quarterly,23(1),26-42.

* Meyer,N.& Lesch,E.(2000).An analysis of the limitations of a behavioral

programme for bullying boys from a sub-economic environment.Southern African Journal of Child and Adolescent Mental Health,12(1),59-69.Moher,D.,Schulz,K.F.,& Altman, D. (2001). The CONSORT statement: Revised recommendations for improving the quality of reports of parallel-group randomized trials. Journal of the American Medical Association, 285, 1987–1991.

Morrison, B. (2007). Restoring Safe School Communities: A Whole School

Response to Bullying, Violence and Alienation. Sidney, Australia: The Federation Press.

Murray, D.M. & Blitstein, J.L. (2003). Methods to reduce the impact of intraclass correlation in group-randomized trials. Evaluation Review, 27, 79–103.

Mytton, J., DiGuiseppi, C., Gough, D., Taylor, R., & Logan, S. (2006). School-based secondary prevention programs for preventing violence. Cochrane Database of Systematic Reviews, Issue 3. Art No. CD 004606.

* Olweus, D. (1991). Bully/victim problems among school children: Basic facts and effects of a school-based intervention program. In D.J. Pepler & K.H. Rubin (Eds.), The development and treatment of childhood aggression (pp.411–448). Hillsdale, NJ: Erlbaum.

* Olweus, D. (1992). Bullying among school children: Intervention and prevention. In R.D. Peters, R.J. McMahon, & V.L. Quinsey (Eds.), Aggression and violence throughout the lifespan (pp.100–125). London: Sage.

* Olweus, D. (1993). Bully/victim problems among schoolchildren: Long-term consequences and an effective intervention program. In S. Hodgins (Ed.), Mental disorder and crime (pp.317–349). Thousand Oaks, CA: Sage.

* Olweus, D. (1994a). Bullying at school: Basic facts and effects of a school based intervention program. Journal of Child Psychology and Psychiatry, 35, 1171–1190.

* Olweus, D. (1994b). Bullying at school: Basic facts and an effective intervention programme. Promotion and Education, 1, 27–31.

* Olweus, D. (1994c). Bullying at school: long-term outcome for the victims and an effective school-based intervention program. In L. R. Huesmann (Ed.), Aggressive behavior: Current perspectives (pp.97–130). New York: Plenum.

* Olweus, D. (1995). Peer abuse or bullying at school: Basic facts and a school-based intervention programme. Prospects, 25(1), 133–139.

* Olweus, D. (1996a). Bullying or peer abuse in school: Intervention and prevention. In G. Davies, S. Lloyd-Bostock, M. McMurran, & C. Wilson (Eds.), Psychology, lawand criminal

justice: International developments in research and practice (pp.248-267). Berlin: Walter de Gruyter.

*Olweus, D. (1996b). Bullying at school: Knowledge base and effective intervention. Annals of the New York Academy of Sciences, 784, 265-276.

*Olweus, D. (1996c). Bully/victim problems at school: Facts and effective intervention. Reclaiming Children and Youth: Journal of Emotional and Behavioral Problems, 5(1), 15-22.

*Olweus, D. (1997a). Bully/victim problems in school: Knowledge base and an effective intervention project. Irish Journal of Psychology, 18, 170-190.

*Olweus, D. (1997b). Bully/victim problems in school: Facts and intervention. European Journal of Psychology of Education, 12, 495-510.

*Olweus, D. (1997c). Tackling peer victimization with a school-based intervention program. In D.P.Fry & K.Bjorkqvist (Eds.), Cultural variation in conflict resolution: Alternatives to violence (pp.215-232). Mahwah, NJ: Erlbaum.

*Olweus, D. (2004a). The Olweus Bullying Prevention Programme: Design and implementation issues and a new national initiative in Norway. In P.K.Smith, D.Pepler, & K.Rigby (Eds.), Bullying in schools: How successful can interventions be? (pp.13-36). Cambridge: Cambridge University Press.

*Olweus, D. (2004b). Bullying at school: Prevalence estimation, a useful evaluation design, and a new national initiative in Norway. Association for Child Psychology and Psychiatry Occasional Papers, 23, 5-17.

Olweus, D. (2004c). Continuation of the Olweus programme against bullying and antisocial behaviour. Olweus-Gruppen; Mot mobbing (October).

*Olweus, D. (2005a). A useful evaluation design, and effects of the Olweus bullying prevention program. Psychology, Crime and Law, 11, 389-402.

*Olweus, D. (2005b). Bullying in schools: Facts and intervention. Paper presented at the IX International Meeting on Biology and Sociology of Violence, Under the Honorary Presidency of H.M.Queen Sofia, Valencia, Spain (October).

Olweus, D. (2008). Personal communication (June 5).

*Olweus, D.& Alsaker, F.D. (1991). Assessing change in a cohort-longitudinal study with hierarchical data. In D.Magnusson, L.R.Bergman, G.Rudinger, & B.Torestad (Eds.),

Problems and methods in longitudinal research(pp.107-132).Cambridge:Cambridge University Press.

* O'Moore,M.(2005).Prevention programme for teachers.Paper presented at the IX International Meeting on Biology and Sociology of Violence,Under the Honorary Presidency of H.M.Queen Sofia,October,6-7,2005,Valencia.

* O'Moore,A.M.,& Milton,S.J.(2004).Ireland:The Donegal primary school antibullying project.In P.K.Smith,D.Pepler,& K.Rigby(Eds.),Bullying in schools:How successful can interventions be? (pp.275-288).Cambridge: Cambridge University Press.

* Ortega,R.& Del Rey,R.(1999).The use of peer support in the S.A.V.E.Project. Paper presented at the IXth European Conference on Developmental Psychology,Spetses, Greece(September).

* Ortega,R.,Del-Rey,R.,& Mora-Mercan,J.A.(2004).SAVE Model:An antibullying intervention in Spain.In P.K.Smith,D.Pepler,& K.Rigby(Eds.),Bullying in schools:How successful can interventions be? (pp.167-186).Cambridge:Cambridge University Press.

* Pagliocca,P.M., Limber, S.P., & Hashima, P.(2007).Evaluation report for the Chula Vista Olweus Bullying Prevention Program.Final report prepared for the Chula Vista Police Department.Pateraki,L.& Houndoumadi,A.(2001).Bullying among primary school children in Athens,Greece.Educational Psychology,21,167-175.

* Pepler,D.J.,Craig,W.M.,O'Connell,P.,Atlas,R.,& Charach.A.(2004).Making a difference in bullying:Evaluation of a systemic school-based program in Canada.In P.K. Smith,D.Pepler,& K.Rigby(Eds.),Bullying in schools:How successful can interventions be? (pp.125-140).Cambridge:Cambridge University Press.

Pepler,D.,Smith,P.K.,& Rigby,K.(2004).Looking back and looking forward:Implications for making interventions work effectively.In P.K.Smith,D.Pepler,& K.Rigby (Eds.),Bullying in schools:How successful can interventions be? (pp.307-324).Cambridge:Cambridge University Press.

Petticrew,M.& Roberts,H.(2006).Systematic reviews in the social sciences:A practical guide.Malden:Blackwell.

* Pintabona, Y.C.(2006).Frequently bullied students: Outcomes of a universal school-based bullying preventive intervention on peer victimization andpsychological health.

PhD Thesis, Curtin University of Technology, Bentley, Western Australia.

* Rahey, L.& Craig, W.M.(2002).Evaluation of an ecological program to reduce bullying in schools.Canadian Journal of Counselling, 36, 281-295.

* Raskauskas, J. (2007). Evaluation of the Kia Kaha anti-bullying programme for students in years 5-8.Wellington: New Zealand Police.

* Rican, P., Ondrova, K., & Svatos, J.(1996).The effect of a short, intensive

intervention upon bullying in four classes in a Czech Town.Annals of the New York Academy of Sciences, 794, 399-400.

Rigby, K.(2002).A meta-evaluation of methods and approaches to reducing bullying in preschools and early primary school in Australia.Canberra: Attorney General's Department, Crime Prevention Branch.

Roland, E.(1989).Bullying: The Scandinavian tradition.In D.P.Tattum & D.A.Lane (Eds.), Bullying in schools(pp.21-32).Stoke-on-Trent: Trentham Books.

Roland, E., & Idsoe, T. (2001). Aggression and bullying. Aggressive Behavior, 27, 446-462.

* Rosenbluth, B.Whitaker, D.J., Sanchez, E., & Valle, L.A.(2004).The Expect

Respect Project: Preventing bullying and sexual harassment in US elementary schools. In P.K.Smith, D.Pepler & K.Rigby(Eds.), Bullying in schools: How successful can interventions be? (pp.211-233).Cambridge: Cambridge University Press.

Ruiz, O.(2005).Prevention programs for pupils.In A.Serrano(Ed.), School

violence.Valencia, Spain: Queen Sofia Center for the Study of Violence.

Salmivalli, C.(2008).Personal communication(June 18).

* Salmivalli, C., Karna, A., & Poskiparta, E.(2009).From peer putdowns to peer support: A theoretical model and how it translated into a national anti-bullying program.In S.R. Jimerson, S.M.Swearer, & D.L.Espelage(Eds.), Handbook of bulling in schools: An international perspective(pp.441-454).New York: Guilford.

* Salmivalli, C., Kaukiainen, A., Voeten, M., & Sinisammal, M.(2004).Targeting the group as a whole: The Finnish anti-bullying intervention. In P.K.Smith, D.Pepler & K. Rigby(Eds.), Bullying in schools: How successful can interventions be? (pp.251-275). Cambridge: Cambridge University Press.

* Salmivalli, C., Kaukiainen, A., Voeten, M.(2005).Anti-bullying intervention: Imple-

mentation and outcome.British Journal of Educational Psychology,75,465–487.

Salmivalli,C., & Nieminen, E., (2002). Proactive and reactive aggression among school bullies,victims and bully-victims.Aggressive Behavior,28,30–44.

Shadish,W.R.,Cook,T.D.,& Campbell,D.T.(2002).Experimental and Quasi-Experimental Designs for Generalized Causal Inference.Boston:Houghton-Mifflin.

Smith,J.D.,Schneider,B.,Smith,P.K.,& Ananiadou,K.(2004).The effectiveness of whole-school anti-bullying programs:A synthesis of evaluation research.School Psychology Review,33,548–561.

*Smith,P.K.(1997).Bullying in schools:The UK experience and the Sheffield Antibullying Project.Irish Journal of School Psychology,18,191–201.

Smith,P.K.forthcoming.Bullying in primary and secondary schools:Psychological and organizational comparisons".In S.R.Jimerson,S.M.Swearer,& D.L.Espelage(Eds.),The International Handbook of School Bullying.Mahwah,NJ:Lawrence Erlbaum.

Smith,P.K.,& Ananiadou,K.(2003).The nature of school bullying and the effectiveness of school-based interventions.Journal of Applied Psychoanalytic Studies, 5,189–209.

Smith,P.K.,Ananiadou,K.,& Cowie,H.(2003).Interventions to reduce school bullying.Canadian Journal of Psychiatry,48,591–599.

Smith,P.K.,Cowie,H.,Olafsson,R.F.,& Liefooghe,A.P.D.(2002).Definitions of bullying:A comparison of terms used,and age and gender differences,in a 14-country international comparison.Child Development,73,1119–1133.

Smith,P.K.,Mahdavi,J.,Carvalho,M.,Fisher,S.,Russell,S.,Tippett,N.(2008).Cyberbullying:Its nature and impact in secondary schools.Journal of Child Psychology and Psychiatry,49(4),376–385.

Smith,P.K.,Morita,J.,Junger-Tas,D.,Olweus,D.,Catalano,R.,& Slee,P.T.(Eds.)(1999).The nature of school bullying:A cross-national perspective.

London:Routledge.

Smith,P.K.,Pepler.,D.,& Rigby,K.(Eds.)(2004a).Bullying in schools:How successful can interventions be? Cambridge:Cambridge University Press.

*Smith,P.K.,Sharp,S.,Eslea,M.,& Thompson,D.(2004b).England:the Sheffield project.In P.K.Smith,D.Pepler & K.Rigby(Eds.),Bullying in schools:How successful can interventions be? (pp.99-123).Cambridge:Cambridge University Press.

Solberg, M.E.& Olweus, D.(2003).Prevalence estimation of school bullying wit the Olweus bully/victim questionnaire.Aggressive Behavior, 29, 239-268.

* Spröber, N.(2006).Entwicklung und Evaluation eines Mehrebenen-Programms zur Prävention von "Bullying" an weiterführenden Schulen und zur Förderung der positiven Entwicklung von Schülern. Dissertation der Fakultät für Informationsund Kognitionswissenschaften der Eberhard-Karls-Universität Tübingen zur

Erlangung des akademischen Grades eines Doktors der Naturwissenschaften.

* Sprober, N., Schlottke, P.F., & Hautzinger, M.(2006).ProACT + E: Ein Programm zur Pravention von "bullying" an Schulen und zur Forderung der positiven Entwicklung von Schulern: Evaluation eines schulbasierten, universalen, primarpraventiven Programms fur weiterfuhrende Schulen unter Einbeziehung von Lehrern, Schulern und Eltern. [German: ProACT + E: A programme to prevent bullying in schools and to increase the positive development of students. Evaluation of a school-based, universal, primary preventive programme for secondary schools that includes teachers, students and parents]. Zeitschrift fur Klinische Psychologie und Psychotherapie: Forschung und Praxis, 35, 140-150.

Stevens, V., De Bourdeaudhuij, I., & Van Oost, P.(2000).Bullying in Flemish

Schools: An evaluation of anti-bullying intervention in primary and secondary schools. British Journal of Educational Psychology, 70, 195-210.

Stevens, V., De Bourdeaudhuij, I.& Van Oost, P.(2001).Anti-bullying interventions at school: aspects of programme adaptation and critical issues for further programme development. Health Promotion International, 16, 155-167.

Stevens, V., Van Oost, P., & De Bourdeaudhuij, I.(2000). The effects of an antibullying intervention programme on peers' attitudes and behaviour. Journal of Adolescence, 23, 21-34.

Stevens, V., Van Oost, P., & De Bourdeaudhuij, I.(2001).Implementation process of the Flemish anti-bullying intervention and relation with program effectiveness. Journal of School Psychology, 39(4), 303-317.

Stevens, V., Van Oost, P., & De Bourdeaudhuij, I.(2004). Interventions against bullying in Flemish schools. In P. K. Smith, D. Pepler & K. Rigby (Eds.), Bullying in schools: How successful can interventions be? (pp.141-165).Cambridge: Cambridge University Press.

Ttofi, M. M. & Farrington, D. P. (2008a). Bullying: Short-term and long-term effects, and the importance of Defiance Theory in explanation and prevention. Victims and Offenders, 3, 289–312.

Ttofi, M. M. & Farrington, D. P. (2008b). Reintegrative Shaming Theory, Moral Emotions and Bullying. Aggressive Behavior, 34, 352–368.

Twemlow, S.W., Fonagy, P., & Sacco, F.C. (2005). A developmental approach to mentalizing communities: II. The Peaceful Schools experiment. Bulletin of the Menninger Clinic, 69(4), 282–304.

Vreeman, R.C. & Carroll, A.E. (2007). A systematic review of school-based

interventions to prevent bullying. Archives of Pediatrics and Adolescent Medicine, 161, 78–88.

Warden, D., Moran, E., Gillies, J., Mayes, G., & Macleod, L. (1997). An evaluation of a children's safety training programme. Educational Psychology, 17, 433–448.

Weisburd, D., Lum, C.M., & Petrosino, A. (2001). Does research design affect study outcomes in criminal justice? Annals of the American Academy of Political and Social Science, 578, 50–70.

Welsh, B.C., Farrington, D.P., & Sherman, L.W. (Eds.) (2001). Costs and benefits of preventing crime. Boulder, Co: Westview Press.

* Whitaker, D.J., Rosenbluth, B., Valle, L.A., & Sachez, E. (2004). Expect Respect: A school-based intervention to promote awareness and effective responses to bullying and sexual harassment. In D.L. Espelage & S.M. Swearer (Eds.), Bullying in American Schools: A social-ecological perspective on prevention and intervention (pp. 327–350). Mahwah, NJ: Erlbaum.

* Whitney, I., Rivers, I., Smith, P.K., & Sharp, S. (1994). The Sheffield Project: Methodology and findings. In P.K. Smith & S. Sharp (Eds.), School bullying:

Insights and perspectives (pp. 20–56). London: Routledge.

Wiefferink, C., Hoekstra, H., Beek, J.T., & Van Dorst A. (2006). Effects of an antibullying programme in elementary schools in the Netherlands. European Journal of Public Health, 16, 76–76.

Wilson, S.J. & Lipsey, M.W. (2007). School-based interventions for aggressive and disruptive behavior: Update of a meta-analysis. American Journal of Preventive Medicine, 33, S130–S143.

Wilson, S.J., Lipsey, M.W., & Derzon, J.H. (2003). The effects of school-based intervention programs on aggressive behavior: A meta-analysis. Journal of Consulting and Clinical Psychology, 71, 136–149.

Woods, T., Coyle, K., Hoglund, W., & Leadbeater, B. (2007). Changing the contexts of peer victimization: The effects of a primary prevention program on school and classroom levels of victimization. In J.E.Zins, M.J.Elias & C.A.Maher (Eds.),

Bullying, victimization, and peer harassment: A handbook of prevention and intervention (pp.369–388). New York: Haworth Press.

责任编辑:张　立
版式设计:石笑梦
责任校对:陈艳华

图书在版编目(CIP)数据

犯罪干预与预防评估系统回顾研究/刘建宏 主编. -北京:人民出版社,2015.12
ISBN 978-7-01-015477-0

Ⅰ.①犯…　Ⅱ.①刘…　Ⅲ.①预防犯罪-研究　Ⅳ.①D917.6

中国版本图书馆 CIP 数据核字(2015)第 264465 号

犯罪干预与预防评估系统回顾研究
FANZUI GANYU YU YUFANG PINGGU XITONG HUIGU YANJIU

刘建宏　主编

人民出版社 出版发行
(100706　北京市东城区隆福寺街 99 号)

北京中科印刷有限公司印刷　新华书店经销

2015 年 12 月第 1 版　2015 年 12 月北京第 1 次印刷
开本:787 毫米×1092 毫米 1/16　印张:26.75
字数:465 千字

ISBN 978-7-01-015477-0　定价:70.00 元

邮购地址 100706　北京市东城区隆福寺街 99 号
人民东方图书销售中心　电话 (010)65250042　65289539